이
조
한
문
단
편
집

4

이조한문단편집 4 원문

초판 1쇄 발행 / 2018년 2월 20일

편역자 / 이우성·임형택
펴낸이 / 강일우
책임편집 / 정편집실
조판 / 박아경
펴낸곳 / (주)창비
등록 / 1986년 8월 5일 제85호
주소 / 10881 경기도 파주시 회동길 184
전화 / 031-955-3333
팩시밀리 / 영업 031-955-3399 편집 031-955-3400
홈페이지 / www.changbi.com
전자우편 / human@changbi.com

ⓒ 임형택 2018
ISBN 978-89-364-6046-4 94810
      978-89-364-6986-3 (세트)

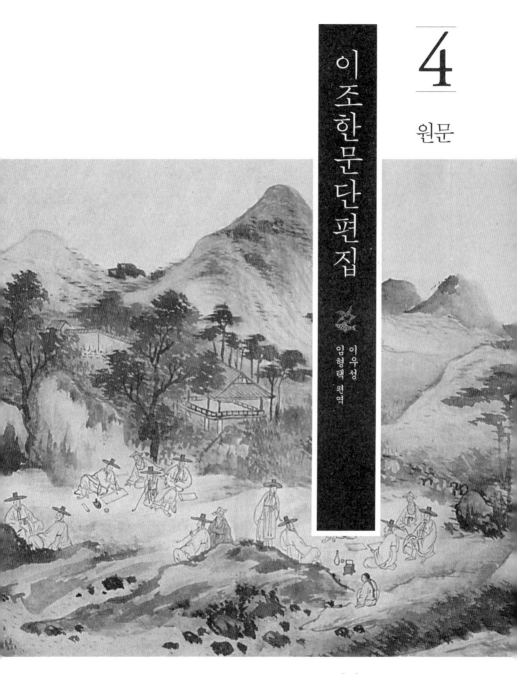

이조한문단편집

4

원문

이우성
임형택 편역

창비

제4권

第1部・富

第2部・性과 情

第3部・世態 I
:身分 動向

第6部 • 民衆 氣質 II
: 諷刺와 滑稽

일러두기

1. 번역의 대상이 된 원자료는 해외와 국내의 여러 도서관 및 일부 개인에게 들어갔던 것이다. 이들을 널리 수습, 탐색해서 이 책을 엮었다.

2. 원문은 대부분 필사본으로 초서草書가 섞이고 간혹 자구의 누락, 와오訛誤가 없지 않다. 이에 이본을 두루 대조, 교감 작업을 수행하여 그 결과를 간략히 각주로 밝혔다. 일부 잘못이 있다고 여겨지는 곳을 원문을 보전하는 뜻에서 그대로 두기도 했다.

3. 원래 제목이 없는 것이 많고 달린 것도 대부분 그대로 쓰기 적절치 못한 것이어서 일괄하여 새로운 제목을 붙였다. 원래 있던 제목은 새 제목 아래 밝혀두었다.

4. 원문의 출처는 각 편의 원문 끝에 밝혀놓았다.

5. 『청구야담』의 경우 성대본成大本·서울대 고도서본·서벽외사栖碧外史 해외수일본海外蒐佚本 갑甲·을乙 등 여러가지가 있는데, 이본에 따라 편차가 다르고 내용의 상호 출입이 많으므로 서명 아래 무슨 본인지 밝혔다. '서벽외사 해외수일본'의 경우 갑본을 주로 인용했으므로 을본만 구분하여 표시했다.

6. 서벽외사 해외수일본은 이우성 선생이 노력을 다 기울여서 두루 조사, 발굴하고 복제본을 제작한 것이다. 각각의 원소장처는 다음과 같다.

   『기문습유』 서벽외사 해외수일본: 일본 토오꾜오대학교 도서관

   『동패낙송』 서벽외사 해외수일본: 일본 동양문고東洋文庫

   『동패집』 서벽외사 해외수일본: 일본 텐리天理대학교 도서관

   『별본 청구야담』 서벽외사 해외수일본: 미국 버클리대학교 극동도서관

   『삽교별집』 만록 서벽외사 해외수일본: 일본 동양문고

   『청구야담』 서벽외사 해외수일본 갑: 일본 동양문고

   『청구야담』 서벽외사 해외수일본 을: 미국 버클리대학교 극동도서관

   『파수편』 서벽외사 해외수일본: 일본 동양문고

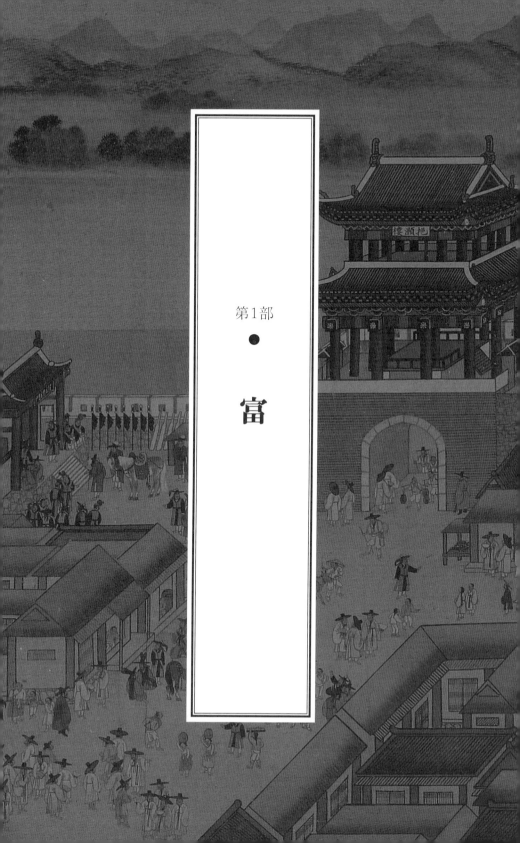

第1部

●

富

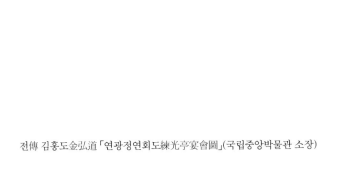
전傳 김홍도金弘道 「연광정연회도練光亭宴會圖」(국립중앙박물관 소장)

歸鄕귀향

昔漢陽士人崔生, 其名則忘之矣. 此人累世公卿家子弟也.

早以文藝聞, 旣壯, 屢擧不中, 家貧親老, 妻子凄凉. 門生故吏多顯者, 而勢去崔門, 莫肯相恤. 崔生讀孟子, 至"惰其四肢, 不顧父母之養, 一不孝也."

掩卷太息, 曰: "我實不孝也."

乃束筆硯, 封書冊而藏之, 集其藁而焚之, 其書滿架, 而托其友. 明日, 賣其家, 受直五百金, 奉其父母, 率其妻孥, 挈家僮二人·婢三人, 往湖西之淸州庄. 庄餘祭田十餘結, 茅屋七間, 奴婢手指十餘, 牛蹄角三. 崔生乃招奴婢,

誓曰: "吾與若等約十年, 吾田百結, 奴婢百口, 馬¹百頭, 牛百蹄, 屋五十間, 日用萬錢, 月費布三百疋. 聽吾命者, 人各受百金之賞, 不用命者當殺."

奴婢等對曰:

"人孰不欲富厚, 是分福, 何可必乎?"

崔生曰: "禍福無不自己求之者. 求則得之, 何難之有? 若等但聽吾命, 勿愁其不可必也."

奴婢等心不以爲然, 而口應曰:

"諾."

崔生, 乃與五百金, 使之貿五穀而儲之. 時湖西大熟, 以錢百五十², 收租二十五斗, 他穀稱是. 明年春, 崔生身操鎡錤爲農人, 倡坐於溝澮之間, 秋收百石者二之. 是歲, 又大有年, 穀直比去歲尤賤. 崔生乃盡賣其祭田, 受錢三千兩, 以貿五穀. 並前貿而計之, 穀爲四千餘石.

越明年, 夏旱秋澇, 野無立苗. 歲則大饑, 經冬至春, 老羸塡壑, 壯者流散, 十室九空, 而皮穀一石直錢十兩, 米倍之. 老奴等, 請賣所貿之穀. 崔生不許曰:

---

1 馬 전후 문맥으로 보아 보충한 것임.

2 以錢百五十 원래 '五錢'으로 나와 있는데『동야휘집』에 의거하여 바꾼 것임.

“汝往召鄉里父老來.”

來則立之階下, 而告之曰:

“吾家四隣之窮餓殆死者, 幾人矣?”

父老等對曰:

“何人不死? 多無田土者, 其有田地者, 具牛耟, 多男女, 服田力農, 足支一年者, 亦皆面浮黃欲盡矣. 此輩今年之粮, 皆夏枯秋浸, 而往往立於田中, 不用刈穫之故耳.”

崔生曰:“噫! 盡劉矣. 我有穀若干石, 雖少, 能施濟衆. 吾不忍吾鄉里之盡劉. 從某至某, 錄其人口多少·戶之大小, 以示之可乎.”

父老應聲曰:“此眞生佛也.”

歸告其四隣, 而錄其戶口, 而呈崔生. 約日, 同召其錄中人, 凡五百餘家一千三百餘口. 分與其穀曰:

“汝等, 勿愁飢餒, 力作本業可也.”

於是, 逐月計口給粮, 使無損瘠, 其賣牛而無牛者買之. 而給其農餱, 五百餘家, 分給五穀之種, 用力齊修, 勤業趁時, 任事自相激勸.

崔曰:“吾去年將斂, 而廢我稼矣. 今年吾將修之, 然十結之田, 旣賣矣. 當廣取他人之田, 作收其半.”

乃率其奴婢, 而躬自監課, 是歲果大登, 穫而分之, 爲百餘石矣.

五百餘家, 亦各自收役畢, 相與言曰:

“吾輩此穀, 皆崔氏之力也. 五百餘家一千三百餘口, 當今年春夏, 十室九空之時, 獨能免苦飢而全活, 父母兄弟妻子, 安樂於同室, 歌謠於南畝者, 伊誰之惠也? 人有如此肉骨之恩, 而不思所以報德, 則狗彘不食吾餘矣.”

衆口一談曰:“果然.”

其中老成學識者, 相聚而議曰:

“崔氏之穀, 乃崔氏之祭田十結及京第所賣錢也. 以今春穀直論之, 則四千餘石可受四萬兩錢, 而顧此之不賣, 以活吾屬, 此天下義士仁人也. 吾屬只以四萬兩之數還之, 則太薄矣. 宜以六萬償之.”

僉曰:“可矣.”

乃列書戶口多寡, 繼粮·農餱及買牛直錢之數, 以秋穀錢直計之, 百錢直二十斗

穀, 通爲六萬餘石. 於是, 五百餘戶之民, 牛馱馬載, 首尾相屬, 簇立於崔家大門之外. 崔生怪問其故, 民人曰:

"方有謹當徐徐對耳."

皆以其穀, 露積於外. 其父老, 乃入而列拜於庭曰:

"以穀計之, 則輕於鴻毛, 以恩論之, 則重於泰山. 小人等敢以鴻毛以報泰山."

崔生曰: "幾何?"

曰: "六萬餘石."

崔生曰: "吾固非墨翟之愛·伯夷之廉, 然以吾之穀數, 較六萬餘石, 則什而加五. 是投方寸之餌, 釣任公之鰲也."

固辭不肯受. 父老等曰:

"不然. 今年若賣四千石, 則當得四萬兩, 以四萬兩買京鄉新賣之百貨, 則至秋出賣, 當得十二萬兩. 以十二萬兩貿租, 則當得十二萬石. 今六萬乃十二之半也. 不取十二萬, 而取六萬, 是不廉乎? 少不計較利害, 散於垂死之衆民, 而一言不及於望報, 此非愛乎? 以民人等利害言之, 五百餘戶一千三百餘口, 窮夏大歉之時, 雖欲得債, 元無其路, 假使得錢, 其殖必無下什伍. 以錢買穀, 穀貴錢賤, 持錢者滿市, 擔穀者絶無而僅有. 如此之際, 人其生乎? 又安能及時爲農, 百室盈盈乎? 此穀不受, 則小人願爲奴婢, 以報萬一."

崔生曰: "汝言及此, 安得不受乎?"

民人等皆曰: "穀自外輸, 感自內結. 未死之前, 何日忘之?"

崔生曰: "予少受多, 我實靦然. 何感之有?"

明年春, 賣穀一石錢爲百五, 通爲九萬兩錢. 秋而貿之, 得九萬餘石, 又明年春, 穀一石 直二兩,[3] 通爲十八萬兩. 自此以後, 錢多不得買穀, 穀多亦難換錢. 乃分與五百餘戶之識利害者, 行商焉.

十年之間, 貨財充溢, 皆如厥初誓奴婢之言. 乃賞其奴婢各百金. 五百餘戶之民, 賴其力, 凶年則常取貨於崔生焉. 此其章章尤異者也.

• 『溪西野談』권5

---

3 秋而貿之~直二兩 원래 빠져 있는데 『청야담수靑野談藪』에서 취해 보충한 것임.

大豆 대두

忠州之可興, 有黃希淑者, 良家子也.

方少年時, 有自漢師來者, 老而携萬錢. 當庚戌大豊之歲, 貿大豆一斗價, 纔五文. 得大豆二千斗, 就多人中, 擇付希淑而去曰:

"明再明年, 雖値凶歲, 愼勿輕賣, 必待吾來而賣之."

不告姓名居住而去.

明歲辛亥, 果大歉, 大豆一斗, 價二十文, 而其人不來. 隣里强買之, 希淑堅閉不許, 曰:

"其人不來, 吾不可以獨發之."

希淑亦家貧, 饑欲死者數矣, 終不食一斗.

又明年壬子大旱, 千里赤地. 隣里又强買之, 而希淑又不發, 家屬將盡死, 而又不食一斗, 其人終不來. 明年癸丑, 風雨以時, 禾麥如雲, 而麥未及熟, 餓死者相枕.

隣里聚錢而四集, 誚讓希淑, 曰:

"爾何不通之甚也? 荐歲大饑, 穀價二十倍, 而蹉過二十日, 麥爲可食. 失此時, 不賣大豆, 則何等失利? 然其人尙不來, 必已死矣. 汝何爲死人, 固守荒年之穀, 使隣里六七百戶, 皆餓死乎?"

遂列坐書之紙, '一斗價百文', 六百餘人皆書姓名及錢數穀數, 斧其鎖而發之.

希淑無可奈何, 而給大豆受價錢, 一朝而積二十萬錢. 乃曰:

"吾則負人約矣. 其人, 來之與不來, 死與不死, 有子與無子, 吾不能知. 然凡事須明白, 何可苟也."

遂問可買之田, 田價減前者三之二, 而三四日之內, 盡二十萬錢而買田.

其與錢受田, 成契之時, 大集證左, 而爲空名之卷, 曰:

"吾待其人, 或其子之來矣."

食其田, 至今四十餘年, 而卒不見其人與其子之來. 盖已爲希淑之田, 而其富甲于六七百戶之鄕.

余嘗聞之於先君曰: "人之無信者, 不論其行義, 雖食貨亦不可保."

今以希淑之事言之, 卒所以赤手致富, 而甲於鄉里者, 全以有其信而然也. 希淑
之客, 亦可謂知人矣.

• 『霅橋別集』권4「漫錄」5

廣作 광작

驪州舊有許姓一兩班, 仁善而貧甚, 家有三子, 勸課儒業, 遍乞於四方親知, 以餬讀書兒. 以其仁善故, 人皆愛之, 而副其乞矣.

老許內外俱歿, 三年內, 鄕里頗有顧助矣. 至再朞祭畢後, 其仲子珙, 語于兄弟曰:

"曾前所以不飢死者, 徒以父母得人心也. 今則三喪已闋, 父母餘澤, 無可更藉, 以此倒懸之勢, 必至合歿之境. 第各思謀生之道, 可也."

兄及弟俱曰: "舊業文字之外, 更無新策矣."

珙曰: "各從其志. 吾不可勸他道, 而三人俱治一業, 併命於飢寒, 必矣. 吾則第當限十年, 決性命而治生, 救全家. 自今日破産, 伯氏季君上寺做工, 托口於僧徒, 兩嫂氏永歸本家, 斷不可已也. 父母世業, 只是牟田三斗落, 家垈與總角一女婢, 宜爲宗物, 而兄旣破産, 姑借我爲宜矣."

是日, 兄弟內外, 相洒涕而分散.

仲許, 卽日斥賣內子隨身物, 備六七貫錢. 適當木綿豊登之歲, 貿藿負背, 遍尋父母所嘗往還家, 面面出藿葉, 遮顔而乞綿花. 親舊念昔憐貧, 不無優副, 所聚木綿, 無論善惡, 恰滿數百斤. 貿嶺東耳牟十餘石, 牟誓十年喫粥. 女婢則餽以全一器, 許之夫妻, 分半一椀.

許謂其婢曰: "汝以耐飢爲難, 汝任他去矣."

婢泣曰: "上典誓死治生, 婢何可怕飢, 捨去乎?"

許遂去衣冠, 只以一衫一袴掩體, 晝夜助役於紡績, 或織席·或織簀, 額額度日. 親知間有來訪者, 則使坐籬外, 己自房內遙語曰:

"今不可復責我以人禮. 自外退去, 可也."

周年之內, 紡績之所辦, 已至數百金. 門前適有京師人水畓十斗落·田一日耕之斥賣處, 許遂買取. 而以爲借人以耕, 不但有費, 恐不如自己盡力, 具牛具耟, 自入田中, 迎老農善餽, 置堤上, 使之敎耕. 無論田與畓, 耕必至十次, 起土最深, 非比他農. 而田則爲種南草, 厚覆灰草, 穿無數穴於畝上, 以待天雨, 而恐値旱損草種. 早春築長行架, 播南草種於其下, 數灌以水. 其年適大旱, 到處草種盡死, 而此獨茂盛. 侯雨卽移, 不多日內, 葉如芭蕉, 蔚然蔽地. 未及出藥液, 而江上草商, 請買全一田, 捧二百貫, 草商卽將其糜塊, 曝諸沙場而去, 後更以百金來, 貿其再[1]笋.

十斗落所收穀, 亦至百石. 自此, 家貲月倍歲筵, 不勝其進. 曾未五六年, 露積充牣, 田連阡陌, 十里內人民, 無不有救於其家. 四處佃夫, 每以饌酒魚肉作人情, 卓上美饌, 陳陳相仍, 家中耳牟粥半椀, 了無增減.

及至八年, 其兄與弟, 在山寺, 日聞其家之成陶, 下山將觀光. 及到, 則許之內外欣然款洽. 許妻出其隣, 饋酒肉以供之, 到夕飯時, 備進三器飯, 盖以兩叔八年後始歸, 不可仍用耳牟粥故也. 許見飯, 而怫然張目叱之, 使以一器飯, 爛作兩器粥以來. 其兄怒叱曰:

"汝富不知其幾千石, 而重遇同氣於八年後, 退其旣進之飯, 更進一器粥, 此豈人理乎?"

許曰: "吾有所執, 限姑未至. 兄雖大怒, 吾不動一髮矣."

兄弟遂含慍還山.

其翌年, 兄弟小科聯璧. 仲許準備唱榜之費, 親自上京, 同歸到門, 設慶宴. 翌日, 招入才人, 語之曰:

"吾兄吾弟之無家乞食山寺之狀, 汝或聞之矣. 今日當復入山做工. 汝輩淹留無益, 須以今日罷去矣."

各給百金而送之, 勸兄弟上寺, 作大科工.

及滿十年, 則儼然將爲萬石翁矣. 自春間, 親赴場市, 貿米紬綿苧布等華服之資, 給傭洞內貧女, 造成男女衣服, 不知其數. 及至臘月二十一日, 作書于山寺, 報于兄弟曰:

"吾十年治生之限已滿. 曾所經紀者, 三兄弟一生喫着不盡. 自今日輟其喫苦, 團聚一室, 同享太平"云云.

俱送駿馬華鞍而迎還. 書報兩嫂亦如之. 兄弟及兩嫂卽到, 庭設兩帳幕, 運來具鑰六皮籠, 而各置三籠於內外幕. 兄弟內外各着新華衣.

---

1 再 연대본에 의거하여 보충한 것임.

訖, 又命僕夫, 輈出三馬, 謂其兄弟曰:"此非可居處. 自有當往之地云." 而幷彎蹏一峴, 則山中有三傑瓦屋. 前有長舍廊橫之, 舍廊之前長廊, 駿馬盈廐, 盡一村. 迎候於路上.

其兄弟驚問曰:"此是何處, 如是壯哉?"

答曰:"吾兄弟終老之所也."

蓋其第宅奴僕之排置如是其壯, 而距舊屋未五里, 而使其兄弟亦不知有此. 樞機之愼密, 亦可知也. 自其夕, 兄弟之妻, 各分一舍, 許三昆季, 寢處於一舍廊. 又運出皮籠十餘件, 卽田畓文書也. 仲許曰:

"兄弟分財, 固當平均無增減, 而但吾妻幾乎渴死, 而成此家產, 則賞勞之物, 不可無別爲區劃矣."

除出十五石落畓, 以屬其妻, 而其餘則一切均分.

一日, 兄弟同宿, 仲許忽夜起痛哭, 其兄慰之曰:"汝之所享, 無異公侯, 有何不足, 而作此悲哀耶?"

許對曰:"吾父母之當初所期吾兄弟, 在科業, 而惟兄與弟, 則雖是小成, 亦足成吾親之遺意, 而吾則無狀, 全爲口腹生計, 放置文字, 已至十餘年, 一字不能記得. 仰負親意, 豈不甚悲乎? 欲爲重修, 已無其望, 操弓成功, 亦或一道耶."

卽赴射場, 不計風雨, 刻意課射, 經三年登科.

以其幹局器量, 世皆稱名武. 初外任, 卽安岳郡守也. 將赴任之際, 其妻病歿.

仲許曰:"吾已永感, 官養莫逮, 只可以榮吾妻. 吾妻今至於斯, 吾豈爲米錢之意, 而樂官俸哉?"

遂不赴, 而終於家云.

•『東稗洛誦』권上

夫婦各房 부부각방
營産業夫婦異房

尙州有金姓者, 年過二十, 早孤貧寠, 作雇於人, 積年畜雇價. 二十六歲, 始娶婦, 爲營産之計. 聘婦後一宿, 其妻語其夫曰:

"自今日, 必塞上間房門也."

盖三間屋子, 而其上房, 則有上下間相通門故也.

生曰: "何謂也?"

曰: "吾夫婦兩窮, 相合同寢, 則自然生産. 若今年生子, 明年生女, 子孫之樂, 好則好矣. 這間, 食口之添, 疾病之苦, 其所損財, 當何如哉? 君處上房而梱屨, 吾處下房而織紝, 以十年爲限, 日喫一器粥, 以成家如何?"

生善其言, 遂塞其門, 夫婦各處. 而且於昏後, 夫與妻必鑿土坑於後園, 每夕以六七坑爲定. 又當窮臘製囊許多, 播及於大村雇奴, 以狗糞一石定價.

春初解氷時, 盡塡狗糞於所鑿土坑, 以種春牟. 當年大稔, 殆近百餘負. 仍繼種南草, 又得數十兩錢. 如是勤業, 至六七年, 錢穀充滿, 而食粥則如一. 至九年之終臘月之晦, 其夫請其妻曰:

"今爲十年矣. 願得喫飯."

其妻責曰: "吾輩旣以十年喫粥爲限, 則不忍一宿之間, 輕先破戒可乎?"

生憮然而退. 十年以後, 果成大富, 甲於一道.

生久爲生鰥, 欲爲同寢, 則其妻曰:

"吾輩旣已成家, 則薄陋之室, 不可同寢. 少俟之."

遂營大家舍而入處. 生之內外, 初已過時而逢, 又經十年, 生産已斷望矣. 生以是爲憂嘆.

其妻曰: "吾之産業如此, 則必有主者. 君須周覽遠近宗人家, 擇其稍可者, 以爲己子, 則得不愈於自己所生之不合意者乎? 及其托情撫育, 則與己出無間矣."

終得同姓子爲螟嗣, 乃是商山金也. 其後裔昌大, 簪纓世出云.

• 『靑邱野談』海外蒐佚本 甲本 권1

富農부농
金貢生 聚子授工業

　　臨陂金某, 卽本邑貢生也. 早退吏役, 以行貨之商, 周遊近邑場市. 年頗妙, 又多
風流, 到處犯色, 犯則必娠, 生則必男. 以是之故, 雖一時所犯之女, 必呈官立旨而
行, 計其前後所生之子, 合爲八十三人. 至二十餘年後, 或有成長者, 或有未成長
者, 而其成長者, 亦未嘗有賴於厥父, 太半自其母所成就, 或渠自准備而聚婦矣.

　　及當甲乙之歉, 金也依舊破落, 年且衰耗. 一日, 盡招集其所生子, 則或來或不
來, 所會者七十餘人矣. 盡數會合後, 率往于金堤萬頃兩邑之間大坪, 作舍爲長行
廊樣百餘間, 而每間隔間, 盡區處七十餘子. 各以長技, 耕且爲業. 有織席者, 有捆
屨者, 以至陶冶工匠無不畢具. 厥父夫妻, 安坐而食.

　　其坪乃御營廳屯田, 年久陳廢者也. 及其開春, 金也率其衆子, 勤力開墾, 先種蕎
麥, 當夏收六七百石. 翌年, 或麥或豆太, 獲近千石, 又其翌年, 乃作畓種稻, 當秋所
收, 尤倍於前年. 如是三年, 家産漸饒. 金也親詣御營廳, 以陳田開墾之事, 告于大
將, 以歇數作賭, 永爲舍音立旨成來, 至今耕食.

　　後十有餘年, 生子生孫, 人口漸盛, 其金村爲數百戶大村, 來頭之繁, 又不知其幾
許云云.

・『海東野書』

順興 萬石君 순흥 만석꾼

順興舊有萬石君黃姓富翁.

其比隣士人, 有壻在豊基, 崔其姓而華閥能文, 將赴庭試, 而貧無以爲資, 往赴婦翁所, 要圖債於黃富人. 崔之婦翁曰:

"黃富翁慳吝, 天下無雙. 每當親忌, 只以三升米·三尾蘇魚行祀, 豈有一文錢出手及人之理乎?"

崔認其言爲妒富過實, 自擬不計生面而窮懇. 崔翌朝, 不告婦翁, 而直抵黃家. 及到其門, 則靑衣蒼頭兩人, 欣然迎入, 坐於舍廊曰:

"吾上典生員主, 朝者出獵, 留囑門僕, 如有客到, 先爲延入接待云云."

而旋進盛饌一卓, 崔喫訖. 主翁臂蒼牽黃, 偕五六豪奴歸來, 豊軀寬衣, 令人可敬. 入門揖客以禮, 謂門僕曰:

"客臨已移時, 而備進療飢饌否?"

僕曰: "唯唯."

問客何居, 對以姓名.

主翁曰: "隣友之婿, 見之何晚?"

又進朝饌, 水陸滿盤. 客對案, 告主翁曰:

"世人之向富家疵毁之說, 決不可信, 今而後始知也."

主翁曰: "何謂也?"

崔具道委來其妻家之由, 幷擧其翁婿酬酢之言, 曰:

"今見尊丈待我初面厚誼與盛饌, 則吾婦翁孟浪疵毁之心事, 萬萬不韙矣."

主翁曰: "尊岳是我比隣故友, 最詳我本末. 其言親忌三升米·三尾魚之說, 的然無一毫過實. 老夫請詳告我初貧後亨之狀也. 老夫早喪父母, 至窮無依, 娶婦於安東地, 婦之爲人, 可以治生, 遂乃約誓發貧之計. 此家前大路, 路傍有陳荒野磧, 乃以鐵鍬, 墾陳土·鑿亂穴, 置十許盆於路傍酒壚前, 受貯行人溲溺, 灌之於所鑿穴中. 妻則落秋種, 吾則覆以土, 遍種於一日耕餘, 秋乃茁茂, 秋得數十石. 夫婦胼胝手足, 勤勞治生, 凡所拮据, 無不如意. 家中成約, 惜一粒如千金故, 親忌所入, 果不過如尊岳之所云. 而要待家資滿萬石然后, 方擬用財, 而秋捧九千石, 已近十年. 加作一千, 勢所甚易, 而或被水旱之所損, 或遭意外之回祿, 無以充所期之數. 昨日老夫妻相語曰: '造物之意, 不欲蓋藏之充萬, 而內外年紀, 俱垂七耋, 及今不用乎快施, 而一朝奄忽, 則將未免王將軍庫子之鬼, 豈不可悲哉! 待客施與, 自明日爲始, 以示豪富樣於未死之前爲得.'云. 置守門二奴, 使之引客, 常具盛饌, 要待不時之客矣. 約束初定之日, 尊乃先於人而至, 眞是有橫財數之人也. 推此觀之, 今科似必摘. 老夫之於必貴之人, 豈惜相濟?"

即招首奴, 以語曰: "此位書房主, 卽隣舍某生員主女婿也. 將作科行而無其資, 汝須覓出庫中錢五十兩, 且以一匹馬, 資送此位行次. 而路費雖無慮, 家孥之飢餓關念, 則場中作文必不盡意. 汝書出吾牌子于近豊基庄奴, 使之載送三十包租, 以供本宅粮可也."

崔盛謝其萬萬過望. 則主翁曰:

"多積不散, 亦將何爲耶? 然而天生財産, 固是適來適去之物, 幾何而不易主耶? 此家宅後當爲蓬蒿之場, 尊之顯達後, 如有過此, 幸瀝一盃酒, 以酹老夫之魂也."

崔曰: "如此大財産, 雖歷世豈有卒壞之理乎?"

主翁曰: "速成速敗, 理固然矣."

遂相與作別. 崔果大闡. 崔之妻家, 移居他方故, 崔絕徃來於順興. 在茬十三年, 崔之進塗大闢, 遂爲本道觀察使. 巡路先使順興官, 支待於黃村. 及襜帷臨其處, 黃氏大庄院, 已鞠爲茂草, 茫無人跡. 崔巡相驚愕嗟傷, 窮覓黃家餘種, 則有一奴老物, 爲本村後佛堂居士云. 遣吏招來, 問其上典敗亡太暴之由, 則對曰:

"老上典下世之後, 少上典兄弟兩人, 雖無父兄幹局, 不甚迂闊, 而天必速亡之. 今年某處農幕, 火燒許多穀, 明年某處農庄, 水破許多畓, 危形敗兆, 層生疊出, 而少上典兄弟, 生於大富後, 初不看審田畓之爲某坪, 爲某字號, 某卜數矣. 一日, 無從之火, 燒盡田畓文書十餘櫃, 無片紙餘存者, 雖其良田美畓, 遍滿東西, 而何所憑藉而指爲自己之物乎? 又從以喪變次第而出, 伯上典仍爲作故, 季上典流丐出去. 風聞方在密陽浦所, 爲鹽漢, 負鹽糊口云矣."

崔巡相駐駕下坐, 撰誅文, 備述舊眷之難忘, 先見之果驗, 設祭於廢墟, 嘆咤而去. 先文於密陽, 使之黃鹽夫待令於巡到時. 引入見之, 則身庬面黑, 所見慘矜. 爲

道舊, 問其敗亡之由, 則所對一如居士奴子之言. 崔巡相憐而語之曰:

"如此敗亡之餘, 如得財産基址, 則猶可以復爲資生之道乎?"

對曰: "足可爲之矣."

崔約以還營後來訪, 黃鹽夫果如期而至. 特捐五百金以付之, 黃藉手治生, 復成中富云.

・『東稗洛誦』권上

婢夫 비부
獲重寶慧婢擇夫

吳某梁山人也. 爲人庸蠢, 捆屨資生, 而屨樣甚麤.

洛下年少, 適見其屨, 戲謂曰: "此屨在京, 則價直百金." 吳認以爲眞, 捆出七竹, 負入京中. 解置路傍, 人或問之, 則曰: "價是一兩." 皆笑而去. 數日坐市, 不得賣一隻.

時有一宰相家婢子, 容貌嬋娟, 性度敏慧, 年方二八, 不肯許婚, 嘗言自擇可人以作其配. 一日, 偶過吳列屨之處, 見其呼價之太過人無買者. 心窃異之. 三數日連徃見之, 則一直如此. 於是, 謂吳曰:

"吾當盡買, 價爲幾何?"

吳曰: "七竹價七十兩."

婢曰: "與吾偕徃, 持價而去, 何如?"

吳諾之. 遂負屨而隨, 至一處, 第宅宏麗, 門閭高大, 婢引入其所居之廊. 坐定, 吳索屨價.

婢曰: "明朝當出, 姑留一宿."

仍進美酒佳肴, 俄而, 又進夕飯, 器皿精潔, 饌品珍妙, 遐鄕菜腸, 平生初見, 數匙而盡之.

及暮, 婢曰: "客旣來此. 今夜與吾同裯如何?"

吳惶愧曰: "言則佳矣, 何敢望乎?"

婢遂滅火解衣, 雲雨一場而罷. 未明而起. 開籠出新衣, 澡浴而衣之, 相貌亦桓桓矣.

婢曰: "吾是此家使喚婢也. 子旣爲吾夫, 當現謁于大監主, 愼勿拜下也."

吳曰: "諾."

婢卽入告曰: "小婢夜得一夫, 當現身矣."

宰相曰: "然乎? 斯速入現."

吳直入升廳而拜. 侍者將吳下, 吳植立不動曰:

"吾是鄉族也. 雖作婢夫, 決不可下庭拜也."

宰相笑曰: "宜爲某婢之所揀也."

遂出留廊底.

一日, 婢曰: "子甚不慧, 若用錢, 則眼目自大, 胷次必濶."

乃給一緡曰: "持此而去, 用盡而歸."

至暮, 吳還曰: "吾肚不飢, 酒餠不必買喫, 終日周行, 無他用錢處, 不費一文而來矣."

婢曰: "路上多乞人, 何不給之?"

吳曰: "此則未及思矣."

翌日, 又佩一緡而出, 聚會衆丐, 散擲地上, 丐皆爭持, 其狀可觀. 逐日以爲常尋, 思之許多靑蚨, 空給乞丐, 無義莫甚. 乃往交射場閑良輩, 買酒買肉, 日日分饋, 便成莫逆. 繼而與蓬蓽讀書之窮儒寒士, 往來結交, 或助朝夕之供, 或資筆墨之費.

人皆曰: "吳某誠非今世人也."

婢使往學『史略』『三略』『孫武子』等書, 粗解其大旨. 於焉之頃, 費數萬錢矣.

婢曰: "子須學射, 以圖成名之道."

吳本是健夫, 又與諸閑良善, 爭教射法, 鐵箭細箭俱能遠射, 『武經七書』, 亦能通曉. 及赴試登第, 抱一紅牌. 婢潛藏紅牌, 不令家人知之.

因謂吳曰: "吾所儲置之錢, 不過十萬, 而子之前後所用, 殆近七萬, 今餘三萬矣. 子須行商也."

吳曰: "吾何知何物之可貿乎?"

婢曰: "見今棗農大歉, 惟湖西某邑棗樹結實. 子須盡貿而來也."

吳依其言, 行至某邑, 秋事大歉, 野無掛鎌, 人多顚連. 吳生見而憐之, 隨手而盡散歸來.

婢曰: "積善則固大矣. 但吾錢將罄, 將何以聊生?"

又給一萬緡曰: "綿農八道皆歉, 獨海西如干邑稍登, 須往這處貿綿以來也."

吳又至海西, 如湖西時事, 空手而還.

婢曰: "吾錢只餘萬緡, 今當傾儲以給, 須以此盡貿弊衣等物, 入北道換布蔘皮物而來. 勿復如前浪費也."

吳往市上, 貿得弊衣, 載數十馱, 入咸鏡界. 北道木綿本不宜土, 其貴如金, 人不得授衣, 冬暖而猶呼寒. 吳曾用錢如水, 手段甚闊, 自安邊至六鎮, 盡給無衣之人, 所餘者只裳袴各一件.

乃嘆曰:"吾費人十萬錢財, 實往虛還, 何面目復見家人乎? 寧葬於虎豹之腹."

夜半, 獨入山中, 拚崖緣磴, 轉到深處, 忽見萬樹叢中, 燈光耿耿. 尋其家, 叩門請宿. 有老嫗, 開門而出語曰:

"如此深夜, 如此絕峽, 客何以到?"

遂延入饋飯, 接待懇懃. 吳乃以所持袴裳給之. 嫗大喜, 卽地解着, 百拜致謝. 吳見饌中所進之菜, 乃人蔘也.

問曰:"此菜, 從何處得來乎?"

嫗曰:"此近有吉更田, 故每採來作菜."

吳曰:"又有採置者乎?"

嫗出示數十丹, 皆是人蔘, 而小者如指, 大者如脛矣. 俄而, 門外有釋負聲.

嫗曰:"吾兒來矣. 兒生之初, 腋下兩傍, 俱有小翅, 往往飛付壁上. 其父鍛鐵灸之, 翅猶復生. 及長, 勇力絕倫, 在平時, 則易及於禍, 故携入深峽, 行獵資活. 而其父已死, 吾獨在世矣."

仍曰:"尊客適至, 汝須入拜也. 此客與我裳袴, 得以掩體, 誠恩人也."

其人卽入拜.

翌朝, 謂嫗曰:"吉更田, 可得一見乎?"

嫗與吳偕行, 踰一嶺, 至一處, 指示之, 人蔘遍一山矣. 遂盡日採之, 大小雖不同, 而其中亦多童子蔘, 恰爲五六駄矣.

吳曰:"山中無馬, 將何以輸去?"

嫗之子曰:"吾當擔至圓山, 圓山以後, 子須駄去."

吳如其言, 貰馬輸來. 歸其家, 備道顚末於其妻.

妻喜曰:"子之積善多, 故天以寶物與之. 今日還家, 亦不偶然, 明日卽大監主回甲生辰也. 滿朝公卿皆來會, 子若參拜於諸公, 則夤緣做官, 何難之有?"

翌朝, 擇出稍大者五本, 入獻于大監曰:

"妾夫行商次出去, 適得此物, 故奉獻于大監樓下."

宰相大喜, 招吳入現. 婢已備置紗笠帖裡, 令吳着之而入.

宰相曰:"此何服也?"

吳曰:"小人年前爲武科, 而商賈資生, 故匿置紅牌, 未及告于大監矣."

宰相曰:"身手亦赳赳矣."

而已, 諸公次第而至. 見人蔘曰:

"如此稀貴之物, 大監不可獨啗, 何不入我一莖乎?"

宰相曰:"所得只此, 何以派及乎?"

吳方在傍, 乃曰:"小人歸槖, 又有餘蔘, 當分獻之, 畧表微誠."

出其家, 各以三莖, 拜獻于諸公. 諸公亦大喜, 問曰:"彼何人斯?"

宰相曰:"此吾愛婢之夫, 而地處則鄕族也, 又爲武科出身矣."

諸公皆曰:"大監宅婢夫, 有如此武弁, 而尙未得初仕一窠, 豈非大監之責耶?"

宰相曰:"其人之爲武科, 吾亦今始知之矣."

日旣昃, 諸公盡醉而散. 吳斥賣其蔘, 得錢累十萬. 諸公互相汲引, 未幾, 得除武兼宣傳官, 節次推遷, 官至水使. 贖妻爲良, 偕老而終云云.

•『靑邱野談』海外蒐佚本 乙本 권3

甘草_{감초}
得賢婦貧士成家業

一士人, 家貧喪配, 聚學童十餘人敎之. 日後, 乃續絃於遐鄉. 其婦人入其家, 則環堵蕭然, 無甔石之資, 其家長忍飢讀書而已, 不治産業. 其夫堂叔, 有武將者. 夫人勸其家長, 貸出千金, 以爲治産之道. 家長微哂曰:

"豈肯爲貸乎? 且吾平生不向人說道此等事也."

夫人親自裁書於夫堂叔, 願貸千金, 限以一年還償. 堂叔家子姪婦女皆曰:

"新婦入夫家, 不過幾日, 請¹貸千金於至親, 誠是沒知覺無人事."

衆誚喧藉. 堂叔曰:

"不然. 吾向見此新婦, 則非碌碌女子也. 且一書千金容易發說, 其志亦可觀."

遂書快許之.

夫人受錢, 藏置樓中, 家長見之駭然, 姑且任之, 而觀其動靜矣. 夫人見無尺僮尺婢可使者, 乃招致學童輩, 饋以餠餌之屬, 給錢, 使之貿錦鍛於立廛, 縫出錦囊, 使學童各佩之. 群童皆感服, 凡有使喚無異童僕.

於是, 各給錢兩, 分往城內外藥肆, 及諸譯官家, 貿取甘草而來. 如是數月, 甘草垂乏, 而價踊五倍矣. 卽又散買之, 收錢三四千金. 買屋子·備釜鼎·立婢僕, 一朝饒足.

又裁書於堂叔, 還千金, 其家大驚之. 盖一年之限, 尙未滿半載矣. 向之誚譏之人, 咸稱賢婦. 堂叔大奇之, 來見新舍, 欲還送千金, 以爲致富之資. 新婦辭曰:

"人生斯世, 衣食才足, 鄉里親戚咸稱善人, 足矣. 安用富爲? 且富者, 衆之所忌, 吾固不願也."

固辭不受. 敏於紡績, 勤於治家, 夫婦偕老, 子孫榮顯, 未嘗窘乏云云.

• 『海東野書』

---

1 **請** 원래 '淸'으로 나와 있는데 『청구야담』을 참고하여 바꾼 것임.

澤瀉택사

李永哲閭巷人, 家甚貧. 其妻嘗謂 "男兒宜有資身之策, 何可拱手乎?"

答曰: "手裏無物, 奈何?"

妻曰: "若有物, 能有試否?"

答曰: "雖有錢, 當今無息利之事."

妻曰: "主君如此, 無復可望. 吾自試."

遂賣家得三百金, 謂其夫曰:

"現今藥局[1]草材中至賤者, 可以知來否?"

其時澤瀉最賤, 一斤價爲二[2]文, 若二斤爲三文, 四斤則五文, 以此歸言. 妻募得十餘人, 善饋給[3]雇, 分送諸局, 并貿取. 局人以至賤, 無難傾局. 如此數日, 所儲蕩然. 數日更佯往他局, 作欲買狀, 以無儲價甚高, 一斤之直爲八九文. 還復少出, 局貪數三文利, 爭取之. 又過數日, 復欲買諸局, 旣以六七文得買. 故以一錢許出之, 遂以此直盡取之. 各局又極貴, 持厚價不得買.

五六日間, 一斤價爲二十文, 復以每斤直十文餘, 略復出之, 局人爭取之, 又五六日, 復盡取之. 每間由數日或五六日, 換面送人, 多入少出, 價直日高, 一月之間, 遂至一斤爲五十文. 始宣言於諸局曰: "某處鄕局, 方用此材, 不計價直, 欲多取矣." 復以數十兩銅, 佯示急求狀. 各局無一斤儲置者故[4], 見價皆流涎曰:

"當此之際, 若得此材, 可售倍蓰之利, 亦復奈何."云云.

貿置者, 以三四十文出之, 局人喜其絶種之餘, 且爲鄕局之渴求, 並取之. 然後, 無更求者, 始知見欺, 亦無奈何. 一月之間, 獲利數十倍, 還退其家, 平生好過. 此事可入於貨殖傳.

・『記聞拾遺』

---

1 藥局 패림본秭林本『이순록二旬錄』에 의거하여 보충한 것임.

2 二 원래 '三'으로 나와 있는데 패림본에 의거하여 바꾼 것임.

3 給 원래 '結'로 나와 있는데 패림본에 의거하여 바꾼 것임.

4 故 패림본에 의거하여 보충한 것임.

鹽 소금

京中金姓窮生, 絜妻子, 流離糊口, 行到南陽地, 依山築一蝸室[1]以居. 金之長子, 年過三十未娶, 與其弟, 日出乞粮以歸, 則金之老妻炊之.

厥村下, 有張姓風憲居之, 卽本土平民, 而亦貧甚, 有女當嫁年.[2]

一日, 金子謂其父曰: "母年漸高, 難以尸饔, 吾無主饋之人, 以此老都令, 將何爲生? 不可不斯速求妻矣."

其父曰: "我於汝娶, 豈肯或忽? 而誰肯送女於如此貧乞家乎!"

金子曰: "村中張風憲, 有女當婚, 吾當面請矣."

其父曰: "窮雖欲死, 結姻平民, 豈不重難乎?"

金子曰: "父言甚闊. 到此地頭, 眞所謂, '晨虎不暇擇僧狗者也'."

遂借着其父弊衣冠, 就見張風憲, 曰: "吾有所欲言而來矣."

張曰: "何言也?"

金曰: "尊亦必聞吾門地. 自是班族, 而過時未娶, 尊以女妻我,[3] 未知如何? 天不生無祿之人, 貧亦有支過之道矣."

張曰: "女入君家, 則飢死必矣. 君何爲此不成說之言乎?"

麾手止之, 金遂無聊而退. 張入其內, 獨語嘆咤曰:

"其言大不當."

女方入朝廚淅米, 而出問曰:

"父緣何而如是不平耶?"

張曰: "非汝所知."

女再三請問其由, 父乃曰:

"上村金都令, 請爲吾婚, 故吾已斥退, 而其言大不當矣."

---

1 室 원래 빠져 있는데 연대본에 의거하여 보충한 것임.
2 年 원래 빠져 있는데 연대본에 의거하여 보충한 것임.
3 我 원래 빠져 있는데 연대본에 의거하여 보충한 것임.

女曰: "吾家迎壻入內房, 不過荷銃正兵. 而金都令猶有班名, 豈不頓勝於彼乎? 貧富死生, 各係分福, 彼之請壻, 有何可駭. 必爲見許, 是所望也."

張曰: "汝意如此, 則曲從何妨."

女曰: "金都令旣易闕朝食, 吾家朝飯已入鼎, 迎還療飢, 兼爲許婚, 以送爲好."

張卽出籬外, 手招金還坐, 而語之曰:

"兩窮相合, 固甚可悶, 而吾欲依君言結婚矣."

金曰: "尊果善思之矣."

金卽拈五掌指, 擇生氣福德日, 再明爲吉.

張曰: "太促矣."

金曰: "以尊家赤立之勢, 初無衾枕可具之望, 安用緩期爲也. 男女同枕, 則便是醮也."

張曰: "是矣."

因討飯而歸, 金父曰:

"張之所答, 何如?"

金子曰: "以再明, 定婚日矣."

金父亦曰: "太促."

其子曰: "雖緩定醮期, 顧何從而其錦帛華服鞍馬乎! 更借父親獘衣冠於期日足矣."

及其交拜同枕, 張女曰:

"尊姑篤老, 難任炊爨. 吾旣爲子婦, 雖一日之間, 莫如早往代勞, 以修婦道. 請明朝同歸."

及曉, 謂其父曰: "吾家送我, 旣無其具, 吾代姑勞, 不可少緩. 請[4]偕郎同往矣."

仍以大小梳置懷中, 以柳篋戴於頭, 隨郎徒行, 入於蝸室前. 男先入, 告其父母曰:

"携妻以來矣."

卽呼婦, 入拜舅姑, 卽入廚任炊. 郎兄弟出丐以歸, 隨丐隨炊. 一日, 妻[5]謂其夫曰:

─────────────

4 請 원래 '將'으로 나와 있는데 연대본에 의거하여 바꾼 것임.

5 '妻 원래 없는데 연대본에 의거하여 보충한 것임.

"生爲丈夫, 全昧謀食, 只事乞丐, 其將何爲?"

夫曰: "不學鋤耘, 不學樵牧, 捨丐何求?"

其妻卽於柳篋中, 出似錦非錦之物二疋, 縷細不可卞. 云以在家時手織. 謂曰:

"赴市善賣, 則亦不下各二十兩, 以十緡, 貿木花糧米, 携歸餘錢."云云.

金如其言, 所捧果然四十兩. 除市用而餘數, 三十兩. 滿室歡喜, 以米糊口, 以花織布. 出給三十兩於其夫, 使往鹽所, "約定鹽漢曰: '入此錢於鹽所, 三年貿出爲販, 及滿三年, 則當不推本錢.'云云, 則鹽漢必樂從矣. 負鹽遍行百里內, 不必手捧價, 留給外上, 結人情, 俾成單骨, 則其贏必多矣."

金果依其言, 往約于鹽漢, 則只利目前三十財之不少, 而不能校量三年所負積少成大, 必要其三年內以利錢鹽. 及其限滿, 復推本錢, 而金固辭之. 自其翌日, 逐日背負, 而遍行數郡, 或捧價, 或外上, 所到村里, 皆成熟面, 雖有他鹽賈之來到, 必曰: "留待金書房之鹽."云云. 遂滿三年之限, 婦語其夫曰:

"所交易與外上, 摠計當爲幾何?"

金曰: "當近三千金矣."

婦又出三十金, 付之曰:

"持此更往鹽所, 如前約束, 而今番則雖請以兄弟同負, 彼必不拒矣."

金以此意, 往語于鹽漢, 鹽漢皆曰:

"君之向來退出時, 不推本錢太廉. 今番之許兩人負出, 有何持難哉?"

金乃與其弟, 日日負出, 如前遍散. 又過一年後, 請於其妻曰:

"四年負鹽, 背骨摧壓難堪, 要爲馬載."

妻曰: "馬背之利, 不如人背, 而負若難, 則載之可也."

以十許兩, 買一牝馬載鹽. 馬載以後, 幷弟負. 馬有孕. 一日出去時, 妻喝曰:

"今日則販鹽歸路, 入送厥馬于家中, 往鹽所, 背負可也."

果自路中還送. 是日馬産牡雛, 卽絶等名駒也. 販鹽之限, 又滿三年. 其妻紡績所辦, 亦餘千金. 鳩聚鹽利而都計之, 殆近萬金, 儼然雄於鄕隣. 駒亦至五六年, 騰驤馳驟, 其價漸高. 洞內富弁李先達願買, 以爲入京所乘. 而李之早稻畓三斗落, 在金門前, 請以畓換馬. 妻聞之, 要其夫, 邀致李弁, 親與買賣. 李弁果至, 金妻隔扉相語曰:

"貴宅必欲買取吾家馬乎?"

李曰: "然矣."

金妻曰: "望見處陳田三日耕, 聞是貴宅物云, 以此相換爲好矣."

李弁曰: "田是等棄之物, 何敢計價而賭人駿驄乎? 請以此田, 添之於已納換之早稻畓, 以致矣."

金妻固請謝畓而取田, 乃成文劵以換. 而不多日內, 求買大屋材, 就其所換陳田, 突兀起傑家, 入此以處, 壽富多男. 盖厥田是好基址, 而金妻之眼, 已能識破云矣.

• 『東稗洛誦』 권上

江景강경

漢師有據世業而積金錢者, 唯貸人而食其利, 未嘗自運於交易之場. 人有譏之者, 曰:

"男兒不能帶十萬錢, 而遠遊於都會之地, 以得分外之利乎?"

其人曰: "何地爲都會?"

譏者曰: "松都也, 平壤也, 義州也, 東萊也, 元山[1]浦也, 咸興也, 全州也, 江景[2]浦也."

其人田庄適在湖西, 故載十萬錢於六馬, 而行至江景浦. 適當春夏之交, 魚蝦可掬, 船檣林立, 人馬雲擾, 而烟屋如蜂房之鬧. 其人目眩心散, 莫適所向, 而且歇馬於岸草, 支頤而坐. 有一人, 破帽蔽衣, 鼈蹩而來, 就其旁而坐.

其人問之曰: "子何在?"

曰: "在此江景之浦."

曰: "吾聞江景, 大都會也. 故載錢而來, 及至, 未省何人爲可主, 何物爲可貿, 奈何?"

鼈蹩者曰: "吾雖窮居而可主也, 所貿則當收人所不爭也."

其人曰: "然則吾館乎子. 而付子以錢, 子其任意爲之也."

遂驅十萬錢, 而隨鼈蹩者, 入蟹匡之舍. 舍無門, 無立馬之所. 其人一宿, 已不堪而去之, 曰:

"錢則入君手, 非吾所當與也."

鼈蹩者曰: "當此末世, 人不可信, 君何不留而看其始末乎?"

其人曰: "君不欺我, 我去何妨, 君若欺我, 我留何益!"

遂策馬而去. 鼈蹩者, 追執馬鞚而問之曰:

---

1 元山 원래 '圓山'으로 나와 있는데 지금의 표기를 따라 바꾼 것임.
2 江景 원래 '江鏡'으로 나와 있는데 지금의 표기를 따라 바꾼 것임.

“君何時復來乎?”

其人曰: “吾一生不出都門. 此日此來, 已是怪事. 吾何爲更來?”

甓蘣者曰: “君何姓名, 而居漢師何坊何曲何街邊乎?”

其人具告而曰: “君欲來訪乎? 亦非易事.”

甓蘣者曰: “君雖不來, 吾豈可不往!”

其人旣去, 無一字書. 甓蘣者, 見萬人所爭, 在於魚鰕, 而烟茶時賤, 所在積而不售. 乃散十萬錢, 盡收烟茶, 固其封裹, 散托完屋, 凡爲數百所. 其明年, 烟茶翔貴, 其價十倍, 遂得百萬錢. 乃置二十萬錢, 而用八十萬錢, 買田構舍, 具婢僕牛馬, 猝爲富人居. 乃入漢師, 尋其人. 其人驚曰:

“子何爲而來乎?”

甓蘣者曰: “用君錢, 周年得十倍之貨. 爲君封置倍利之錢, 而八十萬則吾有之. 猝富如此, 敢不來告乎! 君其與我同之吾所, 旣見吾富饒之狀, 而以君錢二十萬, 取南物海運, 而君其陸還漢師. 吾必使海運之貨, 又十之.”

其人曰: “吾初非信汝, 而付其錢也. 吾猝當交貨之都會, 眩亂將生疾, 且必盡失吾錢. 故寧與汝致富, 以活一家之命耳. 本不期還吾本錢, 何倍利之可還乎! 汝今去, 欲還吾錢, 則只以本錢還之也.”

甓蘣者曰: “君今與吾同行, 則在道之寢食, 到家之起居, 無復昔日之苦, 而便樂無異在京中矣.”

其人曰: “然則與君行.”

行道所舍, 果皆便樂, 甓蘣者所預備也. 其人見甓蘣者之豊屋饒財, 大驚喜嗟賞, 只取本錢而陸還曰:

“不失本錢, 而救濟一家之命, 吾之所得, 亦已多矣. 何必更圖分外之利乎!”

• 『霅橋別集』 권4 「漫錄」 5

烟草담배
矜草商高義讓財

英廟戊寅年間, 洛下南草翔貴, 一撮價至三分. 伊時, 漆原人, 盡賣家庄, 貿草爲三馱, 本價爲五百兩. 渡江暮抵於石隅, 路逢宕氅老者, 問曰:

"此是南草馱乎?"

曰: "然矣."

曰: "今方絶乏之時, 三馱可得三千兩. 君可謂善觀時矣."

草商曰: "吾是初入京, 四顧無親, 其接主等節, 令公或可指揮否?"

其人曰: "然則君之初行, 持此重貨, 若不遇ží, 則幾乎狼狽. 必隨我而來也."

遂同與入城, 逶迤城內, 犯鍾時, 牽入渠家, 善爲區處. 及曉鍾後, 忽自內出, 言曰:

"君之不少之物, 不可一二日盡賣. 而君之鬖者, 閑立無事, 我於龍山湖, 有柴馱輸來者, 君須早飯, 牽馬馱來何如?"

草商曰: "如是則好矣. 第不知龍山路程, 似是難矣."

主人曰: "吾以家奴, 眼同而去也."

遂喂馬後, 與其家奴出送. 時則曉漏纔撤, 遠人未分時也. 至青瀨, 其奴中間逃避. 草商訪之, 不知去處, 更欲回來, 則昏夜一宿之家, 何以記之乎? 日色已高, 進退惟難, 只把馬轡, 彷徨道路, 大聲痛哭. 來人去客, 爭問其由, 莫不憐其情狀. 俄有氈笠豪健人, 半醉長歌, 緩緩而來, 問其緣何以哭? 草商擧其顚末, 細細言之. 氈笠客聞之, 一笑曰:

"君之所失, 吾盡推給. 君之南草價, 能分半乎?"

草商踊躍曰: "若盡推尋, 則雖全價盡納, 固無惜矣."

厥客敎草商, 以如是如是. 卽擇三匹中老馬, 放轡先駈, 草商與厥客, 從三馬而來, 周廻城中, 馬忽立於一家門前.

氈笠客問曰: "此是其家乎?"

草商熟視良久曰: "果是矣."

氈笠客, 卽蹴破大門岸. 氈笠客聲呼主人, 主人自內出. 氈笠客顧草商曰:

"此是汝之所宿主乎?"

曰: "是矣."

主人見草商, 語曰: "君何處去而今始來乎? 吾家奴子俄者先來, 謂以路黑相失云, 故吾方慮之矣. 今得回來, 幸甚幸甚."

氈笠客叱主人曰: "汝是何人? 某宮所輸來南草, 汝中間盜奪, 誘逐馬夫耶? 爲先草同盡數出來可也."

是時, 氈笠客, 氣勢堂堂, 言辭切切, 主人聞之呆了半晌, 無一辭稱頉. 六隻草盡爲負出.

氈笠先自解束曰: "此中有三百兩錢, 何去乎?"

主人顧草商曰: "君之草同初入時, 未嘗有錢說, 且初不解束, 今始出來, 則錢說云云, 太孟浪矣."

草商曰: "昨日吾固不言, 而吾是某宮舍音, 宮庄所納南草, 與三百兩備來矣. 今此無錢云, 則主人所爲, 吾未可知矣."

氈笠客大言曰: "吾是某宮奴子. 久待草駄不來, 故適出門企待, 遇此舍音而來. 若主人不出錢, 則自宮當有處置之道. 主人能堪之乎?"

攘臂瞋目, 氣勢可怖. 主人乃是閭閻常賤也. 錢之說, 雖是白地做慌, 旣執所贓, 發明無路, 若又發惡, 則又不知來頭橫逆之如何. 乃備三百數而出給.

氈笠客, 使草商盡束于草同而駄去, 歸置渠家, 俟其踊貴而盡賣, 得錢三千餘矣. 草商以半數與之. 氈笠客笑曰:

"吾以詭術, 得三百兩錢, 已極多矣. 又何望君之可憐物乎! 必盡輸去, 勿復此言也."

終不受之. 當時聞之者, 莫不稱快嘆賞.

巨余客店 거여 객점
受恩殖貨

金基淵者, 慶州人也. 家甚饒而早孤, 鞠於寡母. 及長, 業弓獲第, 妄生癡心, 以爲納賂權倖, 則宦路易開. 於是, 欺其寡母, 鳩財千緡, 上京定舘, 欲窺倖門, 而跡阻不得進. 日與巨家傭人, 飲酒賭博, 未一年而費盡, 卽爲下家. 又欺其母曰:

"某公某卿, 我皆親已. 若復上千緡, 郡縣可得, 閫閫可取."

其母然其言, 遂斥賣土地什物, 資裝復京. 又未一年, 而如前浪費, 無面渡江. 遂坐於京, 雇人賣家財, 若明日擊盖狀. 其母茫不知虛耗, 如律施行, 又爲數度.

一日, 家奇來到, 盖賣盡田宅臧獲, 又債積如山, 而母與妻子, 僦而依於隣廊. 淵, 於是聞之, 瞿然擲骰而歎曰:

"此何人斯! 遊京十載, 不知卿相面目如何, 而公然欺罔我老母, 蕩盡我財産而已."

乃檢橐藏, 尙餘七八十緡. 遂喟然歎曰:

"此費於此, 則不過數日之資, 而若持而歸家, 則可奉三數月老親甘旨."

於是, 同遊博徒, 歷歷擧手長別, 促命僕馬, 出城渡江, 午秣于巨余店. 時當荐歉, 日又極寒, 而店前路傍, 有頧顇一女人, 赤裸抱兒, 向堅弓坐. 淵方食, 見之,

曰: "彼坐女人, 暫爲入來."

其女回顧, 匍匐入房蹲坐. 遂以退案饋之, 出二緡錢給之,

曰: "俗語有曰, '衣乞得食, 裸乞不得食.' 你其持此錢, 買衣一薄衫·一弊裙而行乞也."

因謂店主曰: "豈可以見人將死, 而不知救乎?"

命駕而出. 其女感泣隨出曰: "進賜何處在乎?"

曰: "吾非進賜, 乃慶州金先達也."

曰: "何時更見?"

曰: "吾之此歸, 亦永辭京洛. 豈可復見?"

乃鞭馬不顧而去. 店主見行旅人之如此救飢, 仍顧謂其女曰:

"吾給你弊衣一件, 能衣而在廚所, 助我漸也·炊也, 而泔而餕而爲生否?"

曰: "然.

居數日, 有山東南草商上來, 一卜凡五十把.

店主試問 "直幾則賣諸?"

曰: "二緡置之矣."

其女要之曰: "向日先達所惠錢, 適當此直, 幸爲我貿置."

及五月間, 南草價翔, 把五十, 幾二十餘緡. 女乃僦店舍一空間, 布列魚果薑蒜梔藍芝蘩之屬, 頻頻換貿, 至于冬末而倍徙, 其殖倍徙. 隨其殖而增其塵, 若秸屨·麻履·楮牋·細帛等易交易者當之, 兼之以餅餌·飽飣·聖淸賢濁. 凡十餘年間, 累登豐穰, 世且昇平, 而陵墓駕幸, 冶遊塡街, 世道進俸, 輦騈屬路, 春秋試闈, 士子爭競, 爲國朝人物極盛之會. 當時, 近畿旅店, 無不日殖十百, 而此女興殖多至鉅萬, 兒亦長五尺. 遂買巨屋于店傍, 下簾當壚, 揚波飛白, 姿意爲生. 忽楊廣醉徒, 聞其多財寡居, 欲致而爲棲, 謀於店主, 而通言于女.

女曰: "我本某郡良家女, 適于良家, 荐値歉荒, 良人餓死, 幸有一兒, 負抱行乞, 凍餒將轉壑, 千萬不意, 偶逢活佛, 饋以餘食, 給以行錢, 以濟幾死, 以資取殖, 子母相依, 式至今日, 秋毫皆金先達之賜也. 吾安敢受人恩而從他適也? 先達若來, 吾其棲也, 不來, 有死而已."

其徒皆噴噴解歸. 其女乃自思曰: "若久居于此, 必不免强暴." 於是斥其屋子, 收拾散財, 移住于崇禮門外第二家, 日望先達之來, 殆亦三數年矣.

至丙辰(哲宗七年, 咸豐六年)春, 宋秉一, 以尤庵之孫, 蔭塗學仕, 爲尹慶州. 其新延下人, 來舘於門內第幾家. 其女送其兒于新延所, 邀請慶州首尊. 首尊曰:

"汝母是誰? 吾方以支仕錢二百緡出債事, 緊急不能副汝母邀矣."

兒曰: "第往, 二百緡當無邊而取用."

首尊遂率一小童, 踵其兒而至其門. 盖內外簾箔, 極其麗美. 女見首尊至, 拓戶而迎, 進酒饌一行. 仍問曰:

"貴府有金先達者, 首尊其知否?"

曰: "姓金稱先達者, 非獨一人, 殆至三四, 不審夫人所私, 乃何許金也."

女曰: "吾亦不知名銜字號, 而有一表焉. 左輔有櫻桃痣點也."

首尊乃顧謂小童曰: "汝知之否? 客舍東夾房, 販屨資生者是也."

小童曰: "何爲先達也?"

曰: "汝不知此先達也. 十年前, 有一苴杖喪人, 來乞曰: '家貧無以葬親.' 余乃以緡錢斗穀署助矣. 其後三年, 脱其孝服, 着宕巾·衣後坼而又來, 余於是知其爲先達也. 爲人無根脈·沒繫着, 以乞食爲業, 而衣漸弊落, 累見異形, 畢竟夫妻身嬰藁草而行. 余見而悶之曰: '子之外內, 身旣无恙, 四肢又健, 何不傭賃·綑織·紡績·井臼, 而佩瓢村村, 甘作乞人而止耶! 一二番不獲已, 長時乞, 吾甚憎之.' 其人聞之, 省悟曰: '願乞我一束藁, 試爲扉也.' 余幸其意而許之. 不幾日, 扉手成, 可五六文者日三四件. 其妻亦助隣家女紅及春帚, 率其子女, 依憶客舍, 僅僅安過矣. 夫人有何情私, 問之及此?"

女慣聽一通, 泫然而言曰: "固應然矣, 是故忘也. 我以二百緡錢, 付之首尊, 助用支仗, 幸以其本錢, 信傳于此先達."

出匣中束一幅, 以諺裁書于先達前. 辭旨, 盖某年臘余前凍餓滿壑時, 饋食給錢事, 貿南草列廛, 當壚橫利事, 取殖十餘年, 財至鉅萬事, 醉徒謀店主通言, 及不敢忘恩他適事, 移住崇禮門外, 日望先達之或來事, 縷縷屬屬, 溢幅輸情, 尾以反辭曰:

"活人之時, 抑何仁心, 而忘人之時, 若是薄情耶? 今聞主亦脆敗多年, 无家露宿, 是豈成說乎? 玆送某物若干, 爲先救急妻子, 斯速上來, 以爲好區畫, 至望至望."云云.

首尊輩, 遂延新官而歸. 卽備錢, 傳致于金曰:

"子有京中故人, 送此幣物, 子其受之也."

又袖出束書與之. 時薄暮昏黑, 不省書字, 與其妻也. 先擧錢卜, 措諸房中, 黯黯思之曰: "食我錢者, 盖多矣. 誰能記我舊日也?"

遂借膏於隣, 擧燭看書, 乃臘余二緡錢功德塔也. 讀未半而感激, 夫妻相向流涕, 撫膺而嘆曰:

"于京, 前後四五千貫, 皆無用痕, 獨二緡是用處也."

因囑其妻曰: "一陌, 思其中年經歷, 貿糧買魚, 與子女飽食也. 一陌, 吾將買衣服·買冠網·買鞍馬, 上京而觀也."

乃往訪崇禮門外第二家, 女果見先達來, 倒屣迎之. 盖先達不知女, 而女則知先達也. 兩箇相逢, 初則握手痛哭怨之, 以恩如仇, 繼以盛供具, 相歡遇之, 若死還生.

乃約之曰:

"二縉所殖, 今爲二萬餘貫. 一萬貫, 付卑於主, 主之妻子, 有此可賴以圖生. 一萬貫, 分置於妾. 妾亦有子, 是前夫之血, 亦可圖生. 妾與主, 則同居一室, 期以餘年, 日相娛樂, 筮仕一款, 亦妾當先後矣."

基淵遂具資裝, 率家小而來, 買崇禮門內第幾家, 排鼎器而頓之, 與門外家相距凡數弓, 其新孔嘉, 其舊如何? 往來周章, 遂成楊州鶴云.

伊山子曰: 此傳有可畏可倖. 若欺罔寡母, 蕩盡家產, 竟使其親窮餓而至死, 則可畏也; 救活死女, 薄施零瑣, 畢以其財, 長殖而復舊, 則可倖也. 其若受人恩而不忘, 當人强而不改, 終至遷徙知報, 團圓作匹, 則豈可以再醮爲失節也哉! 鞠前生而分財, 爲本夫而有後, 此實易而誠難矣. 凡世間忘恩背義之倫, 盍於此觀省焉?

・『此山筆談』권2

三難 삼난
三難金玉

　　趙三難者, 湖右名族. 其家世貧, 幼失怙恃, 不得早娶. 而其兄某, 文雅疎迂, 不自謀生, 飢厭糟糠, 若食家之飽飫烹宰.

　　其弟三難, 年將三十, 其兄請伉於知舊, 具婚采, 求相敵處而擇配, 亦窮與窮合. 于歸之日, 瓶空乏儲, 厨冷無烟.

　　婦乃告曰: "家産若此, 何以爲生?"

　　曰: "吾有一策, 子其肯從否?"

　　曰: "死且不避, 生安敢辭?"

　　曰: "貧不堪苦, 彼采何爲? 願賣此物, 得三數十緡錢, 與子逃去遠處, 買屋於大路傍而頓之. 爲先當壚沽酒, 取其贏而滋息, 貨若稍鉅, 當增設屋子, 精其閨房, 表其壚帘, 廣開蓬疊, 連亘槽櫪, 南商北賈, 摠管迎送. 吾則爲店夫, 君則爲壚艷, 唾手期十年, 而得財鉅萬, 以復舊閥, 何如?"

　　婦曰: "此誠難矣."

　　曰: "不難, 焉圖其易?"

　　曰: "然則從之."

　　遂放賣其采, 夫負妻戴, 中夜逃走. 其兄自思家貧之故, 季也不堪, 而作此家門之累, 無意看書, 無面對人. 居五六年, 契活愈窮, 菜氣濃面, 煤色遍身, 華冠縱履, 儼然一乞客狀. 乃囑妻孥, 隨分飮啄. 欲訪弟之蹤跡, 周流八方, 飽閱艱險, 至全州萬馬關.

　　關內一大店, 有一美當壚, 乃植杖睨目而視之, 即其弟嫂也. 意或肖人, 審察擧止, 斷斷非他. 遂喟然一嘆, 捲帘入坐,

　　曰: "嫂何此爲?"

　　曰: "叔欲分疏而來耶?"

　　曰: "吾役路喉渴, 願傾一盃澆胃."

　　飮已, 仍問曰: "季君何在?"

曰: "方有興販事, 適出數里場市."

曰: "吾之此行, 季君故也. 今欲待他歸來, 相見一宿而歸."

曰: "然則入處蓬窓也."

居頃之, 其弟着短裋衣, 駈行人卜駄數十餘騎, 滾滾入來, 稅駕而措置, 繫馬而蓐秣, 冒塵坌沓, 如醉如狂. 其兄在房而視, 待其事定, 呼其弟曰:

"某乎, 爾何此狀?"

其弟軒眉一旴, 乃其兄也. 卽以腰拜於庭前, 曰:

"兄長, 何以來此?"

更不問家內如何, 程歷如何, 及久離情懷, 抱盤皿供客, 往來無暇從容.

且曰: "兄長亦等食他行人乎?"

曰: "是何言也? 惟爾供億也."

"盖塗籌該十文, 而於兄五文供."

其兄知其冷對甚, 而含忍而經宿. 其弟夜亦他房宿而不來見. 其翌, 行人盡發, 而其兄不忍舍去, 欲行不行.[1]

其弟曰: "兄長, 何其不去而遲留也? 速出烟價而起去可也."

曰: "吾久不見汝, 心懷欝陶, 今乃相面, 故此遲遲. 汝有何竊嫉我欲去? 又受供億之文耶."

曰: "吾有兄弟親, 豈至此境乎?"

曰: "然則價幾許?"

曰: "吾知兄長囊中不瞻故, 暮朝供半案, 二次凡十文."

曰: "爾但知不瞻, 不知空空."

曰: "然則許多富家, 豈無一宵過處, 而宿此旅店耶? 若無分錢, 以袖中物, 代典也."

曰: "此誠難矣."

曰: "不難. 焉圖其易?"

其兄乃出破扇槃巾而酬之.

其嫂曰: "昨日, 有一盃酒價, 此亦責俸也."

---

1 其兄不忍舍去, 欲行不行 원래 '而其兄留坐'로 나와 있는데 초판본에서 바뀐 대로 따랐음.

其兄復出囊中舊梳子而投之, 揮涕而歸. 自是心懷不怡, 竊自傷嘆曰:

"泉貪交廣, 井辱秣陵者, 此之謂也. 豈意吾家閥閱, 而出此如許悖弟哉!"

相戒兒曹, 勤業致家, 以雪此羞也. 居四五年間, 祈寒吝怨, 暑雨吝怨, 得過且過矣.

一日有客, 乘駿馬·衣輕裘, 來詣門前. 其兄初不知何處貴客, 及登筵拜稽, 僕僕逡巡, 乃其弟也. 其兄怒叱曰:

"汝亦有爲人之日乎?"

曰: "謝罪謝罪. 吾出家時, 不勝貧苦, 約束室人, 爲幾年之計. 南走數百里關市, 卜居于大路衝, 壟斷之事·駔儈之業, 無不躬執, 列廛交貿, 販貨興利. 當此之時, 豈知同氣之情? 所以前日兄長過時, 待之如仇恨者, 以其非人道而息貨故, 斷其情而爲此耳. 豈有他哉? 今我拮据, 已至累萬財矣. 擇地於某郡某聚, 買田土凡二千石落種, 而一千石爲兄家庄, 一千石爲弟家庄, 隔麓東西, 各構瓦屋五十間, 寢廊·廳室·堂廚·庫藏莫不均齊, 鼎器·筵几·衣服·書冊亦相比等, 而大宅加祠宇三間. 方使奴婢臧獲, 守保而存. 今以文書二櫃, 暮朝所供精鑿, 及饌物魚鱐持來. 願兄長第觀文櫃, 而恕此不弟弟草創之業. 平明都棄此樊爐及樊件物, 只率眷口, 偕我之彼, 以作富家翁, 幸幸甚甚."

其兄乃聞此言, 移嗔轉笑, 湛翕如舊, 張燈促席, 討論素懷.

曰: "家貧得貨, 雖云佳尚, 而許好門閥, 難免疵累, 此將奈何?"

一邊勞慰, 一邊傷慟. 其翌, 乃貰輇借馬, 祛其舊污, 載其完潔, 及世傳文簿, 弟前兄後, 全家撤去. 其保守婢僕, 計日等俟, 盛辦供而迎之. 其兄周覽二處布置, 極贊事業之雄鉅, 遂因其設而定居, 更不作世間憂戚, 而爲烟火神仙.

其弟乃告其兄, 速賓設宴, 酣飲數日. 宴罷喟然曰:

"吾若如此而止, 則只做一牟利丈夫. 從今爲始, 不顧家產, 講誦四書三經, 爲明經及第, 以爲滌疵去累, 何如?"

賓客諸友皆曰: "旣富而又欲貴, 子之計誠難矣."

曰: "不難. 焉圖其易?"

遂擇善幹能機者, 爲大小家舍音, 句管春秋出納賓友迎送之政. 裹經書, 上蕭寺, 淨一上房, 晝夜矻矻, 五年之間, 已通七書, 音讀旨義無所碍滯. 遇式觀光, 遽參三十三人榜眼, 名題紅紙, 恩溢黃封, 戴花榮門, 祥光動盪. 遂直出六筮仕, 履歷臺司諫院, 而至弘文館校理.

世人皆稱趙三難. 盖以士夫心操, 率婦子當墟, 第一難事; 久離之兄, 適過一宿, 而典俸烟價, 第二難事; 旣富而不顧産業, 讀書而致功名, 第三難事. 是乃英廟朝人, 子孫至今豪富, 科宦不絶.

•『此山筆談』권1

東道主人동도주인

純廟之世, 有橫城居李宣略者, 旅遊於京, 如干財産, 盡罄於事上. 更無學仕之路. 過公門而趑趄, 望鄕關而伶俜, 歸也難歸, 進退惟谷. 忽見鐘樓街上, 一高額牓曰'千兩'. 李乃排闥直入, 有兩小艾, 容色如花, 卽拱手迎曰:

"行次, 以何來乎?"

李謬曰: "我是全州李宣略也. 旅食多年, 心甚無聊, 適過此間, 見牓而入. 此何等樓臺, 何許主人也?"

少艾曰: "經一宿費千金者, 當識此樓上."

李曰: "千金何難? 第觀樓主."

少艾引上樓上, 外珠簾, 內繡箔粉壁, 金屛活畵玲瓏, 中坐一美人. 悅然是藐故射山仙子後身. 見客登上, 起身迎坐, 穩叙寒暄, 酒行數巡, 桂糖甘露也.

李憑問曰: "主人爲誰? 而誰爲而此樓?"

美人曰: "我本平壤第一梨園, 松京大賈白惟星, 出捐萬金, 粧此樓臺, 謀我當壚. 今已十日, 而姑未見豪華用錢者來訪, 今尊客初入我室, 誠男子也."

曰: "吾以完營富人, 用錢出身, 用錢宣薦. 留京三數年, 日耗千緡, 亦九牛一毛也."

美人聞之大悅, 盛供進夕案. 當夜懸燈, 滿甌浮酥, 醉而詩·酣而歌, 擊缶相和. 夜旣, 退二少艾於亞室, 復進情盃, 排繡枕, 鋪文衾, 相讓解衣數次, 女先就寢.

李乃脫却大小氅衣, 檢身唾手, 拔所佩寶劒, 非合歡意也, 乃衝殺氣也. 卽跨腹上, 鋩比項而將刓之. 美人大驚, 不敢撓動, 只低聲曰:

"此何故也? 惟活我活我."

曰: "汝可殺. 朝鮮豈有千兩牓乎? 昔者孝廟年間, 嘗設靑樓陰伺往來人才氣者, 以有北伐之計也. 此亦風流駘蕩, 多誤權貴子弟故, 遂乃廢閣. 今汝任聽白賈, 費萬金而此牓, 欲釣長安累鉅萬財, 所謂大盜賊者也. 汝將不立所費, 而爲捕廳落花矣. 吾今夜殺汝, 以救京洛, 明日告變, 得一膴仕, 汝順受吾刃."

美人曰: "願積善積善. 惟命是從."

李乃厲聲曰: "汝當從我, 無違否?"

曰: "矢死矢死."

曰: "然則此房所儲貨物, 幾許?"

曰: "籠篋所藏錦繡·苧帛·金銀·寶貝, 幾近三四千餘; 吾四節衣服, 兼珊瑚·琥珀·麝香,[1] 手藏則每朝粧盦幷菱花鏡·黃金梳·琉璃·水晶·明月珠, 各三四枚."

曰: "然則今破漏前, 汝須揀出其輕者, 量我力緊束一卜, 又量汝力緊束一包, 潛負戴逃, 出興仁門, 如何?"

曰: "唯命."

李乃下坐. 美人遂發篋, 擇其物輕而價重者, 如其言, 束出大小兩封角, 打量凡四五千財. 酒行數巡, 爛漫大嚼, 待其鍾鳴鑰開, 男負女戴, 潛走行數十里, 天且明, 美人曰:

"將向何所?"

曰: "金剛山洞口耳. 其萬二千峯, 爲東國第一名山. 豪權富貴之客, 四時不斷, 楡岾·長安·正陽三大刹, 皆因朝家設願, 牧伯施主, 梵宇穹崇, 僧師多夾鉅萬. 吾與汝直走那邊, 發貨買一鉅店, 以爲列屛當壚, 則不出七八年, 京洛可食者盡食, 僧徒富厚者可括. 較彼十日鍾樓, 豈不倍蓰其利乎."

美人揚眉一笑曰: "此吾所願從."

相携幾日, 到達金剛洞口. 李乃發其輕寶, 千金買屋, 門楣屛壁, 極其華麗, 多釀各種美酒, 作司馬相如卓文君故事. 盖嘶騎鳴鶴, 陸續不絶, 慧日曇雲, 流駐不散. 李於壚案數步, 作欄鋪氈, 剪紙爲券, 閒錄沽酒價.

約曰: "京鄉豪貴客, 於酒於花, 隨其出而量爲之, 寺觀富饒僧, 當揚其罦而惜其花. 客則一巡已, 頻數者僧耳, 括物之法, 否中有妙理, 濶中有妙理. 吾於汝, 任見其才幹也."

其本住橫城, 雖與美人同居情熟, 牢諱之, 常稱之以全州李宣略. 如是旣久, 所料如計. 每勘文至數三千貫, 輒載歸橫城曰, "歸全州有幹事." 閱三四朔而復來, 盖一年之間, 留此三分二日月, 留彼三分一日月. 初則歸鄉, 前所賣屋, 依舊直而退之;

---

1 원래 '臭' 자가 있는데 연문으로 보아 삭제했음.

前所賣土, 依本價而還之; 前所賣什物, 亦這這覔之. 次則貿置良田美庄, 多至五六次, 末也召工伐材, 增其宅廬, 內外之室, 極其壯麗. 三重其門, 洞豁當街, 盤踞在金剛南, 距數百里, 通蔚珍平海大路也. 美人常在罏頭, 致財七八年, 不知其幾萬千, 而全輸宣略所爲.

楡岾·長安·正陽諸僧, 往來沽酒, 傾一盃, 文一匊, 吸其氣而蕩其財, 皆懷忿鬱之心. 其中尤甚者, 師名印正者, 財甲於寺內, 而沒入於此女, 間見一二番眞樂, 而心未快足, 常懷怨望. 美人亦疑李宣略之末抄如何, 又懷怨望. 印正乃誘美人曰:

"所謂全州李宣略, 是盜者也. 與君來此, 凡幾年, 盡蕩寺內財, 沒數持去, 又忘君久不來, 世間豈有如許盜者乎? 吾則旣失之財, 不可更推, 第下山退俗, 與美人齊飛, 更無恨矣."

此時, 李以家役之故, 幾一周而往見. 美人含怒不悅曰:

"誘我來此, 致財鉅萬, 而竟乃都奪, 情念漸踈, 倘從此而棄我耶? 何其沒錯落如是也?"

曰: "吾何棄汝? 但率汝無術耳."

曰: "此何言? 此何言? 錢則每容易輸去, 率我則無術?"

曰: "輸錢之時, 汝爲質, 無他憂. 今三利皆以汝殘, 率汝, 彼必奪汝操執."

美人怒且泣曰: "然則棄我耶?"

曰: "何敢棄也? 今有一策, 汝其明聽. 吾觀印正行止, 決非入定, 必爲還俗, 汝姑從印正幷飛. 吾知其心亦在關東八景之間, 隨其行, 而至橫城某所, 則其大路衝吾家也. 度其行, 某日發此, 則某日當過吾門, 伊時等待, 執印正盜汝去之罪, 然後納汝, 更無後患矣. 吾筭止此, 汝亦量之."

於是, 萬二千峯一一擧手長別, 浩然而歸. 整理家産, 洞開門闌, 延攬英豪, 以爲東道主人.

一日暮, 果有馬轎卜駄, 滾滾來止. 乃印師與美人, 退歸之行也. 隸屬引接曰:

"此近無店, 行次當入此門."

遂卸卜於除, 引轎於內, 迎客于堂. 李乃認其中計, 而佯若不知, 叙問

"客從某至某?"

曰: "自淮陽般移于平海."

及至擧燭, 熟視之, 曰:

"爾非印正僧乎? 吾固知汝之還俗也. 其洞外, 吾之所棲, 方欲率來, 而無暇矣. 其間果善在无恙否?"

印不覺驚惶, 靦貌汗背, 遁辭將窮. 忽有曾所往來婢僕, 出來告曰:

"轎中人, 是吾主金剛娘娘."

李乃勃然作色曰: "此何言也? 爾以僧徒, 作此無嚴之罪耶?"

遂叱喝縛出, 跪之庭下, 數其罪而嚴繩. 因令徒隷曰:

"拘幽密室, 以待明朝辨正."

又目之緩其執, 夜間, 印也大怵逃走. 所謂路兒何處不相逢者也. 李因爲鉅富, 不復仕宦, 敎子課農, 遽作完福神仙.

・『此山筆談』권1

南門內酒店 남문 안 주점
每事從寬

南門內濁酒商, 開市初, 湯酒羹, 罷漏卽時, 開門懸燈. 則一喪人獨入, 曰:

"盛羹, 出一盃."

卽出, 則盡飮, 後又曰: "加盛羹, 又出一盃."

又卽出, 則盡飮, 後乃曰: "吾無錢, 明當償之矣."

商曰: "何關之有."

厥喪出去後, 飮酒者雲集, 終日無飯暇而賣酒矣. 翌曉又開門懸燈, 則厥喪又入, 如昨日樣.

商曰: "何關之有."

厥喪出去後, 飮酒者如昨日, 酒商意知其魑魅, 一自以後, 別加善待矣. 厥喪一夜, 持二百兩錢來給曰: "此是酒外上也."

種種如是, 而酒賣一樣無減, 一年之內, 錢至累萬金. 酒商問于厥喪曰:

"吾欲置此業, 他居爲計, 何如?"

曰: "好哉."

欲賣家, 則惠廳使令一漢, 聞賣家之說, 大慾其家之善酒賣. 使令厚給家屋價, 其器皿釜鼎之屬, 亦以厚價買之. 釀酒數十瓮後, 湯酒羹, 而罷漏卽時, 開門懸燈, 則一喪人獨入, 曰:

"盛出一盃."

卽出則盡飮, 後又曰: "加盛羹, 又出一盃酒."

又卽出, 則盡飮, 後乃曰: "吾無錢, 明當償之矣."

商曰: "開市初, 是何說也? 速出錢!"

喪曰: "無錢奈何?"

商大怒曰: "他之開市初, 寧飮外上乎! 若無錢, 則喪服典之也."

厥喪辱之曰: "喪服以四分酒價, 典之乎!"

酒商益怒其辱說, 卽徒跣下庭, 欲打其喪人之頰, 則厥喪連辱逃走矣. 酒商欲捉

打, 追之則未捉, 漸漸遠去. 回一隅而捉得, 爲先脫方笠, 以手左右打頰, 而辱之曰:

"他之開市初, 不出錢飮酒, 兼又辱之, 何故也! 如此之漢, 不可尋常置之."

乃脫喪服與方笠, 挾腋而去. 盖其喪人, 卽仕宦兩班也. 參大宅忌, 而罷祀後, 單身歸家, 遭不意罔測之變, 非但痛煩, 忿氣撑天, 還入大宅, 則一門大驚, 問其故.

答曰: "不知不覺, 何許漢突出, 若此若此矣."

皆曰: "必也酒商之所爲."

多發奴隷, 推方笠喪服, 捉酒商而來, 爲先私治忿心, 日明後, 移送秋曹. 依法典, 照律定配, 這間浮費不少, 酒則無一盃買飮者, 因爲蕩敗家産.

• 『醒睡稗說』

舟販 주판

原州之法泉, 有李姓良家子. 東下薪炭, 西上魚鹽, 舟販十年, 致貨巨萬. 當肅廟乙亥丙子之歲, 歲大歉, 李儈載米三百斛, 而下漢水, 泊于十年所主之家, 主人不食, 已三日矣. 見李儈, 喜曰:

"吾生矣. 吾家十口生矣. 君何所載而來乎?"

曰: "載米而來矣."

主人大喜曰: "先以十斛與我, 我活而後, 爲君貿錢, 又當滿一船而回矣."

李儈不應, 將移船而泊他處.

主人遽曰: "以五斛與我."

李儈又不應而解纜.

主人號泣曰: "十年主客之情, 若是薄乎! 以一斗與我, 以活今日之命."

李儈不顧, 刺船而去. 前下三十里, 而泊之富人家. 販錢滿船而回, 買田營業, 不入漢師三年.

三年之後, 載山貨舟下, 意謂十年舊主人, 渾家饑死於丙子之歲, 遂泊舟於其岸. 適望, 十年舊主人, 絲笠貂裘, 與人立談. 乃疑之, 問于傍人曰:

"此人何姓名?"

曰: "某也." 乃其十年舊主人也. 李儈大驚曰:

"此人何不死於丙子之歲?"

傍人笑曰: "某也果於丙子歲, 積饑而垂斃. 逢其客李賊船米而下, 大喜欲狂, 索米圖活, 李賊不給一斗, 移舟而去. 某也渾家, 啼泣竟日, 忽有以斗米救之者, 得無死. 自此以往, 貸錢販賣, 事事如意, 今不過三年, 而已積百萬錢. 李賊雖於丙子歲, 賣一船米, 取錢滿船而回, 必不如某也之多錢矣."

李賊聞之發慚, 又移舟而去. 終其身, 不敢舟下漢水云.

• 『霅橋別集』 권4 「漫錄」 5

開城商人 개성상인
獲生金父子同宮

松京趙同知, 姓貫白川, 家貨累巨萬, 差人遍於八路, 無處無之. 第素是孤宗, 又無子姓, 至於螟蛉, 無處可得. 老夫妻以是爲憂.

一日, 同知坐於堂上, 門外有乞飯小兒. 年纔十歲, 時當隆冬雪寒, 而其容貌骨格, 頗有可取. 趙同知呼入房中, 問其姓貫, 則曰:

"白川趙氏".

同知喜之, 問其父母, 則曰:

"只有母, 今在城中乞食"云.

同知卽爲率入, 以語其故, 與飯與衣, 而置之于家. 使其奴子, 訪其母來, 稱之以嫂, 而區處於近里一小屋, 其兒則仍以爲己子. 及兒稍長, 托情于養父母, 無異己出. 十五六歲,[1] 加冠娶婦. 其家産出入, 一任渠手, 勤幹周密, 亦稱其意.

一日, 其子忽言曰:

"吾已長成, 不可空遊. 願得數千金, 出商於兩西都會處."

同知曰: "吾松人, 必自少時, 以興利爲業, 自是例事. 汝言不亦宜乎!"

遂給五千兩. 其子行到平壤, 爲妓女所惑, 數三年間, 五千兩錢, 雲散雪消. 無面歸家, 仍留妓家, 爲使喚差人. 趙同知已聞此奇, 不復視以己子, 其本生母與其妻, 盡爲逐之. 婦與姑, 出處城外土幕, 依舊乞食. 其子以弊衣破笠, 住接妓家, 終無歸期.

一日, 妓以官家宴會入去, 趙生守家矣. 其日大雨, 趙生徘徊見之, 則場中有金屑流布. 探採其源, 則自後庭, 連絡不絶, 卽房門砌石所自出也. 坐拾其屑, 頗爲數斤. 而觀其砌石, 則幾若砧石, 全塊都是生金也. 趙生待妓之出來, 言於妓曰:

"吾以年少之致, 如干錢兩, 雖費於君, 君之這間接待之恩, 實亦難忘. 然吾今多年離親, 情理所在, 不得不歸矣."

---

1 歲 원래 없으나『청구야담』해외수일본 을본에 의거하여 보충한 것임.

妓聞言, 亦爲悵然曰: "趙書房久留吾家, 以吾之不贍, 未能如意接待, 是吾所愧. 多年主客之餘, 今焉告歸, 在主人之道, 不可以徒步送之."

卽其地, 貰六足而給之.

趙生曰: "多感多感. 第有所願, 乃後房門前砌石也. 此石不足爲貴, 然以君之朝夕着足者也. 吾今歸去, 持此砌石, 如見君面, 庶可慰懷."

妓曰: "趙書房之有情於我, 可知. 吾何愛一塊石耶! 須持去也."

趙生卽馱而來, 時當歲末. 凡松人之出商者, 必盡歸家, 各其家眷, 亦備大饌, 而迎之于五里程. 伊時趙同知, 亦以候差人之故, 方出來于五里程. 趙生弊袍草笠, 亦會于其中, 未敢出現其父, 踽踽一隅. 其所[2]相迎許多差人, 主客莫不以喜色, 而至於趙生, 則其父知而若不知, 其子亦知而不敢現. 間或有知者, 莫不揶揄而譏笑之.

日暮, 訪其外城土幕而歸, 則其母與妻之怨言深責政難堪聽. 趙生無一言半辭, 不敢開口, 鼾息穩宿後, 其明日, 裁書與金屑重裹, 出給其妻, 使納于其父. 其父方與諸差人, 早起會計, 坐房中. 其婦不敢造次入門, 呼其奴子, 通知于趙同知, 而先入金封. 趙同知受之, 開書見之, 云:

"子之多年所得, 雖只此, 庶可當向日五千數. 而又有大於此者, 故先此伏達耳."

趙同知解見, 則盡是生金屑. 計其價, 則可當六七千金. 大喜, 未及發言于諸差人, 直起入內, 招其婦入室, 其妻大怒, 而叱逐之.

同知曰: "有不然者, 少俟也."

問其子婦曰: "汝之夫, 無病而入來, 善眠無他, 且得喫飯乎? 汝則姑留, 勿去在此. 吾今出見汝夫矣."

仍卽出城, 見其子, 其子拜謁.

其父曰: "汝之所送金屑, 不少, 何以得之乎?"

其子曰: "此何足爲多也. 又有許大全塊金矣."

曰: "置之何處?"

其子披行橐中, 出而示之. 趙同知一見, 圓着眼·大開口, 旣爲驚倒. 良久起而拊背曰:

"相不可誣矣. 吾見汝相, 有萬石君格, 故取以爲子, 今果得此金來. 若其鑄[3]出也, 十倍於吾家本産也. 此外復何望哉! 向者一時外入, 亦是少年例事. 勿復云云, 卽卽入來也."

回頭語其生母曰: "嫂氏近日日寒, 得無饑凍乎? 吾今備轎出送, 卽返舊室也."

歸家後, 盡爲率去, 復爲父子若初.

噫! 父子之親, 俄頃而解, 俄頃而合, 貨利所在, 可不懼哉! 然其市井之類, 蝄蛉之誼, 亦何足深誅乎!

• 『靑邱野談』成大本 권1

---

3 鑄 원래 '做'로 나와 있는데 해외수일본 갑본과 을본에 의거하여 바꾼 것임.

讀易독역
安貧窮 十年讀易

士人李某, 家在南山下. 安貧好讀書, 謂其妻曰:

"吾欲十年讀易, 君能繼我疏糲否?"

妻諾之. 李生遂閉戶入室, 封鎖甚固, 穴窓僅容一盂, 俾饋朝夕之飯, 讀易不撤, 晝夜無間斷. 至七年, 從窓隙窺之, 有一禿頭僧, 頹臥窓外. 驚怪, 出戶視之, 卽乃其妻也.

生曰: "此何狀也?"

妻曰: "吾不食, 已五日矣. 七年中饋, 一髮不留. 今則勢到弩末, 奈何?"

生歎息出門, 直至國富洪同知家, 謂洪曰:

"君與吾雖是素昧, 吾有用處, 君肯貸我三萬金否?"

洪熟視良久, 許之曰:

"百餘駄之物, 區處於何處乎?"

生曰: "今日內, 駄送于吾家也."

遂歸家. 俄而, 車輪馬載, 未暮畢至.

生謂妻曰: "今旣有錢矣. 吾欲更爲讀易, 以滿十年之限, 君能取殖此錢, 以繼朝晡否?"

妻曰: "此何難也?"

於是, 生還入室中, 依舊咿唔. 其妻貿賤賣貴, 兼治産業三年之間, 剩錢爲屢萬矣. 生讀畢, 始掩卷而出, 駄其錢, 往洪家盡給之.

洪曰: "吾錢不過三萬, 此外不可受也."

生曰: "吾以君錢殖利至此, 此亦君之錢也. 吾何可取之?"

洪固辭曰: "此乃貸也, 非債也. 何論餘利?"

只受三萬金本錢. 生不得已還持其剩錢而來. 與其妻, 撤家入關東深峽中, 大拓基址, 新搆甲第, 廣置閭舍, 募民入處, 居然成一大村落矣. 而闢草萊開荒蕪, 無非膏腴之地. 歲收穀幾千石, 衣食豐足, 一生安過.

壬辰之亂, 生民魚肉, 而生之一村, 獨不經兵燹. 此是山乃知武陵桃源也.[1]

• 『靑邱野談』 海外蒐佚本 乙本 권8

---

1 此是山乃知武陵桃源也　원래 '此是山桃源云'으로 나와 있는데 성대본에 의거하여 바꾼
것임.

許生別傳허생별전

識寶氣許生取銅爐

　　許生者, 方外人也. 家貧落魄, 好讀書, 不事產業, 案頭[1]只有周易一部, 雖簞瓢屢空, 不以爲意也. 其妻紡績織紝以奉之.

　　一日, 入內, 妻斷髮裹頭而坐, 以供朝夕之具. 許生喟然嘆曰:

　　"吾十年讀易, 將以有爲也, 今忍見斷髮之妻乎!"

　　遂約其妻曰: "吾出外一年而歸, 苟延縷命, 且長其髮."

　　彈冠而出. 往見松京甲富白姓者, 請貸千金. 白君一見, 知其爲非常人, 許之.

　　許生齎千金, 西遊箕城. 訪名妓楚雲家, 日辦酒肉, 與豪客少年, 專事遊蕩. 金盡後, 復往見白生, 曰:

　　"吾有大販, 復貸三千金乎?"

　　白君又許之. 又往雲娘家, 乃治第綠窓·朱樓·珠簾·錦席, 日置酒笙歌自娛. 金盡, 又往見白君, 曰:

　　"復貸三千金乎?"

　　白君許之. 又往雲娘家, 盡買燕市名珠·寶珮·奇錦·異緞, 以媚雲娘. 金盡, 又往見白君, 曰:

　　"今有三千金, 可以成事, 而恐君不信也."

　　白君曰: "惡是何言也? 雖更貸萬金, 吾不足惜也."

　　又許之. 又往雲娘家, 買一名駒, 置之櫪上, 造繮帶, 掛之壁上. 遂大會諸妓, 迭宕遊衍, 散金於繮頭之費, 以適雲娘之意. 金盡, 許生故作寂寞凄凉之態, 以試娘. 娘水性, 已生厭意, 日與少年, 謀所以去許生者. 許生猜得其意, 一日謂娘曰:

　　"吾所以來此者, 爲[2]販商也. 今萬金已盡, 張空拳而已. 吾將去矣, 能無眷戀之心[3]乎!"

---

1 案頭『청구야담』을본에 의거하여 보충한 것임.
2 爲『청구야담』서울대 고도서본에 의거하여 보충한 것임.
3 之心『청구야담』서울대 고도서본에 의거하여 보충한 것임.

娘曰: "瓜熟蒂落, 花謝蝶稀, 何戀之有?"

許生曰: "吾之財, 盡入於銷金巷矣. 今將永別, 汝以何物贈行乎?"

娘曰: "唯君所欲."

生指座上烏銅爐, 曰: "此吾所欲也."

娘笑曰: "何惜之有?"

生遂於席上, 片片碎之, 納于纏帶, 騎名駒, 一日馳至松京.

見白君, 曰: "事成矣."

出示纏帶中物, 白君頷之. 許生携纏帶·騎名駒, 馳至會寧. 開市列肆而坐, 有賈胡一人來,[4] 閱碎銅, 嘖嘖曰: "是也是也!"

請論價, 曰: "是無價寶也. 十萬金雖少, 願請交易."

許生睨視良久, 諾之. 遂交易而歸, 見白君, 以十萬金還之. 白君大驚, 問其所以然.

許生曰: "向者碎銅, 非銅也, 乃烏金也. 昔者秦始皇, 使徐市, 採藥東海上, 出內帑中烏金爐以賑之. 蓋煎藥於此爐, 則百病奏效. 後徐市失於海中, 倭人得之, 以爲國寶. 壬辰之亂, 倭酋平行長, 持來行中, 據平壤, 方其宵遁也, 失之亂兵中. 此物遺在名妓楚雲家, 故望氣以尋之, 以萬金易之. 賈胡乃西域人也, 亦望氣而來. 其無價之論, 乃確論也."

白君曰: "取一爐, 雖非黃金, 亦且容易, 何其勤勞再三乎?"

許生曰: "此天下至寶也. 有神物助焉, 非重價, 則莫可取也."

於是, 白君曰: "君神人也."

盡以十萬金, 還付之, 許生大笑曰:

"何其小覷我乎? 吾室如懸磬, 讀書樂志.[5] 今此之行, 特一小試耳."

遂辭去. 白君驚異之, 使之尾其跡, 其家乃紫閣峯下一草室, 琅琅有讀書聲而已. 白君知其人, 每月初吉早晨, 以米包錢緡, 置之其門內, 僅繼一月之用. 許生笑而受之.

李相公浣, 時爲元戎, 受託寄之重, 圖伐燕之計, 訪人材. 聞許生之賢, 一夕微服

---

4 來 서울대 고도서본에 의거하여 보충한 것임.

5 志 원래 '之'로 나와 있는데 『청구야담』 을본에 의거하여 바꾼 것임.

往見之, 論天下事, 願安承敎, 許生曰:

"固知公之來也. 公欲擧大事, 依我三策否?"

李公曰: "敢問其說."

許生曰: "今朝廷, 黨人用事, 萬事製肘. 公能歸奏九重, 破黨論·用人才乎?"

李公曰: "不能."

又曰: "簽軍收布, 爲一國生民之愁苦. 公能行戶布法, 雖卿相子弟, 不使謀避乎?"

李公曰: "此事亦難矣哉!"

又曰: "我國東濱于海, 雖有魚鹽之利, 蓄積不敷, 粟不支一年, 地不過三千里, 而拘於禮法, 專使外飾. 能使一國之人, 盡爲胡服乎?"

李公曰: "亦難矣哉."

許生厲聲曰: "汝不知時宜, 妄張大計, 何事可做? 速退去!"

李公汗出沾背, 告以更來, 無聊而退.

翌朝訪之, 蕭然一空宅而已.

・『海東野書』

呂生여생
贏萬金夫妻致富

呂生某, 南山之下窮儒也. 家貧好讀書, 有經濟才, 而無所施. 賣家舍而食之, 一間外廊, 夫妻居處其中, 不堪飢寒, 生謂其妻曰:

"吾欲有所出, 或有上服之可着者否?"

妻曰: "迂哉. 吾內外衣服賣食, 久矣. 餘者是身上懸鶉而已."

生曰: "吾不可坐而待死, 然則奈何?"

妻曰: "一弊袍, 用之晨謁者, 猶不可着乎."

生曰: "是足也."

乃着之而出, 襤褸[1]垢汚, 街童相與指笑. 行至鍾樓街上, 塵人遮道問所賣之物.

生曰: "有之."

隨至塵中, 謂塵人曰:

"看吾貌樣, 吾豈有賣買物貨哉? 今世閭閻中, 誰最富者? 願聞其名."

塵人, 以多房洞金同知對之. 遂往至金同知家, 主人面貌豊盈, 衣服華麗.

生曰: "主人, 果是當世閭閻間, 有富名金同知乎?"

曰: "然."

曰: "吾有所請, 主人肯從之否?"

主人意以爲乞粮也, "有甚難事? 第言之."

生曰: "吾困而飢, 欲小施經綸. 主人能貸萬緡錢乎? 不滿萬, 不足用之."

主人視生良久, 沈思半晌. 乃曰: "諾."

生曰: "先以千緡, 馱送吾家. 吾將之家, 區處此物, 旋卽來此, 今日卽發矣."

遂歸以千金付妻曰:

"以此爲十年之資. 吾將今日發行, 十年後當還也."

---

1 **襤褸** 원래 '繼縷'로 나와 있는데 전후 문맥으로 보아 바꾼 것임. 대본으로 삼은 것이 오자가 많아 이하는 일일이 밝히지 않았다.

語罷, 復至同知家, 同知爲設饌以待之.

且曰: "將何向?"

曰: "嶺南."

曰: "吾有任事僕一人, 勤幹精敏, 欲與之俱乎?"

生曰: "甚好."

曰: "嶺南沿海之地, 吾有販貨錢數船, 見吾一帖, 則可交手付之. 爲此則省馱往之費矣."

生曰: "尤好."

同知出表服一襲, 使生換着, 生亦不辭. 又裹弊件, 藏之行囊中.

行至河東·昆陽之間, 嶺湖物貨之所輳. 遂往來場市間, 必增價以買之, 一場所有, 盡入於生. 明日爲之, 再明日又爲之, 比至用九千緡, 嶺湖之貨積者旣渴, 後來未繼. 於是, 出而賣之, 獲數倍之利. 生用財無他術, 賤則取之, 貴則出之. 其錢愈多, 其用愈無窮. 行之數年, 錢不可勝數.

大路側, 有富民家, 生願借居停之所.

富民曰: "吾家頗巨大一村中, 故從前富商大賈, 莫不出入焉. 數年以來, 有無賴賊, 嘯聚徒黨, 出沒不遠之地, 故富商大賈, 歛迹遠避, 不敢來往此村."

生曰: "盜爲幾何, 居在那邊?"

富民曰: "盜可數百人云, 自此西去十理, 有崇山峻嶺, 林木翳翳. 緣山而北, 有谷呀然, 有土窟甚大, 卽其盜所據之處也."

生遂命任事僕, 以錢往沿海船所留焉, 與之約曰:

"見吾錢帖, 爲數馱送. 久速唯是吾俟, 毋輕離其地."

僕依命而往. 遂單身入山谷中, 上下十里, 跡其盜所住, 山腰有土窟. 窟外有石門, 數十步, 漸覺夷廣. 行到二牛鳴, 有草家四五十間, 蓬頭突鬢, 相聚其中, 見生大驚, 皆持杖而出.

徐曰: "無用驚怔也. 我非捕盜官軍也. 欲來捕汝輩, 豈我單身, 入汝輩之巢穴乎. 如我不信, 試出石門外, 見有從者否也."

羣盜出而視之, 果無一人. 盜始放心曰:

"旣非捕我者, 胡爲遠入土窟?"

生曰: "吾欲爲君輩所爲耳. 可肯相容乎?"

群盜大喜, 羅拜于前曰:

"吾輩新喪元帥, 無所統攝, 勢將分散, 今日老爺遠臨, 吾輩萬幸."

延之上座, 推爲首領.

留三日, 群盜進曰:

"軍無見粮久矣, 幸有以敎之."

生作二千緡帖, 送船所, 錢卽至矣, 羣盜大喜. 錢卽告罄, 又作三千緡帖, 以送之, 爲是數矣.

一日, 生謂群盜曰:

"爾輩有父母妻子者幾人?"

曰:"有之者, 過半."

生曰:"何以聊生?"

皆垂淚曰:"我輩皆不勝飢寒, 棄家來此者, 已踰年. 其間存歿, 漠然無聞, 每念之, 不覺悲苦."

生又取萬緡以來, 一人與之錢百緡曰:

"持此往汝家, 以活汝父母妻子, 各隨所得, 以穀種田器求獻."

群盜皆感泣而散. 及期而至, 黍稷·稻梁·耒耟·鋤鎌之屬, 無不畢具. 乃與群盜, 會于船所, 以所在錢, 盡載之船, 買農牛四五隻. 汎舟入西南大洋, 有一島延袤十里, 草木甚茂, 泊舟島中. 爲草舍以居, 烈火而焚之, 與群盜並力耕作陳荒之地, 生穀十倍, 積之如山阜.

又如是者, 數歲. 關北大饑, 伐木造船, 載穀往賈之. 又數歲間, 西路大饑, 復載穀而往賈之. 錢可以舟計.

放牛於野, 孳育生群, 亦可至累百頭. 於是, 載錢穀牛, 來泊畿間. 生語群盜曰:

"汝輩亦皆良民, 何苦而爲盜? 自今日各歸汝家, 復爲良民."

一人各與錢五百緡, 又分與之穀石牛隻. 群盜拜謝, 揮淚而散.

生與其僕, 數其餘錢, 尙可百餘萬. 復汎舟來泊於京江上. 留僕而守之, 出橐中弊衣以衣, 徑到金同知家. 離京滿十年矣.

同知大驚, 問曰:

"何如作此貌樣?"

生曰:"吾行中小有贏餘, 足辦一襲衣服, 而吾不忍忘舊之意, 留着去時所貯耳."

主人盛饌以待之, 生具言十年來所經歷事. 主人復大驚曰:

"子眞經綸一世之士. 而小試於農商之間, 惜哉."

願分其錢半. 生辭曰:

"吾安用此爲? 吾亦老矣. 日給吾一緡錢, 以終吾餘年, 則足爲吾衣食之資."

主人曰: "敢不如命."

生遂往其家視之, 一間行廊, 一無去處, 有高柱大門, 立於其址. 從門外視之, 則內外家屋極宏. 蒼頭奴僕, 問 "客從何處來?"

生曰: "此是誰宅?"

奴曰: "此是兩班宅."

又問 "主人在否?"

曰: "一出十年不返, 只有內眷而已."

"我是此家主人也." 遂入內舍. 夫婦相握而哭.

生曰: "何以起此大家?"

其妻曰: "吾將千緡, 買婢僕五緡, 造家舍四百緡, 以餘爲家業, 食其贏餘, 今至數十萬."

生笑曰: "夫人所持者狹, 坐此致富於我遠矣."

•『東野彙輯』권7

南京行貨 남경 장사

光海時, 漢師有一大賈.[1] 常行廢着於北京, 而豪縱浪費, 負西關巡營銀七萬兩. 自營或囚或釋, 艱辛營辦. 僅償五萬兩, 而尙餘二萬兩. 其時按使, 牢囚督捧, 而家計蕩盡, 更難用力. 賈從獄中上言.

"身旣囚係, 徒死而已, 公私無益. 請更貸二萬銀兩, 二[2]年內, 當盡償四萬. 無絲毫欺負."

按使壯其志·奇其言, 給銀如數. 賈卽往沿海諸邑, 自義州始, 而訪問富室, 就其隣近而買屋焉, 華衣肥馬, 往來留住, 盡結富人. 具美饌旨醞, 共與飮食, 富人莫不傾心愛重. 因以辨辭談說, 貸出銀錢, 多者百金, 小者數十金, 刻期約還, 及至期, 卽償無或遲滯.

凡西關錢銀子母家百數, 而賈循環貸償者, 幾一年而無一欺瞞, 諸富人, 益大信. 仍大得償銀, 又六七萬兩, 盡買人蔘貂皮. 仍以其餘, 多貿健馬盡載之, 復赴北京. 其主人[3]舊日大商, 亦好義者也. 賈說之曰:

"若以此貨, 往南京, 則當獲百倍之利矣. 男兒作事, 成則昇天, 敗則入地耳. 爾我知心, 能從我乎?"

主人然之, 快許. 遂與主人, 雇一牢固船載貨, 自通州發船, 得順風, 未滿十日, 達楊子江. 遇一唐人, 棹小船, 掠賈舟而過, 賈卽與格軍健者數人, 乘耳船追之, 入小船中, 縛其人. 載還解之, 備問水程之所從 入, 及市貨貴賤, 人心眞僞, 國禁輕重, 寇賊有無, 旣詳悉. 又厚給其人物産, 以結其心, 其人大感謝. 賈又許以成事後, 當重報, 其人指天爲誓, 願爲之死.

遂自楊子江, 乘潮而入, 直至石頭城下. 唐人家在江邊, 遂泊岸下. 翌日, 賈率船夫之有心計者數人, 皆以唐製衣服, 隨唐人入南京城中. 十里樓臺, 簾幕掩映, 皆是

---

1 光海時漢師有一大賈 『청구야담』에는 이 서두 부분이 '古有鄭姓一大賈'로 되어 있음.

2 二 『청구야담』에는 '三'으로 나와 있음.

3 主人 『청구야담』에 의거하여 보충한 것임.

貨肆, 寶貨山積. 唐人引賈, 就一藥舖, 細陳此朝鮮人挾重貨, 可潛市勿洩. 舖翁大喜, 邀來同契富翁, 約期交貨. 賈歸取蔘貂, 羅列舖上, 一一精新. 南京藥舖, 素重羅蔘, 舖翁輸價, 比本國可十數倍. 而賈大獲財, 厚給唐人. 歸至北京, 以數千金與主人, 又分給十餘棹夫各千金.

遂還本國, 不過數月之間, 償納巡營銀四萬兩, 又償沿海富家, 兼利息無所遺, 自享餘財屢巨萬.

遂詣按使, 告其故, 餉南貨精貴者五駄. 按使大異之, 嘆曰:

"此眞英雄也. 吾不失人矣."

薦之宰執, 累歷鎭將云.

評曰: 是賈誠偉矣. 其花園老卒之類也歟! 以其負七萬者觀之, 亦大跲弛耳. 兵陷之死地而後生. 觀其智勇, 足以爲將矣. 然苟非蹈死地, 烏能致此?

・『鶴山閒言』, 『野乘』 권21

北京丐者 북경 거지

我東, 譯官之隨使行入燕都也, 每貸戶部白金而行, 貿唐貨以來, 發賣以償戶部十二, 餘利不貲, 以之致富.

有一譯官, 輕財好施, 每行, 賣庄土以償戶部, 不足則取足於宗族以償. 故宗族爲之請於上使, 而每尼其行. 其譯官老窮, 無以爲生, 乃告宗族曰:

"吾今則悔前之爲. 必慳嗇而不浪費."

遂自請於上使而行. 貸戶部白金五千兩, 而入燕都. 與同僚皆持白金, 往市樓, 將貿香藥錦綺諸奇貨. 市有一丐者, 赤身以半尺布, 裹其陰而立. 訴於諸譯官曰:

"與我萬金, 我往還南地, 輸君所須, 當倍於此市之價, 而我亦得以餘貲自饒, 此兩便之道也. 如何?"

諸譯官, 皆不應而亦不視. 丐者曰:

"朝鮮小國也, 又無禮. 我雖丐者, 發言不之荅, 無酬酢之禮. 且萬金何足道, 而看作重寶, 不能試之於成敗利鈍之間, 誠小國人也[1]."

其老譯官曰: "汝求萬金, 而吾以老衰不能多齎, 只五千金故, 吾不能答, 而且思之, 汝何遽譏吾輩, 而幷辱我國乎?"

遂投白金之封. 盖初不改戶部之封也.

曰: "此只五千金. 若猶可用, 則惟汝所爲也."

丐者拜曰: "小人果輕躁失言. 而大人旣不深罪之, 又收任路傍之棄物, 使得展其才用, 而免於飢寒, 幸莫大焉, 恩莫盛焉."

市人皆警其疎濶, 而頗亦多之. 諸譯官入告其事于上副使, 皆警歎發責曰:

"汝之前者負欠, 而猶有好施之名. 今汝在道慳用, 旣敗好施之名, 而顧以全封都付一丐者, 吾不知汝義果何居? 汝之宗族, 皆以汝耗敗, 將何以償六千於戶部?"

老譯官曰: "以微物之故, 而擧國將蒙恥, 奈之何? 所失不過五千金, 而自此大國

---

1 人也 원래 '也人'으로 나와 있음.

之人, 不敢眇視朝鮮. 我國之所得, 不已多乎? 使吾見欺於丐者, 而全失五千金, 戶部不當責報於我, 須上聞而稟處. 此事雖人微物細, 而其關國體則大矣."

居一兩日, 丐者輕裘快馬, 來謝老譯官, 且邀與遊宴於名園勝地, 普請諸譯官. 諸譯官意謂'一涉斯遊, 將來輸金戶部時, 不得不同償. 然彼既以名勝之遊邀我, 而我若不參, 必以我爲鄙人也.'遂皆往焉. 飮食女樂一宴之費, 不下數百金. 諸譯官相謂曰:

"丐者亦智矣. 欲使老譯官, 得添吾輩之金, 以償其失也."

如是者凡四五宴, 而丐者遂發南行, 請於老譯官曰:

"大人所須何物, 而歸期當在何日?"

老譯官具以告. 丐者南去, 絶不聞消息者, 六十餘日, 而歸期已迫, 不可獨留而待矣.

行至鳳凰城, 距朝鮮之境, 不能百里, 而一出柵門, 不可與中國人相見. 臨當出門, 顧見車塵甚高而銳. 老譯官請于上使曰:

"願少躊躇, 無亟出柵. 彼其塵, 必丐者之來也."

上使笑曰: "少止何妨? 但丐者不來, 汝勿待之."

有頃, 車上搖扇高聲, 聲不可辨而扇可見.

老譯官曰: "此必丐者也."

俄而, 丐者到, 把老譯官之衣, 而頭觸之, 啼泣不可止. 良久收泣而嗚咽曰:

"幾不及見大人矣."

退而出其裝. 自上使以下至譯官一行皆有餉, 皆南方之名酒異饌, 而有桂蠹. 先陳禮幣於老譯官, 奇香·殊藥·怪珍之物, 可直數千金, 次輸香藥·錦繡·綺紈可直萬金. 老譯官, 却其半不受曰:

"此則分外之物也."

丐者泣請曰:

"賴大人之惠, 而營販如計, 得十倍之利. 吾之所享, 乃三倍於此矣. 吾已拔貧而爲富足翁矣. 利豈可專乎? 此不當辭也."

遂棄之而辭去. 老譯官不得已盡載而歸. 旣償之戶部, 而所餘蓋倍於同僚, 乃以分諸宗族之由己而破業者, 己亦爲富家云.

方柵門見丐者之時, 自上使以下皆發慚, 悔其輕發不信之言.

• 『霅橋別集』권4「漫錄」5

幻戲 환희
場戲窺錢警財欲

玄某, 象譯家也. 每歲赴燕, 商販爲業. 行至錦州衛, 夜宿店炕, 聞門外喧擾, 問其由, 曰: "有一過客, 自稱五嶽子, 善幻戲, 里中好事者, 邀請作戲."

玄被衣出戶而觀之. 雪霽月明. 審其形容, 音類燕趙間人. 路上觀者如堵, 齊請試戲.

曰: "諾."

自袖中, 覔四時花卉之種, 播之雪上. 卽看萌芽苗長, 蓓蕾吐藥, 頃刻之間, 千紅萬紫, 遍滿街衢. 衆大哄稱奇. 少頃, 客擧扇簸之, 花皆紛紛墮地, 渾一雪色. 衆又請他戲, 客從裏中出靑錢一枚, 側挿路傍, 騈兩指作書符狀, 須臾錢大如車輪. 衆異之.

客曰: "適成連子遲余海上. 當暫去, 明晨復來."

臨行, 指錢笑曰: "此物有福享, 無福則映. 爾等勿輕覬也."

遂去, 衆亦漸散. 玄獨徘徊, 至夜深, 摩挲良久, 潛從錢孔中窺之. 見其瓊樓翠閣, 繡閣文窓, 琉璃屛·珊瑚榻·珠玉寶玩, 無不具備. 俄有數美人, 衣五銖衣, 曳輕縠裙, 明璫·玉佩, 翩然而來, 手各携樂器一具, 不似世所傳箏·琴·笛·板者. 無何, 一美人曰:

"紫雲廻樂府, 自阿環盜去, 久不復奏矣. 盍理之?"

衆曰: "諾."

於是, 展甌氍席地而奏. 奏畢曰:

"阿蠻矯態, 獨步一時, 請更作絶腰舞, 可乎?"

一美人癡立, 似夫兄者. 衆笑曰:

"癡婢子, 被白家郎馳驟, 腰圍粗却矣."

美人面發頹, 勉强振袖而舞. 庭前桃瓣. 歡歡如紅雨墮. 玄在錢孔中, 初猶探首, 取次移步, 漸入佳境, 不覺身在舞庭, 逼近珠翠. 忽聞堂上嗔喝聲曰:

"何來麁戇奴兒, 窺人閨閣!"

哄然盡散, 而重樓疊閣, 無一存者. 玄覺錢孔漸少, 四面束住腰脅, 欲進不能, 欲退不可. 而束處痛極難忍, 狂聲呼救, 里中羣起環視, 無計可出.

天將[1]曉, 客復來, 嗔曰:

"汝以一介窮骨, 妄覬宮室之美, 妻妾之奉, 以至鑽穿錢孔, 動輒得咎. 孽由自作, 不可活矣."

衆代爲哀乞. 客曰:

"天地間, 禮義廉恥·酒色財氣, 如武候八陣圖. 廉爲生門, 財爲死門. 渠已從死門而入, 尙望從生門而出耶."

玄聞言大哭. 客笑曰:

"汝有悔悟心, 或可救援."

因取巨筆, 蘸墨塗錢孔, 孔乃谽開, 摺玄而出之. 錢頓小如故, 仍納諸囊中, 謂玄曰:

"暫爾筆下超生, 後此勿爲. 一錢不借命也."

玄叩謝, 隨衆而去. 至今錦州, 猶有能言其事者.

• 『東野彙輯』권5

---

1 將 원래 빠져 있는데 유인본에 의거하여 보충한 것임.

朴砲匠박포장
落小島砲匠獲貨

朴姓火砲匠, 隷訓局軍, 爲人淳慤而貌甚薄, 渾室以貧窮之狀嘲之.

性嗜酒, 而貧無以謀醉. 每受軍門料米, 則直向酒家, 買酒一盆, 獨處幽室, 堅閉戶闥, 經數晝夜始出.

其妻怪之, 一日穴窓窺之, 初則拱手塊坐, 置酒於前, 沈吟玩味, 不忍擧而飮之, 有若愛惜者然. 忽呀然一笑, 雀躍而進, 雙手擎盆, 一吸而盡. 不食按酒, 乘興而起, 擊節放歌, 繞屋徘徊, 不滿數刻, 俯身向盆, 細細吐出, 如倒瓶水, 依舊一盆酒, 不減毫末. 已而又如是呑吐, 至于幾十番, 而日已暮, 夜已曙矣.

翌日, 其妻問曲折,

答曰: "余之酒量甚寬, 猝難充腹. 一吸而已, 則不耐渴意, 不得已如是呑吐, 聊以活喉, 而興不淺." 云.

時當航海朝天之際, 使行將發, 朴以砲匠與焉.

蓋古者通中國以水路, 上副使書狀官各異船, 各具一本表咨文書, 以備不虞. 如高麗時上使洪師範渰死, 書狀官鄭夢周獨達者是也. 朝天之行, 發船於長淵豊川之間, 渡赤海白海, 其間數千里, 經許多洲嶼, 候風潮取路故, 其如行中所需, 及中國貿販之資, 以至技藝工匠之人, 無不備具, 稠載于船.

及其發行也, 守宰大張風樂以餞之, 親戚攀船號哭以送之. 至今技樂, 有拖樓樂·船離曲者, 以此也. 砲匠隨上使. 船同船從行者, 各傾家貲, 爲彼地販利之計, 囊篋俱豊, 而砲匠獨以貧賤, 行資甚冷落, 同行者目笑之.

行至大洋, 風濤忽大作, 危亡迫在呼吸. 篙師曰:

"以行中必有不利之人. 當此大厄, 無論上下, 各脫下一件衣也."

衆從其言. 梢工乃以衣取次投水, 至砲匠之衣, 獨沈焉. 梢工曰:

"何可因一人之故, 而滿船人同被水厄乎? 願急速擠投之水中, 以救一船之命."

上使憐其無罪而就死, 良久默想曰:

"此處, 有近島否?"

梢工曰: "有一小島不遠矣."

命回船泊於小島. 將下砲匠於島, 猶有不忍之心曰:

"何可置人於必死之地? 風勢稍減, 何必乃爾."

因命放船, 船自回旋不進. 船中人皆曰:

"今此舟中, 必有水厄者, 請試之."

每下一人於陸, 船猶回徨, 至火砲匠, 輒沛然不滯. 遂不得已相與議, 其糧粮衣服金帛刀釰所需, 落留砲匠於島中而去. 約以竣事還路, 當邀汝而共歸. 相泣而別.

砲匠獨居島中, 結草爲幕, 以備風雨寒暑, 拾蠔螺・拏蛼蚏, 以充飢渴. 自分爲絶島枯骨. 嘗夜不寐, 側耳而聽之. 每曉風聲自島中, 掀山振嶺而出于海, 又日晚有聲自海中, 揚波盪壑而入于島. 深異之, 候其時, 隱身山林而俟之, 有一大蟒. 如虹樑巨桴, 長不知幾百尺, 奇怪蜿蜒, 目光閃爍, 從岩穴而出, 捕熊貙鹿豕而吞, 入海中趂修鮮鱗窮甲而食之. 其行路成一溝, 可容舡.

砲匠, 新磨刀釰, 列植於路中, 皆埋柄上刃, 又斬路傍竹林, 而尖其梢如槍. 翌晚其蟒果自海而入島, 從頷至尾, 爲釰所裂, 及竹梢所刺, 珠璣琅玕火齊之屬, 幷瀉于地, 委積谿壑. 越數日腥風滿林, 腐臭透鼻. 往見, 大蟒死于林中. 刳其腸而出之, 照乘經寸之寶, 不知幾千百. 遂編草而裹之, 大如斛者五六包, 以弊衣覆之. 以俟回船者, 幾歲半矣.

忽有大艦張帆, 自洋而來, 高聲而呼曰:

"火包匠無恙否?"

至則朝天東歸之船也. 相與把手而慰之, 邀之上船. 同船之人, 已得南金火貝文緞彩錦於中國, 充船而回矣. 火砲匠曰:

"諸君皆得重貨於中國, 而獨枯槁空山, 莫非數也. 何面目歸見妻子乎? 在島中無所爲, 拾洲邊團石, 要以充老妻鎭床支機紡績之具."

遂擧五六包上船. 同船之人, 竊笑而哀憐之. 旣還, 粥諸市, 價至數百萬金, 富爲東方之甲云.

・『東野彙輯』권7

大人島 대인도
大人島商客逃殘命

淸州商人, 以年前貿藿事, 入於濟州. 有一人, 着地盤旋而來, 當船則以手躍把船
闌而跳入. 白髮韶顏, 無脚男子也. 商人問曰:

"翁胡然而無兩股乎?"

曰: "吾少日漂風時, 兩股爲魚所食故耳."

曰: "請問詳."

曰: 漂泊於一島, 則崖上有高門大屋故, 船中二十餘人, 屢日漂流之餘, 腹空喉
渴, 一齊下船, 入去厥家. 則其家中有一人, 長過數十餘丈, 腰大且十餘圍, 黧黑其
面, 深環其目, 其言語似驢子聲, 不可解曉矣.

吾等指口而請飮. 厥者無一言, 而直向大門牢閉之. 入後庭, 持柴木一負, 堆積場
中熱火. 火勢方熾, 忽突入吾輩叢中, 捉其最長長一箇總角, 直投火中, 炙喫之. 吾
等見之, 不勝驚恐, 心魂飛散, 毛髮凜悚, 只得面面相顧而待死.

厥者盡喫後, 又上軒開瓮痛[1]飮, 必是酒也. 飮後, 爲胡亂之聲, 少頃黑面盡赤, 仍
醉臥軒上, 鼻息如雷.

吾等爲逃出計, 欲開大門, 而一隻之大, 幾爲三間, 而高且重厚, 盡力開之, 不可
動搖, 墻垣高可三十丈, 亦難超越. 伊時身世, 如釜中魚, 俎上肉, 相與痛哭. 忽一人
出計曰:

"吾行中有刀子, 乘其爛醉, 刺其兩目, 從後刺喉如何?"

吾等曰: "然矣. 死則一也, 敗亦何妨."

一齊上軒, 先刺其兩目. 厥者大[2]聲而起, 揮手欲捉, 而渠旣失明, 東走西避, 無以
捉得. 吾等盡散入後庭, 則一柵有羊豚五六十頭矣. 吾等盡逐羊豚, 遍散一家, 厥者

---

1 痛 원래 '病'으로 나와 있는데 『청구야담』에 의거하여 바꾼 것임.

2 大 원래 '一'로 나와 있는데 『청구야담』에 의거하여 바꾼 것임.

下庭, 揮手四面, 追尋吾等, 終不得捉一焉. 蓋其時, 羊豚與吾等, 渾於一場. 厥者所捉, 非羊則豚也. 於是,[3] 厥者向大門開之, 出送羊豚. 吾輩背負一箇羊豚而出, 則厥者以手摩之, 認以羊豚, 必出送之. 故盡得出來, 急急上船.

少頃, 厥者立崖上, 忽作大叫, 俄然三箇大漢, 自一隅來, 一擧足, 幾乎五六間. 暫時來立船頭, 手着船閾. 吾等以斧, 盡力斫其指, 急急撓櫓而來.

中流畢竟又遇惡風, 船觸一巖, 盡爲破碎, 舟中之人, 皆淹死. 惟吾一人, 幸得船片而來, 遊泳時, 又爲惡魚所齧, 竟失兩股, 幸至本家.

伊時光景, 至今思之, 餘悸尙存, 齒冷而骨顫. 都是八字之凶惡.

仍長吁[4]發歎云云.

• 『海東野書』

---

3 厥者所捉, 非羊則豚也. 於是 원래 이 11자가 빠져 있는데『청구야담』에 의거하여 보충한 것임.
4 長吁 원래 '長長呼'로 나와 있는데『청구야담』에 의거하여 바꾼 것임.

自願裨將 자원비장

古一人, 恒在家內, 無他周旋, 好喫酒飯, 家計漸艱. 妻謂夫.

"古人云, 男子動物. 動則有利有害. 君只在閨中, 誠可悶矣. 吾聞近家有金判書, 當今勢家云. 第往謁之, 因投門下如何耶?"

其人無奈何, 披衣出外, 則無一處所向. 到於一藥局, 而乃謂主人曰:

"吾無消遣之處, 適聞貴宅, 接賓善待, 特許來遊耶?"

主人諾之. 叙談, 日復如是. 妻問之則答曰:

"果如子言, 乃見金判書大監, 則一見如舊, 勝於前輩, 寵愛無比. 大監曰: '吾爲箕伯之日, 子卽爲幕裨矣.' 壓緊何如?"

其妻大喜, 衣服冠網, 務要鮮明, 自己之布裙難繼矣. 如是數年, 其人但遊藥局, 金判書宅大門, 不知在於何處. 適其妻在家, 隣里漂母偶來, 乃問曰:

"子之生涯, 近如何耶?"

老婆曰: "豚兒以金判書宅帶率矣. 昨日, 大監承恩爲平安監司, 豚兒亦有所望."

其妻驚問曰: "金判書宅, 在於某洞某坐向門, 而年幾六旬, 啣某字大監耶?"

老婆答曰: "果如此矣. 娘何詳知?"

其妻曰: "吾豈不知宅? 進賜之熟親兩班也."

適爲其夫還家, 妻賀曰: "大監已拜箕伯, 君亦裨將爲矣."

其人, 全不知箕伯誰某, 卒當據問, 糊塗答曰: "誠如君言."

妻尤喜曰: "然則治行自當乎?"

應曰: "其亦然也."

因埋怨曰: "行期促急, 何以辦出?"

其妻曰: "君莫愁焉. 本家以裨將屢年凡節, 皆有君之隨行矣."

其人佯應. 後日妻問曰:

"使道¹何日赴任乎?"

答曰: "姑無擇日."

其後又問曰: "擇日耶?"

答曰: "再明日也."

妻卽開函, 出一包袱. 開見, 則凡於所着佩帶, 無不俱備. 其人, 箕伯發行之日, 盛着服色, 乃往大監宅, 適値大監詣闕. 門前人馬疊多. 一驛卒牽馬, 向前曰:

"此馬性馴, 請進賜騎之."

其人乃騎馬先行, 至弘濟院矣. 監司一行亦至, 又先行曰: "我則前導裨將."

將至高陽, 監司一行又至, 此處則宿所. 張燈後, 八裨將入侍監司. 時其人亦渾入面前. 監司初見服色, 驚呵而顧謂諸裨將曰: "此何人也?"

皆答曰: "不知矣."

監司問曰: "君是何大監請囑耶?"

其人曰: "小人不是請囑裨將."

曰: "然則何人也?"

其人卽乃跪膝, 奏曰: "小人名色, 謂之自願裨將."

監司默然良久, 又曰: "所欲何爲?"

"願隨使道也, 別無所望矣."

監司暗想曰: '彼自隨來, 於吾無害, 却之無辭.', "君若如此勤誠, 則隨我左右."

自願裨將大喜而出. 自此以後, 人皆呼爲自願裨將.

及至平壤, 裨將等朝夕問安之時, 參班入來. 然別無可問之事. 忽生厭憎, 一日謂曰:

"子本以自願裨將, 無管無屬, 何苦參於司管耶? 今闕大同監官, 而每年所食 幾至五十餘金. 故特爲差定也, 自今以後, 未召之前, 毋得輒入可矣."

自願裨將, 應命而出, 在於東院後小室, 不敢任意出入.

於焉間, 監司準限遞歸之時, 只隔三四朔矣. 吏房入覽下記, 則加下三萬餘金, 無以還下. 故心中憂悶, 而左思右想, 無計可脫.

一日, 閑坐默念, 忽然曰: '所謂自願裨將者, 一逐三年, 因無招見, 想是衙中上下, 慢悔無常, 困窮可見. 此或積惡之致, 所負加下, 幾至三四萬, 亦未可知也.' 始召自願裨將.

---

1 使道 원래 '司道'라고 되어 있는데 문맥으로 보아 바꾼 것임.

自願裨將承召入來, 則監司慰問曰: "自一別三年, 公務撓撓, 不得招見. 君之所出, 不過五十金, 其間艱乏, 不言可想. 吾之咎大矣. 君其容恕."

裨將拱手曰: "惶恐."

乃曰: "使道面色憔悴, 有何憂疑事乎?"

監司蹙眉曰: "加下三萬兩, 無以辦給故, 以是爲悶耳."

裨將曰: "然則何不與裨將相議乎?"

監司曰: "裨將等各其爲自己之計, 奚暇顧監司之加下事耶?"

對曰: "使道何出此言? 裨將之任, 當劃計而以助使道政軆. 故古云, 主憂臣死. 若不如此, 是謂尸位之裨將. 小人有一計矣, 可分使道之憂."

監司大喜曰: "計將安出?"

對曰: "使道若給勅庫錢三萬兩, 則自有好計."

監司依其言出給. 然心下躕躇曰: '自願裨將本非舊知, 而莫重勅庫, 無難劃給, 若有意外不測之事, 則豈非火上添油.' 如此暗想, 勢無奈何.

自願裨將, 換錢全州, 乃別諸裨將後, 卽向潭陽. 而貿竹卜船而來, 其間幾爲一朔. 監使穿眼苦待. 一日, 自願裨將入見, 監司曰:

"君何遲來乎? 幾吾斷腸矣."

對曰: "使道勿憂. 明日設宴於練光亭, 大會列邑守令, 如此如此, 則計在其中矣."

使道大喜, 翌日, 乃請各邑守令於練光亭, 宴會, 酒至半酣, 監司忽言曰:

"平壤本是富饒之鄕, 又兼年登. 可於今年. 則當民間下令, 家家戶戶, 結柵懸燈, 而賀爲太平聖代也. 君等亦爲本邑發令後, 以例各營."

諸守令, 皆領命還去. 令一下, 城外城內之民, 大喜稱頌. 然平安一道所産之木, 皆屈曲矮短, 故不爲燈柵之材, 正在窘急之際, 靑竹船幾隻, 忽泊大同江邊. 衆皆曰:

"此天賜也. 這人卜竹以到."

爭來買竹, 不問價之多少, 但謂天幸得竹耳. 自然之間, 三萬兩本錢, 幾爲十萬兩矣. 使道尙然不知, 以勅庫錢劃給後, 無音之所致, 憂上添疑.

一日, 自願裨將入來, 而細陳貿竹之事, 三倍爲利之言, 還給加下, 餘錢六七萬金. 監司大喜曰:

"君之神機妙算, 古人所未及也."

稱讚不已.

又曰: "餘錢未知本宅輸送矣."

監司大驚曰: "此何言哉? 以君之計, 脫吾之債, 此恩難報, 又何敢望餘錢乎? 更勿煩言, 君自用之."

自願裨將, 再三固辭, 畢竟平分矣.

・『奇聞』

嶺南士영남 선비

嶺南有寒士, 逐日營求, 僅活其妻子. 乃與其妻約曰:

"人生百年, 直須臾間耳. 然須有一生之計, 必用五六年而圖之, 然後可得於未死之前, 伸眉縱體而享之. 今我每以一日之營, 而只給一日之食, 不暇於長久之術. 若是而至老或久病, 則相枕而死外, 無策矣. 我欲抽身而遠遊, 以圖將來久遠之策, 五六年間, 君能爲人紡績裁縫, 而使兒輩捃拾樵採, 以苟支歲月, 僅僅無死乎?"

妻曰: "諾."

寒士遂去, 之京師, 察乎群宰, 審乎輿議, 擇淸裁峻望偉才宏度之大夫, 以爲歸. 而揀其婢使之中, 陋惡不齒嫁奔不售者, 而納媵爲婦. 以婢夫謁見, 而掃除於門下.

凡有內外指使, 或市貿, 或稅收, 皆以廉辨能幹, 見褒稱. 旣久而內外皆專任, 而凡有家事皆與之謀.

一日, 大夫公退, 從容問

"汝是何人何姓名, 而曾居何地乎?"

對曰: "北關之民某姓名也, 童時學書, 頗有所通, 而困於無資, 流轉至此耳."

大夫曰: "汝旣學書有通, 則執門下掃除之役, 亦寃抑矣. 汝其升廳而掌筆硯之役也."

旣掌筆硯, 見其敏達而大愛之.

無何, 大夫爲關西伯. 擢付錢貨之任. 旣滿瓜將還, 寒士從容告之曰:

"使道淸儉過人, 旣不欲以一錢自潤, 而簿定之外, 爲餘銀十萬兩. 何以處之?"

大夫曰: "吾亦思措處之道, 而姑無定計矣."

寒士曰: "西關之士民兵吏之事, 某弊用銀幾何, 某弊用銀幾何, 用五萬兩, 則可防其弊, 流惠於無窮矣. 餘五萬兩, 則願付小人, 小人欲貿唐貨於此地, 而船下三南, 回易可得倍利. 仍買統制營弓矢·劍戟·砲礮而歸, 以留爲浿上武備, 不亦善乎?"

大夫大然之, 出白金十萬兩, 一付寒士. 寒士遂以五萬兩, 防西關諸弊瘼, 以五萬兩, 船唐貨南下, 過期無消息. 而方伯遞還京師, 以爲見瞞, 而恒言某也大盜而可殺.

居三年, 寒士幣衣服來京師. 與其婢語, 使告于內主曰:

"婢夫某也來現."

其內主曰: "大監常以五萬銀見偷之故而欲殺. 然在關西時, 大監不顧家事, 而所帶裨幕皆名武, 亦不顧我家中所用. 若非某也之精敏忠厚, 而凡可以不害於公, 而爲利於家者, 皆竭力營辦, 而連輸於內, 則家事無所賴矣. 某也之功勞, 吾何能忘. 汝必詳語此故, 而使之速去, 無或留也."

其婢具告, 寒士笑之, 遂留而不去.

一日, 見於大夫. 大夫卽數其罪, 而命具大杖, 將杖殺之. 寒士曰:

"白金五萬兩何等大貨, 而果盜之, 則敢復來見哉. 大監何不問曲折, 而遽欲殺之乎?"

大夫命徐之, 使陳其曲折. 寒士乃退, 出其儒衣冠而服之, 躡階而上, 坐於客位曰:

"某非北關之民也, 乃嶺南之士也. 爲大監婢夫者, 爲大監當爲關西伯故也. 我國惟關西豐貨故, 屈身以事大監, 要沾關西之貨以自豐. 然欲自利, 則必先利人, 欲利上, 則必先利下者, 此物理之常然, 而神道之所與也. 故先以五萬白金, 利關西之士民兵吏, 而後以五萬白金, 回易而復爲十萬兩, 以其半利大監之家, 而以其半利小生之家矣. 三年之頃, 大監不失元數, 何惡於小生, 而必欲殺之乎?"

大夫曰: "吾惡瞞吾者, 利與不利, 非所論也."

寒士曰: "明日當更見."

乃退, 出其裝文劵盈抱者, 而入見大夫之子曰:

"吾今日方以客禮見于大監. 君輩亦不可以婢夫視我."

悉言其前後事狀, 乃言曰:

"君輩試思之. 吾若不瞞大監, 則以大監之淸白, 何由以五萬銀買田產乎? 吾以五萬銀貿唐貨, 船往東萊, 而回易倭貨, 更之京師而發之, 旣得三四倍之利. 然用大貨而侔大利者, 理不當吝惜, 故費於往來, 而散於窮窶, 消於宴飮者, 亦不貲, 而就其入, 用而爲田宅奴婢之價者, 定爲十萬兩矣. 先擇美田宅好奴婢五萬兩所貨者, 歸之大監, 此其買取之劵也. 君輩其收之. 取其次者, 亦費五萬兩者, 吾自取之矣.

明日君之鄉奴輩, 載米千斛而泊於龍山矣. 此其五萬兩所買者也. 須送一奴, 持此左契而合之, 導以入君家也."

遂探囊而出一契與之. 果鄉奴數十人, 賃車載千斛米, 納于大夫之家. 大夫吁嗟太息者, 良久, 而愧其輕於叱咄也.

大夫以淸貧之家, 而不墜淸名, 卒爲巨富云.

陰德음덕
永嘉金氏夫婦積陰德

古有金公璠者, 永嘉人(仙·淸以上, 四五世祖), 居于漢城府終南山下, 以文學行誼, 有名京洛. 其夫人, 亦賢淑夫人也.

公, 常對兀書, 皇英帝粹, 燦在胸肚, 而疎於産業, 世傳土地·家藏·臧獲次第盡賣, 以資生理. 夫人以縫刺爲業, 手不暇豫, 而晝宵汩沒, 以爲糊口.

一日, 有素善客, 平朝至其門, 其家僮僕, 背負全牛肉入內. 客隨入, 見主人. 禮畢, 朝供主客案出來, 而無一點肉, 只有菜楪而已. 客怪而問曰:

"主家有何事故, 買全牛肉來, 靳一點於朝供也."

主人瞠然曰:"吾不知."

仍拓內窓, 以客言問于婢子.

對曰:"內主以今日爲大主生朝, 初買一刀肉, 將膾炙而措之爐上, 家狗忽盜食而卽斃. 內主見之, 驚曰:'此肉有毒.' 仍問僮僕曰:'汝買此時, 或有先汝者乎?'

曰:'未也.'

夫人曰:'沒買, 則價幾許?' 吾將救彼食此死.' 遂傾所儲線資三十緡, 盡買其肉, 方投後園塘中. 自幸以狗之故, 而不供此肉於朝案."

主人聽畢, 起入內室, 再拜夫人曰:

"賢哉夫人! 有如此陰德, 吾家必昌後."

客聞之, 又再拜主人曰:

"如此陰德, 世所罕有. 昔孫叔敖, 殺兩頭蛇而爲陰德, 此若用錢後行, 豈易易乎哉! 主人後祿, 將倍百於叔敖矣."

其後, 家益窮悴, 且當歉歲, 簞瓢累空, 而不知其飢, 恒對案兀兀.

一日, 其夫人出而告之曰:

"長兒累日飢餓, 而竟至不救."

仍泫然不能聲.

公曰:"死則當斂而瘞之."

卽呼老僕, 入內見之. 盖身無掛衣, 房無片簞. 遂取書籠中古勞紙, 緊束爲斂. 遂使老僕乘夜舁出, 瘞于山坡, 恬然歸坐, 復對兀書.

夫人曰: "方在死亡, 讀書何幹? 三個兒子, 一個已死, 餘將繼又, 看書修行, 善則善矣. 坐見兒盡, 夫婦隨亡, 有何光景, 可以傳授於後人者耶? 願夫子, 姑舍所學, 以營契活, 俾有後日也."

公曰: "計拙奈何?"

夫人曰: "吾聞某公某卿, 皆與夫子相善. 若就而告急, 必有助也."

公曰: "吾若說窮於人, 人安有許我以知己者乎?"

夫人曰: "亦聞某也爲西關伯, 而是與夫子莫逆, 何不資裝往見?"

曰: "此誠難矣. 然夫人旣如是難耐, 則第往見矣."

乃作牘於市井之曾信者, 欲貸盤費四十緡, 送老僕而投之市房. 有主客三四人, 而主則方勘文記, 客則方賭局碁. 碁者見其牘曰:

"此某宅將行關西, 而貸錢奇也. 聞某公與關西伯切親, 家貧有高致, 不欲源源. 而今有此行, 必有急也."

卽以賭錢許之. 其主曰:

"某公旣稱貸於我, 則我當與之."

乃出四十緡以貸. 公留十緡, 爲妻子契活, 以三十緡, 賁僕馬西爲.

未至營五十里, 已有支待供億. 及見關伯, 款接沒量曰:

"子之行聲, 吾已聞諸市井客矣. 以子操執, 有此枉屈, 何等感荷? 而竊計艱難苦海, 必不以閒故來訪也."

公乃俱述所故. 關伯肅然曰:

"初欲繫駒投轄, 貯妓張樂, 以圖旬朔盛遊計. 今聞公言, 不可久輓."

遂辦五日清供, 盡意接遇. 及其別也, 贐之以五十緡, 又以七千貫表餞, 付卑曰:

"持此而傳致于市井某也家, 覓之以圖生活也."

金公回還, 至臨津江岸, 有一丈夫, 將投水死, 一婦人痛哭而挽之者. 凡數三次, 忽兩個作團, 幷入水中. 公見之, 而急止之, 仍問曰:

"有何不欲生之事機, 作此不忍死之情狀?"

其人曰: "有弟不致, 稱以貿塩殖貨, 去年引用開城上納錢幾千貫, 沒數和水. 昨年又引幾千貫, 又沒數和水. 見方身死物故, 而債前後凡七千貫. 若此鉅財, 四無可辦, 而獨我徵之, 自顧危敗之產, 若盡放而了刷, 不能當一仂, 安敢望生全乎? 此身將明日被拿, 則不幾爲劍頭魂. 與其見殺於刑, 不若自投於水, 彼婦人無知, 苦挽不得, 乃至幷死之境."

公, 遂以關西表賤給之, 曰:

"持此上京, 覔出市井, 以刷爾弟徵債也."

遂浩浩而歸.

夫人以夫子遠遊而還, 飲食而勞之. 仍問曰:

"今之行也, 程歷如何, 接遇如何, 鬻給亦如何?"

公乃以所經過, 款待厚貺, 一一詳言, 而至臨江之事, 則不言救人給表賤, 但言見人投水死, 曰:

"以家貧之故, 持財岸視而來, 心甚慷然."

卽出外室, 憊臥着睡.

忽小兒自內而出, 連忙呼爺曰:

"母今死! 母今死!"

乃驚起入見, 夫人方結項于架, 口吐涎沫. 卽斷其索, 便臥而甦之. 惻然而問之曰:

"夫人欲死何故?"

曰: "不意夫子有此不德也. 優得救人之財, 適當救人之時, 不能救人而來, 知應家人濱死之故, 心不及於他人, 如是用心, 雖七千貫是難繼之物, 若不禍患所費, 必爲盜賊所失. 吾夫妻老益貧窮, 而毋望子孫之有緒慶. 吾生何爲? 只當溘然而已."

公, 於是啞然而笑曰:

"壯哉夫人之言! 吾已給表賤, 使之不死. 對夫人姑諱之者, 意謂夫人悵然有失也."

夫人始固不信, 及率行奴子母入告曰:

"今郎君西關往還, 聞有如許如許事, 活人固善矣. 得財豈易易乎? 若此疎濶, 而何以爲生?"

夫人乃信其眞. 公乃以五十盤費之零, 客償幷房債, 更無活計, 拱手對案.

未幾月, 有戰笠隸人, 負錢而來, 卸于除上.

公曰: "此何物也?"

曰: "平壤支掌錢. 公今散政, 爲平壤庶尹."

兼獻有旨.

蓋臨津投水之人, 持其表牋, 來覔市井, 市井人不可徑庭許與, 走通于平營, 果有南山下金公惠施之牋, 而爲此救人之事也. 平伯思之, '以七千貫周恤情友, 其友不自生而濟人, 其德固可薦拔于朝.' 遂裁書秉銓曰:

"金某修身潔行, 讀書養德, 可倂原憲·顔淵之倫, 而其積善累仁, 亦古人所難能也. 此人若窮餓而死, 豈非盛世之欠典乎?"

銓臣遂登聞于上, 有此白衣簡寄之命. 此豈非大德必得者乎?

孟子曰: "人皆有不忍人之心者." 今人乍見孺子將入於井, 皆有怵惕惻隱之心. 愚謂孺子全無知覺, 不知井爲溺死之地, 匍匐將入, 則人之見之, 似有惻隱未發之前, 已抍之矣. 若見壯者將投水死, 則是必有委曲之端, 詳探其機, 後乃生怵惕惻隱之心, 不論可死不可死, 而援之矣. 彼乃負公債千萬, 將見戮於狂狴之中, 而惴於伏刑, 誓投深潭, 則雖有惻隱之心, 孰能援之乎? 無乃坐見其溺歸而歎曰: "無財, 故不救." 若徒手而見者, 誠无財矣, 持財千萬者, 可以救其逋而不死乎? 是亦難能也. 孟子論惻隱之時, 恨無章丑徒之辨問及此也.

若金公璠者, 千古所未有之饉人乎! 其夫人又何其大德也! 當初買肉投塘, 已是往牒所無之陰德, 況當夫子拯人而諱言, 固欲決死溘然者. 益自信人家福祥, 非財是德也. 自是以後, 輩出公卿, 世執權柄, 豈不韙哉?

・『此山筆談』권1

女三 세 딸

洛中有富人鄭姓者, 倜儻有文筆, 而不修細行. 五十後, 喪其耦, 喟然歎曰:

"吾有三女, 又有無父母之兄子, 而年踰知命, 不可飄白髮作新郎, 被人嗤笑, 亦不可率置賤畜, 以亂家庭. 待姪成立, 而付于家事, 亦不可乎?"

三女揣知父意, 相與謀曰:

"如無仁也, 則此家之許多財物, 自歸吾等, 而公然付他, 吾等則便作局外之人矣, 豈不憤惋乎?"

仁者卽從男之名也.

自時厥後, 三女浸潤交譖, 膚受進愬, 鄭之待仁, 頓異於前. 仁自度於心曰:

"吾不幸, 早喪父母, 托身叔父, 可謂無父而有父. 叔父之待我, 都增諸娣之猜忌也, 諸娣之譖間, 亦恐財貨之歸我也. 我若沈泏不去, 則必有不可測之患, 生於不可測之地, 財産雖貴, 何如身命乎? 吾謹避之, 以觀動靜."

乃不告其叔, 而脫身逃走.

鄭惑於三女之簧舌, 不問其由, 自念'仁已逃去, 吾之産業, 無人可托. 不如均付三女, 托身優遊以終之爲愈也'. 乃嫁三女, 舍屋田土, 盡分于女.

先托于長女, 留之數月, 女從容語曰:

"父親之居此, 非不好矣. 上有舅姑, 下有娣姒, 我亦不得自由, 實多難便. 姑歸妹家, 未審何如?"

父已知女意, 憮然應曰:"汝言旣如此, 吾何不去?"

轉托兩女, 留之未幾, 兩女之言, 如印一板.

鄭往來東西, 衣冠藍縷, 糊口亦艱. 忿憤于中曰:

"吾以疎濶世事, 故遭此逼迫, 飄泊無依. 生亦何爲? 不如一死之爲快."

暗持砒霜, 步出彰義門. 適有樵夫, 拜而問候, 見之則乃仁也.

鄭驚曰:"汝何在此, 而喫盡此苦?"

泣而對曰:"姪雖無狀, 豈不知叔父子視之恩? 而前日之事, 恐遭娣氏之毒手也."

因陳諸娣構陷之事, 且曰:

"近娶某宰相宅青衣, 托於廊下, 販柴爲生. 而妻之人品, 極其良順, 故身雖苦勞, 心則安閒矣."

鄭聞言下淚曰:"自汝出矣, 吾之困苦, 十倍於汝矣."

乃道決死之由, 其侄涕泣堅挽, 偕到其廊, 使妻拜見, 處叔渠所. 侄販樵蘇, 婦執炊爨, 已經數歲, 少無怠意.

鄭處彼既久, 自然結交于主人宰相, 得執家事. 未久, 宰相出伯關西, 委鄭事務. 鄭竭力奉承, 幕府所況, 則一一鳩聚, 而送于其侄. 其侄一無所用, 籍記藏置, 以待鄭之還.

此時, 三女始聞其父之在箕營, 付以書信, 各求土産, 鄭笑而不答.

及其還京, 三女盛備珍饌, 出郊迎父. 其侄亦爲迎叔, 沽得濁醪, 肴以雞卵, 着平凉子·小長衣, 而出逢諸娣. 諸娣責曰:

"汝以何事, 無端逃去, 而作此貌樣, 何顔目來見乎? 須避幽處, 勿爲貽羞."

少焉, 鄭行乃到, 三女迎見其父於十年之後, 話其睽離之情, 慰其行役之勞, 勸以酒饌. 父托以滯氣, 不爲下筯. 話間, 其侄來謁, 鄭問"汝所持者何物?"乃索而酌飲.

女曰:"何不飲美酒乎?"

鄭曰:"適飲醪酒."

仍語從者, 各給籠卜一駄于三女曰:

"我爲汝輩, 求得土産, 滿盛此中. 汝須誇於親戚而用之."

女受而歸見, 則所盛者, 盡糠粃, 而上有一册, 書鞠之育之之勞, 末曰:'汝輩眞犬豕, 須食此物.'云.

其後, 三女雖深謝前愆, 鄭尤怒其炎凉, 終不相見. 竟與其侄·其婦, 更立家産, 以終其身.

副墨子曰:"噫! 人之善惡, 在乎天性, 不在貴賤. 故自古賢婦孝女, 亦多出於微賤. 由斯言之, 人性之本善如此, 鄭之三女, 抑何心哉? 雖然, 記曰:'其嗟也可去, 其謝也可食.'女既謝過, 見之可矣. 何必較短量長, 終絶天親乎?"

·『破睡錄』

金大甲 김대갑

金衛將恤舊主盡誠

金衛將大甲, 礦山人也. 年十歲, 父母具沒, 家有蠱變, 闔門淪沒. 大甲避禍赴京城, 伶仃無依, 行乞於市. 心語曰: '將入一大家, 得庇吾身.' 往見閔相公百祥於安國洞第, 自言身世之窮獨, 願依托焉. 閔公見其形貌雖憔悴, 言語頗詳敏, 憐而許之.

大甲不避廝役, 洒掃唯謹. 時從閔公家子姪學書, 必潛聽之. 一覽輒記誦, 又習翰墨, 模倣妙法. 閔公奇其才, 使家客敎之, 甫成童, 穎悟夙成, 無適不宜.

後有一唐擧之術者, 見之嗟愕, 勸閔公使之出送.

公曰: "何謂也?"

其人曰: "彼兒已中蠱毒, 非久將有不吉之兆, 害及主家."

閔公曰: "彼窮而依我, 安忍逐之?"

後其人更來, 力勸閔公送之, 公終不聽.

其人曰: "公之厚德, 足以弭災而庇人. 然第試吾術. 備黃燭三十雙·白紙十束·香十炷·糧米十斗, 使彼兒往深山僻寺, 焚香誦偈, 三十夜以禳之, 然後可以永無患矣."

公如其計. 大甲往山中, 凡三十日, 靜坐不交睫. 禳畢, 還見公. 公更邀相人以觀之.

其人曰: "無慮矣."

仍留公第內, 過二十餘年.

閔公爲箕伯, 以幕賓率來. 臨歸時, 營廩所餘爲萬餘金, 稟其區處.

公曰: "吾歸橐如洗, 君之所知. 豈以此物累我哉? 君自爲之."

大甲固辭不得, 退而思之曰:

"吾頂踵毛髮, 皆公之賜也. 今又畀之爲巨貨, 吾將有計."

臨發稱病, 告辭於江頭, 公領之.

大甲乃貿燕市之物貨, 滿載船中, 浮海而南, 盡買於江景市, 得數萬金.

遂訪石泉故宅, 蓬蒿滿目. 拓而起舍, 種樹鑿池, 買良田數千頃於野前, 治陶朱·猗頓之術, 課農至滿千包而後止, 人以千石翁稱之. 乃喟然歎曰:

"吾以孤危之跡, 得免禍網, 以至居家致千石, 是誰之賜乎?"

西入長安, 閔公家已零替矣, 哭之慟. 凡閔公家婚喪之需·遷謫之費, 大小營辦, 無不繼給. 年至八十五, 而至死不替. 盖閔公之知鑑·金老之幹才, 可謂有是公有是客矣.

•『海東野書』

安東 都書員안동 도서원
入吏籍窮儒成家業

古有一宰相, 有同硯之人, 文華贍敏, 而屢屈科場, 家計貧寒, 窮不能自存. 宰相適出補安東倅, 其友來見, 乘間而言曰:

"令監今爲安東倅, 今則吾可以得聊賴之資, 非但聊賴, 可以足過平生矣."

宰相曰: "吾之作宰, 助君衣食之資可也, 何以足過平生乎? 此則妄想也."

其人曰: "非爲令監之多給錢財也. 安東都書員, 所食夥多, 以此給我, 則好矣."

宰相曰: "安東鄕吏之邑也, 都書員吏役之優窠, 豈空然許給於京中之儒生耶? 此則雖官威, 恐無以得成矣."

其人曰: "非爲令監之奪而給之也. 吾先下去, 當付吏案, 旣付吏案之後, 有何不可之理耶?"

宰相曰: "君雖下去, 吏案其可容易付之耶?"

其人曰: "令監到任後, 民訴題辭, 須口呼之. 刑吏如不得書之, 則罪之汰之. 又以此等刑吏之隨廳, 治首吏. 每每如此, 則自有可爲之道. 凡干公牒文字, 如出吾手, 則必稱善, 如是過幾日, 出令以刑吏試取, 無論時任及閑散, 文筆可堪者, 幷許赴而試之, 則吾可自然居首, 而得爲刑吏矣. 爲刑吏後, 都書員一窠, 分付則好矣. 若然, 則外間事, 吾當隨錄而進矣, 令監可得神異之名矣."

曰: "然則第爲之也."

其人先期下去, 稱隣邑之逋吏, 寄食旅舍, 往來吏廳, 或代書役, 或代省檢文書. 人旣詳明, 文筆又優如, 諸吏皆待之, 使之寄食於吏廳庫直, 而宿於吏廳, 諸般文字, 與之相議.

新官到任後, 盈庭民訴, 口呼題辭, 刑吏未及受書, 則必捉下猛棍. 一日之間, 受罪者不知其數. 至如報狀及傳令, 必執頉而嚴治, 又拿入首吏, 以刑吏之不擇, 每日治之, 以是之故, 吏廳如逢亂離, 刑吏無敢近前. 凡文案去來, 此人之筆迹, 如入去, 則必也無事. 以是之故, 一廳諸吏, 唯恐此人之去也.

一日, 本倅分付首吏曰:

"吾於在洛時, 聞本邑素稱文鄕, 以今所見, 可謂寒心. 刑吏無一人可合者. 自汝廳, 會時任吏及邑底人之有文筆者, 試才以入."

首吏承命而出題, 試之以諸吏文筆, 入覽, 則此人居然爲魁矣.

仍問曰: "此是何許吏?"

對曰: "此非本邑之吏, 卽隣邑退吏, 來寓於小人之廳者也."

乃曰: "此人之文筆最勝, 聞是隣邑吏役之人, 亦自無妨. 其付案而差刑吏也."

首吏依其言而爲之. 自是日, 此吏獨爲擧行. 自其吏之爲刑吏, 一未有致責治罪之擧, 自首吏以下, 始乃放心, 廳中無事. 及到差任之時, 特兼都書員而擧行, 無一人敢有是非者.

其吏畜一妓而爲妾, 買家而居. 每於文牒擧行之際, 必錄外間所聞, 密置席底而出. 本倅暗出見之, 以是之故, 民隱吏奸, 燭之如神, 民吏皆慴伏.

明年, 又使兼帶都書員, 兩年所得, 殆至萬餘金, 暗暗換還送京第. 本倅瓜遞之前一日夜, 因棄家逃, 吏廳擧皆遑遑. 首吏入告,

則曰: "與其妻偕逃乎?"

對曰: "棄家棄妾, 單身逃走矣."

曰: "或有所逋乎?"

曰: "無矣."

曰: "然則亦是恠事. 自是浮雲蹤跡, 任之可也云矣."

其人還家, 買宅買土, 家計甚饒. 後登科, 累典州邑云云.

• 『靑邱野談』海外蒐佚本 甲本 권3

原州吏 원주 아전

原州主吏申天希, 領官錢十萬, 將納于京司. 而天希手滑旣多浪用, 而又見偸竊, 盖欠五萬錢. 京司將因之, 天希家素貧, 無以自辦, 而京師無知舊可以賞貸. 閔不知所出, 乃走僻林, 號哭而自經. 有人跡其哭而來見, 方自經於樹. 詳問其故, 天希具告顚末.

其人笑曰: "以五萬錢而自經, 男兒性命絶可憐. 隨吾取五萬錢, 以納于上司也."
歸與天希五萬錢, 不爲之契券.

天希曰: "原州大府也, 主吏歲食十萬錢. 吾若復爲主吏, 則報此錢有餘. 公其來原州, 作一遊如何?"

其人曰: "諾."

居二年, 天希爲主吏, 書請其人. 其人來遊十餘日, 告歸. 天希豪五萬錢, 且載山海珍錯, 及細布純綿, 以申其情. 其人受情餉, 而不受五萬錢曰:

"吾之始與君錢, 少無責報之念矣. 以五萬錢, 活一人之命, 吾事已了. 又欲受其償耶."

• 『霅橋別集』 권4 「漫錄」 5

宣惠廳胥吏妻_{선혜청 서리 처}
聽良妻惠吏保令名

宰相家一傔人, 積勤數十年, 始得惠廳吏, 乃厚料布竄也. 吏之妻, 與夫相約曰:

"多年飢寒之苦, 政爲此日得力. 若不從儉, 以致蕩産, 則更無餘望. 衣服·飮食·日用之節, 惟尙撙節, 以饒産業可乎."

夫曰: "諾."

所俸皆付于其妻. 如是七八年, 惡衣惡食, 而産業終不敷焉. 其吏見他吏之甘其食·美其服, 貯妓女於華屋之中, 日事行樂, 而家計日富, 反責其妻之疎於治家, 妻不答之. 家計日敗去益甚. 一日大患之, 峻責其妻曰:

"吾厚竄之任, 長事苟艱, 不敢遊蕩, 致富尙矣. 反困於債, 是誰之咎也?"

妻問 "債錢幾何?"

曰: "數千金, 可以盡償矣."

曰: "休慮. 吾將盡賣器皿簪珥之屬, 以報之. 今日自退吏任也."

夫曰: "自退後, 將何以料生乎?"

妻曰: "休慮. 吾將有妙計也."

夫如其言, 自退.

一日, 使其夫募人以來. 出坐廳前指示, 廳底有錢數萬, 皆葉葉散錢也.

妻曰: "此吾七八年積苦所聚也."

仍作貫, 積貯之. 仍使其夫, 求買郊庄於東郭. 郊之外, 良田美沓, 背山臨流, 果園樹後, 場圃築前, 宛一樂志論排置, 皆其妻之所指使也. 夫治稼穡, 妻治紡績, 樂莫樂焉. 使其夫更不投足於京中. 數年後, 惠吏十餘人, 以欠逋公錢, 堂上筵奏之, 並施刑戮之典, 籍沒家産, 皆向日行樂於華屋者也.

噫! 惠吏之妻, 一女子也, 智以成業, 儉以尙德, 使其夫保終令名. 若使生爲士夫男子, 則急流勇退不足多讓也. 其視仕宦之人不思節用愛民之道, 專尙奢侈貪濁之風, 鍾鳴漏盡, 終至於滅身禍家 而不知止, 其智愚相懸, 奚啻三十里也.

• 『靑邱野談』海外蒐佚本 乙本 권2

銀甕은항아리
掘銀甕老寡成家

昔有閭閻一寡女, 青年喪夫, 只有乳下二子, 家計食貧, 朝不謀夕. 其家, 在六角峴下, 後有園可以治圃者.

一日, 爲種菜資生計, 方欲耕治, 揮鋤之際, 錚然有聲, 見一石方正, 大似盒盖樣. 始用鑿錡之屬, 除其傍土, 擧石而視之, 則下有大瓮一座, 銀貨滿其中. 遂急掩其盖石, 復取土而埋之, 踏而平之. 又不向家人說道, 人無有知之者.

家雖至貧, 而敎誨二子, 極其誠勤, 次第成就, 文筆優餘, 知道理·識事體, 奄爲吏胥輩佳子弟. 遂各爲宰相家傔從. 以其人事伶俐, 有文有筆, 精白一心, 其宰相亦寵愛之. 未幾, 兄爲惠廳書史, 弟爲度支書吏. 家勢稍饒.

其母寡女, 老而無恙, 備享榮養. 孫子亦七八人, 成長者或爲傔從, 或爲廛人. 一日, 其母會其子孫及婦女, 指後園埋銀之所, 使之破土擧盖以示之.

諸人皆大驚曰: "銀之埋此, 何以識得乎?"

其老母曰: "吾於三十年前, 意欲治圃, 親自修地揮鋤之際, 此石露出故, 去土而擧盖視之, 則銀滿一瓮. 其時, 生計艱窘, 非不知掘出賣之, 則可作富家, 而第念汝輩尙在襁褓, 知覺未長, 趣向靡定, 習見其家富之樣, 不知世間有艱難之事, 好衣好食, 飢寒不識, 長其侈習, 養其驕性, 其肯屈首於問學從師之業乎? 沈溺於酒色, 外入於雜技, 卽是倘來事也. 故視若不見, 仍爲埋置, 使汝輩知飢寒之可憂, 財物之可惜, 無暇念及於雜技, 不敢生意於酒色, 俾得孜孜於文墨之事, 勤勤於契闊之業. 今則汝輩幸已成就, 年旣長大, 各有所業, 家業稍饒, 立志旣固. 雖掘銀而用之, 似無侈汰浪費之慮, 又無外馳走作之患. 故指示汝輩, 使之散賣日用矣."

自是以後, 次次發賣, 得數萬錢, 遂爲巨富. 而其老寡[1]好作善事, 飢者食之, 寒者衣之, 親戚之窮不能婚葬者, 皆厚助之. 又於冬日, 必作襪數十, 乘轎而出行, 見乞人無襪者, 必與之, 盖以寒苦之最難堪者, 足凍故也. 又周行於所親知家貧窮者, 每

---

1 寡 해외수일본 갑본에 의거하여 보충한 것임.

周其急, 草屋之未盖者使之乘屋, 瓦家之傾頹者使之修改, 計價而給之. 其老寡年過八十, 無病而逝. 其二子, 各年過七十, 老退吏業. 官至同知, 追榮其三代. 其後, 代代子孫繁盛, 或登武科, 歷主簿察訪, 或以軍門久勤, 經僉使萬戶云.

• 『靑邱野談』海外蒐佚本 乙本 권4

貸用手票 대용수표

憐窮儒神人貸櫃銀

京城慕華館後, 一良家兒, 年近二十, 與偏母居生, 家貧以賣錫爲業. 適値武試, 滿貯白餳於髹器, 持往試場, 則時尙早. 置錫器於貫革之後, 臥而假寐. 夢中有老人來, 謂曰:

"第幾貫革後, 有埋銀三千兩, 銀主卽南山洞李姓兩班. 其家門外, 櫻桃花盛開, 尋往其家, 準納銀兩, 受其貸用手標, 還埋其處, 則於汝亦有脫貧之道. 須勿過時, 卽速掘去."

其兒睡覺則夢也. 恍惚難測, 將信將疑, 咨且之際, 復作夢寐, 老人又來催促. 兒乃驚悟, 急回其家, 指鋤來. 掘其第幾貫革後, 不過三寸許, 果有盛銀櫃子, 取視之, 則銀片滿貯, 重可謂數千兩. 卽負其銀櫃, 直往南山洞, 則亦有李姓人家. 門外櫻桃花方盛開, 課如神人言. 遂入其家, 敗垣頹壁, 不蔽風雨, 李生出來, 衣服襤褸, 形容憔悴, 兒卸下銀櫃, 具告夢中事, 請受貸銀手標. 李生秤量銀, 果爲三千兩. 詳聞其由,

"事雖虛妄, 旣有神人之囑, 則留之可也."

書給貸銀手標, 使之還埋後卽來. 兒依神人言, 置手標於櫃中, 埋於掘銀處. 又來李生家, 生謂曰:

"吾當爲汝營産, 奉汝老母, 來此同住可也."

生以銀, 買舍置庄, 又買一家, 使兒居之, 日用凡百, 亦皆備給, 娶婦成家, 穩度歲月.

未幾, 李生登科第, 歷敭華顯, 累典州牧, 每率其兒以往, 同享官廩矣. 幾年後任關西伯, 及閱銀庫, 則最深處一櫃, 空空無物, 而中藏自家貸用手標. 取而見之, 大驚歎曰:

"神人以吾貧窮之故, 使兒指示, 先貸此銀. 若非神人, 吾何以至此乎?"

遂以自家俸銀, 準數充納. 厚給其兒, 亦爲富家翁云.

• 『青邱野談』 海外蒐佚本 甲本 권6, 서벽외사; 서울대 고도서본(참조)

宋有元송유원

宋有元者, 吏胥子也. 幼失父母, 寄養於其戚人李姓家. 李甚饒而待太薄, 其家輩童, 皆衣紬帛·厭粱肉, 而有元則冬不綿·夏不葛, 寢之藁席中, 食之以頷下餘瀝者. 自七八歲至十四歲, 及至年十五, 告于李曰:

"吾受戚氏厚眷, 得保軀命, 以至今日, 而今則筋骨已成, 庶可爲自食之道, 請往他處."

李欣然許之. 有元, 遂轉入山寺, 寄食於僧, 日以採茹爲業. 一日, 有老僧, 自他山來, 見有元與之語, 率往僻處, 告之曰:

"觀汝狀貌, 眞有德大福人也. 天慳至寶, 以待福人. 彼巖下第幾松底有所藏, 是汝財也. 汝須淸齋七日而發之. 然汝是貧童, 發亦難貨矣. 旣發, 持吾書, 往松京見某人, 則必爲汝善貨矣."

有元如其言, 齋沐七晝夜, 堀地尺許, 果有大甕, 銀子滿其中矣. 遂以莎掩覆之, 往見老僧, 受其書, 至松京, 尋見其人而傳書. 其人卽松京大戶也, 見書大異之, 曰:

"是吾從祖也. 出家已七十年, 道甚高. 願得信息而無由矣. 今奉書, 吾何敢不從."

卽起人馬, 偕有元, 往到巖下, 發其銀甕而歸, 遂以其女妻之. 因貨其銀, 貨至累巨萬. 有元自此, 一身快活.

其後十餘年, 適往湖西, 道遇一丐, 卽前日李家兒也. 有元遂執手歔欷, 問何故至斯? 李慙板不能言, 良久曰:

"自君之去, 財産日敗, 至於此矣."

有元卽解衣衣之, 同投店舍, 出所裝, 一新其冠巾, 携歸家, 與同衣食, 幾半年, 卽以五百金裝送. 其後絶不聞聲息, 至六七年, 有元將入金剛, 鐵原途中, 忽然[1]相逢, 則李衣鶉而過. 有元且欣且愕曰:

---

1 然 원래 '謢'으로 나와 있는데 문맥으로 보아 바꾼 것임.

"始吾不營家産與之同居, 是吾過也."

遂與同歸, 劃給千金之庄, 終身同居. 其後, 有元子孫, 居湖中大昌云.

•『千一錄』권9

長橋之會 장교의 모임
勒生小斂

一人, 家貧好友, 晨起梳洗, 卽往于長橋, 居一富者之家逍遙焉. 其家則乃是八九人相會宴遊之所也. 歌客舞妓, 酒肴飲食, 無日不設. 貧者以無名之客, 日往同飽, 諸人侮之, 每有閑隙, 以言挑之, 則貧者忍受諸人之嘲, 諸人笑之以爲消日之資矣. 貧者或有事不往, 則諸人還切待之矣.

一日天雨, 諸客未散, 而與貧者語之曰:

"君以家不贍之人, 年將五旬, 則其死不遠. 吾以今日相好之義論之, 則誰不可趁時往弔, 以助其喪需? 而其時人家之憂患緣故, 未可預知, 子婦之生産, 孫兒之痘疫, 必多俗忌. 方其時,[1] 吾輩豈意撫尸相通哉? 吾之諸人, 今日當與君相約, 以某當初終之需, 以某當入棺之需, 以某當山役之需, 因此當質定成文而後可爲. 而但未預知者, 棺見樣也. 奈何奈何?"

貧者曰: "雖是未然之事, 諸君之意如此, 感謝感謝也."

一人曰: "凡喪家棺材之用, 以數寸長短, 價文顯殊, 今若不知見樣, 預置長板, 非也. 如得價小者而置之, 則奈於不意之尸長何? 莫如暫時草草假斂, 以出見樣可也."

諸人曰: "諾."

遂執貧者, 勒而臥之, 貧者故而從之.

諸人羅列以手巾絲等於廳上, 舖以薄衾,[2] 拽其貧者而臥於其上, 從下斂之, 以及其上, 則其人氣塞. 諸人掩鼻指笑之際, 趁不解釋矣. 貧者仍無氣息. 諸人訝其無言, 開斂視之, 死已久矣.

九人大驚, 撫摩其手足, 亦以藥物, 灌之其口, 而互相推引發明,

曰: "某之執絞, 恐似太過."

---

1 其時 원래 빠져 있는데 문맥으로 보아 보충한 것임.

2 舖以薄衾 이 네 글자는 정음사본 『어수록禦睡錄』(1947)에 의거하여 보충한 것임.

或曰:"某之發論, 極其恠異矣."

如此喧動之際, 貧者精神少定, 而仍作佯死之狀.

諸家婢僕, 歸告主家, 九家婦女, 不勝驚愕, 迭相送人, 連探聲息矣.

一人曰:"此人旣有慈母與家屬, 則不可不通訃."云.

貧者聞此言, 外雖如死, 心內暗想, '老母之驚哭, 豈不憫迫哉?' 遂呼吸欠伸, 始有還甦之意. 九人進前執手,

曰:"君能知我面耶?"

或曰:"俄果就睡耶?"

各出一言慰之後, 喜氣滿堂. 貧者忽向九人而放聲大哭, 則九人亦哭.

貧者曰:"吾弊衣破冠, 一縷延命, 無非君之德也. 每擬替君之勞, 而將有結草之心矣. 今則還復貽厄於諸君, 不若吾死奄[3]然耳."

遂嗚咽氣塞, 諸人更進茶酒, 使之收拾精神, 則貧者乃泣而告曰:

"鄷都之事, 吾未嘗信惑, 然俄者一瞬之間, 入于閻府, 則鬼頭羅刹, 排立左右, 鐵鉤火釜, 列在庭中, 桎梏刑具, 無異於金吾刑府. 有若執事然者, 有若羅卒然者. 高殿之內·華盖之下, 有若王者, 設榻而坐, 招入問之曰:'汝因何罪入來耶?' 余仰對曰:'被捉之罪人, 豈知其所因之由也?'

傍有黃巾夜叉, 又進告曰

'小人以他事, 出徃之際, 適於鬼門關, 有一個徘之人. 故與之偕入而已, 不知其由也.'

殿上一人, 突出進告, 乃是判官者而伏達曰

'近來富民之驕傲自高, 愈往愈甚, 生之殺之, 渠任自擅, 而某某九人, 勒縛此人, 使之致死也.'

閻王大怒, 別定鬼卒廿七名, 使之捉付鄷都犁舌獄, 拘以鐵梏石桎後, 使鐵瓮城將, 入達于森羅門之意, 累累申飾故, 余痛哭哀乞曰

'惟彼九人, 本以人間善心慈悲之人, 小人之前後衣食, 都出於九人之周給, 而偶於一時相戲之際, 小人氣喘自塞也, 非被死於九人也. 伏願寬貸之.'

閻王顧謂左右曰

---

3 奄 원래 '俺'으로 나와 있는데 문맥으로 보아 바꾼 것임.

'九人若平日行惡於貧友窮親, 而一無顧恤之惠, 則彼人之所告, 豈如是耶? 姑勿捉來, 以觀來效 可也.'

左右進告曰: '使其九漢, 均分其財, 以給此人, 豈可爲贖罪之萬一哉?'

閻王曰: '然則姑勿還令於力士夜叉等處, 而數日後, 使之辭階出送可.'

傍有執事者, 以手推出余背, 使落於空中故, 余因風飄飄輕揚還此, 則諸友在傍, 可欣可悲. 吾之死非不異事. 何面目, 更對諸益耶!"

因涕泣不成言. 如此之際, 九家奴僕, 歸告其家, 諸家婦女, 皆大驚跌倒焉.

近來富家婦妾, 邀巫禱神, 請髡而誦經, 無端費財至于破家之境者多矣. 九人本以無識淺見, 聞得如此地府丁寧之報, 則豈有晏然不動心之理耶? 遂取錢包, 或送三百兩, 或送四百金, 數日內三千餘金, 積聚于貧家之庭. 貧者只受八人家所送, 而還退一人之物, 其家亦不勝訝惑矣.

數日後, 貧者告別於長橋之席, 遂移居外鄕, 更不相從焉. 諸富人外尙奢侈, 少無積善之處, 而惑於巫瞽, 旣乏節愛之道, 財生無處, 而用之如水, 豈能長久乎? 三年五葳之間, 賣瓦換茅, 衣不蔽身, 食難供口. 昔日蠹破之緞衣, 出棄苦醬, 安復更得哉? 九人各散, 不曾更會, 或有路左相逢, 則互相慚愧, 掩面而避去. 其中一人, 則先敗家産, 夫妻幷歿, 更無嗣續. 此則向日貧友不受金錢之處也.

十年之後, 貧者多將金銀來到京內, 窮搜坊曲, 更逢八家之人, 還報本錢, 又加給其倍而歸云. 蓋此貧者之初不受一家之物者. 何也? 必是能料乎其友先亡, 終無可報之處而然也. 高臺廣室之中, 飽食煖衣豪華者, 言笑自若之際, 豈意假尸之有此神計也?

• 『禦睡新話』

廣通橋邊 광통교변
乃寫汝母

　一富人在於北山下, 累經營所任小次之人也. 以家産稍贍, 所得多夥之致, 自爲風流浪子. 日聚朋友, 歌舞消遣, 醫女·針線婢·有名稱之妓, 未嘗一不相疎之物也.

　一貧者, 逐日來到, 或代書書札, 或替行諸事矣. 一日, 主翁病重, 諸子侍側, 主人呼坐其子, 謂之曰:

　"吾學行不足, 家産有餘, 自少及今, 而每以豪客蕩子之流, 妓生之推尋爲事, 歌舞蕭管爲恒業, 則汝輩豈無目濡耳[1]染之弊乎? 吾年七旬, 病勢沉重, 而回甦何可望! 家財亦尙有餘, 吾喪三年之後, 汝輩從心所欲, 窮其所樂, 無或不可. 而有所不可不知者, 吾今語汝耳. 取紙筆而來也."

　其子涕泣唯唯而出, 手抱湖南簡紙數十丈三折連幅, 幷奉絳眞香硯匣而來. 伏於臥側, 傾白玉蟾蜍硯滴, 磨八神貢墨, 把大霜毫晋唐小楷筆以待, 則父曰:

　"以大字, 書內醫院, 而爲綱題也, 又以小書, 歷書諸醫女名曰某也, 曰某某也."

　子隨呼隨書, 將近四五十名後, 其父曰:

　"以大字, 書尙衣院爲綱. 以小字, 書針線婢名曰某某."

　將近七八十名, 則又曰:

　"以大字, 書綱爲題者, 若工曹若惠民署, 而又有小字書某."

　又過數百名後, 又曰:

　"以大字, 書中部·西部等五部題綱, 更列書酒蕩·隱娼名曰某某."

　幾百名, 又大書刑曹·京兆府, 小書下典名幾百名後, 黙然良久曰:

　"又以大字, 書未考居注秩, 次以中楷書, 指示人姓名. 又於其下, 用小書."

　如例幾百名. 又以大字, 書八道名爲題, 中楷書各邑名, 其下小書者, 亦不知其數.

　貧者黙看嗟嘆曰:

　"主翁之好食好衣, 孰不可羨, 而猶可爲富則例事. 而幾千數女妓, 呼來斥去, 從

---

1 耳 원래 '其'로 나와 있는데 문맥으로 보아 바꾼 것임.

以指揮, 此則政非王將軍之庫子輩之行樂也. 吾今世則已無奈何, 後生此世若復爲人, 則不但願爲好衣好食而已, 若得如彼花田行樂則好也."

主翁死後五六年, 貧者亦得疾呻吟, 臨死呼其子, 使取紙筆, 伏之於前曰:

"吾之所眄妓娼等名, 汝當書置也."

久之, 父始呼曰:"廣通橋邊, 顧我女."

其子書之後, 過食頃乃呼曰:"書汝母. 只此而已."

聞者絶倒.

•『禦睡錄』

地獄巡禮 지옥 순례
督債見辱

　　古一常漢, 用債錢於洞內生員矣. 生員甚愚劣, 而酷愛錢財, 送奴督之, 或捉來捽曳, 不堪其苦. 常漢貧甚, 猝無備償之道, 乃生一計, 而謂其妻曰:

　　"某宅生員主, 又必送奴, 則可免備償, 反有妙理, 必從吾言爲之."

　　妻許而然之. 翌朝, 常漢以單衾, 裹其頭·伸其足, 仰臥于房中, 妻披髮而坐窓外, 抱兒啼哭. 俄而, 生員家奴入來, 見女人, 驚問何故?

　　女人曰: "吾夫昨夜暮歸, 腸飢無食, 而食冷飯一塊, 夜半痛胃猝死. 自今以後, 率此幼稚, 生計無路, 天地晦暝矣."

　　班奴大驚, 開窓視之, 則屍體果覆單衾以置矣. 只得吊慰女人, 還告生員曰:

　　"某漢昨夜食冷飯猝死, 其妻子披髮號哭, 還甚可矜惻."

　　傷歎而止. 五六日後, 常漢忽來謁, 生員且驚且悚, 急問曰:

　　"聞汝云亡, 何以得生而來?"

　　常漢曰: "小人果夜半猝死, 三日後更生. 故今始來謁耳."

　　生員曰: "只聞有更生之事, 而未見其更生之人. 今果見之矣. 大是奇事, 汝果觀郾都否?"

　　常漢曰: "一一記知, 無異此世上矣."

　　生員曰: "汝須詳言之. 吾欲試一聽之."

　　常漢曰: "小人始死之時, 有鬼卒面貌凶惡者, 捉出小人, 驅背而去, 如此生之法司. 差使到鬼府, 則市街·山川·人物·閭閻, 一如此世界. 差使押小人, 之法庭, 則宮殿甚宏壯, 左右鬼卒羅列, 殿上法官, 着紅衣而坐, 似是閻王矣. 小人俯伏廷中矣, 閻王考見册子, 而分付曰: '汝是不當死之人, 誤捉而來矣. 卽爲出去云.' 故小人告以歸, 則路無明知之道, 願以分付小人押來之卒, 使之出去, 則閻王許之, 同鬼卒出來矣. 於大路傍, 忽然一人, 執小人之手, 甚欣慰故, 見之, 則先生員主矣."

　　生員急問曰: "汝果見先生員主, 則凡百貌樣如何耶?"

　　常漢曰: "先生員主, 面有菜色, 衣裳襤褸, 無以掩體, 着平凉子, 小人始見, 不能記憶, 細察始能覺得. 小人不勝驚歎, 問其故, 則無家無食, 未免作流離之踪, 而乃至於此. 爲下敎問宅消息 故, 小人詳告, 而彼此間, 不禁下淚. 小人囊中, 適有一錢故, 納之以爲酒債矣. 下情極爲慘然."

生員面帶愁慘, 又問曰: "生員主, 汝果逢見, 而大夫人抹樓下, 亦或逢見否?"

常漢踟躕曰: "大夫人抹樓下亦拜謁, 而有萬萬惶悚者, 故不敢告之矣."

生員曰: "今吾與汝相對, 無他一人. 出爾之口, 入我之耳, 何必難言?"

常漢累稱惶悚, 終不言之. 生員一向苦問.

常漢曰: "生員主, 如是懇問, 不得不實告. 小人與鬼卒, 偶入一色酒家, 則家舍極廣闊侈麗, 沽酒人盈庭. 小人入去, 則賣酒人卽大夫人抹樓下. 而身觀大勝於前, 衣服什物之勝, 不可形言. 小人甚驚喜拜謁, 則大夫人抹樓下亦甚欣歡, 仍下問宅消息故, 詳細告達, 則美酒盛饌, 多得食而出來."

生員曰: "若此, 則先生員何故如彼困窮, 而大夫人抹樓下與誰同居?"

常漢又稱惶悚不敢言, 而被生員連問, 乃曰:

"大夫人抹樓下, 與生員主情誼不合, 如同行路人, 而卽今與小人父同居, 夫婦之誼甚厚. 豈非意外耶? 如此故, 小人惶悚, 不敢卽告矣."

生員面如土色, 而半晌垂淚無言, 乃從容謂曰:

"此事, 汝愼勿出口. 雖汝妻子, 勿令知之可也. 若漏泄則吾將何以行世乎?"

常漢曰: "雖無下敎, 然小人豈敢出口乎? 伏望勿慮焉."

生員曰: "汝之所負錢, 特爲蕩減. 此後則種種來往, 彼此間勿忘如何?"

常漢曰: "敢不如命."

種種往來, 而來則輒以酒饌善饋之, 有時救急.

聞者, 笑生員之愚而常漢之譎矣.

• 『攪睡襍史』

講談師 강담사
諷吝客吳物音善諧

京中有吳姓人, 善古談, 名於世, 遍謁卿相家. 其食[1]性嗜瓜熟菜, 故人以吳物音呼之. 蓋物音者, 熟物之方言也. 吳者瓜之俗名, 音相似也.

時有宗室年老而有四子, 積苦[2]致富而性吝, 秋毫不以與人, 亦不分賚於諸子. 親友勸之, 則答曰:

"吾且有商量."

遷延歲月, 忍不能與之.

一日, 招吳物音, 使之古談. 吳心生一計, 做出一古談. 談曰

長安甲富有李同知者. 壽富貴多男子, 人稱好八字. 但少也傷於貧, 治産爲富家翁, 而吝癖根於心性, 雖子姪兄弟, 無一箇物賜與. 及其臨死也, 世間萬萬事, 都是悠悠, 只有一財字, 眷戀不能捨去. 病中思之又思,[3] 無可奈何. 乃呼諸子遺言曰:

"吾積苦聚財, 雖至甲富, 今將發黃泉之行, 而百計思之, 無一箇持去之道. 前日吝財之事, 悔之莫及. 丹旐一發, 輓歌凄凉, 空山落木, 夜雨荒阡, 雖欲用一葉錢得乎! 吾死後棺殮也, 不施握手於兩手, 棺之兩傍, 各穿一穴, 出其左右手, 以示路上人使知吾有財如山, 空手而歸."

乃奄然而逝. 死後, 諸子不敢違敎, 如其戒. 小人俄遇其靷行於路上, 見其兩手之出棺外, 恠而問之, 乃李同知之遺言也. 儘乎! "人之將死, 其言也善."

宗室老人聽其談, 隱然逼於己, 而有嘲弄之意, 然其言則達理也. 卽席頓悟, 厚賞吳. 翌朝, 遂分財於諸子, 盡散其寶貨於宗族故舊. 入處山亭, 琴酒自娛, 終身不言財利.

---

1 其食 『해동야서海東野書』에 의거하여 보충한 것임.
2 苦 원래 '著'로 나와 있는데 문맥으로 보아 바꾼 것임.
3 又思 『해동야서』에 의거하여 보충한 것임.

盖渠人之一言頓悟, 也自不易, 而吳乃滑稽之類也. 使出於淳于髡·優孟之世, 則何渠不若耶?

• 『靑邱野談』 海外蒐佚本 乙本 권2

背信배신

京城一富客, 有絶親[1]之友, 家貧難保, 爲其奠活之道, 紓存錢兩, 使之殖利藉生矣. 嘗從容語曰:

"吾今年老, 餘生无幾. 且吾子尙未成就, 難見其治家, 亦恐不及於余之規模也. 當以十萬兩付之, 君其一生殖利, 待吾子家力窘艱, 只以本錢給之也."

那友曰:

"敢不如敎. 雖有利本之托, 亦此感矣."

不幾年, 富客病死, 其子不能繼業. 又不幾年, 家力蕩敗, 因其父之遺命, 往推其錢, 則那人納朴曰:

"本无所報, 今何推覓?"

屢次往覓, 一向納朴. 那子終以折半懇乞, 亦不聽從. 那子切忿, 屢呈刑漢兩司, 每每見屈. 那客之有錢權而免頉也.

時鄭相公晩錫爲嶺伯, 素稱明決. 那子往呈原情. 伯曰:

"汝以京人, 何爲越他道而來訴乎?"

那人曰: "彼隻, 有權有勢, 納賂用事而免頉, 則如矣身无勢者, 何爲得訟? 仰聞使道處事之明白, 不遠千里而來. 伏望閤下, 公決此事, 使此矣依孤子支保也."

巡使曰: "汝其退去, 以待更招也."

乃密議營將, 約束舊囚大賊, 以如此如此, 卽移關京兆, 捉來厥漢. 大張刑具, 分付曰:

"汝爲八路大賊之接主, 執贓不啻幾十萬金, 汝果无事乎? 勿爲欺罔, 一一直告也."

那漢聞其言發明曰:

"小人自少至老, 殖利藉生. 至今无衣食之憂, 豈有奪人取物之理? 至若接主之

---

1 親 원래 '交'로 나와 있는데 바꾼 것임.

說, 萬萬不當之事."

巡使招入囚盜, 使之對質.

賊曰: "汝是某姓名乎. 吾於某月日, 幾萬金掌置, 某月夜, 幾萬金掌置, 合而計之, 前後幾十萬金矣. 與受丁寧, 今何發明之快快? 甚旡廉者也."

彼漢曰: "小人與此賊, 本旡面分, 而做出無根之說, 陷人於不測之地. 白日之下, 豈有如許孟浪之事乎?"

賊曰: "嚴明之下, 對質之庭, 飾邪發明, 去益旡難, 如非大賊, 必旡是理. 別般舉措之前, 難以得情"云云.

巡使大怒, 命以朱牢之嚴酷, 那漢不堪苦痛, 曰:

"小人, 今以旡名之罪, 受此有死之刑, 死不瞑目. 豈有接主而致家也? 小人曾有貸某甲錢十萬金, 至于今殖利生業. 果旡取他人之一毫矣."

巡使曰: "既不接主, 貸錢殖利, 則所貸之錢, 備數報給乎?"

對曰: "尙今不報, 以此爲罪, 誠爲甘受. 此外旡他罪目."

巡相招入京人, 使之對質, 曰:

"彼隻, 汝知之乎?"

那人曰: "此漢果與小人詰訟者也."

厥漢見其人, 垂頭氣滯, 嘿無一言.

巡相曰: "汝有所報, 而稱以旡報, 汝非大賊乎?"

厥漢惶恐對曰: "死罪死罪."

巡相曰: "汝在營獄, 三月內, 準數畢納也."

捧侤音, 械囚獄中. 厥漢京鄕大賈, 推移各處, 如數盡納.

巡相招其人出給. 那人盡數上京, 更起家業而好居. 鄭公之出奇, 甚可異也.

•『鷄鴨漫錄』

第 2 部

●

性과 情

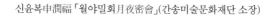
신윤복申潤福 「월야밀회月夜密會」(간송미술문화재단 소장)

義宦의환

有宦, 年少位高, 家且富饒, 居在果川路傍. 嘗當科時, 一日晨朝, 命奴三人曰:

"往候路傍, 若以科行有上京者, 勿論某人, 初逢者必招來."

又命辦酒饌. 俄而嶺南一士人, 款段半卜, 行色疲弊, 果居前而來. 三漢出拜馬前, 暫請入見.

士人不許曰: "吾無素面, 且行色甚忙矣."

三漢遂前擁後遮, 鞭馬强驅, 若如捉去. 其人欲下不能, 遂入巷口. 門閭高大, 儼若卿相家. 三漢强使下馬, 挾上堂. 士人忿怒大罵主宦[1]曰:

"行客何爲招來, 作此困辱?"

主宦答曰: "徐當有可知之事, 今日宜留此處."

仍命奴輩曰: "解下卜物, 善喂驢子於舍音家."

一時應聲, 卽依其言.

士人曰: "招入貽辱, 已極怪訝, 且不言事由, 任意强挽, 此何事耶?"

主宦但微笑曰: "只留只留."

士人推馬不得, 索卜不給, 只咄咄不已. 如此之間, 日色已暮, 勢難前進. 賓主夕飯, 繼而出來, 饌品器皿, 燦爛奢麗. 士人不勝忿, 推盤不食.

主宦解諭曰: "吾非辱尊. 當有好事, 且客中廢食, 恐有生病. 須下心進飯."

士人稍稍忿減, 始食之. 及到昏黑, 銀燭前導, 主宦語之曰:

"尊客當有宿處."

仍引入別堂, 金爐篆烟, 枕具鴛鴦, 侈似新郎房. 少頃進酒饌. 士人尤以爲恠.

主宦只曰: "可咲可咲."

行盃强勸. 撤饌後, 有鮮妍[2]美娥, 凝粧盛飾, 侍女數輩, 左右扶挾, 開戶入來. 士

---

1 主宦 『이순록』에 의거하여 보충한 것임.

2 鮮妍 원래 '好硏'으로 나와 있는데 『이순록』에 의거하여 바꾼 것임.

人益加驚疑, 惝怳莫知所爲, 急欲退遜.

主宦挽坐曰:"是可見之人, 故如是耳."

卽起出戶, 以金鎖鎖戶曰:"好度今夜."

士人不知其由, 悄然而坐. 燭盡夜深, 人跡四無, 銀鬟玉膚, 半面羞澁, 態度綽約. 士人忿心漸解, 色心漸生. 頻頻擡眼, 羅裙醉顔, 燭影眩花, 心不能自勝.

厥娥始言曰:"若依吾言, 始可從令."

士人問曰:"何事?"

厥娥曰:"跨越我腹, 高吟作牛聲."

士人曰:"如此駭擧, 不可不可."

退坐枕邊, 色心復生.

厥娥曰:"若不如吾言, 寧碎玉膚, 難夢雲雨."

士人始微作牛鳴曰:"雖云暮夜無知, 君知我知, 慚愧慚愧."

答曰:"牛鳴猶低, 決難聽令. 更須延頸高亮."

士人大忿曰:"一猶不可, 況可再乎! 意外被人困辱於外, 駭擧於內, 是何厄會!"

口中呪語, 只待天明, 蹴窓欲出. 此心暫弛, 慾心輒發, 更作牛鳴而彌高.

曰:"可慚可慚."

厥娥猶曰:"牛聲尙不快高. 須作大鳴, 達于窓外."

士人乞之曰:"兩次已極自愧."

答曰:"初已鳴之, 再三無間. 且勝於鷄鳴犬吠. 何自焦肝消腸, 以傷千金之軀乎?"

士人聞其言, 愈不勝情慾, 亦作牛鳴而越腹.

老婢了適爲溲溺出庭畔, 驚聞其聲曰:"如此深夜, 是何牛聲?"

士人聞之,[3] 亦自不覺絶倒. 男女繾綣, 只願六更之復作. 俄而金鷄催唱, 曉星將散, 彼此惟思此夜再來, 重續佳緣. 以此酬酢之際, 東方已白.

主宦入來, 親開戶[4]鎖, 笑謂曰:

"良夜果好度否?"

厥娥低眉含羞, 卽起入內.

---

3 之 문맥으로 보아 보충한 것임.

4 戶『이순록』에 의거하여 보충한 것임.

主宦呼士人曰: "是吾新郎."

命侍婢進饌, 若新郎之早飯床, 水陸珍味, 前所未見者. 士人忿心頓解, 歡情復發. 然疑訝尙存, 更問事由.

主宦只笑曰: "當有好事."

不爲詳告. 士人心裏杳杳, 亦無奈何. 銀盃玉椀, 實主相勸, 士人自不知醉倒. 及覺來,[5] 日已近夕矣. 自驚且悔, 忽忙告歸.

主宦不許曰: "夕陽將至, 似難到京. 更宿今夜."

士人以新情未洽, 宦挽鄭重, 因爲留宿. 翌朝復告歸, 主宦又不許送.[6]

士人曰: "兩夜陽臺之夢雖幸, 千里槐黃之行甚重. 遐方之人, 前期入京, 始可追尋同接, 辦備科具, 庶免曳白之患. 而一向留連, 可謂好因緣反爲惡因緣耶."

主宦曰: "當有赴擧之道, 第留之."

時, 科期只隔二日矣. 士人且疑且愁, 心欲逃去, 然而馬匹不知在何處, 私集冊等場屋所用之費, 皆入卜中, 無路推出, 只於心裏, 多般思量. 如是杳且之際, 日色又暮.

同接諸人, 則不知士人之被留在此, 已入京, 而士人不來, 皆以病臥中路知之, 且憐且念.

士人迫不得已又留宦家,[7] 終夜不寐. 曉起長歎曰:

"來時, 父母折桂之願鄭重, 空作逆旅籠鳥之煩寃, 此何故歟?"

主宦曰: "勿憂勿憂."

及朝, 出給試紙與筆墨, 俱是極品. 又盛備場屋酒饌給之, 曰:

"果何如耶?"

士人稍喜而謝曰: "所賜雖盛, 已失同接, 且無書手, 望斷丹梯, 淚向淸瀾矣."

宦曰: "此亦勿憂. 此科處所乃春塘臺也. 旣是殿庭, 則吾輩頗有力. 一從吾言, 則必決科."

使怜悧兩奴作隨從. 復作牌於掖隷及寺府, 必以善手寫券, 納卷[8]之際, 須[9]善爲

---

5 來 『이순록』에 의거하여 보충한 것임.

6 送 『이순록』에 의거하여 보충한 것임.

7 宦家 『이순록』에 의거하여 보충한 것임.

8 卷 『이순록』에 의거하여 보충한 것임.

周旋之意, 申申托之.[10] 復謂士人曰:

"勿往他處, 卽尋吾京家. 如此爲之, 今科必得嵬桀. 恩榮歸路, 須復更尋, 勿負我意."

士人一如其言. 及入場屋, 左右酒饌. 巨擘快筆, 寫給掖隷, 看護呈券後, 宦奴隨從, 不告先走. 士人盡失同接, 獨行踽踽, 亦無奈何.

及坼榜, 果高桀. 三日遊街, 卽尋舊路. 厥宦亦已先知, 盛設盃盤, 高張白幕而待之. 果尋入, 則主宦手把恩花, 喜笑相迎, 因設唱榜, 留過一宵.

始謂士人曰:

"彼娥本以良家女, 貧困無依, 爲我素蓄. 姿色如彼, 且有才藝, 然空老春閨, 心常憐之. 向者夜夢, 見黃牛跨據娥腹, 因變爲龍, 上空而去. 我若非病人, 足可以[11]生子登科, 此生望斷, 固無其應. 果邀尊客, 作此好事. 彼旣薦枕, 則可率去矣."

士人曰: "盛意雖謝, 在此路中, 何以帶去乎."

主宦曰: "吾已治待, 載以屋轎."

居前送別, 並給其資粧之具. 士人決科得妾, 喜還嶺南, 鄕里皆賀之.

其後士人復來相尋. 主宦有悽然色, 告之曰:

"雖有前日情款, 我是宦侍, 尊是名官. 自此告絶, 惟願地下相逢."

因爲永絶.

士人姓名不必言, 宦則金昌義, 善詩善酒, 善書善琴, 善畵善棋, 以風流男子稱之. 早年歸鄕, 隱於漁樵, 自號曰漁樵子. 其送別詩曰

萬物具陰陽, 獨憐自不然.

二八春閨女, 暮泣向花前.

以一詩觀之, 其善詩可知. 可謂義宦.

・『記聞拾遺』

---

9 須 『이순록』에 의거하여 보충한 것임.

10 申申托之 원래 '申托'으로 나와 있는데 『이순록』에 의거하여 바꾼 것임.

11 可以 원래 '以可'로 나와 있는데 『이순록』에 의거하여 바꾼 것임.

避雨 피우

權斯文 避雨逢寄緣

南門外桃楮洞權斯文, 遊於升庠. 一日, 以升補之行, 曉頭入泮,[1] 中路遇驟雨, 乾鞋無帽, 上沾下濕, 無以作行, 避雨於路邊草家簷下. 雨久不止, 進退爲難, 自言曰:

"有火則南草可吸."

俄[2]頃, 頭上有推窓聲, 擧頭見之, 則有一年少婦人, 出一條火, 曰:

"何許兩班, 憂此南草火乎? 今出送火, 幸須吸草焉."

權生受而燃草. 少頃, 又窓內婦人言曰:

"雨勢若此不止, 不必久立於陰濕之地, 勿爲龃龉, 暫入內坐也."

權生方甚愁亂之際, 亦自不妨, 依其言, 推門而入. 見其婦人, 年可二十四五歲, 素服精潔 容貌端正, 言辭擧止無非雍容[3]詳敏. 與之言, 少無羞澀之色. 少焉雨晴, 權生起身出門, 厥女曰:

"今經場中後, 必日暮門閉無以還宅, 歸路歷入如何."

權生曰: "諾."

經場後, 乃入厥家, 則果其夕饌以待之, 仍喫止宿. 權生是少年, 夜逢年少美女, 且無傍人, 風情所動, 豈有虛度之理. 仍與結媾, 厥婦別無喜色, 但爲嗟唏悽然而已.

權曰: "緣何故, 作如此狀?"

厥女終不吐懷, 往來將至數月. 一日, 欲入其家, 則有一老人, 金圈敞衣, 踞坐門閾. 權生意頗疑怯, 趑趄不敢入. 其老人見之, 鞠躬施禮, 曰:

"行次非桃洞權書房主乎? 何爲不入?"

遂與之入.

曰: "吾知書房主之往來吾家, 而吾以塵人, 汨沒生涯, 不得在家, 今始問安, 所失

---

1 泮 원래 '伴'으로 나와 있는데 『청구야담』에 의거하여 바꾼 것임.
2 俄 『청구야담』에 의거하여 보충한 것임.
3 雍容 『청구야담』에 의거하여 보충한 것임.

多矣."

權曰: "然則, 主婦於君, 爲何如親乎?"

老人曰: "吾之子婦也. 吾子十五娶此婦, 未及合禮而死. 此婦今年爲二十四, 雖得成婚, 尙未知陰陽之理. 尋常矜惻, 不忘于心. 凡生天地之間者, 雖微物皆知其理, 而渠獨不知故, 吾每勸其改嫁, 則渠言, '若他適, 則老漢身世無所依歸', 終不肯從. 今到八九年, 一向守節矣. 書房主向日往來之事, 渠已言及, 吾亦喜其遂願, 願一見之者久矣. 今日相逢亦甚晩矣."

自是之後, 權生無碍往來.

一日, 權生喪妻, 其初終物件, 以外上得用於各廛人, 而未及報. 久後備錢而親往計給,[4] 則各廛人等曰:

"日前某洞某同知, 帶錢而來, 宅之外上 盡數報償去."云云.

其後三載, 某同知病死. 其襲斂等節, 權生親自經紀, 以爲無憾. 埋於郊外, 纔過卒哭, 厥女顔色忽悽慘. 權生意頗殊常, 從容探問, 則厥女曰:

"吾旣生於世間, 不識陰陽之理, 而媤父亦常勸之故, 向邀書房主者此也. 旣知陰陽之理, 則卽日滅死, 萬萬無恨, 而窃念媤父無他子女, 只依吾一介女子. 若吾一死, 則媤父身世, 極爲矜憐, 隱忍至此. 今則媤父以天年下世, 葬埋已畢, 吾復何所望, 而久住於世耶. 從此與書房主永訣矣."

權生不勝驚愕, 萬段諭釋, 終不回心, 竟於權生不在之間, 自縊而死云云.

• 『海東野書』

---

4 計給 『청구야담』에 의거하여 보충한 것임.

深深堂閑話 심심당한화

嘗於蓀谷之深深堂, 與主人申士謙及淸州黃聖若閑話. 迤及文文山·趙靜庵·金河西·權石洲·閔老峯·金文谷·李諮議之事, 皆關於女色者也.

黃措大曰:

看雜書言, 文山赴試之路, 日暮抵一村. 村皆病癘多死, 一店必三四屍, 無所於寄宿, 而彷徨之久, 投一大家, 家無應門者, 而外舍空虛無人, 亦無屍. 乃解鞍秣馬, 爲寄宿. 夜二更, 有少女素服, 手燭籠, 啓外舍窓, 熟視而去. 俄頃, 進夕飯頗豊潔. 文山受而食之. 夜旣深, 素服少女, 前兩侍女皆秉燭籠而來見文山.

文山起而辭曰: "遠客無所寄宿, 偶投高門, 而外舍闃然無丈夫, 而深閨處子獨見臨, 未審何故? 然男女之節甚重, 不可以同房於夜, 不侫請避去."

少女曰: "家禍殘酷, 積屍如山, 獨此一縷命在耳. 竊見公儀容, 實爲君子傑然者, 必急人之難, 願公歛埋積屍, 且無棄此弱命, 使申歸仰之願, 如何?"

文山曰: "積屍則可以歛埋矣. 客遊倉卒, 取婦人而去, 大違禮義, 決不可矣."

女起拜而入. 俄又來請曰: "向者之來見, 求托同房而夜語, 便是獻身於君子, 此生更無他適之意矣. 死生惟今日, 君子哀矜而念之."

遂把文山之袖. 文山辭拒達曉. 曉卽招其家奴婢, 問其有無, 悉其所有, 歛葬積屍, 畢卽辭去.

女曰: "君子於死者垂大惠, 必受冥報, 科窞必通顯. 顧於生者不肯留念而使之死, 此亦寃結之必有報者, 恐君子之通顯不終矣."

文山跨馬未出門, 已聞其家發哭, 云其女自裁矣.

曰: "文山處之何如則可?"

答曰: "男女之間, 大節也; 死生之際, 大故也. 此其制變之道, 非精義之君子, 其孰能之. 文山之事, 其有無不可明. 然此言而斷之, 抑其始也, 文山有兩失焉. 君子一擧足, 亦必詳愼而不可苟. 則暮夜寄宿, 烏可不審其所舘乎? 始不詳問, 而舘於士族無男之家, 一也. 處女之持燭先戱, 不思末後之將如何, 而安坐不預避, 二也. 此則文山之失於經者也. 處女之再迫也, 察其辭氣, 寧不見其輕生之意乎? 許之則非禮, 不許則近於忍. 若設後期, 堅其約束, 使之須臾無死, 歸路申之, 待其終喪, 而可以來取則善矣. 女若孤立無依, 慮強暴之辱, 載駕而從之, 亦許之可也. 告之如是, 而女終於決死, 則非文山之失. 在我無憾, 彼自無冤矣."

趙靜菴, 年十三四, 丰儀映人. 每挾書來往, 隣女窺之, 歆慕深至, 而亦知奔就之必無幸也. 思想成疾, 疾已沈痼矣. 其父母獨有此女, 而悲悶不知所出, 而每問:

"汝有何結念而成此疾乎?"

女唯唯, 初不肯言. 至其就, 乃言其故. 其父趍靜菴之家, 欲言之靜菴, 而望其容範不敢言, 言於靜菴之家公, 且泣且拜. 公哀之, 召靜菴, 前而曰:

"人有由我而死者, 活之否乎?"

對曰: "雖未由我而死者, 可活則活之, 況由我而死乎?"

公乃言, 而指其人曰:

"彼雖府胥賤流, 其女乃處子也. 汝則妾畜之, 何害於義? 汝必許之."

對曰: "其女不由父母之命·媒妁之言, 而私窺男子, 至生淫心, 此其罪也, 死無足惜. 大人當訓子以義方, 何至使兒取淫女乎?"

公太息不能復言. 其人泣退, 不忍見其女. 其女病益急, 其人哭趍靜菴之家, 且哭且言曰:

"今已急矣. 尙冀萬一之幸."

公亦涕下, 而又命靜菴, 靜菴終不從. 其人哭而歸, 見其女無言.

女曰: "吾固知其必無幸也."

遂掩袂而死. 其家將葬之, 柩過靜菴之門, 不前. 其父哭訴靜菴曰:

"柩不前矣, 願公以一字加之."

靜菴乃泣而書袒, 以加諸柩. 柩乃前.

世以謂靜菴之禍, 根於此女之冤. 此則此女之失, 只在於私窺而已. 靜菴有兩失, 父命非不義而不從, 一也; 苛責稚女而不垂矜恕, 二也.

權石洲山行日暮, 投大瓦屋. 入門不見人, 呼之良久, 女隸出, 問:

"何人何姓,何故而來?"

而入,良久復出,開外房,引入.石洲坐定.女隸復進酒饌,石洲飲之已.又進夕飧,石洲食之已,又設衾枕.石洲不甚辭.夜既深,石洲吟詩,猶未臥.有三婦人,一老一壯一稚,女隸秉燭籠,左右翼之,直道外房而入.石洲遑遽,伏于席下.老婦人曰:

"無怪也,吾權氏婦也,公亦權氏也,相見何遠於禮?願安坐,聽吾言.吾歸權氏,于今三十年,不聞有宗族,而獨子相傳十餘世,而吾亦産獨子.子之妻,卽此壯婦人,而亦産獨子.子纔醮於此稚婦,而暴疾未及合寢而死矣.吾哀此婦不及知人道,而且所後無所於求.願公哀憐之,今夕 與此婦同衾,俾知人道,而幸生一子,是用權氏,而紹權氏也.不猶愈於他人乎?"

石洲正色而言不可.老婦人,太息流涕而曰:

"非不知不可,在吾稚婦,不知爲不可."

石洲堅拒不聽,稚婦人先起,壯婦人隨之,老婦人且起,而猶請曰:

"尚有可許乎?"

石洲終不許.三婦人既入,稚婦人曰:"尊章設計不善,徒辱我耳."遂自刎.

石洲屢擧不第,而終以詩案死.世以爲此婦之冤報云.此則石洲之失,在其初,何則?延之外房而入焉,餉以酒食而受焉,婦人何知固以爲可强也.若其終則石洲得之矣.一與之醮,終身不改,婦人道也.若稚婦迷亂,自失其道,君子固不當苟責.使君子而亂人已醮之婦,雖知刀鉅在後,何可撓所守之正乎.

金文谷事,一與靜菴所遭同,而所處亦大執,而一與靜菴同,無容更議.

李諮議,嘗遠行,至一店,明燭讀書,其聲若出金石.隣女竊聽之,不勝其情,夜深直入所坐.年可二十前後.李諮議正襟危坐而問曰:

"鬼乎人乎?"

曰:"人也."

"賤人乎? 貴族乎?"

曰:"土官之女也."

"已適人乎? 未適人乎?"

曰:"處子也."

曰:"男女有別, 雖賤女不可踰墻而從男兒, 況士官之女乎? 速起而去, 速起而去."

曰:"非不知禮義, 奈兒女之情勝何? 今夜之事, 雖死不可退."

李諮議苦口堅拒, 至發呵叱, 終不退. 而但曰:

"殺我活我, 只在今夜. 莫言禮義, 吾非不知也."

李諮議度無可奈何, 遂呼店人, 招致其女之父. 女父來, 見之大驚, 大責其女, 遂牽去.

女曰:"女身, 夜深致此, 已失大節矣. 豈望爲完人乎? 願大人少徐之, 俾得與客從容, 不然則吾必斃於此矣."

遂距門限, 死咋不出. 女父悉力出之.

女曰:"使兒失身, 不猶愈於徑斃目前乎?"

女父大怒曰:"與其失身, 寧見徑斃."

女卽咋舌碎頭, 而死於門扉間, 而曰:"客誠正人也. 然必有大殃, 吾爲厲鬼矣."

其後, 李諮議每夢其女現, 咋舌碎頭之形, 則家必有夭椓之禍, 遂以窮獨而終其身.

此則李諮議, 處變無術, 經而不權, 有失於仁智也, 大矣夫. 若有一毫立名之意, 粂錯於守義之間, 則受禍也宜哉. 使李諮議決知其女之冒死不要退, 則不必呼店人而招女父, 以彰其惡也. 宜直趨女父之家, 而自告其故, 使之泯其跡, 而善處之, 遂宿於其家, 則女必踵李諮議而至矣. 使其父誘之百端, 謂擇能文善士而嫁之, 女能定其心, 而還於閨次, 則大善矣.

若猶曰 死生惟今夜, 客雖不我從, 我則許身於客矣."

則當問於女父曰:"吾已取妻矣, 而主人之女其言如此, 奈何? 主人自量門地, 使我妾畜此女, 可乎不可乎? 惟主人之命, 主人自與女詳議之, 此非客之所當與也."

如此, 則許不許, 死不死, 怨不怨, 專在主人矣. 何關於李諮議乎? 今顧不此之爲, 而呼起店人, 招來女父, 使之惡聲坌騰, 毆叱狼藉, 女未及自訴, 其父未及思, 而膏血散落於店門, 仁者之所不忍, 而智者之所不爲也. 易大傳曰:"觀會通, 以行其典禮." 凡事變叢集, 雖甚難處者, 就中細思, 必有開通當行之道, 而不必倒行而逆施之. 故曰:"行其典禮." 若殺身之外, 無可奈何者, 其殺身 乃典禮而通處. 使李諮議所値之女爲孀婦, 則諮議有死不可許. 然其扣女父之家, 而泯其聲跡, 使之善處, 則無異道矣, 此乃典禮也. 旣處女, 則使女父自處, 惟女父之是聽, 乃典禮也.

老峯閔相國嗜酒, 而以害於德政而恒節飮, 或私行野次而多飮, 然必以夜醉. 嘗自相府, 出而省墓, 過某山村某人家, 其人曾經幕裨之任, 預爲旨酒以進之. 老峯中夜劇飮, 旣甚醉, 謂其人曰:

"汝有處妹, 何不飾進乎?"

其人曰 "大監旣命, 敢不進之乎?"

入請於其母, 卽粧束其妹而偕入, 則老峯已酣寢矣. 遂坐其妹於老峯之側, 而挑燭出戶以俟之. 鷄鳴, 老峯酒醒睡寤, 見新粧處子在側, 驚曰:

"吾猶夢乎? 抑鬼乎? 此何處子而在吾側乎?"

其人, 卽入而伏席下曰:

"俄者人監, 命進吾妹, 故入與母議, 而粧進此妹矣."

老峯大驚而起曰:

"吾不省是言矣. 吾雖爛醉失言, 豈有此大無禮之言乎? 亟以汝妹入."

其人躊躇未肯. 老峯大怒曰:

"不以汝妹入, 則吾今冒夜而起行矣."

其人遽以其妹入. 老峯遂切讓其人曰:

"爾得無欲乘吾醉而進爾妹, 以徼權利, 而謂吾實使之耶?"

其人曰: "有死不敢."

然老峯終不信. 其後其家不敢嫁其女.

女亦曰: "半夜侍坐相公之臥側, 吾則相公之侍女也. 不可以他適."

其人嘗乘間, 以此言, 告於老峯曰: "吾妹年已過矣. 願大監垂矜."

老峯曰: "處子何知? 此皆汝意也. 卽歸嫁之."

其人泣言其女實如是, 老峯終不信. 如斯往返者, 非一再, 而老峯終不信而不許. 其女遂結恨成疾而死. 老峯之多禍而少福, 其將禍必有女鬼之孼云.

其後, 移葬其女之柩於老峯之墓側, 盖老峯之家, 亦哀之之故也.

此則老峯始終皆失之. 盖人之明其明德, 將以修身而宰物也, 其於公私朝野, 雖有大小廣狹之殊, 其不可使明德, 有一時之昏則同矣. 今乃以私行野次而忽之, 遂至困酒而亂言, 誤人而自誤, 所謂失之於始者, 此也. 人中之處子堅, 謂大人實使之

耶. 窮村女子, 雖未必皆知禮義秉彝之發, 容有知之者, 何可一切畫之以無知耶. 逆
詐之甚, 持久愈堅, 所謂失之於終者, 此也.

金河西, 事仁廟爲侍從臣, 見大禍將作, 乞外爲玉果縣監. 無何, 仁廟賓天. 文定
大妃立明廟, 而尹元衡當國, 殺仁廟之舅尹任, 仍戕士類之不附己者. 河西聞仁廟
凶聞, 卽棄官自廢, 屢徵不起. 鄭松江幼有異質, 淸介絶人, 持身嚴苦. 有志於聖賢
之學, 嘗往候河西, 河西時方醉眠, 聞有客卽起, 兩侍女, 扶腋出花間, 河西雅有風
姿, 而醉步欹側. 旣定坐, 談辨灑落, 高出世間. 松江欣然盛慕之. 自此, 値佳酒名
姬, 不甚遠之.

嗚呼, 以松江之賢, 而又遠酒色, 則其學問之所造·功業之所樹, 當如何哉? 顧爲
河西之所誤, 惜乎! 蓋河西, 則自棄於世者也. 要以酒色爲累己, 寧知其流害之遠
耶. 古人名德愈高而謹愼愈至者, 良有以也.

• 『霅橋別集』권1「漫錄」1

孀女청상
憐孀女宰相囑窮弁

有一宰相之女, 出嫁未幾而喪夫, 孀居于父母之側矣.

一日宰相自外而入內, 見其女在於下房, 而凝粧盛飾, 對鏡自照. 已而,[1] 擲鏡而掩面大哭. 宰相見其傷, 心甚惻然, 出外而坐, 數食頃無語. 適有親知武弁之出入門下者一無家無妻之人, 而年少壯健者也, 來拜問候. 宰相屏人言曰:

"子之身勢如是其窮困, 君爲吾之女婿否?"

其人惶蹙曰:

"是何敎也? 小人不知敎意之如何, 而不敢奉命矣."

宰相曰: "吾非戲言耳."

仍自櫃中, 出一封銀子給之, 曰:

"持此而往, 貰健馬及轎子, 待今夜罷漏後, 來待于吾後門之外, 切不可失期."

其人半信半疑, 第受之, 而依其言備轎馬, 待之於後門矣. 自暗中宰相携一女子出, 使入轎中而誡之曰:

"直往北關居生, 而絶踪於門下."

其人不知何許委折, 第隨轎, 出城而去.

宰相入內, 至[2]下房而哭曰:

"吾女自決矣."

家人驚惶而皆擧哀. 宰相仍言曰:

"吾女平昔不欲見人, 吾可襲斂, 雖渠之娚兄, 不必入見矣."

仍獨自斂衾而裹之, 作屍體樣, 而覆以衾, 始通于其舅家. 入棺後, 送葬于舅家之先山下矣.

過幾年後, 其宰相子某, 以繡衣, 按廉北關. 行到一處, 入一人家, 則主人起迎而

---

1 已而 원래 '而已'로 나와 있는데 문맥으로 보아 바꾼 것임.

2 至 문맥으로 보아 보충한 것임.

有兩兒, 在旁讀書, 狀貌淸秀, 頗類自家之顔面, 心竊恠之. 日勢已晚, 又憊困, 仍留宿矣. 至夜深, 自內忽有一女子出來, 把手而泣, 驚而熟視, 卽其已死之妹, 不勝驚訝而問之. 則爲因親敎而居于此, 已生二子, 此是其兒矣. 繡衣口噤, 半晌無語, 畧敍阻懷, 而待曉辭去. 復命還家, 夜侍其大人宰相而坐, 時適從容, 低聲而言曰:

"今番之行, 有可怪之事矣."

宰相張目熟視而不言. 其子不敢發說而退.

此宰相之姓名, 不記.

• 『靑邱野談』 成大本 권6

太學歸路 태학귀로
逢奇緣貧士得二娘

古有一上舍生, 家在東小門外, 家計至貧, 蔬糲不繼, 日詣太學, 參朝夕食堂, 以其餘, 輒歸遺細君, 日以爲常.

一日乘昏, 袖飯而歸, 中路遇一美女, 隨後而來. 生顧謂曰:

"何許女者, 隨我而來乎?"

女曰: "欲與君偕往, 以奉箕箒."

生曰: "吾家窶甚, 一妻尙患啼飢, 況可畜妾乎. 娘若從我, 必作翳桑之鬼, 愼勿生意."

女曰: "死生有命, 貧富在天, 否極則泰來, 時至則風送. 釣渭呂叟, 八旬載西伯之後車, 弊貂蘇季, 一朝佩六國之相印, 豈可以一時窮困, 自斷其平生乎?"

麾之不去, 跟到其家, 生不得已留置, 與之同褊. 翌日, 女以所持錢緡, 貿粮沽柴以供朝晡, 明日又如是. 自此夫婦能免飢餓, 錢盡則女又得繼. 度了四五朔, 女謂生曰:

"此地太窮僻, 不可居生. 入處城內, 未知如何?"

生曰: "無家可住奈何?"

女曰: "如欲入城, 何患無家."

一日, 蒼頭七八人, 持二轎二馬, 靑衣一小童, 牽一驢[1]而至. 女開籠, 出男女新衣服, 一件納于女君, 一件自着之, 一件使生着之. 妻妾各乘一轎, 生騎驢陪後, 須臾至一宅. 妻妾直入內舍, 生彷徨外庭, 軒宇宏傑, 花卉森列. 俄而小奚延生入內, 妻在內房, 妾在越房, 日用器皿, 無不畢具, 在前婢僕, 足於使令.

生曰: "是誰之家?"

女笑曰: "看竹何須問主? 居之者, 卽主人也."

自此衣食裕足, 居處廣大, 屋中之瘦面復光, 江南之富翁不羡矣. 時有李同知稱

---

1 驢 원래 '衛'로 나와 있는데 『청구야담』에 의거하여 바꾼 것임.

號者, 往往來見其妾, 而云是近族, 此外無他來往者矣.

一日, 女謂生曰: "郎君又欲得一美妾乎?"

生驚曰: "吾與娘相逢之後, 賴娘之力, 一身安富, 萬事皆足, 豈有望蜀之意乎?"

女曰: "匪我求童蒙, 童蒙求我, 天與不取, 反受其殃."

遂力勸之.

生曰: "第與內子, 相議處之."

妻曰: "如此之妾, 雖家畜十人, 顧何妨也."

生諾之. 一夕, 有一妙年婦人, 乘月步來, 二又鬟前導, 容色絶佳, 舉止端潔, 滿帶羞澁之態, 決非常賤之流. 生一見驚喜, 遂成雲雨之樂.

女曰: "此人卽士族婦女也, 非妾之比也. 待之以齊體之禮, 可也."

生依其言, 敬待之. 三女同室, 閨門雍睦. 一日, 李同知者, 來謂生曰: "今日政案,[2] 君首擬寢郞矣."

生曰: "吾之姓名, 世無知者, 又無相親知, 孰能擧擬. 傳者妄也."

李曰: "吾目擊政案, 君之姓名, 吾豈不知?"

已而, 陵隷持政望, 叩門曰: "是某宅乎?"

生員見其姓名, 果不誤也. 心雖驚訝, 身卽出仕. 其後節次推遷, 歷典州牧.

一日, 生謂女曰: "吾與娘同居, 已過數十年, 而今將老且死矣. 尙不知娘之來歷, 前雖秘諱, 今日宜詳言之."

女歔欷曰: "李同知卽妾父也. 妾靑年早寡, 不識陰陽之理, 父母憐之, 一日謂妾曰: '今夕汝須出門, 隨往衣冠男子之初逢者而事之.' 妾顚倒而出, 與郎君先逢, 莫非天緣, 家舍之買置, 産業之經紀, 皆妾父之指揮也. 彼女卽今某宰之女, 而亦合宮前寡婦也. 妾父與某宰親切, 雖家間細瑣, 皆議之, 兩家俱有靑孀, 心常憐惻, 討論情懷. 一日, 妾父以妾區處之由告之, 某宰愀然良久曰: '吾亦有此意.' 遂以其女病歿, 傳訃舅家, 虛葬山下, 送適郞君. 向者初仕, 首擬之銓官, 亦某也."

生聞罷, 始嘆其奇遇矣. 生與妻妾三人, 白首偕老, 多産子女, 屢享專城之奉, 多見膝下之榮云云.

• 『破睡篇』권2

---

2 政案 원래 '政眼'으로 나와 있는데 문맥으로 보아 바꾼 것임.

古談고담

安東權進士某者, 家計最饒富, 性嚴峻, 治家有法. 有獨子而娶婦, 婦性行悍妬難制, 而以其舅之嚴, 不敢使氣. 權如有怒氣, 則必鋪陳於大廳而坐, 或打殺婢僕, 若不至傷命, 必見血而止. 以此如鋪陳, 則家人喘喘, 知其有必死之人也.

其子之妻家, 在於隣邑, 其子爲見其妻父母而行, 歸路遇雨避入店舍. 先見一少年, 坐於廳上, 而廐有五六匹駿馬, 婢僕又多, 若率內眷之行. 與權少年, 與之寒暄, 以酒肴饌盒勸之, 酒甚淸洌, 肴又佳旨. 相問其姓氏與居住, 權生則以實先告之, 少年則只道姓氏, 不肯言所在處曰:

"偶爾過此, 避雨入此店, 幸逢年輩佳朋, 豈不樂乎."

仍與之酬酌, 以醉爲期, 權少年先醉倒.

夜深後始覺, 擧眼審視, 同盃少年, 已無影響, 而自家則臥於內房, 傍有素服佳娥, 年可十八九, 容儀端麗, 知其非常賤, 而的是洛下卿相家婦女也. 權生大驚訝, 問曰:

"吾何以臥於此處? 君是誰家何許婦女, 在於此¹處乎?"

其女子羞澁而不答. 叩之再三, 終不開口. 最後過數食頃, 始低聲而言曰:

"吾是洛下門地繁盛仕宦家之女子, 十四出家, 十五喪夫, 而嚴親又早棄世, 倚在男²兄主家矣. 兄之性執滯不欲從俗而執禮, 使幼妹寡居也. 欲求改適之處, 則宗黨之是非大起, 皆以汚辱門戶, 峻辭嚴斥, 兄不得已罷議. 因具轎馬駄我而出門, 無去向處而作行, 轉而至此. 其意以爲若遇合意之男子, 則欲委託之, 自家因而避之, 以遮宗族之耳目也. 昨夜乘君之醉, 而使奴子負以入臥內家, 兄則必也遠走."

仍指在傍之一箱曰: "此中有五六百銀兩, 以此使作妾之衣食之資云爾."

權生異之, 出外而視之, 則其少年及許多人馬, 并不知去處, 只有蒙駭之童婢二

---

1 此 원래 '何'로 나와 있는데『청구야담』에 의거하여 바꾼 것임.
2 男 원래 '甥'으로 나와 있는데『청구야담』에 의거하여 바꾼 것임.

名在傍. 生還入內, 與其女同寢. 已而, 百爾思量, 則嚴父之下, 私且卜妾, 必有大擧措, 且其妻悍妬之性, 必不相容, 此將奈何? 千思萬量, 實無好個計策, 反以奇遇之佳人爲頭痛.

使婢子謹守門戶, 而言于其女曰: "家有嚴親, 歸當奉稟而率去, 姑俟之."

申飭店主而出門, 直向親朋中智慮者之家, 以實告之, 願爲畫策. 其友沈吟良久曰:

"大難大難! 實無好策, 而只有一計, 君於歸家之日後, 吾當設酒席而請之. 君於翌日, 又設酒筵請我, 我自有方便之道矣."

權生依其言, 歸家之數日, 其友送伻, 懇請以適有酒肴, 諸益畢會, 此會不可無兄, 須賁臨云. 權生稟于父而赴席. 翌日權生稟其父.

"某友昨日, 擧酒相邀, 而酬答之禮, 不可無也. 今日略有酒饌, 而請邀諸友, 則似好矣."

其父許之, 爲設酒席, 而邀其人. 且邀洞中諸少年, 諸人皆來, 先拜見於權生之父, 老權曰:[3]

"少年輩迭相酒會, 而一不請老我, 此何道理乎?"

其少年對曰: "尊丈若主席, 則年少侍生, 坐臥起居不得任意爲之, 且尊丈性度嚴峻, 侍生輩暫時拜謁, 十分操心, 或恐其見過, 何可終日侍坐於酒席? 尊丈若降臨, 則可謂殺風景矣."

老權笑曰: "酒會豈有長幼之序乎. 今日之酒, 我爲主矣. 擺脫拘束之儀, 終日湛樂, 君輩雖[4]百番失儀於我, 我不汝責, 盡歡而罷, 以慰老夫一日孤寂之懷也."

諸少年一時敬諾. 長幼匝坐而擧觴, 酒至半, 其多智之少年, 近前曰:

"侍生有一古談奇事, 請一言之, 以供一粲."

老權曰: "古談極好, 君誠爲[5]我言之."

其人乃以權少年之客店奇遇, 作古談[6]而言. 老權節節稱奇曰:

---

3 於權生之父, 老權曰 원래 '之權生老父歟'으로 나와 있는데『청구야담』에 의거하여 바꾼 것임.

4 雖 원래 '須'로 나와 있는데『청구야담』에 의거하여 바꾼 것임.

5 誠爲 원래 '試'로 나와 있는데『청구야담』에 의거하여 바꾼 것임.

6 談 원래 '說'로 나와 있는데『청구야담』에 의거하여 바꾼 것임.

"異哉異哉! 古則或有此等奇緣, 而今則未得聞也."

其人曰: "若使尊丈當之, 則當何以處之? 中夜無人之際, 絶代佳人在傍, 則其將近之乎, 否乎? 旣近之, 則其將蓄乎, 抑棄之乎?"

老權曰: "旣非內侍之人, 則逢佳人於黃昏, 豈有虛度之理也? 旣同寢則不可不率蓄, 何可等棄而積惡乎?"

其人曰: "尊丈性本方嚴, 雖當如此之時, 而必不毁節矣."

老權掉頭曰:[7] "彼之入內, 非故爲也, 爲人所欺, 此則非吾之故犯也. 年少之人, 見美色而心動, 自是常事, 彼女旣以士族, 行此事, 則其情慽矣, 其地窮矣. 如或一見而棄之, 則彼必含羞含寃, 而豈非積惡乎? 士大夫之處事, 不可如是齷齪也."

其人又問曰: "人情事理, 果如是乎?"

老權曰: "豈有他意, 斷當行. 薄倖之人, 豈可爲也?"

其人笑曰: "此非古談, 卽允友日前事也. 尊丈旣以事理當然, 再三有質言敎之, 則允友庶免罪責矣."

老權聽罷, 半晌無語, 仍正色厲聲曰: "君輩皆罷去, 吾有處置之事矣."

諸人皆驚悚而散. 老權高聲曰: "斯速設席於大廳."

家中皆悚然, 不知將治罪何許人矣. 老權坐於席上. 又高聲曰:

"速持斫刀以來."

奴子惶忙承命, 置斫刀及木板於庭下.

老權又高聲曰: "捉下書房主, 伏之斫刀板."

奴子捉下權少年, 以其項置之刀板. 老權大叱曰:

"悖子以口尙乳臭之兒, 不告父母而私蓄少妾者, 此是亡家之行. 吾之在世, 猶尙如此, 況吾之身後乎? 此等悖子留之無益, 不如吾在世之時, 斷頭以杜後弊可也."

言罷, 號令奴子, 擧趾而斫之. 此時, 上下遑遑無人色, 其妻與其子婦, 皆下堂而乞哀曰:

"彼罪雖云可殺, 何忍目前斷却獨子之頭乎?"

泣諫不已, 老權高聲而叱 "使退去." 其妻驚劫而避, 子婦以頭叩地, 血流被面而告曰:

---

7 **老權掉頭曰** 원래 빠져 있는데 『청구야담』에 의거하여 보충한 것임.

"年少之人, 設有放恣, 自擅之罪, 尊舅血屬, 只此而已. 尊舅何忍作殘酷之事, 使累世奉祀, 一時絶嗣乎? 請以子婦之身代其[8]死."

老權曰: "家有悖子, 而亡家之時, 辱及先祖矣. 吾寧殺之於目前, 更求螟嗣可也. 以此以彼, 亡則一也, 不如亡之乾淨之爲愈也."

仍號令而使斫之, 奴子口雖應諾, 而不忍加足. 其子婦泣諫益苦. 老權曰:

"此子[9]亡家之事非一矣. 以侍下之人, 擅自蓄妾, 其亡兆一也, 以汝之悍妒, 必不相容, 如此則家政日亂, 其亡兆二也. 有此亡兆, 不如早爲除去爲好也."

子婦曰: "子婦亦是其人面人心矣. 目見此等光景, 何可念及妒之一字乎? 若蒙尊舅一番容恕, 則子婦謹當與之同處, 少不失和矣. 願尊舅勿以此爲慮, 特卜廣蕩之典."

老權曰: "汝雖迫於今日擧措, 而有此言, 必也面諾而心不然矣."

婦曰: "寧有是理乎? 如或有近似此等之言, 則天必殛之, 鬼必誅之矣."

老權曰: "汝於吾之生前, 無或然矣, 而吾死之後, 汝必復肆其惡. 此時則吾已不在, 悖子不敢制, 此非亡家之事乎. 不如斷頭, 以絶禍根."

婦曰: "焉敢如是? 尊舅下世之後, 如或有一分非心, 則犬豚不若. 當矢言而納侤矣."

老權曰: "若然則汝以矢言, 書紙以納."

其子婦書禽獸之盟, 且曰: "一有違背之事, 子婦當天雷震死. 矢言至此, 而尊舅終不聽信, 有死而已."

老權乃赦之, 仍命呼首奴, 分付曰: "汝可率轎馬人夫, 往某村店, 迎書房主小室以來."

奴子承命而率來, 行現[10]舅姑之禮, 又禮拜於正配, 而使之同處. 其子婦不敢出一聲, 到老和同, 人無間言云爾.

• 『溪西野談』권4

---

8 代其 원래 '代行其'로 나와 있는데 『청구야담』에 의거하여 바꾼 것임.

9 子 원래 '事'로 나와 있는데 『청구야담』에 의거하여 바꾼 것임.

10 現 원래 '視'로 나와 있는데 『청구야담』에 의거하여 바꾼 것임.

馬말

嶺南有一巨擘, 登增別鄕解近十五六次, 及至會圍, 輒不得志于有司, 家計剝落無餘地.

同鄕有金姓人, 善推命, 每於會行, 往卜則輒告以不利, 初不準信, 竟如其言. 向晚, 聞庭試之奇, 又往問利敗於金, 金作卦以解曰:

"今番場屋得失, 無論結果, 性命之大厄迫至, 可悶可愕矣."

巨擘哀乞曰: "尊旣知未來事如神, 亦能有回凶爲吉之道乎? 願爲我更加推驗焉."

金黙思良久曰: "細度當前之厄, 則今科雖必捷, 而脫危無術, 奈何?"

有頃乃曰: "吾已思得尊出免入榮之道. 尊須勿還家, 治科具, 自此直發京行, 抵宿五十里, 明曉東踰泰嶺, 歷長谷以下, 則川上柳下, 當有素服女人, 惟抵死圖其和姦, 則這[1]間艱危不可狀, 而一第自可得矣."

巨擘遂辭金出, 語其牽牟雇奴曰:

"自此當直發科行矣."

雇奴怫然曰: "千里行, 不齎一錢, 將何以爲人馬三口粮耶? 惟當還家, 治具徐發矣."

儒生語雇奴曰: "吾之旣往科事, 毫不差爽於金生員之卜矣. 今番則金卜以爲今日直發, 則庶可登科, 不然則有必死之厄云. 其言必不誕妄. 吾之大命將盡, 何暇論治行具耶?"

遂强發, 雇奴黽勉跟隨. 夕抵五十里店, 人馬俱飢宿. 翌曉, 東踰峴, 則地勢一如金卜所指, 飢雖甚而心獨喜. 迤下谷路, 則大村前臨溪柳陰, 有老婆方漂, 傍有素服一少娥, 貌甚靜麗, 乍眄馬上, 蒼黃促老婆, 戴漂入村去. 儒生疾馳跟之, 則素服女走入中門, 門闇.

儒生下馬於舍廊前, 則所謂舍廊寂無人, 塵埃滿床. 儒生繫馬庭樹, 升坐塵床, 無

---

1 這 원래 '底'로 나와 있는데 전후 문맥으로 보아 바꾼 것임.

人應接. 良久有老叟, 自隣屋來曰:

"何方客, 投此空舍廊耶? 此是吾子婦靑孀家也. 無男丁可作主人, 願隨我往弊屋, 經宿以去."

儒生曰: "我非欲以人馬接待, 貽弊於孀家. 只欲借此一片塵床, 特明朝發去. 有意所存, 不願隨翁去也."

翁再三言其不可留之意, 客不允從, 翁示不平色而去. 遂曛向夜矣. 入夜, 儒生謂雇奴曰:

"吾當以某隙穴, 入此內室, 入去後如有喧嘩聲, 則是吾決性命也. 汝無幷死之意, 盡力急逃可也."

其家垣墻高且堅, 中門着大鎖下鑰, 無路闖入. 儒生無數回旋於墻底, 竟得墻下小竇, 束衣歙體, 艱辛穿入, 則房舍重重, 使人迷眩. 一窓隅, 設廐繫一駿駒, 駒見人作聲, 亦爲危怖之一端. 儒生憂過馬前, 抱壁回進, 則房中燈光, 穿照穴窓隙窺見, 則桁上卦素服衣, 床中鋪素衾枕而無人. 卽是孀女所寢處, 而燈惟懸矣.

儒生又轉向越廊他室而窺見, 則有一女人, 率數三子, 在其中嬉笑, 孀女就其所打話, 厥房之主, 卽孀女之小姑也. 儒生意其孀必歸本房, 先入其房, 滅燈潛伏. 良久孀果歸開門, 却立而獨語曰:

"燈火不當自滅, 而已滅誠可怪也."

如是作語者, 四五次, 足不入房, 徊徨嘆咤. 儒生只增暗中焦燥. 少選, 孀女入就素衾枕上, 噓唏而臥. 儒生出聲曰: "有人來此矣."

孀女驚起曰: "暮夜何人, 敢入孀女室乎?"

儒生低聲乞憐曰: "我非牽情慾而入來也. 切有可憐情事, 願主人勿高聲, 而細聽始末也."

女曰: "第言之."

儒生仍具道其所以然. 女聽罷, 卽曰:

"此天也, 豈違天乎? 吾以某鄕富民女, 十六嫁作此家長子婦, 十七喪夫. 窓外馬, 卽吾夫曾所愛故, 吾手自餇餗如對亡夫. 今年十九, 準擬終身志堅矣. 昨夜夢, 前川有黃龍, 自西浮來, 化爲人. 傍有一人, 指以吾曰: '彼人卽汝夫, 貴且吉.'云云. 覺來森然可記. 今朝, 要驗其夢之虛實, 使老婢, 戴漂出川. 俄有騎馬客來到, 擧目瞥看, 便如夢中黃龍所化之人, 毫髮不爽. 十分驚異, 卽爲走還, 而終日不釋於心. 此來尊客, 必是朝間馬上客也. 俄自小姑房還來時, 見燈滅, 霍然心動, 意必有人入房來. 不入房趁起之際, 若以一聲招呼, 則夫第三四如虎. 惡少年當即至, 客必爲肉醬矣. 忍而不發聲者, 蓋有默運, 而今聽尊言, 又爲卜說之合符於夢境, 豈非天所指授者耶?"

仍與穩同枕席. 旋復勸起曰:

"郎之一第, 已決必得矣. 赴科戾京, 似非駑駘所能, 且必須厚齎盤纏, 然後可成大事, 吾當治行送郎矣."

即持燈上壁欌, 多取布帛與錢貫, 裹作一擔. 牽出廐中駿馬, 開門鎖, 使出付牽奴, 冒夜馳往前路酒幕以待. 女又曰:

"送奴持馬馱卜物, 先去後, 郎則留坐舍廊床上初坐處, 閱盡艱險然後, 待晚徐發可也."

儒生仍與厥女, 馱卜於駿背, 開鎖以出, 還閉中門.

女即毁他墻隅缺處, 假作偷兒出馬穴. 及至天明, 女忽大哭曰:

"吾以吾馬, 視以吾夫, 何物大盜竊去? 吾心之悲, 如吾夫之喪矣."

孀女之老舅, 與夫弟諸漢, 聞哭一時齊來, 怒喝儒生曰:

"此漢不肯移赴吾家, 固守此處時, 已慮其生事. 今果盜人名馬, 不可不打殺此盜."

遂擧大杖而相擬. 儒生低首以對曰:

"吾若盜馬, 則乘夜走遠, 事理當然, 豈受此困境乎?"

惡少年曰: "汝奴何去?"

對曰: "睡頃已失之, 不知所向. 所騎無牽, 罔知所措. 而逃奴盜馬之名固然, 生死惟命."

老翁曰: "誠如客言. 渠果盜馬, 則固當即走, 豈有堅坐之理乎?"

又曰: "失馬事已矣. 客自昨連飢, 似必難支, 請向吾家討朝飯."

仍携歸善供, 客仍致謝老翁而發行, 追至四十里店舍, 則奴果持馬先住矣.

蓋奴於孀婦家, 深夜昏睡之頃, 聞其主喚醒之聲, 生劫以爲其主逢禍, 俄而定情. 聞知月繩諧心, 風蹄入手, 回憫爲歡, 即騎其馬, 不計虎豹之憂, 盡力以走, 留待於店舍, 奴主會合, 趁期入京. 天祐人助, 得紅牌如拾草芥. 唱榜後, 尋鄉路, 到一處, 則路上有四五人來候曰:

"新恩行次, 是某鄉某先達乎?"

曰: "然矣."

蓋女人父母家, 距大路不遠, 女人已通本家, 抽身大歸, 預備新恩到門, 送人中路. 邀入新恩, 鼓笛抵其家, 則帳幕高張, 親族大會, 一如女壻到家例, 喜氣盈門.

十餘日前, 中夜相會之女人, 盛餙出迎, 其喜可知. 終身和合, 富貴雙全云云.

• 『東稗洛誦』권上

遺訓유훈
授簡書老婦垂誡

任進士希進, 湖南人也, 壬辰募兵, 赴倭亂, 死於晋州之戰, 家世以節義聞.

其先祖章甫某, 有文藝. 弱冠未娶, 魁鄉解, 將赴會圍, 路由長城. 值雨違店, 到一村, 脩竹掩翳, 濃綠矯矯, 景致絶佳. 顧而樂之, 移步獨行, 忘路遠近. 村盡處, 見竹籬半架, 一女子倚扉斜立, 捉風中絮, 嗤嗤憨笑. 任眄之迷魂, 因就與語. 女不怒, 亦不答, 但呼阿母來. 無何一駝背媼出, 問女何爲.

女曰:"不知何處來客, 煩絮煞人?"

任窘極, 詭以渴[1]甚乞漿告.

媼曰:"斗室難容客坐. 小嬌取一盞凉水來."

女應聲而去.

任曰:"令愛年幾何?"

媼曰:"纔十三歲."

問:"納聘未?"

媼曰:"老身殘廢, 止此一女, 留伴膝下, 不欲遺事他人."

任曰:"女子有行, 遠父母兄弟. 膝下非長計也."

適女取凉水至, 聞餘語, 面發頳, 謂媼曰:"是客不懷好意, 毋多談."

媼笑曰:"可聽則聽, 是誠在我. 癡女何必瑣瑣?"

任乃誇發解壯元, 以鼓動之.

媼沉思良久曰:"壯元是何物?"

任曰:"讀書戰藝, 名魁金榜, 從此入詞垣, 掌制誥, 以文章華國, 爲天下第一人, 是名壯元."

媼曰:"不知第一人, 幾年一出."

曰:"三年."

---

1 渴 원래 '謁'로 나와 있는데 문맥으로 보아 바꾼 것임.

女從旁微哂曰：“吾謂壯元, 是千古第一人. 原來是三年一個, 此何足榮貴, 向人喋喋不休.”

媼叱曰：“小女薄嘴, 動輒翹人短處?”

女曰：“于儂甚事? 彼癡客自取病耳.”

一笑竟去. 任惘然久之, 繼而謂媼曰:

“如不棄嫌, 敬留薄聘.”

因脫髻簪雙南, 予之. 媼手摩再四曰:

“嗅之不馨, 握之輒冰, 是何物哉?”

任曰：“此名黃金. 寒可作衣, 餓可作食, 真奇寶也.”

媼曰：“吾家有田幾頃, 有桑幾株, 頗不憂凍餒. 是物恐此間無用處, 還留壯元郎, 作用度.”

擲之地曰：“可惜風魔兒! 全無一點大雅相, 徒以財勢嚇人耳.”

言畢, 闔扉而去. 任癡立半晌, 嗟歎而返.

抵京捷南宮, 及應榜還鄉, 復由是路, 訪其媼, 辭以病. 從隣里詢其家, 世為士族張姓, 而貧寒, 僦居於叔家旁, 只母女相依, 尚未為女擇配. 任遂因其叔通婚, 媼始疑涉妄, 竟許之. 娶女歸家.

女才慧有閨範, 任甚宜之. 未幾年, 任不淑, 遺腹產一子. 張氏撫孤守節, 克盡婦道. 孤兒長成, 多生子女, 張年八十餘, 孫曾林立.

臨終, 召孫曾輩, 緦婦, 環侍床下.

曰：“吾有一言, 爾等敬聽.”

眾曰：“諾.”

張氏曰：“爾等作我家婦, 盡得偕老百年, 固屬家門之福. 倘不幸青年寡居, 自量可守則守之, 否則上告尊長, 竟行改醮, 亦是大方便事.”

眾愕然, 以為惛耄之亂命.

張笑曰：“爾等以我言為非耶? 守寡兩字, 難言之矣. 我是此中過來人. 請為爾等述往事.”

眾肅然共聽.

張曰：“我居寡時, 年甫十八. 因生在班閥, 嫁於士類, 而又一塊肉累腹中, 不敢復萌他想. 然晨風夜雨, 冷壁孤燈, 頗難禁愁. 翁有表甥某, 自湖西來訪, 下榻外室.

吾於屛後, 覘其貌美, 不覺心動. 夜伺家人熟睡, 欲往奔之, 移燈出戶, 俯首自慚, 廻身復入. 而心猿難制, 又移燈而出, 終以此事可恥, 長歎而回. 如是者數次後, 決然竟去, 聞厨下婢喃喃私語, 屛氣回房, 置燈卓上, 倦而假寐. 夢入外舘, 某正讀書, 燈下相見, 各道衷曲. 已而携手入幃, 一人趺坐帳中, 首蓬面血, 拍枕大哭, 視之, 亡夫也. 大喊而醒, 時卓上燈熒熒, 作靑碧色, 譙樓正交三皷, 兒索乳, 啼絮被中. 始而駭, 中而悲, 繼而大悔. 一種兒女子情, 不知鎖歸何處. 自此洗心滌慮, 始爲良家節婦. 向厨下不遇人聲, 帳中絶無噩夢, 能保一生潔白, 不眙地下人羞哉? 因此知守寡之難, 勿勉強而行之也."

　命其子書於白管, 垂爲家法, 含笑而逝. 後宗族繁衍, 代有節婦, 百餘年來, 閨門清白云.

芳盟 방맹
崔崑崙登第背芳盟

崔副學昌大, 非但文華夙就, 才名溢世, 而容貌出衆, 風彩動人. 未第時, 節屆暮春, 謁聖有命. 因事騎驢而出, 行過某坊, 忽有不知何許人, 趍詣驢前, 納頭便拜.

崔問: "汝是何人? 吾未記得也."

其人曰: "小人卽紙廛市人, 姓名某也. 未曾一次問安, 而竊有衷曲可白之事, 非從容則無以盡情. 小人之家, 卽此家也. 極知惶悚, 而敢請行次, 暫入休憩焉."

崔異其言, 遂下驢, 入其外舍, 房室瀟灑, 書畵滿壁. 坐定, 其廛人鞠躬前進, 曰:

"小人有一女息, 年纔二八, 薄有姿色, 畧其才識. 而平生所願, 欲爲少年名士之副室. 故尙未有定婚處矣. 昨夜渠夢, 正草一張, 忽地飛揚, 而化作黃龍, 向空飛騰而去. 覺而異之, 搜得夢中化龍之紙, 十襲封置, 自以爲今番科擧, 以此紙觀光者, 必占高第, 將自擇而授之, 仍作小室云. 而小人家適在大路傍, 自早朝淨掃行廊一間, 垂簾于外牕, 終日出坐, 覘往來之人. 適見書房主行次過去, 急招小人, 願邀行次故, 所以唐突敢請也."

小焉, 進一大卓, 飮食皆奢麗. 又出現其女子, 花容月態, 眞是傾城之色. 而眉目清朗, 擧止閑雅, 類非閭閻間賤物. 其廛人, 又跪進一張正草曰:

"此是小人之女夢龍之紙也. 科日行且近矣. 書房主, 以此呈卷, 則必當嵬捷. 須於唱名之日, 勿以卑微爲嫌, 卽備轎軍, 率去此女, 永作箕箒之奉, 遂平生之願, 千萬至祝."

崔旣慕女色之出群, 且喜夢兆之非常, 遂滿口許之, 丁寧牢約而去.

及當科日, 崔携其正草入場, 抽思揮毫, 頃刻寫呈, 遂占魁元. 御前唱名, 揷花賜樂, 其大人議政公後拜出來, 仙樂喧天, 榮光耀世. 至其家, 軒輊塡門, 賀客盈堂, 歌童舞女, 羅列前後, 珍羞綺饌, 交錯左右. 管絃助歡, 優倡呈技, 觀者如堵, 盈庭溢巷. 於玆之間, 日色向昏, 賓客稍散. 崔雖心不忘於日丁寧之約, 而終是少年人事, 知慮未周, 嚴不敢告其由於大人. 且緣紛忙忽擾, 自下周旋, 亦未及焉. 方且趙趄恨嘆之際, 自大門外, 忽有哭聲甚哀. 只見一人, 推臂放聲, 直奔入大門內, 下隷輩[1]百般駈逐, 而其人且哭且語,[2] 謂有至寃之事, 將白活於先達主云, 而限死鑽入.
其大人議政公聞之, 不勝駭怪, 使其人止哭而近前, 問:

"以汝有何許寃痛之事, 而當此宅中慶賀之日, 作此駭怪抹摋之擧乎?"

其人且泣且拜, 吞聲而對曰:

"小人卽紙廛市人, 姓名誰某者也."

因將渠女夢龍之事, 及與崔相約之事, 細述始末, 且曰:

"小人女, 及當科日自朝不食, 惟榜聲是待, 頻探其書房主登科與否, 故小人連爲探之道路, 則宅書房主, 果爲壯元及第之實無疑. 仍傳喜報於渠, 渠乃歡天喜地, 惟待備轎率去之報. 看看日將暮而無消息, 則小人女乍臥乍起, 如癡如狂, 更無他語, 唯長歎數聲. 小人不忍見其狀, 多般曉之, 曰: '唱名之日, 例多紛擾, 賀客盈門, 酬應浩繁, 無暇念及於閒漫之事? 書房主之暫爲忘却, 固亦不是異事. 雖或不忘, 而緣忙未及周旋, 亦無怪焉. 吾當往賀其宅, 仍探動靜, 亦爲未晩矣.' 其女曰: '如或中心藏之, 則寧有因撓忘却之理. 如有探情, 則雖甚忽忙, 備轎率去, 不過一分付間事, 豈無其暇乎? 其書房主心中, 已無小女故, 尙無消息. 人旣忘我, 無率去之意, 則自我先探, 不亦羞乎? 緣我往探, 雖或黽勉率去, 亦有何滋味之可言乎? 百年同歡, 情義是恃, 而芳盟未寒, 有此渝變, 更又何望於他日乎? 吾意已決, 勿復更言.' 仍入房內, 自結而死. 小人悲恨塡胷, 哀寃徹天, 敢此奔告"云云.

崔相聞之, 大致驚駭, 不勝慘惻, 良久無言. 乃招其子, 責之曰:

"此是何等大事, 而汝旣與彼相約, 有此背渝. 世豈有如此沒風流無信義之人乎? 薄情甚矣. 積寃極矣. 吾初意則期汝以遠到, 以此事見之, 無足可觀. 何事之可辦, 何官之可做乎?"

咄咄不已, 又曰:

"卽爲盛備奠需, 爲文一通, 備述知罪催謝追悔莫及之意, 往哭於屍前, 殯殮之節, 亦爲躬檢, 俾無餘憾,[3] 少贖負約之罪, 用慰不暝之恨, 至可至可."

又爲優給棺槨衣衾葬埋之需, 使之厚埋. 其後, 崔官至副學而早卒.

• 『靑邱野談』海外蒐佚本 甲本 권2

---

1 輩 쿄오또대(京都大)본 『청구야담』에 의거하여 보충한 것임.

2 원래 '且哭且語' 앞에 '尤' 자가 있는데 문맥으로 보아 삭제했음.

3 俾無餘憾 원래 '俾得無憾'으로 나와 있는데 쿄오또대본에 의거하여 바꾼 것임.

沈生 심생

沈生者, 京華士族也. 弱冠容貌甚俊韶, 風情駘蕩. 嘗從雲從街, 觀駕動而歸, 見一健婢, 以紫紬袱, 蒙一處子, 負而行, 一婭鬟, 捧紅錦鞋, 從其後. 生自外量其軀, 非幼穉者也. 遂緊隨之, 或尾之, 或以袖掠以過, 目未嘗不在於袱.

行到小廣通橋, 忽有旋風起於前, 吹紫袱, 褫其半. 見有處子, 桃臉柳眉, 綠衣而紅裳, 脂粉甚狼藉, 瞥見猶絶代色也. 處子亦於袱中, 依俙見美少年, 衣藍衣, 戴艸笠, 或左或右而行. 方注秋波 隔袱視之, 袱旣褫, 柳眼星眸, 四目相擊. 且驚且羞, 斂袱復蒙之而去. 生如何肯捨? 直隨到小公主洞紅箭門內, 處子入一中門而去. 生惘然如有失, 彷¹徨者久, 得一隣嫗, 而細偵之, 蓋戶曹計士之老退者家, 而只有一女, 年十六七, 猶未字矣. 問其所處, 嫗指示之曰:

"逈此小衚衕, 有一粉墻, 墻之內一夾室, 卽處女之住也."

生旣聞之, 不能忘, 夕詭於家曰:

"窓伴某, 要余同夜, 請從今夕往."

遂候人定往, 踰墻而入, 則初月淡黃, 見窓外花木頗雅整, 燈火照窓紙甚亮. 靠壁依檐而坐, 屛息以竢. 室中有二梅香, 女則方低聲讀諺稗說, 嚦嚦如雛鶯聲. 至三鼓許, 婭鬟已熟寐, 女始吹燈就寢, 而猶不寐者久, 若輾轉有所思者. 生不敢寐, 亦不敢聲, 直至曉鐘已動, 復爬墻而出.

自是習爲常, 暮而往, 罷漏而歸, 如是者二十日, 生猶不忘. 女始則或讀小說, 或針指, 至半夜燈滅, 則或寐, 或煩不寐矣. 過六七日, 則輒稱, "身不佳.", 纔初更, 便伏枕, 頻擲手于壁, 長吁短歎, 聲息聞窓外. 一夕甚於一夕, 第二十夕, 女忽自廳事後出, 繞壁而轉, 至于生所坐處. 生自黑影中突然起, 扶持之. 女少不驚, 低聲語曰:

"郎莫是小廣通橋邂逅知郎耶? 妾固知郎之來, 已二十夜矣. 毋持我. 一出聲, 不復出矣. 若縱我, 我當開此戶以迎之, 速縱我."

---

1 彷 원래 '傍'으로 나와 있는데 문맥으로 보아 바꾼 것임.

生以爲信, 却立而竢之. 女復逶迤而入, 旣到其室, 呼婭鬟曰:

"汝到媽媽許, 請朱錫大屈戌來. 夜甚黑, 令人生怕."

婭鬟向上堂去, 未久, 以屈戌來. 女遂於所約後戶, 拴上釘吊甚分明, 以手安屈戌篇. 故琅琅作下鎖聲, 隨卽吹燈, 寂然若睡熟者, 而實未嘗睡也. 生痛其見欺, 而亦幸其得一見. 又度夜於鎖戶之外, 晨而歸. 翌日又往, 又翌日往, 不敢以戶鎖少懈, 或值雨下, 則蒙油衫而至, 不避沾濕. 如是又十日, 夜將半, 渾舍皆酣睡, 女亦滅燈已久, 忽復蹶然起, 呼婭鬟, 促點燈曰:

"汝輩, 今夕往上堂去睡."

兩梅香旣出戶, 女於壁上, 取牡篇, 解下屈戌, 洞開後戶, 招生曰: "郞入室."

生未暇量, 不覺身已入室. 女復鎖其戶, 語生曰:

"願郞少坐."

遂向上堂去, 引其父母而至, 其父母見生人驚.

女曰: "母驚, 聽兒言. 兒生年十七, 足未嘗過門矣. 月前, 偶往觀駕動, 歸到小廣通橋, 風吹袱捲, 適與一丱笠郞君相面矣. 自其夕, 郞君無夜不至, 屛竢於此戶之下, 今已三十日矣. 雨亦至, 寒亦至, 鎖戶以絶之, 而亦至. 兒料已久矣, 萬一聲聞外播, 隣里知之, 則夕而入, 晨而出, 誰知其獨倚於窓壁外乎? 是無其實而被惡名也, 兒必爲犬咋之雉矣. 彼以士大家郞君, 年方靑春,[2] 血氣未定, 只知蜂蝶之貪花, 不顧風露之可憂, 能幾日而病不作耶! 病則必不起, 是非我殺之, 而無異[3]我殺之也. 雖人不知, 必有陰報. 且兒身不過一中路家處子也, 非有傾城絶世之色, 沈魚羞花之容. 而郞君見鴟爲鷹, 其致誠於我, 若是其勤然, 而不從郞君者, 天必厭之, 福必不及於兒矣. 兒之意決矣, 願父母勿以憂. 噫! 兒親老而無兄弟, 嫁而得一贅壻, 生而盡其養, 死而奉其祀, 兒之願足矣, 而事忽至此, 此天也, 言之何益!"

其父母默然無可言. 生亦無可言者. 仍與女同寢, 渴仰之餘, 其喜可知. 自是夕始入室, 又無日不暮往晨歸. 女家素富, 於是, 爲生具華衣服甚盛, 而生恐見異於家不敢服. 生雖秘之深, 而其家疑其宿於外, 久不歸, 命往山寺做業. 生意怏怏, 而迫於家, 且牽於儕友, 束卷上北漢山城. 留禪房將月, 有來傳女諺札於生者. 發之, 乃遺

---

2 春 원래 빠져 있는데 문맥으로 보아 보충한 것임.

3 無異 원래 '而'로 나와 있는데 문맥으로 보아 바꾼 것임.

書告訣者也, 女已死矣. 其書略曰:

春寒尚緊, 山寺做工, 連得平善? 願言思之, 無日可忘. 妾自君之出, 偶然一病漸入骨髓, 藥餌無功, 今則自分必死. 如妾薄命, 生亦何爲? 第有三大恨, 區區於中, 死猶難瞑. 妾本無男之女, 父母之所以愛憐者, 將以覓一贅壻, 以爲暮年之倚, 仍作後日之計, 而不意好事多魔, 惡緣相絆. 女蘿猥托於喬松, 而朱陳之計, 以此虛望, 則此妾之所以悒悒不樂, 終至於病且死, 而高堂鶴髮, 永無依賴之地矣, 此一恨也. 女子之嫁也, 雖丫鬟桶的, 非倚門倡伎, 則有夫壻, 便有舅姑. 世未有舅姑所不知之媳婦, 而如妾者, 被人欺匿, 伊來數月未曾見郎君家一老鬢, 則生爲不正之迹, 死爲無歸之魂矣, 此二恨也. 婦人之所以事君子者, 不過主饋而供之, 治衣服以奉之. 而自相逢以來, 日月不爲不久, 所手製衣服, 亦不爲不多, 而未嘗使郎喫一盂飯於家, 披一衣於前, 則是所以侍郎君者, 惟枕席而已, 此三恨也. 若其它, 相逢未幾, 而遽爾大別, 臥病垂死, 而不得面訣, 則猶是兒女之悲, 何足爲君子道也? 興念至此, 腸已斷, 而骨欲銷矣. 雖弱艸委風, 殘花成泥, 悠悠此恨, 何日可已? 嗚呼! 窗間之會, 從此斷矣. 惟願郎君, 無以賤妾關懷, 益勉工業, 早致靑雲. 千萬珍重, 珍重千萬!

生見書, 不禁聲淚俱失. 雖哭之慟, 亦無奈矣. 後生投筆從武擧, 官至金吾郎, 亦早殀而死.

梅花外史曰: 余十二歲, 游於村塾, 日與同學兒喜聽談故. 一日, 先生語沈生事甚詳, 曰: "此吾之少年時窗伴也. 其山寺哭書時, 吾及見之, 故聞其事至今不忘也." 又曰: "吾非汝曹欲效此風流浪子耳. 人之於事, 苟以必得爲志, 則閨中之女, 尚可以致, 況文章乎, 況科目乎!" 余輩其時聽之, 爲新說也, 後讀情史, 多如此類. 於是追記, 爲情史補遺.

• 『薄庭叢書 梅花外史』

離情이정

洛中一章甫, 弱冠登司馬科, 與其叔, 將榮親於南邑任所. 暮入一村舍, 則竹戶荊扉, 翠篁蒼松, 左右交翳, 幽邃可愛. 主翁邀坐客堂, 繼進夕飯, 山蔬野果, 精潔可口.

是夕宿于客堂, 其叔則憊於長程, 臥卽睡熟. 生不勝淸興, 徘徊于月地, 以年少氣銳, 故潛入後庭, 則聞有女子詩聲, 隱隱於脩竹之間. 尋聲進步, 見數間茅屋, 翼然臨池, 中有閨秀, 卽主翁之女也. 有沉魚落雁之容, 閉月羞花之態, 眞國色也. 生不勝豪情, 開戶入坐. 女徐問曰:

"客是何爲者耶?"

生具述來由, 且曰:

"旣到此地, 願借一宿."

女見生之美姿, 沉思良久, 乃曰:

"我本農家女也. 當婚農家. 而自恨爲女子之身, 生於斯·長於斯·歸於斯·死於斯, 不見王都之盛·宮闕之美, 與艸木同腐矣. 今夜結緣, 不我遐棄, 則宿願可伸, 不知可乎?"

生曰: "吾當告于家嚴, 約日御去. 如負此約, 死亦可愧."

女喜而從之. 鷄鳴, 女乃先起, 綷縩整衣, 勸生出去, 伸之以誠約, 贈之以別章曰:

臨歧相送却忘行, 別淚無聲雨暗城.

水絶渡頭流不盡, 淺深何似此離情?

生袖詩, 還客堂, 則其叔尙爾困睡, 不知生之有此事矣. 生趁庭榮親後, 仍處子舍, 約日將迫, 而以其父性嚴, 趑趄不敢, 荏苒過期. 翌年春, 生之父, 使生還家, 勤修學業. 生又與其叔, 治行[1]啓程. 歷到其家, 則主翁見生慟哭. 其叔驚問厥由, 則翁

---

1 行 원래 '任'으로 나와 있는데 전후 문맥으로 보아 바꾼 것임.

始道其顛末, 且告女兒之捐生. 其叔怒責生曰:

"如難告於家嚴, 則何不語幹旋? 眙此積寃, 豈不大害於汝之前程乎? 然事已矣, 雖責何益?"

生自此以來, 疾病纏綿, 不食雄膏而終.

副墨子曰: 噫! 有才有貌, 而不畏行露, 何以令終! 夫子曰: "自古皆有死, 人無信不立." 士貳其行, 又不守信, 亦何以食其報乎! 觀此者, 須知男女會合之必由正道, 毋苟然, 可也.

・『破睡錄』

東園挿話동원삽화
失佳人數歎薄倖

李業福傸輩也. 自童稚時, 善讀諺書稗官, 其聲或如歌, 或如怨, 或如笑, 或如哀, 或豪逸而作傑士狀, 或婉媚而做美娥態, 蓋隨書之境, 而各逞其態[1]也. 當時[2]豪富之流, 皆招而聞之.

有一胥吏夫婦, 酷貪此技, 哺養業福, 遇如親黨, 許以通家. 胥吏有未笄一女, 端麗特秀, 爆乎如花, 溫其如玉. 業福心癡神蕩, 不能定情, 每以秋波挑之, 女輒正色無應.

一日, 胥吏遇節日, 闔家上塚. 女[3]獨宿閨裡, 扃鐍甚嚴. 業福踰墻潛入臥內, 女方酣眠. 業福乃臥其側, 摟抱其腰.

女大驚蹶起曰: "汝是何人?"

曰: "某也."

女怒以鑰燈檠打之曰: "汝罔念我爺孃之情摯, 欲爲狗彘之行乎?"

業福挺身受杖曰: "娘子之罰, 其甘如飴."

女愈怒猛擊, 以至面門剟傷. 業福但以柔聲婉色, 曲解之. 女性本荏弱, 且生慈悲之心, 投身于床曰: "任汝爲之."

業福乃恣意淫弄, 極其醜狀. 女斂容而起曰: "旣惬汝願, 快去勿留." 業福黽勉而出.

翌朝, 家人盡還. 業福候起居于女之母. 女侍其傍, 玉顔慘惔, 香愁鎖眉, 如一枝艶花, 朝帶寒雨, 容態可憐. 業福退而愈不忘, 乃寫一緘芳信, 乘間潛送于女, 蓋約會東園也. 女果如期而至, 怳惚獨語, 神不守舍.

業福曰: "娘子擧止, 奈何異常?"

女曰: "適間西王母, 遣使傳語曰, '汝被人誘脅, 厚受汚衊, 大質已虧, 怨債實多.

---

1 態 원래 '能'으로 나와 있는데『청구야담』에 의거하여 바꾼 것임.

2 當時 원래 '一日'로 나와 있는데『청구야담』에 의거하여 바꾼 것임.

3 女 원래 빠져 있는데 문맥으로 보아 보충한 것임.

其令歸隸仙府, 永謝塵緣.'云. 故將欲隨使者而去耳."

業福笑曰: "使者安在?"

女指其傍曰: "使者在此."

因向空笑語, 娓娓不倦, 旋脫自己玉指環, 作授人狀, 又若脫人履鞋, 試穿自己之足, 情態千億, 而闃不見一人.

業福曰: "娘子與誰款洽?"

女笑曰: "瑤池使者也."

業福大懼而出. 女自是竟日獨語, 皆不出使者說也.

一日晨起, 忽不知所之. 父母亦莫省業福爲禍階, 踪跡之而終莫能得.

業福嘗言, 渠數薄倖如是云云.

• 『破睡篇』권上

梅軒과 百花堂 매헌과 백화당

梅軒

士人韓生之妻李氏, 生長於寡婦之家, 慣聞諸兄讀書之聲, 記誦不忘. 故文辭漸成就, 出語無不驚人. 旣笄之後, 全無榮華意思, 靜處一房, 紡績針線, 視若楚越.

伊時, 中路處女趙召史, 名玉簪, 號玄圃, 傳聞李氏之名, 徒步來訪, 一見如舊. 其所問答, 貫通物理, 論確經史, 末世男子, 有不敢窺覦於閨房之闡域也.

李[1]氏和趙召史詩曰:

雙鷺何心飛復坐, 片雲無跡去還來.

玉簪曰: "娘子詩意淸麗, 而無經遠氣像, 心窃慮憂."

未幾, 李氏落胎而卒.

趙召史慟哭於靈筵, 以文祭之. 歸路咏詩曰:

新蠶晚浴生綮日, 舊燕空回墮卵時.

玉簪一自其後, 無意於世, 花朝月夕, 或泣或歎曰: "李梅軒之婉貌慧語, 不復觀聽, 吾以生爲悲."

絶穀不食, 病痼而死.

李氏號曰梅軒, 私稿數百篇, 皆可把玩, 而夫家固諱不言, 李家深藏不傳, 故湮沒於世. 惜哉!

百花堂

百花堂主人妻, 不知何氏, 而主人性本雅潔, 癖於吟詩, 故請於父母曰:

"子之婚事, 不看門閥高下, 財産豊瘠, 惟取閨中之才藝."

故年迫而立, 而尙不得婆. 傳聞遠地有一才女, 長成於貧素之家, 百方通婚, 幸爲夫婦. 處女之淸詞綺語, 一如所聞.

---

1 이 다음에 '娘' 자가 들어 있는데 연문으로 보아 삭제했음.

主人別構一精舍於家後幽僻處, 列植百花, 扁曰百花堂. 主人不幸, 年纔四十而亡. 其妻慟哭靡逮, 將欲自裁, 而不可得也.

有詩曰:

三從無一可從親, 此死遲遲恨此身.

惆悵百花堂獨在, 鶯啼蠶睡又殘春.

• 『左溪哀談』, 『野乘』권20

戀盜 연도

有二士, 自童稚交驩, 嘗與約通家. 其先娶者, 引一人見之, 一人次娶而妻有殊色, 引先娶者見之, 一見便長吁而起, 仍棄其家, 不知所去.

其後十餘年, 次娶者登第, 出宰於湖南, 路出德裕山下, 忽見武夫百餘騎, 擁一美丈夫跨駿馬, 前一金轎而來. 與次娶者敍話, 仍大聲而曰:

"汝之據美妻, 亦已十餘年, 今則恭輸於我."

使婢傳語於內曰:

"以天下絶色, 而從天下屛夫, 已經十餘年, 今則移載于我轎, 以配天下美丈夫, 如何?"

遂引轎而躬入內舍. 次娶者無可奈何, 亦隨之而入見, 其妻欣然迎笑而入于金轎. 先娶者大喜, 顧次娶者曰:

"吾之不殺汝, 猶有故人之情也."

次娶者隨轎而出, 百騎電馳而金轎鵠逝. 次娶者瞻望佇立, 淚下沾襟, 無意治行, 而吏卒沮喪無人色. 良久, 婢自內出曰:

"夫人傳語 '何不治行?'"

次娶者驚入曰:

"是何夫人也?"

夫人笑曰:

"主公豈以我爲入賊轎而去乎?"

次娶者, 揩目而更視之曰:

"子何爲在此? 無乃留神乎."

夫人笑曰:

"無多言. 速治行事, 趁宿于大邑也."

次娶者曰:

"子已明入賊轎而去矣. 何自而復來? 子亦有遁形之術乎?"

夫人曰:

"吾素不學妖術, 何遁形之有哉? 向入賊轎者, 非吾也, 乃婢也. 自先娶者之見我, 長吁而起, 棄其妻而逃也, 吾已料其爲劇賊, 而早晚有此事故, 傾貨買一婢貌類我者, 而凡日紅粉衣裳, 一如我, 使不可辨而待之矣. 今已擠入賊轎, 而使之勿言眞僞, 一生享尊寵, 自今吾其無患矣."

次娶者, 大喜而曰:

"何不早告我, 而使我幾欲死何也?"

夫人曰:

"深謀秘機, 雖夫婦間不可預告, 而致有疎漏故, 幷秘其婢, 而不見于主公矣."

次娶者, 奇偉之, 情好益篤.

•『靑橋別集』권4「漫錄」5

雪눈

古有一宰爲關伯, 有獨子而率居. 時有童妓, 與之同庚而容貌佳麗, 與之相狎, 恩情之篤, 如山如海. 箕伯遞歸, 其父母憂其不能斷情而別妓, 問曰:

"汝與某妓有情, 今日倘能割情, 而決然歸去否?"

其子對曰:

"此不過風流好事, 有何係戀之可言乎?"

其父母幸而喜之. 發行之日, 其子別無惜別之意. 及歸, 使其子, 負笈山寺, 俾勤三餘之工. 生讀書山房, 而一日之夜, 大雪初霽, 皓月滿庭, 獨倚欄檻, 悄然四顧, 萬籟收聲, 千林閴寂, 若雲間獨鶴, 失羣而悲鳴, 巖穴孤猿, 喚侶而哀號. 生於此時, 心懷愀然, 關西某妓, 忽然入想. 其妍美之態, 端麗之容, 森然如在目前, 相思之懷, 如泉湧出, 欲忘而未忘, 終不可抑. 因坐而苦候晨鍾, 不使傍人知之, 獨自草履結綦, 佩如干盤費, 步出山門, 直向關西路而行.

翌日, 諸僧及同窓之人, 大驚搜索, 終無形影, 告于其家. 擧家驚遑, 遍尋山谷而不得, 意謂虎豹所噉, 其寃痛之狀, 無以形言矣.

生間關作行, 行僅幾日, 到浿城. 卽訪其妓之家, 則妓不在焉. 只有妓母, 見生之行色草草, 冷眼相對, 全無欣款之意.

生問曰: "君之女何在?"

對曰: "方入於新使子弟守廳. 一入之後, 尙不得出來. 然而書房主, 何爲千里徒步而來也?"

生曰: "吾以君女思想之故, 柔腸欲斷. 不遠千里而來者, 全爲一面之地."

老妓冷笑曰:

"千里他鄕, 空然作虛行矣. 吾女在此, 而吾亦不得相面, 何況書房主乎? 不如早歸."

言罷, 還入房中, 少無迎接之意. 生乃慨歎, 出門而無可向處. 仍念營吏房曾親熟, 且多受恩於其父者. 仍問其家而往見, 則其吏大驚, 起而迎之. 座曰:

"書房主, 此何事乎? 以貴价公子, 千里長程, 徒步作行, 誠是夢外. 敢問此來何意?"

生告之其故, 其吏掉頭曰:

"大難大難! 是今巡使子弟, 寵愛此妓, 跬步不暫離, 實無相面之道. 然姑留小人之家幾日, 庶圖可見之機."

仍接待款洽. 生留數日, 天忽大雪.

吏曰: "今則有一面之會, 而未知書房主能行之否?"

生曰: "若使吾一見其妓之面, 則死且不避, 何況其外事乎?"

吏曰: "明朝調發邑底人丁, 將掃雪營庭. 小人以書房主, 充於冊房掃雪之役, 則或可瞥眼相面矣."

生欣然從之. 換着常賤衣冠, 渾入於掃雪役丁之叢, 擁箒而掃冊室之庭. 時以眼頻頻偸視廳上, 終不得相面. 過食頃之後, 房門開處, 厥女凝粧而出, 立於曲欄之上, 翫雪景而立. 生停掃而注目視之, 厥女忽然色變, 轉而入房. 更不出來. 生心甚恨之, 無聊而出.

吏問曰: "見其妓乎?"

生曰: "霎時見面."

仍道其一入不出之狀.

吏曰: "妓兒情態, 本自如此. 較冷煖而送舊迎新, 何足責乎?"

生自念行色, 進退不得, 心甚悶然.

厥妓一見生之面目, 心知其下來, 欲出一面, 而其奈冊室暫不得使離何哉? 仍心思脫身之計, 忽爾揮[1]涙, 作悲哀之狀. 冊室驚問曰:

"汝何作此樣也?"

妓掩抑而對曰:

"小人家無他兄弟, 故小人在家之日, 親自掃雪於亡父之墳墓矣. 今日大雪, 無人掃雪, 是以悲矣."

冊室曰: "然則吾使一隷掃之矣."

妓止之曰: "此非官事, 當此寒沍, 使渠掃雪於不當之小人先山, 則小人之亡父,

---

1 揮 원래 '渾'으로 나와 있는데 문맥으로 보아 바꾼 것임.

必得無限辱說. 此則大不可. 小人暫往而掃之, 旋卽入來, 無妨矣. 且父墳在於城東十里之地, 去來之間, 不過數食頃矣."

冊室憐其情事而許之. 厥妓卽往其家, 問母曰:

"某處書房主, 豈不下來乎?"

母曰: "數日前暫來見而去矣."

妓吞聲而責其母曰:

"人情固如是乎? 彼以卿相家貴公子, 千里此行, 專爲見我而來, 則母親何不挽留而通我乎? 母以冷落之心相接, 彼肯留此乎?"

仍揮涕不已. 欲訪其所在處, 而無處可問. 忽念前營[2]吏房, 每親近於冊室, 無或寄宿於其家耶. 乃忙步往尋, 則果在矣. 相與執手, 悲喜交切. 妓曰:

"妾旣一見書房主, 則斷無相捨之意, 不如從此相携逃避矣."

因還至其家, 則母適不在. 搜其箱篋中所貯五六兩銀子, 且以渠之資粧貝物, 作一負, 貰人背負, 往其吏家, 使吏貰得二疋馬. 吏曰:

"貰馬往來之際, 蹤跡易露, 吾有數匹健馬,[3] 可以贐之."

又出四五十兩, 俾作路需. 與厥妓, 卽地發行, 向陽德·孟山之境, 買舍於靜僻處居焉.

伊日, 營中怪其妓到晚不來, 使人探之, 無去處矣. 問于其母, 則母亦驚遑而不知去向, 使人四索, 終莫能知矣. 厥妓, 一日謂生曰:

"郞旣背親而此行, 則可謂父母之罪人也. 贖罪之道, 惟在登科, 結科之道, 在乎勤課. 衣食之憂, 付之於妾, 自今用力於課讀, 然後可以有爲矣."

使之遍求書冊賣之, 不計其價. 自此勤業, 科工日就. 過四五年之後, 邦國有慶, 方設科取士. 女勸生作科行, 準備資斧而送之. 生上京, 不得往其家, 寓於旅舍. 及期赴場, 懸題後, 一筆揮灑, 呈券而待榜. 榜出, 生嵬參[4]第一人矣.

自上招吏判, 近榻前而教曰:

"曾聞卿之獨子, 讀書山寺, 爲虎所噉去云矣. 今見新榜壯元封內, 則的是卿之子, 而職啣何爲而書大司憲也? 是可訝, 而父子之同名亦是異事. 且朝班宰列, 寧

---

2 營 원래 '等'으로 나와 있는데 문맥으로 보아 바꾼 것임.

3 馬 원래 나와 있지 않은데 문맥으로 보아 보충한 것임.

4 參 원래 '叅'으로 나와 있는데 문맥으로 보아 바꾼 것임.

有卿名之二人乎? 誠莫曉其故也."

上使呼新恩來, 吏判俯伏榻下而俟之. 及新恩入侍, 則果是其子, 父子相持, 暗暗流淚, 不忍相捨. 上異之, 使之近前, 詳問其委折. 新恩俯伏而起, 以其背親逃走之事, 掃雪營庭之擧, 以至與妓逃避, 做工登科之由, 一一詳達. 上拍案稱奇而敎曰:

"汝非悖子, 乃孝子也. 汝妻之節槩志慮, 卓越於他, 不知賤娼流, 乃有如此人物. 此則不可以賤娼待之, 可陞副室."

卽日, 下諭關西道臣, 使之治送其妓. 新恩謝恩而退, 隨其父還家. 家中慶喜之狀, 溢於內外.

封內職啣之書以大司憲者, 盖是上山時所帶職故也. 妓名紫鸞, 字玉簫仙云耳.

・『溪西野談』권4

巫雲무운

巫雲者, 江界妓也, 姿色才藝擅于一時. 京城成進士者, 偶爾下來, 仍薦枕而情愛甚篤. 及其歸也, 彼此戀戀不忍捨. 雲自送成生之後, 矢心靡他, 艾灸兩股肉作瘡痕, 托言有惡疾云. 以是之故, 前後官家, 一未嘗侍.

李大將敬懋之來莅也, 招見而欲近之, 雲解示瘡處曰:

"妾有惡疾, 何敢近前?"

李帥[1]曰: "若然則汝在前使喚可也."

自此以後, 每日守廳而至夜必退, 如是四五朔. 一夜雲忽近前曰:

"妾今夜願侍寢矣."

李帥驚曰: "汝旣有惡疾, 則何可侍寢?"

雲曰: "妾爲成進士守節之故, 以艾灸之. 以是避人之侵困矣. 侍使道積有月, 微察凡百, 卽是大丈夫也. 妾旣是妓物, 則如使道大男子, 豈無心近侍耶?"

李帥笑曰:

"若然則可就寢."

仍與之狎. 及瓜熟將歸也, 雲願從之.

李帥曰: "吾有三妾之率育者, 汝又隨去, 甚不緊矣."

雲曰: "若然, 妾當守節矣."

李帥笑曰: "守節云者, 如爲成進士守節乎?"

雲勃然作色, 仍以佩[2]刀, 斫左手四指. 李帥大驚, 欲率去, 則又不聽, 仍以作別矣.

後十年, 以訓將補城津, 蓋朝家新設城津鎭, 而以宿將重望鎭之. 故李帥單騎赴任. 城津與江界接界三百餘里地也. 一日, 雲來現. 李帥欣然逢迎, 敍積阻之懷, 與之同處. 夜欲近之, 則抵死牢拒.

---

1 帥 '倅'로 나와 있는 본도 있는데 이경무가 무장이기 때문에 바꾼 것임.

2 佩 원래 빠져 있는데『계서야담溪西野談』에 의거하여 보충한 것임.

李帥問之曰: "此何故?"

對曰: "爲使道守節矣."

李帥曰: "旣爲吾守節, 則何抵我?"

雲曰: "旣以不近男子, 矢于心, 則雖使道不可近. 一近之, 則便毁節也."

仍堅辭. 同處一年餘, 而終不相近. 及歸, 又辭歸³渠家.

其後, 李帥喪妻, 雲奔走而留京, 過襄禮後, 還下去, 李帥之喪, 亦然.

自號雲大師, 仍終老焉.

· 『溪西雜錄』권3

---

3 歸 원래 빠져 있는데 『계서야담』에 의거하여 보충한 것임.

朝報 조보

禹兵使夏亨, 平山人也. 以至窮武弁, 往戍北防於關西江邊邑. 偶得退妓爲水汲者, 與同枕席.

厥女謂禹曰:

"先達主以我作妾, 何有貨財, 可以供我衣食乎?"

禹曰: "客地孤子, 聊與汝相眤, 要托以澣垢衣·補弊襪之任而已. 以我赤手, 何由波及於汝耶?"

女曰: "我旣薦枕於先達主, 爲妾之職, 宜供節服, 而亦何以措手耶?"

禹曰: "豈敢望? 汝勿念勿念."

厥女自其後, 勤於針線·紡績·衣服·飮食, 未嘗闕焉,[1] 北防之限, 將至則離,

女謂禹曰: "先達自此歸後, 將欲上京求仕耶?"

禹曰: "我赤貧欲死, 治裝備粮, 往留京第, 萬無可望. 要當歸臥平山, 老死破屋矣."

女曰: "竊觀先達主骨相, 本非寂寞人. 前頭名位, 當至閫帥. 我有一生積功鳩聚六百斤銀子, 以此入歸裝, 備馬備衣, 上京圖焉. 我是賤人, 實難爲先達主獨居守節. 第當托身某人家, 以待先達主出宰本道, 當卽相會於官次矣."

禹望外得重貨, 感其女意氣知識, 一邊懽悅, 一邊惆悵, 丁寧有後約而別.

厥女卽就鰥居將校之家. 將校喜其爲人之不愚迷, 要以爲後妻.

厥女曰: "吾繼君前妻, 代掌家産, 捧收物件, 不可朦朧. 須以長件記, 錄出家器器皿幾何, 穀物幾何, 布帛幾何, 照數付我可也."

校曰: "夫婦邂逅, 將期偕老, 豈可錄出件記以相授受, 有若致疑者乎?"

固請, 乃依從其言. 厥女自入將校家, 治産甚勤, 家産日增, 將校甚愛重之.

女謂將校曰: "吾粗解文字, 喜觀朝報政事, 此是本邑所到者, 須卽借出示我焉."

---

1 厥女~闕焉 이 대목은 원래 빠져 있는데 『계서야담』에 의거하여 보충한 것임.

其夫隨到隨借, 使其妻看之. 曾不數年, 政目中有宣傳官禹夏亨, 主簿禹夏亨, 經歷禹夏亨. 厥女心甚喜之. 迤過七年, 果除關西要邑矣.

女曰: "今日以後, 只見²朝報可也."

不多日, 有某倅禹夏亨下直之報. 女乃謂將校曰:

"吾於君家初無久計. 今當分張之期矣."

將校愕然失圖, 而難回堅志矣. 女錄出長件記, 備記家産現在物種, 以叅驗於初來時所受之物件, 曰:

"吾七年爲婦. 治人之産, 雖一瓢一沙碗, 減縮於本數, 則誠爲慚負. 而一或爲二, 二或爲三, 五或爲十, 照驗逾舊, 吾職盡矣. 臨歸之心, 所以浩然也."

卽日, 使家中所養乞兒負卜, 變爲男裝, 着平凉笠, 永辭將校家.

行到禹倅邑, 則到任纔三日矣. 托以白活民, 入官庭, 立階下, 仰達曰:

"有秘白事, 請上階."

太守怪而許之. 又請升軒, 從之, 又請入房, 太守益訝惑. 及入房, 撞頭曰:

"進賜主不省我爲誰耶?"

太守曰: "新到任, 何以識土民爲誰耶?"

乃告曰: "某邑北防時薦枕經年者, 乃不能記識乎?"

禹倅大驚大喜曰: "纔到任, 而汝卽來, 誠是異事也."

女曰: "別時所約, 已料此日事矣. 何謂異事也?"

禹適鰥居, 處是妾於內衙, 儼然歸之以正寢之權, 使子婦輩聽命焉. 禹妾, 於是總內政, 待嫡子, 御婢僕, 各盡其宜, 門內之譽洽然. 又使禹購朝紙于備局書吏, 間十日下來. 禹妾因朝紙遙度朝廷事, 預知政官之交承後官如神, 十無一失. 使禹專力預事後政官, 拮据西貨, 續致苞苴, 目下非政官者, 受政官³之所受, 其爲感尤倍. 及當政柄, 吹噓禹惟恐不及. 禹遂於關西本道內, 自邑移邑, 凡典六邑, 得俸漸腴, 事上益豊, 進途日闢, 節次升遷, 竟爲節度使.

年近七十, 以壽終于家. 禹妾慰嫡子曰:

"令監以鄕曲武弁, 位至亞將, 壽近稀齡, 在當身無憾, 在子弟亦不必過哀. 以吾

---

2 見 원래 '借'로 나와 있는데『청구야담』에 의거하여 바꾼 것임.

3 官 이대본에 의거하여 보충한 것임.

事言之, 女之事夫, 雖非自爲功者, 而積年助修官路基地, 已至致位, 吾責亦盡, 又何悲哉."

纔經成服, 乃曰:

"令監在時, 屬吾家政, 令監下世以後, 則嫡子婦當爲此家主, 吾不過爲一庶媵, 願讓家政."

遂錄庫藏籠貯之財, 幷鑰鐍納之. 嫡子婦泣而辭之曰:

"庶母之於吾家, 功勞何如, 勤勞何如? 尊舅下世後, 吾將依仰庶母如尊舅. 凡於家事, 欲一切因舊, 而庶母何忍出此言."

禹妾猶强納家政. 又曰:

"吾當今離大房就越房, 以爲宿所."

遂掃一房入處, 曰: "吾一入此不復出此矣."[4] 鎖門[5]絶粒而死.

禹之嫡子曰: "吾於此賢庶母, 不可用世俗待庶之禮. 必當三月而葬, 別廟而祀矣."

先營其父葬, 將發靷, 擔夫甚多而靷重不動. 擔夫皆曰:

"非人夫之不足, 似是令監之魂, 不欲捨小室而然."

乃速治庶母之靷, 與之幷行, 則其父之柩, 乃就路善去.

余屢過平山, 平山東十里馬堂里大路傍, 西向乃兵使墓, 其右十餘步, 卽其妾塚. 行人指點而談其事. 禹氏至今祀其庶母云.

• 『東稗洛誦』 권下

---

4 矣 원래 '門'으로 되어 있는데 이대본에 의거하여 바꾼 것임.
5 門 이대본에 의거하여 보충한 것임.

觀相관상

　　昔有一武弁, 善於風鑑. 新除永興府使, 將赴任之際, 引鏡自觀已相, 則當在任所, 死於御史之手, 厥弁大以爲憂. 辭朝, 至樓院店午炊, 有喪人步過店舍前. 瞥觀其相, 乃是非久當爲御史者也. 厥弁問店主人曰:

　　"俄過喪人, 是何許兩班?"

　　對曰: "此後村李僉議宅子弟也. 僉議令監喪出, 已經小祥, 而喪家赤貧可矜矣."

　　武弁歷問李家凡百於店主, 知其大略然後, 送下吏先報入吊之行. 仍往祭廳, 伏哭几筵前, 哀痛數食頃. 喪人以爲其父切友, 亦興感盡哀. 罷, 客謂主人曰:

　　"先令監之與我交誼, 哀猶未悉矣. 吾年來, 久滯邊地, 積阻聲息, 豈料人事至此? 而初暮後始聞訃, 今乃致吊, 慚愧萬萬."

　　言罷嗚咽.

　　又曰: "哀家素貧, 想多喪葬之債矣."

　　主人曰: "何可盡言?"

　　客曰: "吾得外任, 哀遭巨創, 以故情誼, 固當全當喪債, 而官中多事, 似難到卽治送下馱, 哀無論大祥前後, 貰馬下來, 則吾當優濟."

　　成給入門帖子而去. 李喪人送客, 入內.

　　其母曰: "何許客來吊哀痛耶?"

　　對曰: "新除永興倅, 謂與先人切親, 念我喪債, 要我下來, 至給門帖矣."

　　母曰: "吾家似逢生人之佛. 千萬幸幸. 必去必去."

　　李纔過大喪, 艱關貰馬借奴, 踰鐵嶺, 抵永興, 觸冒風雪, 顏面憔悴. 付門帖入官, 則主官望見其容, 大異於前, 將不能做御史矣. 乃生推絶迫逐之意, 問客寒暄, 卽曰:

　　"尊與我豈有舊識乎?"

　　客曰: "主令歷路吊我, 如是成帖, 勸我下來. 故千辛萬苦, 踰嶺以到, 而今遽作素昧樣. 人之孟浪, 何至此極?"

主人曰: "歷吊非我事, 給帖非我事. 客之初面脅我, 誠虛誕矣."

主客之言, 一去一來, 漸至狠怒. 主倅呼吏曳出此兩班, 又使遍呼府內四面村人曰:

"今夜若有住接此兩班者, 則當重棍, 且罰定京行使喚矣."

李纔出門外, 官令旣嚴, 誰肯引接. 天方酷寒, 日且曛黑, 東西覓家, 面面見逐, 無可奈何. 惟待一死而已.

立馬村隅空杵間, 主奴共波陀矣. 有素服村女, 携十六七歲女子, 及十餘歲男子, 歷過杵間而去, 俄而素服女, 獨自復來, 謂李曰:

"何處客, 遭此厄境耶?"

李略道其由. 女曰:

"上道進賜, 死必矣."

上道進賜者, 北人稱京華兩班之方語也.

"我是村寡婦. 雖違官令, 官不至打死我. 我當活人矣."

遂引李歸家, 以大瓢貯溫水, 使李向水俯面. 良久一部凍面墜下水中, 乃氷也. 乃處之以溫堗, 饋之以好飯. 女家饒富, 且多義氣故也. 李盛致銘謝. 留其處一兩日. 主嫗謂李曰:

"上道進賜, 猝難復路. 人情於尋常他人, 接待之道, 久則怠. 無端留吾家多日, 則勢必不免齟齬. 請以吾女爲妾."

所謂吾女亦極端艶. 李樂從之. 乃待以新郎, 衣食甚豊. 李以老親倚閭爲念, 將歸京師. 主嫗母女俱曰:

"當此嚴冬, 行阻嶺雪, 則決難保性命. 離親雖難耐, 待來春可也."

李强從之. 留過一冬之際, 主倅之貪贓不法, 慣於耳目. 及解冬將行, 主嫗具騎卜, 齎之以六百兩銀子, 數十疋細麻布. 李丁寧有後約於其妾, 而李還京師.

盡償喪債, 身數旣通矣. 當年登第, 以翰林入侍筵中. 適從容, 上曰:

"諸臣進古談可也."

李起對曰: "臣請以自己所經歷, 替古談以達矣."

因備陳永興事始末. 上卽入寢殿旋出, 以三封紙, 手授李曰:

"封紙上, 書塡第一二三. 其第一則汝出闕門外坼見施行. 第二則至當到處而坼見之, 第三則又從其後坼見之."

李出關外坼封, 乃永興捉贓暗行御史也.

卽刻治發, 到永興. 着弊衣冠, 行到妾家. 妾母嫌其衣裝之蔽陋, 無甚欣然色.

問曰: "何爲而遠來也?"

李曰: "難忘君女而來矣."

仍向妾房, 懽愛可知. 與同枕席, 夜深後, 李乘妾睡, 暗出, 隱房後, 竊聽以探妾誠. 則妾睡醒, 引臂將更抱郞, 而郞不在矣. 起而呼母, 且啼且語曰:

"晝間母示不悅色故, 進賜已怒去矣."

母曰: "吾之接待, 有何致怒之端耶?"

女曰: "千里他鄕, 爲我委來, 而母不懽迎, 安得不怒也? 四顧無親之地, 去而無托, 易死於飢寒矣. 我心何如?"

號哭不已, 母再三寬譬, 僅止泣.

李郞還着來時冠服, 呼書吏趨從, 出頭於客舍. 列炬滿庭, 一邊封庫, 一邊捉入三鄕所吏房戶長, 加之於刑板上, 一府震動. 李妾之母, 誘其女, 去觀御史. 先倚客舍牆, 望見御史於火光下, 良久母催歸.

女曰: "母先去. 吾則姑留觀矣."

少選, 女走還, 告其母曰:

"母母! 御史非別人, 乃吾家進賜也."

母曰: "豈有是理?"

女曰: "吾見眞的, 母須復往觀乎."

母女復往, 自牆諦視, 則果如女言. 母女卽地懽忻, 歸家喜而不寐.

御史卽寫書啓, 臚列主倅竊公貨, 掠民財, 大貪大虐數十條, 馳驛以聞. 又坼見第二封御書, 則乃令仍行本府府使之旨也. 卽推印信, 修送到任狀于監營. 不多日, 金吾郞馳來, 拿去舊倅. 李又坼第三, 則乃命妾爲次夫人事也. 卽以彩轎延妾, 官人前呵後擁, 入處內衙大房. 邑底常女, 猝爲官府室內, 榮耀聞於四隣云.

厥倅, 誠不善於風鑑也.

•『東稗洛誦』권下

崔風憲女 최풍헌 딸
換衣尋郎諧宿約

崔氏女, 橫城風憲之女也. 美而慧, 風憲家饒富, 養女深閨, 愛如掌珠. 近里, 有趙生者, 窮老能文, 爲村學究以資生, 邑中士族, 送子侄受業者甚衆. 趙生旣沒, 其子無所依歸, 受業於趙生者, 念亡師誼, 傳食於其家, 處之於學舍中, 年且二十餘, 未有室家. 諸童相與議曰:

"吾輩隨家力, 以助趙童之婚, 則在所不辭. 某里有某風憲者, 家産頗饒, 有女如玉, 若與之婚, 足以爲依歸之所. 有能出謀通婚者乎?"

一人曰: "是宜用權道, 不可以守經."

群童曰: "用權如何?"

曰: "某風憲, 鄕曲[1]富民也, 庸詎知兩班之爲貴, 而有取於趙家孤兒哉? 吾聞風憲之女, 美有婦德, 若得其女一諾, 則事諧矣. 趙童能辦此乎?"

顧爲趙童曰:

"此是汝死中求生之地, 可於今夕, 踰墻而入, 與女成說, 吾輩當助成其婚. 如不得, 則寧死不回, 無與吾輩相見也."

趙童曰: "死生, 惟君言是從."

是夜三更, 月色微明, 諸童携趙, 至風憲家墻後高卓, 指小窓透明處, 謂之曰:

"此便閨秀所處之室, 爾須大着心膽, 善爲說辭, 得一信物而歸, 則吾輩當在此待之."

群童相與推至上墻, 遂跳入垣內, 至燈明處, 穴窓視之, 女方獨坐. 乃開窓而入, 不敢近前, 跪于室之隅. 女低聲問曰:

"人耶? 鬼耶?"

曰: "我乃學舍趙生員之子老秀才也."

女正色責之曰:

---

1 曲 원래 '谷'으로 나와 있는데 통상 '鄕曲'으로 사용하므로 바꾼 것임.

"旣是士大家子弟, 則深夜踰垣, 遽入女子室, 是何道理?"

趙始焉惶怖, 繼以羞愧, 復整襟而對曰:

"我是士大之子, 豈昧此擧之爲非義哉? 同學諸少年, 憫我孤窮, 敎我作死中求生之計. 我亦不萌相逼之意, 只欲得娘子一言, 以定月下佳緣耳, 惟娘哀憐之."

曰: "約婚非女子之事, 且家有大人. 君其歸語學舍少年, 邀致吾大人, 第以眞情告之. 吾家賤也, 豈辭與兩班結婚哉? 若事不如意, 則吾當以死從之."

趙曰: "願得娘子身上一物, 以爲他日之信."

女遂脫銀指環以與之. 趙得之甚喜, 因踰墻而出. 諸童尙在墻外而待之. 趙指環以示之, 細告問答之語. 諸童亦大喜.

明日, 齊會學舍, 送人召風憲, 指趙童而語之曰:

"此家班閥, 君所詳知. 今者, 窮困無依, 欲與君家結婚, 其情亦慽矣. 吾輩以義氣相勸, 君亦以義氣肯諾, 則豈非鄕村中一奇事哉?"

風憲沉思良久曰:

"秀才輩義氣誠高矣. 吾何愛一女子, 不以成秀才輩高義."

遂與之定婚, 卽於座, 涓吉日, 以堅其約, 期在不遠. 諸童歸告父母, 各出緡錢, 以助婚需, 可至三四十緡, 與趙童語曰:

"爾之舅氏, 旣在近地. 吾輩義不當終始主婚, 以此錢, 足辦窮人婚需. 庶不貽憂於爾舅氏家. 爾其持此以往, 急急辦需, 順成婚禮以來, 則吾輩當酌酒以賀."

趙曰: "敢不如敎."

遂携錢, 往拜其舅, 且語之故. 舅曰:

"汝以天下窮民, 得娶富家女, 誠爲萬幸. 何論門閥高下? 吾當爲汝, 趁期辦需, 汝勿憂焉, 留之與群從同處."

婚期在明日, 舅忽以繩縛其手足, 以綿塞其口, 投之土室中, 以大鑰鎖之. 至夜, 依例送幣. 明日, 衣其子以新郎服色, 偕往風憲之家. 奠雁訖, 入交拜之席, 風憲不之疑也, 其女瞥眼視之, 知其非趙童也. 遂撲地, 作昏窒樣, 一家惶惶, 舁置之新房, 灌之以水, 水不入. 其家引新郎, 權處客室以待之. 女潛伺臥房無人, 換着新郎衣服, 從後門, 踰垣而走, 直到學舍中, 揖諸童而問曰:

"趙秀才安在?"

諸童曰: "今日, 卽趙秀才婚日也. 此去數馬場, 庭設遮日, 人家熱鬧者, 卽其妻家也."

又問曰: "吾聞趙氏無家, 恒留學舍, 今亦自此治送耶?"

曰: "此去十里, 某村某家, 卽其舅氏家也. 趙果自其家治來矣."

遂一揖而出, 走向其家, 其家寂無人. 彷徨籬下, 見一老婆, 獨坐蝸殼之室, 入語之曰:

"過客飢甚, 願得一盂飯."

老婆曰: "飯實無有, 但有數合米, 請少坐, 以俟煮粥也."

曰: "多謝厚意."

婆入廚作粥, 時作歇欷聲. 問曰:

"何歎也?"

婆曰: "不須問也. 此非客所知也."

固問之, 乃曰: "老物, 是主家姊氏轎前婢也. 上典旣沒, 還住此家. 吾上典有一子生存, 定婚於某風憲家, 此家主人性甚凶獰, 縛置其甥, 以其子, 代爲之婚. 今日已夕矣, 婚禮定已成之. 小郎方死在土室矣."

且語且泣, 不能成聲. 女問其土室所在, 直入其家, 無人阻搪者. 俓至土室, 手破其鎖, 背負趙童而出. 解其縛而視之, 喉下微有溫意. 以粥灌其口, 良久始咽. 遂負之而走, 直到學舍, 諸童皆大驚. 女語諸童曰:

"君輩善爲調護, 以垂終始之惠. 吾是風憲女子, 郎若回甦, 可聞其說."

語罷, 俓歸其家. 其家方失其女, 四處搜覓, 見其男服而至, 驚問其由. 女細說前後事一遍, 遂聚會隣里奴僕, 命縛新郎父子, 一邊告官, 收拾婚具, 置之于庭, 以火燒之曰:

"此皆污穢, 不可用."

送人學舍, 探趙童安否, 則已無恙矣. 於是, 改設筵席, 酌水成禮. 官家覈其事, 趙生之舅, 以處死論云.

外史氏曰: "學舍群童, 以鄉曲迷兒, 皆出義氣, 以成其婚, 已奇矣. 女子處事, 卓卓有古節婦風, 何其韙哉? 趙生之舅, 貪財而賊甥, 換面而奪婚, 其不免死, 固宜矣. 大抵月姥赤繩, 自有天定, 天理之不可誣者, 有如此矣."

• 『靑野談藪』 권1

川邊女 천변녀
班童倒撞藁草中

某邑有一班童, 父母具沒, 零丁孤苦. 粗解文字, 往依於本郡吏房家, 替其文簿之勞, 僅僅糊口. 邑內有一川, 川邊有一民家, 其家有女長成, 姑未定婚. 一日, 其父母俱去親戚之家, 只有其女. 班童曾已見之, 心甚慕之, 當日瞰其女之獨在, 潛往其家, 抱其女腰. 其女曰:

"我知道令之意. 吾與兩班作配, 不猶愈於常漢乎? 今不必如是無禮. 我已心許, 待父母還歸, 依禮成婚, 姑此待之."

班童然其言, 遂諾而去.

其父母歸來, 其女以實告之. 父母將涓吉行禮. 其女外族一漢, 悅其女之容貌, 屢度求婚, 女家不聽. 今聞此言, 誘致班童, 繫其手足, 以襪塞口, 倒撞於藁艸積堆之中. 闕童之邑中出入, 每過其女之門, 一日不見形影. 其女大生疑惑, 卽往外族家而問曰:

"家有某道令乎?"

曰: "無有."

曰: "吾見其來矣, 卽爲出送."

其家大言發明, 又加罵詈. 其女畧不採聽, 遍搜家內. 轉入後庭,[1] 散其藁堆, 厥童倒在其中, 面如死灰, 喉音欲絶. 急爲爬出, 先拔塞口之襪, 次解手足之縛, 背負歸來, 安於其家, 使母救護. 卽入官庭, 節節告跡, 官家大加稱嘆, 卽捉厥漢, 嚴刑遠配, 優給婚需.

一邑聞之, 無不贊賞云.

• 『靑邱野談』서울大 古圖書本 권4

---

1 庭 원래 '府'로 나와 있는데 문맥으로 보아 바꾼 것임.

吉女 길녀
拒强暴閨中貞烈

吉貞女, 西關寧邊人也. 其父本府鄕官, 而女卽其庶女也. 父母俱歿, 依其從父, 年二十而未嫁, 以織紝針線, 自資養焉.

先時, 京畿仁川地, 有申生命熙者. 年少時得一異夢, 有老翁携一女, 年可五六歲, 而面上有口十一, 可驚怪. 翁謂生曰:

"此他日君之配也. 當與終老."

乃寤, 甚異之. 年踰四十, 喪其室, 中饋無主, 意緖悽涼, 亦嘗約聘卜姓, 而每齟齬未諧. 適有知舊, 出宰寧邊, 生往從遊焉. 一日, 又夢前見老翁, 率其女十一口者來, 而已長成矣.

曰: "此女已長, 今歸之君矣."

生愈怪之. 自內衙命府吏, 貿納細布.

吏曰: "此有鄕官處女, 織細布爲極品, 名於境內. 今所織, 將斷手云. 姑俟之."

已而買納, 其細盈鉢, 而纖潔精緻, 世所罕有, 見者莫不奇嘆. 申生知其爲庶, 便有卜納之意. 厚結邑人之與女家親切者, 使之居間. 女之從父樂聞之. 生卽備幣具禮, 造其家, 女非特織紝之工, 姿容甚美, 擧止閑冶, 宛如京洛冠冕家儀度. 生大喜過望, 始悟十一口爲吉字也. 深感天定有素, 情義益篤.

留數月, 辭還故鄕, 約以非久迎歸. 旣還, 事多牽掣, 荏苒三年, 未得踐言. 關河迢迢,[1] 音信亦斷. 女之群從族黨, 皆謂申生不可復恃, 潛謀賣送他人. 女操持彌篤, 雖戶庭出入, 亦必審焉.

時, 女所居之鄕, 與雲山地, 只隔一崗, 而女之從叔居焉. 是時, 雲山倅武官年少者也, 亦謀置別房, 每問於邑人. 從叔者欲以此女應之, 出入官府謀議綢繆, 旣已涓吉矣. 又請於倅, 以錦綺等物, 傳授於女, 使作婚日衣裳. 從叔遂來訪, 慇懃存問.

仍曰: "吾子娶婦, 婚期不遠. 亦欲製新婦之衣, 而家無裁縫者, 願爾暫來相助."

---

1 迢 원래 '迢'로 나와 있는데 『파수편』에 의거하여 바꾼 것임.

女答曰: "我有君子, 來留巡營. 我之去留, 須待其言. 叔家雖近, 旣是他邑, 則決不可率意去來."

叔曰: "若得申生之諾, 則可許否?"

女曰: "然."

叔還家, 僞作申生之書, 勉以敦族, 促其往助.

蓋其時, 趙尙書觀彬, 方按西關, 生有連姻之義, 往留焉. 叔以其久而不來謂已棄之, 設計如此. 女旣得僞書, 不獲已往焉. 刀尺針線之勞, 已數日, 而女未嘗與其家男子接話, 惟勤於所事. 一日, 從叔邀其倅, 將使偸窺, 以質其言. 女雖聞其來, 安知其有意. 及暮擧火, 叔之長子謂女曰:

"妹常面壁就燈, 此何意也? 爲勞多日, 可暫休相對話[2]語.

女曰: "我不知疲,[3] 但坐言. 我有耳自聽."

其子嬉笑而前, 將女幹之, 使回坐. 女作色怒曰:

"雖至親, 男女有別, 何無禮至此耶?"

是時, 倅屬目窓隙, 幸一覩面, 大驚喜. 女則怒不已, 推窓而出, 坐後廳, 憤忿殊甚, 忽聞廳外, 有男子聲曰:

"此吾所刱見. 雖京中佳麗, 未易敵也."

女始知爲倅也, 心掉氣結, 昏倒良久而起. 及明, 將撥棄奔歸. 叔始以實告, 且曰:

"彼申生者, 家貧年老, 非久泉下之人. 家且絶遠, 一去不來, 其見棄明矣. 以汝妙齡麗質, 自當歸於富家. 今本邑倅, 年少名武, 前途萬里. 汝何可待望絶之人, 以誤平生?"

甘言詭辭, 且誘且脅. 女憤愈加, 氣愈厲, 罵愈切, 不復論嫡庶之分. 叔計無所生, 且恐得罪於倅, 與諸子謀, 齊進捉女, 前挽後推, 囚之於夾室, 嚴其扃鐍, 僅通飮食, 以待期日, 令刼納. 女但於室中, 號泣叫罵, 不復食者累日, 形悴氣漸, 不能作氣, 而旁見室中多生麻, 取以纏身, 自胸至脚, 將以防變也. 已而改慮曰:

'與其徒死凶賊之手, 曷若殺賊, 與之俱死, 以償吾寃? 且可强食, 先養吾氣耳.'

---

2 話 『파수편』에 의거하여 보충한 것임.

3 원래 '疲' 다음에 '休' 자가 나오고 옆에 작은 글씨로 '恐誤'라 적혀 있으며, 그다음에 '主'가 나오는데 '主' 역시 의미가 통하지 않는다. 『파수편』에는 '疲' 다음에 바로 '但坐言'으로 이어져서 『파수편』 쪽을 따랐음.

始女見囚時得一食刀, 藏於腰間, 人未知也. 計既定, 謂叔曰:

"今力已屈矣. 惟命是從, 幸厚饋我, 以療久飢."

叔半信半疑, 然心甚喜, 但以大飯美饌, 從隙連進. 所以慰誘之者甚至. 女食兩日, 氣已充壯, 而其夕卽婚日也. 倅來留外室, 叔始啓戶引出. 女方貼身戶內, 見戶開, 持刀躍出, 迎擊其長子, 一聲跌仆. 女乃號呼跳踢, 不計男女長幼, 遇則斫之, 東西陳突, 夫誰復能禦? 頭破面壞, 流血滿地, 無一人敢立於前者. 倅見之神魂飛越, 肝膽俱隊, 未暇出戶, 但於戶內, 牢縛窓環, 莫知所爲. 女蹴踏戶窓, 手足俱踢, 奮力擊窓, 窓戶盡破, 極口大罵曰:

"汝受國厚恩, 享此專城, 當竭力撫民, 圖酬吾君, 而今乃殘虐生靈, 漁色是急, 締結本邑之凶民, 威刦士大夫之小室, 是禽獸之所不如, 天地之所不容. 我將死汝手. 必是殺者,[4] 與之俱死."

爽言[5]如鋒刃, 烈氣凜雪霜. 叫罵之聲, 震動四隣, 觀者皆至, 繞屋百匝, 莫不嘖嘖歎嗟, 有爲之掖腕者, 有爲之泣下者. 是時, 叔之父子, 匿不敢出. 倅但在室中, 屈伏頓顙, 百拜哀乞, 稱"以實不知別室之貞烈如此, 而爲此賊民所誑, 以至此境. 當殺賊以謝別室, 萬望有恕."

卽囑其吏, 搜索其叔. 其叔既至,[6] 忿罵重杖擊膝, 至血肉披離, 始僅出戶, 疾驅歸官.

時隣人已通于其家, 卽來迎去. 遂具其事顚末, 走告申生. 監司聞之, 大驚且怒. 而寧邊府使, 時武人也, 循雲山之囑, 以女拔刀斫人, 報營請重治. 巡使行關嚴責, 卽啓罷雲山倅, 終身禁錮, 捉致其從叔父子, 嚴施刑訊, 流之絶島. 盛其僕從, 迎女至營, 深加賞獎, 厚贈遺之.

申生卽與其妾上京, 居於阿峴, 數年歸仁川舊居. 女勤於理家, 遂至富饒,[7] 人益賢之.

申生, 年乙丑生, 而今尙强健, 不至衰老. 柳上舍應祥, 生之比隣, 而交分頗深, 備

4 必是殺者 『파수편』에는 '必殺汝'로 나와 있음.

5 爽言 원래 '惡言'으로 나와 있는데 『청구야담』을 따라서 바꾼 것임.

6 원래 이하에 '坐之馬鞍' 네 자가 나와 있는데 문맥이 통하지 않기에 삭제했다. 다른 본에는 보이지 않음.

7 이하의 "人益賢之~其盛矣哉!"는 『청구야담』에는 생략되어 있음.

知其事, 言之如此. 古之烈女, 多殺身成仁, 使人莫不慘傷悲激, 而鮮有福履終之者. 此女旣以身表壯烈於一世, 又從君子同享壽富. 鷄鳴相警之樂, 百年是期, 貞義福厚, 豈不兩得之乎? 其盛矣哉!

• 『鶴山閑言』

龍山車夫용산 차부

龍山車夫, 嘗解卜京城, 日暮還家. 適放溺於水閣橋路邊人家壁, 後忽聞頭上有聲. 仰見則上有樓窓, 而一美人半身隱樓, 招謂車夫曰:

"暫從後門入."

車夫心甚疑訝, 第以急請, 果入去. 女年纔二十, 極有恣色, 懽喜迎坐, 仍請留[1]宿. 問其本夫, 以別監方入直番. 車夫以牛隻區處後, 更來云. 女申託踐約, 再三重複.

車夫付牛於京裏主人, 更從後門而來. 女倚[2]門苦待, 盛饌夕飯. 仍請懽, 破笠鶉衣, 脫却一邊, 同臥錦裯, 其淫戱不可形言. 夜幾三更, 忽有門外呼人聲. 女大驚曰:

"家夫出來."

急藏車夫於樓而鎖之, 出去開門, 本夫入來. 車夫從樓覘視, 容貌美麗, 衣服鮮明.

女問: "入番之人, 緣何出來?"

答曰: "俄夢, 家中失火, 盡入回祿. 覺來心驚, 越宮墻而來."

女佯若驚動, 還復大責曰:

"夢兆雖不佳, 直在重地, 何敢妄如此? 急速還直."

本夫曰: "今旣出來, 空還甚可恨."

仍欲戱謔, 女百端周遮, 終不聽順. 本夫且怒且笑, 無可奈何. 亦慮直所之久曠, 卽出去. 女隨後, 堅閉外門, 卽復迎下鎖樓車夫, 復事淫亂, 比前尤甚, 仍困而先睡.

車夫不能卽睡, 對燈輾轉, 忽心悟曰:

"本夫百勝於我. 且吾乃行人, 而無端招入, 作此大淫. 此事由於淫慾, 而俄者本夫百計不聽者, 吾在樓上故也. 且渠之父母, 定給夫婦, 而醜行若此, 人有血氣, 況復目擊, 寧可置之."

遂刃殺之, 待鷄而走. 翌日, 人入見流血滿房, 劍痕狼藉. 女之本家起獄, 而無他

端緒. 廊底人只告曰:

"其夜男主人, 自直所潛來, 入去房中, 未知何時還歸. 此外無知爲供."

遂嚴問本夫, 質弱年少, 不勝栲杖, 以惑於妖妾, 自刃刺誣服, 論以償命.

凡罪囚之行刑也, 龍山車夫, 例爲持車載之. 當夜其車夫在待命中, 而罪人未及出來, 立於典獄街前, 問于曹屬曰:

"吾車死囚, 是何事?"

方酬酌之際, 囚出獄門, 將登車, 車夫詳視, 乃在樓時燈下所見者也. 大驚以爲

"豈自愛死而誤殺人."

遂自現告官曰: "此非殺人者也."

因詳其由. 獄官判曰:

"殺一淫女, 活一不辜, 是義人也." 特免賤又賞.

車夫姓柳, 本私賤也. 本夫遂得生, 待以恩人,[3] 家素富, 仍割半給之. 車夫棄其業, 賴以好過, 子孫繁盛. 以其業車而得福, 故人稱車達云爾. 今世文化柳氏之始祖云.

•『記聞拾遺』

---

3 本夫遂得生, 待以恩人 원래 "本夫得生, 遂待以恩人"으로 나와 있는데 『이순록』에 의거하여 바꾼 것임.

再會 재회
忍念積蔭

一富家子弟, 惑於外道, 家産盡傾, 身爲別監, 故衣服華麗.

一日, 向芋洞而去, 路遇一位大將, 前排呵喝, 不得冒行, 竚立路傍. 越邊小角門半開, 一個美婦人, 欲看大將之行, 而依門扉探外, 不意與別監撞面, 後慌忙內入. 俄而復出頭, 則再撞其面. 美婦因爲掩門而入, 別監流目視之, 終無形迹, 雷電相逢, 蕩情難抑. 其家東首有小屋, 而老婆賣豆粥爲生.[1] 別監茫然歸家. 翌日未明, 復向芋洞, 而徘徊無聊中, 忽心生一計, 乃入粥家, 老婆見其紅衣草笠, 料必是別監, 問曰:

"別監主, 何入賤家耶?"

答曰: "吾有所看, 故冒霜而來. 不勝寒氣, 欲買一器粥飮."

老婆急取精潔器, 而盛粥奉上. 別監啓其錦囊, 取一掬銅錢給與.

婆大驚曰: "一二分足矣. 何給多耶?"

別監曰: "若論其一時之寒, 一掬銅亦是薄少, 不必多讓."

婆感其厚意而別. 翌日, 別監又托言近洞有事云云而入, 則婆欣然而待, 更奉粥勸飮, 情義懃懃. 別監袖出一錠銀給婆, 曰:

"老嫗此後, 莫苦如此生涯, 老境安居, 如何?"

婆見其大財, 如何不動慾心? 自古云, '黃金黑邪心, 白酒紅人面.' 左讓右受曰:

"老妾年老家貧, 故未娶子女, 感君之德意, 山高海闊, 何以報答?"

別監見其死地之不避, 乃開口從容言曰:

"某家何人住居乎?"

婆曰: "中人金某, 家貧無以自資, 托身富戶, 生計艱乏云."

別監握其手, 曰: "吾之死生, 在於老婆. 婆若不允, 則惟有一死而已."

婆曰: "我受君之大恩, 雖赴湯陷火, 無所辭矣. 盡其所懷."

---

1 爲生 원래 '生涯'로 나와 있는데 문맥으로 보아 바꾼 것임.

別監乃述自初至終事, 請其玉成.

婆曰: "這娘子, 性情幽閑, 平生不交外人. 我雖知之往來, 端靜沈黙, 故別無問答. 今若以非禮開口, 則非獨不成, 必然生梗矣, 非奇謀不可也. 如此如此, 必遂君願, 其亦未可耶."

別監大喜稱善後, 相約而別. 其夕, 老婆乃取味好濁醪, 和淸小溫, 而持入其家.

娘子問曰: "老媼, 何久不來耶?"

婆曰: "老身近以微恙, 不能趍謁, 罪悶罪悶. 今有美醪, 故玆敢奉進, 願娘子一飮嘗之."

娘子未辨夕飯, 又當天寒, 正是飢不擇食, 然本不能飮酒, 故推而不飮. 老婆再三懇勸, 娘子不得已接唇, 一到口邊, 則味甘肚空, 一飮而酩酊大醉. 別監卽爲開戶入來, 點燭試看, 則眞是國色也. 解衣就枕, 雲雨方濃. 娘覺而大呼曰:

"何人非禮如此耶?"

別監曰: "子不記向日撞面之人乎? 事已至此, 亦是天緣. 願無隣里驚動."

娘泣曰: "君以探花之慾, 不顧妾之越墻之羞, 可恨且愧."

低頭無言. 別監愛而敬之, 此後往來頻頻.

金某全然不知, 而常在富戶, 適値主人家忌祭之日. 其曉罷祭後, 盛設一盤需, 而勸金下箸. 金當此盛饌, 不能下咽. 主人知其意,

又曰: "我已分別一盤之需, 而致於君家也, 勿慮盡食."

金大喜盡食後, 主人又以盛大珍需, 使奴子持去, 則金告自持其需, 急歸自家.

是夜, 別監又來, 與美婦終宵戲遊, 纔爲睡熟. 金千呼萬喚, 不能覺起, 故越墻而入見, 則房中燈燭輝煌, 開戶視之, 厥妻與人同寢甘睡, 尚未知覺. 壁上掛紅衣草笠, 可知奸夫也.

金自歎曰: "吾家貧, 不能御[2]家故, 彼女子之水性, 不堪飢寒, 聽人哄誘, 而必至於此境也. 聲張鬪起, 則四隣恥笑, 不如一忍."

乃徐挽別監, 別監驚覺視之, 一人端正危坐, 問何人耶. 別監蒼皇不能答. 金又扶起其妻.

指別監曰: "已往之事, 不須究懲, 君與這女, 率去善待, 平生衣食, 勿艱. 若或背

---

2 御 원래 '禦'로 나와 있는데 문맥으로 보아 바꾼 것임.

而薄待, 則其時, 未免吾劍之驚魂矣."

別監汗流滿面, 唯唯如敎. 金促其速去, 其妻之胸塞, 何可忍言! 別監恩[3]忙中與美婦, 被促出門, 如漏網之魚. 急歸自家, 別監老母年七十, 尙未就睡, 倚[4]門而待子, 聞叩門之聲, 而開門納之, 則一女子在後. 母問何人耶? 子告其緣由.

母曰: "金, 恩人也. 汝再生之人, 此後勿萌二心, 自今爲始, 這女子, 吾爲收養, 汝亦結爲兄[5]妹, 以報大恩. 他日必有來訪."

子承其母訓, 而彼此間, 稱兄稱妹.

此時, 金某送其妻, 鎖戶而出, 不勝鬱懷, 卽向金剛山, 路過金華, 日暮達店, 投宿於山莊. 而翌曉發行而去, 誤入深山, 彷徨欲出, 擡頭則見山上有蔘花. 心中大喜, 近前掘之, 大根如童子之形者. 一負去其細小者, 卽向京而還, 到於其富戶, 後備述自初之事.

主人大喜曰: "君之陰德, 上天感應, 獲此重財, 可賀可賀."

卽放其蔘, 則價値數萬. 卽爲占家備奴, 極其富饒, 儼如超世之富翁, 然回想初時, '家貧故, 家屬不能接濟, 而致於失散, 今吾如是爲富, 則使貧賤之妻, 不能同享, 是吾之過.' 遂往訪別監之家, 則別監之老母, 大喜曰: "吾固知子必訪來."

因言其前之經事後, 治送其妻, 結爲至親, 而有子生女, 金享壽八耋, 而永爲豪富, 此豈非忍忿積蔭之德乎!

• 『奇聞』

---

3 恩 원래 '睡'로 나와 있는데 문맥으로 보아 바꾼 것임.

4 倚 원래 '衣'로 나와 있는데 문맥으로 보아 바꾼 것임.

5 兄 원래 '娣'로 나와 있는데 문맥으로 보아 바꾼 것임.

償恩상은
匿屍身海倅償恩

湖西有士人柳姓者, 嘗赴擧上京, 下第無聊, 聞松京多勝景舊蹟, 卽爲下去. 處處遊覽, 一日, 閑步於城內. 適驟雨如注, 生避立於路傍家門, 雨終不止, 日已向夕, 政爾愁悶. 忽有一小丫鬟, 自內出曰:

"未知何方客主, 而雨勢如此, 請入內, 留歇焉."

生曰: "此家誰氏之家, 而何無男丁也?"

曰: "主人則行商在外者數年矣."

曰: "然則外客, 何以入內乎?"

曰: "旣有請入之敎, 不必爲嫌矣."

士卽隨入內, 有一美人年可二十餘, 姿色絶艶, 令人神魂迷蕩, 延生入室.

曰: "貴客避雨久立, 心甚不安, 敢此請邀."

生遜謝曰: "初不相知, 荷此款遇, 感謝何極!"

已而, 進夕飯. 飯後, 仍明燭相對, 談笑移時, 情竇互開, 倨肩促膝, 恣意戱謔, 相與昵枕合歡. 其明日仍留, 一日二日, 將至一旬矣. 商人出去時, 囑其隣居一友, 着實看檢其家事故, 其人常常來問其安否. 生旣久留, 形迹自露, 其人察其幾微, 專人通奇, 使之還家.

商人聞此奇, 晝夜疾馳, 及抵松京, 夜已三鼓矣. 直向其家, 踰墻而入, 穴窓而窺. 其妻與一少年, 明燭對坐, 戱笑自若. 商人遽推窓而入, 出其不意, 其女則面無人色, 生則慌怵喪魂.

商人曰: "汝是何人, 敢突入人家, 與吾妻對坐乎?"

生定神良久, 畧陳其由. 其妻低頭含口而已.

商人謂其妻曰: "汝與彼俱犯死罪, 當卽殺之. 而吾旣遠來, 喉渴頗甚, 亟買酒肉來."

卽探囊中, 出錢給之. 其妻不能違, 持錢出去, 市酒肉而來, 商人使其妻, 斟酒自飮. 以一盃賜生曰:

"汝雖將死之人, 第飮此酒."

仍拔所佩刀, 切肉啗之, 又以刀尖, 揷給肉片. 生受飮一盃, 以口進啗.

過三盃後, 商人曰: "吾當以此刀斫汝, 而憐汝殘命, 特爲容貸. 汝卽出去,[1] 勿留近處."

生百拜致謝, 包頭鼠竄而走, 直向京城.

商人謂其妻曰: "汝今知罪否!"

其妻, 伏地流涕, 萬端乞命.

商人曰: "吾當殺汝, 以正其罪, 而人命可矜, 姑許貸頭, 汝若更有此事, 當寸斬不赦矣."

其妻, 叩頭拜謝. 商人使之滅燭安寢, 卽往其友家, 問其專人之故.

答曰: "君家似有外人交通之迹故, 果爲通奇矣."

曰: "其人尙在否?"

曰: "必不去矣."

卽與其友至其家, 則東方未明, 門戶尙扃, 立[2]於門外, 使之開門, 而入于內堂, 則只有其妻, 而無人在者, 遍尋家中, 寂無形迹. 其友反悔其誤聞而輕言, 心甚悄怳無聊.

商人曰: "君或誤聽, 亦非異事. 以君我情密之故, 有此通奇. 有則治之, 無則置之, 亦自不妨, 何必咄嘆! 第少婦獨宿, 慮無不到. 日後, 勿以誤聞爲慮, 如前照管, 是所望也."

其友感其言衷曲, 還爲致謝. 商人卽送其友, 待曙還發, 申囑其妻, 恩威竝至, 其妻更不敢作奸矣.

生於翌年春間登第, 數年後, 得海西一邑宰. 忽有村氓來告, 以其父與松商某人相詰, 被打致死云. 及問松商姓名, 則乃自家活命人也. 其村距邑治不過十里許, 將欲出往檢屍.

忽曰: "吾適頭痛神眩, 不可作行, 日且迫昏, 明朝出往." 仍爲停行.

是夜, 密招通引中心腹人, 謂曰: "吾之遇汝果何如? 汝能爲我出力, 雖至難之事, 可以辦得乎?"

對曰: "官家視小人如家人, 恩德出常, 雖水火安可避也?"

---

1 去 원래 빠져 있는데 『청구야담』해외수일본 을본에 의거하여 보충한 것임.

2 立 원래 '入'으로 나와 있는데 전후 문맥으로 보아 바꾼 것임.

曰:"汝聞今日某村, 有殺人事否?"

曰:"聞之矣."

曰:"汝能於今夜, 潛往某村, 取其屍抱石, 投之村後防築中否?"

曰:"當如教矣."

曰:"汝出去時, 打殺邑中一大狗, 負之而去, 置之屍床, 以被覆之如屍體樣, 而未明前來告. 切勿出口, 可也."

通引領命而退. 果於昧爽時, 來告以如教處置. 使之退待, 仍卽起坐治發, 火速馳進. 及到某村, 招入元告元隻詰問後, 使刑吏開檢, 則刑吏旣入旋出曰:

"甚是怪事! 屍體不知去處, 有一死狗, 覆之以被云."

官大驚曰:"寧有是理?"

親入審視, 則果如刑吏之言.

推問元告曰:"汝父屍體, 藏於何處? 以死狗代置, 何也?"

元告兩目瞠然, 心神迷亂, 不能出[3]語. 良久供曰:

"父屍, 的在室中, 以官家未檢之故, 只以被覆之, 而不爲防守, 但於外廳經夜矣. 變怪至此, 不知其故矣."

官答曰:"爾必隱匿爾父於他所, 稱以致死, 誣告成獄, 要免債徵也."

欲加嚴訊, 其人叫呼稱屈.

官曰:"汝雖稱屈, 屍體不在, 何以檢驗成獄? 待爾尋得屍體, 始可行檢."

仍以其由, 論報營門, 厚賞通引, 愛之如子矣. 其人以不得屍體, 更不敢告官.

松商幸而免死出獄, 然莫知其由, 心自訝惑而已. 官亦不招見松商, 彼此聲息如前阻隔矣. 過六七年後, 又任某邑宰, 與松商所在邑隣境也. 莅官後, 遣人訪問, 潛招松商, 叙其平生. 商人初不相識, 及言其某年貸人命之事, 然後始乃驚悟, 又言其藏屍免檢之事.

商人大感泣曰:"小人曾活大人之命, 而向來事, 大人還貸小人之命, 此恩此德, 糜粉難忘."

自是往來書信, 至老不絶云.

• 『靑邱野談』海外蒐佚本 甲本 권6

---

3 出 원래 빠져 있는데 『청구야담』 을본에 의거하여 보충한 것임.

義島記의도기

箕城人桂生者, 名不傳. 以童子從師於浿江之南. 與同學者群童十餘人, 渡浿江, 有舡無操者, 皆江上兒輕舟也. 與之自操舡以渡中江, 而風大作, 飄入海. 飄數日, 抵一島. 風躍舡登島, 島無人. 乃與之穿一穴, 聚于穴曰:

"吾輩當同死一穴."

居數日, 有舡自遠過, 以衣招之. 至以文字通言語.

其人曰: "欲之爾國, 我不知所向. 共我, 之我居, 可乎!"

之其居, 有島方數十里. 居人數百戶, 冠帶倣華制, 俗淳古有禮讓, 爭持酒食來饋. 島名曰義島. 無君長, 無所屬, 應賦稅貢獻. 居久之, 其地狹人少, 婚姻難, 請生之徒年最長者, 乃成婚.

生問: "此地, 通何國?"

曰: "無與通. 此地無絲麻綿以衣服, 歲一出中原之浙江, 買衣具."

曰: "朝鮮歲聘中國. 之中國, 則可還朝鮮. 請隨出浙江."

將行, 婚姻者, 爲其妻憂, 其妻解之曰:

"子將歸見父母兄弟. 豈爲一女子眷顧耶? 何非夫也?"

及發, 其妻盛具饌送之. 船旣解纜, 告其夫曰:

"吾今日死於君所在, 以明吾不復有改."

輒投水, 一船大驚.

旣之中國, 從我使以還. 喪其妻者, 病悲懷, 比至鴨江死, 餘皆還云.

始伯父芹亭公, 聞之京師, 歸說與矼兄弟曰: "義島之人, 豈是皇明之民? 義不臣虜, 潔身不夷, 浮海以居者, 而欲泯其迹, 不以告之生歟! 我將述其事以著之." 從兄言, 嘗見公草之而未就, 只記其一句云, "江上兒輕舟也." 嗚呼惜哉![1]

• 『嘉林二稿』 권3

---

1 이하로 평어가 길게 더 달려 있는데 생략하였음.

漂流記표류기
赴南省張生漂大洋

濟州人張漢喆, 以鄉貢赴禮部會圍, 與友人金生及舟子二十四人登船. 風順海濶, 其疾如飛. 忽看西天, 赤日午透, 一抹烟雲之氣, 起自波間, 雲影日彩, 明滅相盪. 俄而雲成五彩, 平浮牛空, 雲下若有物, 突兀而高起, 依俙若層樓高閣, 而遠不可辨矣. 良久日隱重雲, 樓閣之形, 變成萬堞層城, 極目橫亘於銀波之上. 逾時而廓開無所睹, 此乃蜃樓也. 篙師驚曰:

"是爲風雨之徵, 愼勿放心也."

已而獰風怒號, 急雨滂沱, 孤舟出沒, 漂泊無涯. 舟中人, 或有昏倒不省者, 或有堅臥痛哭者. 夜色昏黑, 咫尺莫卞, 舟底則水多漏入, 船上則雨如翻盆, 船中水深已沒牛腰. 舟中人自分必死. 張生乃權辭曰:

"東風甚急, 孤篷如飛, 一日千里, 吾觀地圖, 以知琉球國, 在耽羅之東, 海路三千里, 今夜必炊飯於琉球國矣."

衆乃大喜, 蹶然而起, 頃刻卸水. 度了三晝夜, 風雨稍定, 但見水天相接, 不見端倪. 金生及諸篙師, 皆咎張生曰:

"以君浪生科欲, 使我無罪之人, 擧將判命. 我死之後, 當困君之魂, 以雪此讐."

張生用好言慰之, 强令炊飯. 以飯之善否, 占其吉凶, 飯果善就, 諸人稍慰. 少頃大霧四塞, 船猶隨風自去, 不知其所屆. 日將夕, 忽有異禽, 飛鳴而過. 舟子曰:

"此水鳥也. 晝而浮游海上, 暮而必歸宿洲渚. 今日暮而禽始歸, 可知洲渚之不遠."

衆皆欣踊喜笑. 及至夜深霧開, 天晴風息, 月明中天, 有大星, 光芒射海, 瑞彩盈空, 疑是南極老人星也. 翌日天未明, 霧又作, 至午開霽, 見船在小島之北, 而隨風漸近於島矣. 滿船喜踊, 下舟登岸.

登高望之, 則此島東西狹而南北長, 幅圓可四五十里, 而無居人. 有一道淸泉, 味極甘爽, 滿島雜木蓊蔚, 多杜冲松栢, 岩石之間, 多如椽之竹, 獐鹿成群, 烏鵲繞林. 島中有三峰競秀, 高可五六十丈, 泉源出自中峯, 曲曲爲長溪, 東入于海. 忽有一大橘, 自上流浮來, 乃沿溪而上一里許, 果有雙橘樹, 綠葉成陰, 朱實交暎. 諸人亂

摘噉之, 包其餘而歸. 掘野鼠, 採山藥, 採薪汲水, 煮海爲鹽. 又入水, 採鰒魚二百餘
箇, 積于草幕下. 搜檢行橐, 只有一斗稻米, 六斗粟米, 不過二十九人數日之糧. 乃
細剉山藥, 糅之以米穀少許, 炊作饔飧, 又膾生鰒, 味甚適口. 又使舟子, 伐竹爲竿,
裂衣爲旗, 立于高峰之上, 又積柴峰頭而燃之, 使往來舟楫, 知有漂人而來救也. 過
了四五日, 一舟子, 採得一大鰒, 剖其甲, 有雙珠, 明彩射目, 大如燕卵. 偕行商人
曰:

"以此給我, 則還國後當以五十金酬之."

舟子爭價, 至夕乃以百金爲約成券. 居無何一點帆影, 來自東溟之外. 舟人皆增
薪吹火, 以起烟光, 揮竹竿於峰上, 聯棸聲而大呼. 日將夕, 船漸近, 而船上人頭戴
靑巾, 上穿黑衣, 下無所着, 乃倭人也. 彼船過島而去, 落落無相救之意. 舟人叫呼
大哭, 聲動海天.

忽自彼船, 發送小船, 泊於本島. 船上人十餘丁, 登島岸, 腰帶長鈒, 氣色暴戾. 攔
入人叢中, 書問:

"爾何方人?"

張生答曰: "朝鮮人, 漂流到此. 乞垂慈悲, 活我衆命. 不知相公何國人, 今向何
處?"

彼答曰: "俺南海佛, 將向西域. 爾以寶物禳我, 或有可生. 否則死."[1]

張生答曰: "本島素不產寶. 且逢漂流, 萬死一生, 船上物件, 皆己投海, 身外安有
隻物?"

彼人輩相與喧噪, 而語音侏離不可曉. 良久彼人揮鈒咆哮, 赤脫張生衣服, 倒懸
于樹上. 又取諸人, 脫衣縛倒, 遍探其囊中, 獲雙珠及生鰒. 只留糧米衣服, 相與咻
噪, 乘小艇而去. 於是諸人自相脫縛, 如得再生. 諸人欲去峰上旗竿及烟火.

張生曰: "往來舟楫, 未必盡是水賊. 南國之人, 無不倭奴之殘忍, 必有拯活者. 何
可因噎廢食?"

舟子曰: "彼南海雲烟間, 蒼茫而見者, 必是琉球國也. 其遠似不過七八百里, 若
得北風之送帆, 三殤而可往. 豈可坐此餓死?"

衆皆曰: "甚好."

---

1 死 원래 빠져 있는데 『청구야담』을본에 의거하여 보충한 것임.

乃登山斫木, 以備櫓棹修戰船板. 未及三日, 忽見西南遠海, 有三隻大船, 直向東北過去. 乃揮旗起烟, 叫呼不絕, 號哭乞憐, 合手叩頭. 彼船中五人, 乘小艇來泊, 皆以絳[2]色畫布裹其頭, 身着翠錦狹袖. 有一人, 鬖髮不剪, 頭載圓巾, 以書問曰:

"爾是何國人?"

對以朝鮮人, 漂海到此. 乞蒙慈悲, 得返故國. 着巾者, 復問曰:

"爾國有中土人流落者, 可數以對否?"

張生疑是大明遺民, 書答曰:

"皇朝遺民, 果多逃入我國者. 我國莫不厚遇, 錄用其子孫, 不可殫記. 未知相公在何國?"

答曰:[3] "俺大明人, 遷居安南國久矣. 今因販豆, 將往日本. 爾欲還本國, 須隨俺, 抵日本."

張生涕泣而書曰:

"吾屬亦是皇明赤子也. 壬辰倭寇, 陷我朝鮮, 魚肉我, 塗炭我, 其能拯我於水火之中, 措我於衽席之上者, 豈非皇明再造之恩乎! 噫嘻痛矣. 甲申三月崩天之變, 尙何言哉! 以我東忠臣義士之心, 孰欲戴一天而生也? 然而父母之亡, 孝子不能殉從者, 以其天命不同, 存亡有異也. 今於萬里萍水, 幸逢相公, 非徒四海之兄弟, 同是一家之臣子."

着巾者讀之, 悲咽之意, 溢於色辭, 援筆點之, 且讀且點. 讀畢, 卽款款然携張生之手, 並引諸人, 共登小艇, 泛彼中流, 轉上大船. 以香茶白燒酒饋之, 而進饘粥, 分置張生等二十九人於二房. 張生問巾者姓名, 乃林遵也. 問遵曰:

"船上有不辮髮着冠者, 有削髮裹頭者, 何不同也?"

遵曰: "明人逃入安(南)國者甚多, 不辮髮二十一人, 皆明人也."

問所泊小島名, 乃琉球國地方虎山島也.

張生周覽船制則, 船如巨屋, 房室無數, 聯軒交權, 疊戶重闌, 器玩什物, 屛幛書畫, 俱極精妙. 林遵, 引張生入船腹, 由層梯而降, 則船廣百餘步, 其長倍焉. 一邊多蔥畦蔬圃, 鷄鴨自近人不驚飛. 一邊多積柴薪, 或雜器用之屬. 又有一物, 其大如十

---

2 絳 원래 '江'으로 되어 있는데『청구야담』을본에 의거하여 바꾼 것임.

3 曰 원래 빠져 있는데『청구야담』을본에 의거하여 보충한 것임.

石缸, 而上圓下方, 旁通一孔, 以朱漆木釘之大如指者, 塞其孔. 拔其釘則水出如湧.

林遵曰: "此水器也. 盈器之水, 用之不竭, 添之不溢云"

又由層梯而下, 則米穀錦繡百貨藏焉. 而限其一邊, 區而別之, 多作羊狎羔圈狗彘之屬, 或友或群. 又由層梯而下, 則乃船之底也. 盖船制共爲四層, 人在上層, 房屋相連, 其下三層, 間架井井, 百物幷畜, 百用俱通. 船底藏二小艇, 其一卽俄者所乘者也. 船底儲水, 容泛小艇, 而又有板門, 通于海, 半沒水中, 半露波上, 惟意開閉, 小艇由是出入. 板門開閉之時, 海水通入于船底, 而旋自水桶中瀉出船外, 如懸瀑焉. 盖水桶長二丈餘, 圓經一拱餘, 而上巨下細如囉叭, 而中通外直, 下有雙環, 抱其雙環, 左旋右斡, 吟作短歌之音, 則船底之水, 自水桶中瀉出. 極其奇巧, 彼人不許詳看. 由梯而上, 躡二層, 則已在船之上層. 一上一下, 其路不同焉. 翌日西南風大作, 波濤如山. 彼人輩, 無難色, 高張白布帆, 船往如飛, 達夜而行. 安南人方有立, 問張生曰:

"爾國人, 有流落于香傍島者, 知否?"

張生曰: "未知."

有立曰:

"昔余漂入此島, 島在青藜國. 島中有朝鮮村, 村中有金太坤者, 自言渠四世祖朝鮮人, 作俘于清, 流入南京, 隨明人避世于此, 築室娶婦, 子孫繁衍. 且居人稱道太坤之祖, 精通醫技, 能得人情, 家計豊殖, 而築臺高岡, 遙望故國而悲泣. 故後人名之曰'望鄕臺'."

林遵問我國俗·人物·衣冠·山川·地方. 張生答曰:

"我國襲箕子遺化, 崇尙儒敎, 觝排異學, 國以禮樂刑政爲治, 人以孝悌忠信爲行. 於是乎四百年培養之餘, 人材蔚興, 文章道德之士, 史不勝書. 衣冠則損益殷周之舊制, 集成皇明之文章. 山有萬二千峯之金剛, 水有三浦五江之襟帶, 地方不知幾千里. 可得聞貴國之風土衣冠文物乎?"

彼人輪看之, 喧噪不已, 竟無所答. 自此彼人筆談, 不曰"爾國", 必稱"貴國", 不曰"爾們", 必稱"相公"矣. 翌日, 見大山在東北, 乃漢拏山也. 見若不遠, 諸人喜極, 放聲號哭曰:

"哀我父母妻子, 陟彼岵矣."

林遵書問其故. 張生答曰:

"吾屬皆耽羅人也. 家山在近, 故如是矣."

卽見林遵與彼人酬酢, 而相與喧噪, 有爭鬨之狀. 明人環立一邊, 安南人環立一邊, 高聲肆惡, 怒目咆喝, 向林遵輩, 若將鬪鬨. 林遵輩則有緩煩和解之色. 如是相持, 日已過午.

林遵曰: "昔耽羅王, 殺安南太子, 故安南人, 知相公爲耽羅人, 皆欲手刃, 俺等萬方勉諭, 僅回其意. 而猶以爲不可與讐人, 同舟以濟. 相公當自此分路矣."

蓋世傳濟州牧使, 殺琉球太子云者, 乃安南耳.

林遵急發我人船, 分載張生等二十九人, 泣送潮頭, 分路去了, 殆若日暮迷路, 嬰兒失母, 莫知所向也.

午後風急, 船行如飛, 漂向黑山大洋. 而已陰雲凝合, 急雨大作. 黄昏到鷺魚島之西北, 乃當初遇風漂流處也. 夜深, 洪濤春天, 颶風簸海. 舟人哭曰:

"此地海路最險. 亂嶼危巖, 尖出波上, 波濤極猛, 雖無風之日, 舟或破沒. 今狂風捲海, 怒濤接天, 此乃必亡之地也."

諸人皆以揮項包其頭, 巨繩纏其腰. 且纏且哭, 蓋欲死後不使身面觸傷也. 張生亦驚魂飛越, 欲哭而聲不出. 仍大呼嘔血, 昏倒不省. 卽見濟州前日漂死人金振龍·金萬石在前, 其他奇形怪鬼千百其態, 皆接于眼, 又有一美娥, 縞服進食. 乃勵精開眼則皆夢也. 二舟子匍匐舷頭, 將欲救鴟, 爲風所飄, 落水而死. 俄而船板破坼之聲動海, 諸人失聲哀呼曰:

"船已破矣."

相與呼兄呼叔, 蓋同舟諸人, 多兄弟叔姪故. 金生抱張生而哭曰:

"海天孤魂, 捨君誰依?"

遂引繩, 與張生合纏兩身. 久待而船不破. 擧頭視之, 有大山斗立于前, 俄而舟已近山, 進退出沒, 而見怒濤擊岸, 銀屋翻空. 夜黑霧合, 不見咫尺, 依俙見諸人爭先跳下. 蓋自恃潛泅之術, 而張生則全昧此法, 卽倉黃跳下. 自腰以下, 羂掛於石嶼之頭, 手足亂攪, 匍匐而行五十餘步, 則已出岸際. 依岸而坐, 神魂未定, 四顧無人. 只見諸人從波間潛泳出來, 僵仆岸邊. 良久各起團坐, 望海而哭曰:

"吾輩之生, 皆賴潛泅. 可憐張生付之無可奈何之境. 何面目歸見濟州乎!"

蓋知張生已死而然矣. 張生大呼曰:

"吾乃在此."

衆人抱張生而哭曰:

"吾等潛泳四五里, 出入萬死獲一生, 相公渺然弱質, 且昧此術, 安得先我登岸乎?"

張生備述所經, 衆皆嗟異. 初登船者二十四人, 到今登岸者纔十人, 可知落水死者, 爲十四人也. 時夜黑風獰, 飢寒轉甚, 乃尋覓人村, 捫壁綠崖, 魚貫而登. 張生跌足, 倒墜於千仞深塹. 昏絶移時, 收拾精神, 步步登岸, 舟人已去遠矣. 忽有野火一把, 明滅熒煌若來. 遂隨行十餘里, 火光赤而靑, 倏然而滅. 四顧荒野, 闃無人跡. 始知爲鬼火所引也. 進退不得, 依邱而坐, 忽聞犬吠聲, 隨聲而行, 至一巷口, 果然一篙師, 率島中人, 燃炬而出. 逢張生大喜, 仍與偕歸村家, 燎衣進粥. 到此者只八人. 乃知落崖死者又二人.

於是衆皆昏到, 翌朝始有省識, 詰于島人, 則本島隸新智島鎭, 北距本國, 爲百餘里, 西南距濟州, 爲七百里, 島之幅員, 爲三十里. 島人供其朝夕, 養病三數日. 祭了同舟渰死者十六人, 轉到叢祠, 祈了善還.

有老嫗, 邀張生, 坐廡下使素服美娥進食. 怳然若風波中昏倒時進食之娥也. 張生甚嗟異, 問于居停主人, 則是趙氏女, 而老嫗卽其母. 今年二十, 寡居已有年云. 張生告以夢中之異, 主人曰:

"吾有一婢, 名曰梅月, 而年前見賣於趙家. 若使此婢居間, 則事可諧矣."

又數日, 主人偕梅月來, 謂曰:

"俄聞梅月所傳, 趙女聞夢中之事, 若有情感. 而別無峻拒, 是許之也. 況其母今夜修齋山寺, 客之偸香, 政在今宵矣."

遂敎梅月, 以如此如此. 是夜張生至其家, 見窓下有一樹梅花, 山月已斜, 花影婆娑. 佇立花下, 夜色將深, 群動已息, 唯有短猍吠客. 梅月聞犬吠聲, 呀然啓門而出, 引張生入室. 潤月在窓, 室櫳晃然, 而見趙女擁衾在床. 驚起而坐, 嚴辭峻拒, 若將不容. 及聞慇懃說話, 秋波乍轉, 話頭暫低, 或含羞露態, 或佯怒强罵曰:

"梅月賣我. 可殺哉!"

及其同衾昵枕, 神魂蕩漾, 而怒罵之聲已絶, 繾綣之情難掩. 雲雨已畢, 女攬衣而起, 手整雲鬟, 笑看張生而語曰:

"可憐梅月在外凍甚. 何不招入耶?"

張生呼梅月入室, 而笑謂女曰:

"初何責其可殺, 後何憐其凍甚?"

女嬌羞不答. 已而水村鷄鳴, 東天向曙, 握手相別, 哽咽不能語矣. 翌日舟子告順風可以利涉, 張生乃登舟趲程, 二日到康津. 轉入都下, 戰藝南省, 飮墨後還鄕.

以昨年仲冬乘船, 於翌年五月始還, 漂流得還者七人, 四人已化, 一人病臥云.

伊後幾年, 張生登科, 至高城郡守云.

• 『靑邱野談』海外蒐佚本 甲本 권6

第3部

●

世態 I ‥ 身分 動向

김홍도 「자리 짜기[編席]」(국립중앙박물관 소장)

金令 김령
蔡生奇遇

英廟末蔡生者, 家勢貧寠, 僦居于崇禮門外萬里峴. 蝸舍頹圮, 簞瓢屢空, 而生之父愷悌謹拙, 恬靜自守, 不以飢寒而易其操. 惟嚴訓其子, 欲紹家緒, 見一不是處, 未嘗溺愛包容, 必裸入繩網之中, 高懸梁上, 以亂椎椎之, 曰:

"吾家門戶剝復, 亶係汝一身. 未有酷罰, 何望悛過?"

生, 時年十八, 委禽於禹水峴睦學究家. 雖結襯[1]之日, 亦令課讀. 親迎之後, 衽席之事, 皆有指日所許.

一日, 招生曰:

"冷節只餘四箇日. 墓祭固宜躬行, 而但汝成冠之後, 猶曠省墓, 於情於理, 俱是未安. 可於明曉, 趲程三日, 而走百有幾里, 則當赴期到塋下. 將事之際, 須用一箇誠字, 拜跪出入, 無或少忽. 行路如見女伴及喪輀, 必避回不見, 以務心齋."

生僕僕領命. 翌日, 拂曙而行. 父又出門, 囑之曰:

"長程決勿浪度, 默誦一經. 逆旅必須節食, 用免二豎. 勉哉勖哉."

生滿口應承, 經于南門, 轉過十字街, 葛衣麻鞋, 行色零星. 忽有五六皂隸, 豪悍胖健, 携一驥駿骨, 金勒繡韉, 拜于路傍. 生羞赧不敢當, 疾足便走. 皂隸團團圍丸曰:

"小的家令公, 奉邀郞君. 願速上馬."

生訝惑囁嚅曰:

"君是誰家臧獲? 我也四顧無顯親, 誰有送馬? 速去也."

皂隸更不打話, 齊力推擁, 勒使據鞍. 施策打箠, 迅如飛龍. 生目瞠口呿, 不能定情, 哀呼悲呼, 曰:

"我庭闈俱耄, 兄弟終鮮. 望君特垂慈悲, 救活縷喘."

皂隸佯若不聽, 惟事驅騁. 俄頃馳入一門, 轉過無限小門, 中有廣廈渠渠, 制度宏敞, 楣桷雕繢. 衆僕翼生而升堂. 堂上有老翁, 頭戴烏紗折風巾, 以明珠片纓承之,

1 襯 원래 '親'으로 나와 있는데 『청구야담』에 의거하여 바꾼 것임.

兩鬟貼了一雙金圈, 身穿大花靑錦氅衣, 腰橫紅條兒帶, 高坐沈香椅上. 五六丫鬟炫粧麗服序列. 生忙拜膝席. 主翁扶起寒暄, 踵問生姓名·閥閱·年紀, 生一一便對. 主翁喜動眉睫曰:

"然則吾女果不薄命."

生終始愚駭, 究解他不得, 動問他不得, 惟滿面通紅, 拱手侍坐而已.[2] 主翁曰:

"吾家世以象胥資業, 位忝金緋, 家饒銀貨. 詎不自足! 而但身外博有一女, 受人儷皮, 未趁委禮, 而夫婿遽夭, 靑春空閨, 情事極憐, 而禮守有防, 瞻聆有碍, 未便他適, 奄至三稔. 女忽於前宵, 悲號哀鳴, 聲聲呑恨, 寸寸斷腸, 雖行路之人, 亦當爲之傷感. 矧余一點骨肉, 都寄此女. 一日忍見, 輒惹一日之愁, 百年忍見, 便無百年之樂. 缺陷世界, 迅如流駛, 雖絲肉以醒耳, 錦繡以侈眼, 膏腴以悅口, 猶恨取樂無多. 余又何故, 獨以淸淚爲日用, 哀怨爲家計也哉? 事到窮迫, 計出無奈, 乃使僮僕, 晨候天街, 毋論賢愚貴賤, 必以初逢一少年丈夫, 極力邀致, 以占佳綠. 不意郎君與微息, 宿繫赤繩, 湊合甚巧, 萬望憐其宴婺, 使奉巾櫛."

生益覺瞠然, 不敢有應. 主翁曰:

"春宵苦短, 鷄人已唱, 願君追此未明, 以成花燭."

因攝生而起. 携入行閣, 轉到一座, 花園廣周數百步, 四圍以粉墙約之. 墙之內滿鑿池塘, 小艇艤其涘, 劣容兩三人. 乃同乘而濟, 菡萏挺立, 尺尋莫辨. 溯入異香中者差久, 塢巇斗立, 以文石築起, 中設階梯以達其上. 生下舟登塔. 塔盡而有十二闌干, 茵席炳爛, 簾箔瑩透. 主翁留生而入. 生停立偸視, 則奇艸異石, 名花彩禽, 如入海觀市, 悅惚不可名狀. 居無何, 二靑衣邀生而導之. 生踵至一座紅院, 只見碧紗窓裡, 銀燭耿煌, 香煙裊裊. 二八娘子, 月態花容, 靚粧炫服, 翹立戶內. 隱映顯晦, 只窺一斑. 生趍趍而進, 娘子蓮步乍動, 宛轉出來, 肅生而入. 拜了一拜, 生沒頭答拜, 偶坐氍毹. 侍婢進饌, 珍味方丈, 寶器綜錯. 生羞板不敢下著. 主人曰:

"稚女富貴, 吾所固有也. 但仰恃於君者, 若恩情無間, 讒嫉不行, 則可得百年梟藻, 惟君圖之."

生亦不能答. 主人轉身而出. 一嫗, 鋪列兩箇錦裯於七寶床上, 請生入帷, 生電勉而入. 嫗又扶娘子, 與生幷坐, 仍下流蘇, 鎭以文犀. 生掣肘矛盾, 猶未定情. 史以阮

郎天台而自解之, 柳毅洞庭而自况之, 乃噓燭交枕, 情思繾綣.

日高三竿, 始乃覺寢, 則衣衫袍帶, 無一存焉. 不勝驚訝, 詰于娘. 娘曰:

"欲依樣製衣, 敢爲竊去."

言訖, 媼以一紋箱入曰:

"新衣已完, 望郎君進着."

生見綺紈燦燦, 穩稱身子, 大喜穿下. 旋啜早饍, 主人爾候起居. 生囁嚅曰:

"大爺不鄙寒蹤, 恩摯鄭重, 非不欲久叨甥舘, 用表微忱, 而但墓祭在卽, 前途脩遠, 若一刻延拖, 則無以及期. 敢此告別, 仰乞心諒."

主人曰: "先壟距此幾里?"

曰: "百里有羨."

主人曰: "若間關困步, 則可費三日, 若一馳駿驪, 則不過半日之程. 願姑留兩日, 無孤此望."

生曰: "春庭訓戒甚嚴, 余若淹滯于此, 末乃乘肥衣輕, 揚揚馳驟, 則易致事覺. 願大爺三思."

主人曰: "吾籌之已熟矣. 可有妥帖, 愼勿深慮."

生實不忍捨, 及聆斯言也, 自以爲幸.

主人携生, 而到山亭·水榭·松臺·竹田, 悅眼暢懷, 介介幽勝.

主人曰: "余姓金, 做官知樞. 世人相與誇張以吾産業, 爲甲于國內. 故微名頗播遠近, 君或聞之否?"

生曰: "街卒田夫, 皆知貴名, 況余飽聞, 如雷灌耳乎?"

主人曰: "緣吾無嗣, 欲窮極園林勝事, 以陶寫餘景. 院落·樓榭, 實是僭分. 愼勿說與世人, 以獲大戾."

生曰:[3] "唯唯."

越二日, 生晨興登程.[4] 輪蹄俱備, 僕御羣擁. 日未戾, 已到楸下. 五里之地, 乃換着舊衣, 裹足而入. 翌朝行祭而復路. 未到數十武, 車馬已候路傍. 生改穿錦衣, 馳回金家. 因欲還家.

---

3 曰 원래 빠져 있는데 문맥으로 보아 보충한 것임.

4 晨興登程 원래 '啓程'으로 나와 있는데『청구야담』에 의거하여 바꾼 것임.

金曰: "貴爺, 料君有步而不能料君有騎. 百里長程, 一日而還, 則漏罅已出, 補綴不得. 莫若[5]更過信宿而歸觀."

生又穩度香閨, 新情款洽. 如期而別, 涕泗被面. 娘子進問後會. 生曰:

"親敎嚴重, 遊必有方. 倘春秋墓祭, 更使余替行, 則謹當一做今日之規. 不爾, 經歲經年, 娘子便是一般寡也."

言與淚幷, 鳳別鸞離.

生, 年妙心癡. 自來大願, 卽火鐵小囊, 而家貧未得. 及見金家所供, 繡刺華麗, 製度精緻, 乃愛護珍奇, 不忍便捨. 娘子曰:

"此囊, 蘊晦大囊之中, 人難測見. 換着舊衣, 獨携此物, 有甚違戾."

生如言納諸布囊. 歸家復命, 父亟問先塋安否, 且問修齋誠慢. 生對之甚悉, 卽令讀書. 生口雖咿唔, 心未嘗不到金家也. 一日, 父敎生宿于內閨. 生夜入婦室, 破窓漏簷, 寒風透骨, 蒲禚扉炙, 蚤蝎甚熾. 妻荊釵短裙, 垢容瘦尖, 起身而迎生. 苦無適意, 不交一語, 惟念念只在於金家蘭閨, 曩日行樂. 前遊如夢, 後會難期, 因默誦元微之 "曾經滄海難爲水, 除却巫山不是雲" 之句, 自覺暗符身勢. 短吁長歎, 轉輾不寐. 及到曉鍾, 始得交睫, 到日晏未覺. 妻黎明先起, 自想道尊章平日琴瑟甚調, 情眷恒篤, 忽自揪駕後, 一此冷落, 必有留情別人, 間我舊好也. 因歷看生之容色衣彩, 無所顯露. 因偶見生之所佩布囊, 昔曾空空, 今忽盈盈, 疑雲漸遮. 乃偸驗裡面, 則果有一箇小錦囊, 中實火金火石, 兼有棋子樣銀貨. 妻大怒, 列置床上, 要待生之睡覺自楸. 居無何, 父厲責而入曰:

"豚犬, 尙在睡裡? 何暇讀了一字?"

因開戶叱之. 生驚起攝衣. 父轉目之際, 已撞見床上小囊, 不勝駭痛, 裸生而納諸繩罟之中, 掛于樑上, 用力打下. 生不堪苦楚, 一一吐實. 父一層激怒, 三百曲踊, 折簡, 隣家借了一力, 使招金令. 令自是豪華, 雖宰執學士, 不能坐而輒邀, 況一學究遣一星而任自招來耶! 徒以婚女歸屬, 甘受凌逼, 刻下馳謁. 父厲聲大責曰:

"君一壞禮常, 聽女淫奔, 旣不自好, 又誤吾兒, 何也?"

金曰: "擇婿之車, 巧丁阿戎. 彼此不幸, 已不可旣. 今則水流雲空, 兩家安逸, 不

---

5 莫若 『청구야담』 갑본에는 '料郡'으로 나와 있는데, 『청구야담』 을본과 『기리총화』에 의거하여 바꾼 것임.

相干涉則已矣. 何用摘人黌累, 高聲彰顯乎?"

父無以應答. 金卽辭去曰:

"胤玆以裔, 魚湖相忘, 愼勿相迫."

因飄然而去.

過了一歲, 金冒雨而來造. 蔡老曰:

"疇昔牢約, 今胡經庭?"

金曰:"適出郊坰, 忽値霧霈, 此間無他親知, 敢入貴第. 少避暴雨, 萬望見諒."

蔡老怡然曰:"吾久雨獨坐, 無以陶寫, 逢君可以閑話矣."

金執禮甚恭, 談屑娓娓, 正如牛毛蠶絲, 甚有綜理, 而并不及葭莩之事. 蔡父生平追遊, 不越乎村學秀才, 終日接語, 惟相較貧窶, 如印一板. 及見金辯博軒偉, 重以諧笑獻媚, 乃大悅心醉. 金默會其意, 卽叫僕從曰:

"余走得肚裡飢. 須將囊裡食物來."

僕從進佳肴珍饌. 金滿酌大白, 跪進于蔡老. 蔡老胃開口涎, 正欲轟飮, 而陽斥之. 金曰:

"酒杯相屬, 素昧猶然. 況吾曺托契已久, 顏面且厚, 豈忍並坐而獨酌?"

蔡老[6]語沮一飮, 飮輒盡卮. 靑州從事, 滌盡胸膈之魄磊, 梗腸蔬神, 却被珍肉之蹴破, 醉眼如潮, 襟期散朗. 金盡歡而歸. 蔡老曰:

"君好是一介酒伴, 必頻賜枉顧."

金曰:"今日天雨一借, 幸得對觴, 而余公務私故, 盡日紛叢, 安得抽身更到也."

蔡老送至門首, 乘醉入室, 團聚家小, 盛言金令好處, 旋又昏寢. 平明乃覺, 頗悔昨日爲其所賺, 而不可及矣. 金密使家人, 訶探生家動息, 一日家人回告曰:

"蔡家五日不爨, 內外僵臥, 景色慘沮."

金乃移書于生, 送饋數千孔方兄. 生闔家欣踊, 亟備饘飱, 而不令翁知道, 權托稱貸. 進饌于翁, 翁急於充飢, 未暇窮詰. 一日二日, 再食無虞, 蔡老始恠問之. 生備悉其由. 蔡老大怒曰:

"寧顚到溝壑, 豈忍坐受無名之物也? 事屬旣徃, 實難吐嘔, 且無路可償, 此後則愼勿破戒."

---

6 蔡老 원래 '父'로 나와 있는데『청구야담』에 의거하여 바꾼 것임.

生唯唯. 於焉之頃, 青蚨已乏, 飢餒依舊, 而蔡老性本疎拙, 不謀產業. 生與母, 撐東補西, 掇下充上, 拖至周歲, 而勢同弩末, 債如山積, 死亡迫在呼吸. 金又探得這箇樣子, 復以十斛長腰, 百金鵝眼, 爲生壽之. 生豈忍見父母垂死, 心灼肺燃. 餠罄甕恥, 雖擔糞賃傭, 何事可辭, 而況人以好意送助乎? 乃欣然迎受, 以侈親厨. 父方病昏涔涔, 惟貪食飲. 生連供髓膩, 數日乃痊, 繼以甘旨調養之.

蔡老曰: "此物從誰辦乎?"

生又告其狀. 父微笑曰: "金令安得時時周急也? 此後則決勿有受. 受當笞之."

生又領命. 父高臥飲食, 不愁桂玉者且五六箇月. 及夫所儲又罄, 愁惱十倍於前, 荏苒苦楚者, 又許多日月. 蔡老當其喪餘, 蘋藻俱空, 情事催抑. 偶坐室隅, 百計熏心. 忽見一僕齎緡錢二百, 來獻于生, 乃金家所餉也. 生準擬父教, 欲辭之. 父曰:

"他以急人之風, 助我祀需, 於情於義, 不可全却. 半完半受, 允合得中."

生如戒. 翌日金盛備食卓來饋生. 生又欲却之. 蔡老曰:

"既熟這物, 不可狼狽回送. 今可染指, 自後則一切防塞."

因相與大嚼, 香味雜錯, 一家咸餀, 口碑如雷. 金慇懃勸蔡老, 蔡老一直不辭, 直到泥醉, 許結刎頸, 且詔生曰:

"汝與金家閨秀, 本自楚越之遙, 忽成秦晉之好. 豈無天緣存耶? 汝不可終爲疎棄, 斷人平生, 今宵甚吉, 可一宿而還. 毋至留連."

生大喜諾諾. 金再拜鳴謝, 亟以班驄, 送生于家. 自己則或慮蔡老之有二三其心, 故爲遷延, 日曛乃去. 生翌朝返面, 蔡老渾不記昨日話頭, 乃怳問曰:

"汝緣何早整冠帶?"

生以實對, 父悔懊愧赧, 不能罪責. 從此一任於生, 聽其所爲, 不露些圭稜, 而衣食祭祀, 皆賴于金. 金又日日載酒來造, 討論衷曲, 蔡老早傷於貧, 頭鬢爲白, 及夫坐衣遊食, 又日與暢飲, 頗覺自適, 追念前日苦海, 體膚起粟. 一日金從容進言曰:

"公子之徃來余家, 漸礙人眼, 願從此告絶."

蔡老驚曰: "然則吾當密迎吾婦于家裡, 藏跡滅踪."

金曰: "公子年少布衣, 上有庭闈, 下有正室, 決不可畜媵于家."

蔡老曰: "第思妙策, 以詔愚迷."

金曰: "我欲別築一室于貴第之傍, 以便晨夕徃來, 未審高見如何?"

蔡老曰: "然則室宇無用高, 婢僕無用多, 庾廩無用富, 以守吾家寒素."

金曰:"諾."

乃歸家鳩材, 暢建瓦舍. 便成一區甲第, 甚非蔡老志也. 蔡老無由奈何, 時或咄舌, 繼以讓金. 金曰:

"第宅所以長子孫也. 窃觀足下抱玉懷珠, 而未需於世. 令子賢婦當食其報, 豈無高大門閭耶?"

蔡老大喜而止. 宅成而落之, 金暮夜送女于生家. 禮謁舅姑女君, 因住新舍. 三日小宴, 五日大宴, 以娛舅姑, 內外僮僕, 盡得歡心. 生告其母曰:

"阿父阿母, 平生吃苦, 俱迫桑楡, 而迷息年淺學蔑, 難期奉檄, 顧今一分志養之道, 只在移處新舍, 穩享富貴. 願得採納."

母曰:"我若移居, 則金家當謂我何?"

生曰:"此金令及側室之意, 而我不過傳命之郵耳."

母頗有肯意, 備告于蔡老. 蔡老曰:

"卿卿志氣衰邁, 至有贅說."

其妻怒曰:"我自從尊章, 劒水刀山, 未嘗一日釋慮. 今幸得衣食之天, 安居肆志, 次婦之恩, 固大矣. 今又虔誠邀我, 以養餘年, 有何虧傷, 而不爲勉從也."

蔡老曰:"卿卿自去. 我則當守窮廬."

其母乃卜日搬撤. 其父時時徃見, 則數十傔僕, 迎拜門首, 左擁右攝, 直入別堂. 堂卽爲其父敞搆, 以便或來住者也. 入堂則圖書滿架, 花卉委砌, 使令滿前, 應對如流. 入對老妻, 而亦如之. 移晷坐卧, 不忍捨去. 末乃勉强還家, 則破屋數間, 依舊蕭散. 忽自念曰: '餘生無幾. 不過一彈指頃. 何庸自苦如此?' 亟招生曰:

"吾獨寓空舍, 傳食於汝, 還成一獘. 且室家分張, 晚景尤難. 欲同處新舍, 以便團欒, 於意云何?"

生大喜贊成. 其父乃卽日移占, 庭無間言. 金以負郭千畝, 立劵與生. 生旣無家累, 惟事擧子業, 未幾登第, 功名耀世, 卒至入座. 當宁初, 以耆社之臣, 蒙恩渥.

余曰:"金象胥可謂善於處事矣."

•『綺里叢話』中

金令김령 **197**

劍女 검녀

丹翁曰: 聞之湖南人, 曰蘇凝天進士, 有聲於三南, 擧以奇士目之.

一日, 有一女子拜見而曰:

"竊聞盛名久矣. 欲以薄軀, 得侍巾櫛, 儻蒙俯許否?"

凝天曰: "汝不改處子之儀, 然而自薦于丈夫, 則非處子之事也. 豈亦人隷乎? 倡家之女乎? 亦旣事人, 而姑未改未笄之狀乎?"

對曰: "人隷也. 而主家已無噍類, 無所於歸. 抑有一段情願, 不欲仰望凡子而終身. 故男服而行世, 不自輕汚, 竊擇天下之奇士, 而自薦于座下矣."

凝天納之爲妾, 與居數年. 其妾忽具猛酒嘉膳, 乘閒夜月明, 而自敍其平生曰

身是某氏之婢也. 而適與主家娘子同歲而生, 故主家特與娘子而爲使, 使爲將來嫁時轎前婢. 年僅九歲, 而主家爲勢家所滅, 田園盡爲所奪, 而只餘娘子與乳姆. 逃匿他鄕, 隷而從者, 唯此一身耳. 娘子纔踰十歲, 而與賤身謀爲男裝, 而遠遊求劍師. 經二年始得之, 學舞劍, 五年始能空飛往來, 鬻技於名都會. 得累千金, 以買四寶劍, 乃之讎家, 爲將鬻技者, 而乘月舞之, 飛劍所割, 頃刻數十頭, 而讎家內外, 皆已赫然血斃矣. 遂飛舞回來, 而娘子沐浴改爲女服, 設酒饌以復讎, 告于先墓, 而囑賤身曰:

"吾非吾親之男子, 雖生存於世, 終非嗣續之重, 而男裝八歲, 方行千里, 縱不汚身於人, 寧爲處子之道乎? 欲嫁必無所售, 使得售, 何得稱意之丈夫哉? 且吾家單子, 絶無强近之親. 誰爲吾主婚者耶. 吾卽自刎而伏於此. 汝其賣我兩寶劍, 而葬于此. 使得以微骸, 歸于父母之兆, 吾無恨矣. 汝則人役也, 處身之道, 與我不同, 不可從我而死也. 葬我之後, 必廣遊國中, 而審擇奇士, 爲之妻妾也. 汝亦有奇志傑氣, 豈其甘心低眉於凡子者乎. 娘子卽伏劍, 賤身賣兩劍, 得五百餘金, 卽葬娘子. 而以所餘, 買土田, 使可繼香火. 不改男裝而浮遊三年, 所聞名高之士, 莫如座下故, 自獻其身, 得侍下塵. 而竊覗座下所能, 乃文章小技, 及星曆·律算·祿命·卜筮·符籙·圖讖等小術, 而若處心持身之大方, 經世範後之大道, 則邈乎其未之及也. 其得奇

士之名, 無已太過乎? 夫得過實之名者, 雖在平世, 亦難自免, 況於亂世哉! 座下愼之, 其得全終, 必不易矣. 願自今無居深山, 而隤然闒然處全州大都會, 敎授吏胥子弟, 以足衣食而已, 無他希覬, 則可免世禍矣. 賤身旣知座下之非奇士, 而要終身仰望, 則是負宿心, 而兼負娘子之命也. 故明曉辨決, 而將遊於絶海空山矣. 男裝尙在, 飄然更着而遊, 寧復爲女子, 低眉斂手於飮食縫紝之事乎? 顧三年昵侍之餘, 不可無留別之禮, 且平生絶藝, 不可終閟而不一見於座下. 座下其强飮此酒, 壯其膽魄, 得以詳看之."

凝天大驚, 而赧然嘿然, 不能開一語, 只受所擎之杯. 旣滿平時之量, 止之. 其女曰:

"劒風甚冽, 而座下精神不强, 將倚酒力而支持, 非沿醉不可."

更勸十餘杯, 亦自飮斗酒. 旣酣暢而發其裝, 靑氈巾·紅錦衣·黃繡帶·白綾袴·斑犀靴, 皎然蓮花劒一雙, 渾脫女襦裳, 而改服單束, 再拜而起, 翮然若輕燕, 而瞥然騰劒, 竦身挾之. 始也四撤, 花零氷碎, 中焉團結, 雪滾電鑠, 末乃翶翔鵠與鶴翥, 旣不可見人, 而亦無由見劒. 祇見一段白光, 撞東觸西, 閃南掣北, 而颯颯生風, 寒色凍天, 俄叫一聲, 舂然割庭柯, 而劒擲人立, 餘光剩氣, 冷遍於人. 凝天初猶堅坐, 已而顚縮, 終則頹仆, 殆不省事矣. 其女收劒更衣, 煖酒爲懽, 凝天乃得蘇. 明曉, 其女男裝而果辭去, 漠然不知其所向云.

嗟呼! 女子之爲人隷, 而尙能自珍其身, 不忍輕委於凡夫. 況於鴻儒奇士, 而不擇所從! 如孔鮒之於陳陟·鮑永之於劉玄, 獨何意哉?

· 『雲橋別集』 권5 「漫錄」 6

道學先生 도학 선생

南之野, 有一夫婦勤業. 其始也, 短褐不給, 常資於人, 已致僮千人, 田帶郭千頃, 財累巨萬. 然非其夫之能, 實婦才也. 旣而婦語其夫曰:

"方今人惟富貴之趨. 吾已富矣, 惟靑紫不縮於身, 人知附而不知尊. 子無意西遊京師問乎?"

夫曰: "噫! 吾自幼失學, 無自致之路, 奈何?"

婦曰: "無憂也."

於是裝爲上京, 館於用事者宰相之門外. 敎其夫, 灑掃堂室, 置性理諸書于案, 圖書左右其壁, 令夫晨起對卷危坐. 宵則敎之以應對·揖讓·進退之節.

戒曰: "有來觀者問子, 子唯曰'不知也'. 有問學者問子, 子唯曰'不知也'. 彼雖强問, 子亦曰'不知也'."

婦自買遠方奇珍玩好, 交結相君家侍女以遊, 聲於內相君. 侍女旣得好貨, 日繩其夫婦於相君夫人, 以聞於相君. 由是相君家子弟, 往往出見夫. 見夫常對性理書, 危坐謙恭, 意其非常人也. 言之相君, 相君出見, 亦見夫常對性理書, 靜坐沈思, 果以爲非常人也. 因難問疑義, 曰: "不知也." 再問三問, 唯曰: "不知也." 相君不知, 以爲知而能讓, 且嘉之. 薦授一命服. 婦曰: "勿拜也." 不往. 再授再命服, 婦亦曰: "勿拜也." 又不往, 三命四命亦然. 相君, 於是眞以夫爲賢者也, 表薦于朝, 驟除淸顯之官. 婦謂其夫曰:

"鷦冥擬鵬, 螳螂怒轍, 實自敗也. 今子之官, 愈高而秩愈淸. 夫官愈高則聲日馳, 秩愈淸則跡日彰, 恐禍之將及也. 盍歸諸鄕里乎?"

乃夜束裝而南, 留書謝相君曰:

"某無狀, 飾虛行以欺相公, 以盜王爵, 奸莫大焉. 奸而必誅, 敢自赦乎. 是庸自放於遐荒,[1] 以自討也. 乞收成命, 毋爲久辱淸銜也."

---

1 荒 원래 '邊'으로 나와 있는데 문맥으로 보아 바꾼 것임.

亦婦裁之也. 於是相君不悟, 惟惜其去, 以爲世猶有洗耳之高風, 而不知其未始
離於庸也.

鬼客 귀객
沈家鬼怪

南門外有沈生兩班, 韓門圭竇, 易衣而出. 與李兵使石求爲姻婭, 或賴是而作饘粥矣.

昨年冬, 白日閑居, (卽當宁丙子也.) 忽聞外堂板子上有鼠行之聲. 沈生以烟竹仰擊, 盖逐鼠活法也. 自板子中有聲曰:

"我非鼠也, 人也. 爲見君跋涉至此, 勿以此相薄也."

沈生驚訝, 意謂魑魅, 而焉有白晝動見之理? 正在眩惑間, 又於板子上有聲曰:

"我遠來飢甚, 幸以一飯見饋."

沈生不應, 直入內閨, 道其狀, 家人莫有信者. 言訖, 空中有聲曰:

"君輩毋得相聚, 道我長短也."

婦人輩驚甚走出, 那鬼隨婦人連呼曰:

"不必駭走. 我將久留貴第, 便同家人, 則何用疎遐爲也?"

婦人西走東竄, 隨處頭上連叫素飯, 無如之何. 淨備一卓飯饍, 置于堂中, 有吃食飮水之聲, 頃刻便盡. 非若他鬼之歠[1]也.

主人大駭, 問之曰: "汝是何鬼, 緣何入吾家?"

鬼曰: "我是文慶寬. 周行之際, 偶入貴第, 今得一飽, 從此可往."

因別而去. 翌日鬼又來, 如昨日索飯物, 食訖便去. 從此日日來往, 或留一夜閑談, 一家內外, 習熟已久, 亦不悸怕也.

一日主人書赤符于壁上, 其他辟邪之物, 盡設於前. 鬼又來云

"我非妖邪, 豈怕方術耶? 急扯去以示不拒來者之意也."

主人無如之何, 撤去符術. 因問曰:

"爾能知來頭禍福耶?"

鬼曰: "知之甚悉"

---

1 원래 '歠' 다음에 '止' 자가 있는데 불필요한 글자로 판단되어 삭제했음.

沈生曰: "我家前程吉凶居何?"

鬼曰: "君能壽六十幾歲, 坎軻終世, 君之子亦壽幾何, 君之孫始有科榮, 而亦不能顯."

沈生聽言愕爾, 又問家中某夫人壽幾何, 生男幾何? 鬼一一盡對. 因曰:

"我有用處, 君幸以二百鵝眼俯惠."

沈生曰: "汝謂吾家貧乎富乎?"

鬼曰: "貧寒到骨矣."

沈生曰: "然則錢鈔何以辦給?"

鬼曰: "君家某樻子裏, 有俄者稱貸而貯者二緡, 則何不以此相遺?"

沈生曰: "我費了多般悲辭, 得貸此錢. 今若給汝, 我無夕炊奈何?"

鬼曰: "君家有米幾何, 優辦暮饗, 何用甕言, 補綴彌縫? 吾當取此而去, 愼勿怒嚇."

因飄然而去. 沈生開樻視之, 則封鑰如舊, 錢無有矣.

沈生悶陁轉[2]甚, 心焦胸惱, 因送婦人輩于親黨家, 自己又往親厚家投宿. 鬼又尋來, 怒曰:

"何事避我, 遠羈于此? 君雖奔竄千里, 吾何憚焉."

因向其家主人素飯. 主人不與, 鬼詬罵且甚, 碎撞器皿, 竟夜作鬧. 主人埋怨于沈生, 且索破器之直. 沈生亦不自安, 待曉還家. 鬼又往婦人寓處, 喧撓如右. 婦人亦不得已還家, 鬼來往如昔.

一日鬼曰: "從此可以濶別, 願珍重自保."

沈生曰: "爾向何處去了? 萬望速去, 使我一家安穩."

鬼曰: "吾家在嶺南聞慶縣, 大[3]擬還鄉, 而但乏路上之資, 幸以十貫楡葉賙我."

沈生曰: "我貧不能自食, 爾所飽知也. 多數孔方, 從何處得來?"

鬼曰: "若以此意, 往乞于節度使家, (指沈生姻婭李石求) 易如反手, 何不辦此, 而欲阻我也?"

沈生曰: "我家一粥一褐, 皆賴節度使周急, 恩同骨肉, 而未效涓報, 恒自覥然, 心

---

2 陁轉 『청구야담』에 의거하여 보충한 것임.

3 大 의미가 통하지 않는데 '久'의 오기로 생각되기도 함.

甚不安, 今又何面皮, 更求千錢也?"

鬼曰: "旣患我作鬧君家, 君若告以衷情, 謂以辦此則魔去云, 則其在救患之道, 如何不肯?"

沈生意沮語塞, 不可瞞過, 卽造李節度, 備告其由. 節度慨然然諾. 沈生腰錢還家, 深藏櫃子裡, 因閑坐. 未久鬼又來, 喜笑曰:

"多謝厚摯. 得惠資斧, 從此長程[4]行事, 可以無憂."

沈生紿曰: "我從誰得錢, 辦汝盤纏?"

鬼笑曰: "曾謂先生老實, 今何戲謔?"

而已鬼又曰: "我已取君鈔于櫃中, 而留置二錢五分, 用伸微誠. 君可賖酒一醉也."

因辭去. 沈家老少, 蹈舞相慶. 度了彌旬, 又於空中, 有鬼寒喧. 沈生大怒曰:

"吾向人苦乞, 辦了十貫以送汝, 則汝當知感. 而今又背約辜恩, 來作煩惱. 我當訴于關廟, 俾汝神誅."

鬼曰: "我非文慶寬, 何謂背恩?"

沈生曰: "然則汝是誰也?"

鬼曰: "我是慶寬之妻也. 聞君家善待鬼, 故不憚遠程, 有此委訪, 則君當欣然迎之, 而反爲詬罵, 何也? 且男女相敬, 士子之行, 君讀書萬卷, 所學甚事?"

沈生氣短强笑.

鬼曰: "後日又來云".

其下杳無聞知, 可欠.

伊時好事者, 爭造沈生, 與鬼問答, 沈之門, 車馬喧咽. 而李學士義肇, 至於一宿對話. 吁亦怪矣!

•『綺里叢話』中

---

4 程 원래 '亭'으로 나와 있는데『청구야담』에 의거하여 바꾼 것임.

虛風洞허풍동
逢丸商窮儒免死

湖南有一生員, 早喪父母, 旣無兄弟族戚, 中年喪妻, 又無一子女, 家素貧窮, 菽水難繼, 實無生世之況. 輒欲自處而亦不得其路.

適其時, 一惡雌虎自俗離山出來, 藏伏於長城葛峙, 白晝橫行, 囓人如瓜, 行人之斷絶, 已有月矣. 生員聞之, 以爲得其死所, 遂委行嶺下, 待昏上嶺, 峭嶺之高, 盖三十里長矣. 巖石危險, 樹木蒙密, 可謂蜀道之難·羊腸之險矣. 至于最上峭, 伸脚而坐, 以待虎狼之來囓.

忽有一丈夫, 背負如山之擔, 行至上峭, 猝見生員之獨坐, 卸擔於路左, 欣然納拜, 慇懃告之曰:

"小人所負之物, 卽鐵丸也. 以山物之殺害人命, 業欲除之, 今持鐵丸, 路適出此故, 遂卜其夜, 以至于此. 計在碎其頭·折其腰, 以爲爲行路人除害之地, 而卽見生員主深夜獨坐於此, 其意亦先獲小人之心也. 以小人獨力, 實亦無難, 而況與生員主幷力, 則彼物無異枯鼠腐雛. 小人當如此如此, 生員主亦如此如此."

生員唐荒未卽對. 厥商遂拔石角上一圍木, 飛上於上峯之絶頂, 揮打而下, 聲震天地. 生員心語曰: '彼雖謂我有力, 與之同事, 而我則本無力, 以窮獨身世, 實欲唼死於虎口者也.' 是以小無恐怵, 泰然坐待矣.

少頃果有一豹虎, 大驚揮木之聲, 勃然而起, 跳越林木, 奔馳絶壁, 鷹騰箭疾, 一瞥之間, 已至於相見之地. 以其直項之獸, 驅之於走坂之急, 觸之於大木連理之間, 以脅之下尻之上, 牢碍於兩木之間. 進不得·退不得, 兼以孕雛腸滿, 又不得自拔. 生員之本意, 實欲囓之於虎口, 何畏之有. 遂徐徐前進, 撫其頭·探其鬚, 視若愛玩之物. 其虎低眉細目, 不敢拒逆, 有若乞憐者然. 生員遂百方摩撫, 或以頰接之, 或以頭納之, 欲其囓之, 千方百岐, 而終不敢害之. 於是生員多折[1]葛蔓, 作一索大如棟, 結之爲勒, 加之於首, 以一股之大, 鉗之繫之於木, 遂擧其虎, 拔之於兩木之間,

---

1 折 원래 '托'으로 나와 있는데 『청구야담』 을본에 의거하여 바꾼 것임.

移繫於他木, 而虎則失魂喪魄, 圍圍若半死樣. 生員則坐於虎口下矣.

彼丸商, 俄自山上見生員緩緩牽虎之行, 而兩木間事未及見之. 忙忙下來, 更爲拜曰:

"生員主無慮一虎, 而至於生虎之勒首, 生虎之鉗口, 可謂古文無·今文無. 小人所負亦鐵丸四十斗, 而比之生員主, 不逮三尺之童, 可不懼哉!"

遂殺虎剝皮, 加之於丸擔之上. 與厥班同爲下來, 坐於店幕. 烹虎醵酒, 終夜酬酌, 至朝作別, 以虎皮獻與生員. 生員牢拒之, 丸商自帒中, 出十金銅納之. 生員强取其半, 乃作別, 丸商大悵之, 幾爲落涙.

生員以五百銅, 歸來破屋, 去益悲楚, 生而辱不如死而榮. 而葛嶺惡虎之事, 思之甚怪, 無福者 可謂鷄卵有骨, 窮命所關, 死亦極難.

一日偶閱家中, 得一文記, 盖有先代逃亡之婢. 盤居靈光法聖島, 生産繁衍, 多至百餘家. 而自生員數世之前, 雖有推贖之計, 以彼强盛, 畏不敢發. 生員以爲快得死所. 翌朝袖携本文記, 以單獨一身, 飄然發程. 第幾日訪之法聖島, 則厥奴富盛, 果如所聞. 直對其居首者家, 卽以文劵出示, 大發咆喝, 督之以五千兩收贖, 急於星火, 期於三日內捧納. 遑忙之擧·號令之急, 便一狂人. 彼輩雖佯應如流, 而中心所藏, 人孰知之! 第三日, 生員獨坐, 忽聞外間人聲洶洶, 有五六十壯丁, 各持一棒, 圍匝所居房, 鐵桶相似. 觀其事機, 反形已具. 然而求死一念, 痼癋恒結, 而每恨未得其便. 今當此境, 可酬宿願. 有何懼惻, 明燭而坐, 苦待其變矣.

少頃, 一丈夫開門將入, 忽然退縮, 欣然納拜曰:

"生員主來歟?"

生員驚問曰: "汝是誰也?"

厥漢曰: "葛嶺上一夜同苦, 遽過三年之久, 生員主, 或者不識小人, 而小人則豈忘生員主顏面耶?"

急招其圍匝者, 大言曰:

"汝輩速速待命也. 苟不要我, 汝輩必無孑遺,"

仍以葛嶺捉虎事, 細述首尾, 群奴一時戰慄, 厥漢遂詳告生員曰:

"彼輩以海島化外之物, 不識綱常之重, 敢有叵測之謀, 要小人於百里之外, 而小人亦誤入人事, 有此今行. 彼輩刃斬之罪, 已無可論, 而小人之罪, 尤極當斬. 然而生員主, 以恢廓大度, 何足有介於禽獸無異之物耶? 五千金實無變通, 而傾渠[2]之有, 則二千兩無難, 小人當親自收集, 領納於宅矣."

卽其地董飭群奴, 五日後收得二千兩, 馱之於十餘匹健馬, 一時治發. 兩班則騎之以別般好鞍馬,[3] 厥漢爲驅率之領袖, 執鞭護後而來, 納於生員主宅. 明日再拜, 惜別而去.

生員遂以二千金物, 娶妻定家室, 買土得産業, 卒爲一富家, 而八子三女, 世世繁綿. 至今族居於虛風洞云.

・『靑邱野談』海外蒐逸本 甲本 권2

2 渠 원래 빠져 있는데 『청구야담』을본에 의거하여 보충한 것임.
3 治發~好鞍馬 이 대목은 원래 빠져 있는데 『청구야담』을본에 의거하여 보충한 것임.

牛媽媽 우마마
猾吏弄宰

某人嘗爲峽邑知縣, 爲政淸介, 一物不妄取, 而性本迂拙, 作事虛踈. 任滿將歸, 行橐蕭然, 無由治裝, 心正着急.

縣吏某人者, 素所信任, 而爲人百伶百俐, 且感其拔萃指使, 一欲效忠矣. 見知縣正在窮途, 進退兩難, 心甚憐之, 屛人密告曰:

"相公以廉潔自處, 氷蘗自持, 瓜期漸近, 行李難辦. 小的欲竭誠圖報, 思得一計, 非徒治行之無憂, 亦將潤屋有餘矣."

知縣曰: "言若有理, 曷不聽從?"

吏曰: "某座首家, 富甲一縣, 相公之前所知者也. 今夜與小的作伴, 試行偸兒手段, 則千金可立致也."

知縣大怒曰: "汝以此等不法之事敢干我? 豈有作宰而爲盜者乎. 毋妄言, 罪當笞."

吏曰: "相公若如是執拗, 則公債數百金, 將何以報之, 路需五六十緡, 將何以辦出乎? 且還宅後, 年豊而妻啼飢, 冬煖而兒呼寒, 室如懸磬, 釜中塵生, 伊時當思小的之言矣. 且暮夜行事, 神鬼莫測, 此所謂逆取而順受者也. 願加三思焉."

知縣默坐細商, 話漸投機. 乃蹙眉而言曰:

"第往試. 當作何貌樣而出?"

對曰: "只此宕巾·發莫·輕服足矣."

乃與某吏, 携手同出. 于時街鍾已歇, 人聲漸稀, 月落霧合, 夜色如漆(百忙中, 有此閑筆). 梯垣潛入, 至一庫門, 穿竇而入. 吏愕然曰:

"誤入酒庫矣. 然小的酒戶素寬, 對此佳釀, 口角涎流, 試行畢吏部故事."

因脫知縣發莫一隻, 飛一大白, 雙手奉獻. 知縣到此地頭, 不敢支吾, 强飮而盡, 吏連傾四五發莫, 佯醉大言曰:[1]

---

1 曰 원래 빠져 있는데『파수편』에 의거하여 보충한 것임.

"小的平生酒後耳熱, 長歌一闋, 自是伎倆. 今清興勃勃, 按住不得, 願相公按節一聽."

知縣大驚, 揮手急止, 吏不由分說, 大放一聲. 獟吠于門, 人驚于室, 數三條大漢, 在睡夢中驚覺, 大呼"有賊"而出.

吏乘勢脫身, 以物塞竇, 知縣欲出不得, 遑急無計, 躲於甕間矣. 火把四照, 皆云"賊在酒庫中." 打鎖開門, 揪住繫縛, 如甕中捉鱉, 手到拈來, 納諸皮袋, 掛於門首柳枝上. 明日將告官懲治矣.

吏潛入其家祀堂, 放起一把火, 因大呼曰: "火起!" 家人都奔救火, 只餘座首之父 九十九歲老人, 半鬼半人, 癡坐後堂. 吏潛入曳出, 至柳樹下, 解下皮袋, 以老人代置之, 扶起知縣, 急急逃脫. 知縣恨爺孃少生兩隻腳, 飛跑縣堂. 氣喘聲澌, 心頭無明業火, 按納不住, 瞋目大叱曰:

"爾殺我, 爾殺我! 世豈有爲宰而作賊, 作賊而喫酒放歌者乎?"

吏笑曰: "小的妙計, 今始得成矣. 相公脫出之後, 以座首之百歲老父, 代貯皮袋, 而無人知覺. 使做公輩, 趂卽拿來, 囚置獄中, 早俉招座首入來, 當前發解, 以不孝論罪, 着枷嚴囚後, 如此如此, 則數千金, 可坐而得也."

知縣果依其言, 凌晨招座首入謁, 使升廳賜座. 因問曰:

"君家夜來捉賊云. 解來牢囚, 今當對君嚴治矣."

因使做公們拖來解出, 則一老漢自皮袋中欠伸而出. 座首見是其父, 驚惶慚懼, 下階伏罪曰:

"此是民之老父, 而家人誤捉, 罪合萬死."

知縣拍案大怒曰: "吾夙聞爾以不孝著聞一縣. 今乃犯此綱常, 難可容恕."

仍呼皂隸, 翻到在地, 猛打二十殺威棒, 皮綻血出, 着二十斤死囚枷下獄. 座首百爾思度, 實負名教大罪, 圖生無路. 聞某吏最緊於縣爺, 乃潛招哀告曰:

"君若脫此重罪, 則數千金猶爲輕報."

先以白金二百兩, 放在卓上. 吏佯爲持難, 久乃慨然應諾. 二千金乘夜輸家後, 入告知縣, 寬鬆放出, 分文不留, 盡送知縣家矣.

居無何新官下來, 公堂交印之際, 知縣自思若留此吏, 則其事必洩. 乃密囑新官曰: "縣吏某奸猾弄權, 不可容置者. 我去後, 君必殺之, 庶幾一邑賴安."

再三申囑而去. 新官以爲舊官之如此付托, 必有所見. 且重違其意, 明日俉開, 捉入某吏, 不問曲直, 直欲打殺. 吏暗忖吾無得罪於新官, 而此必是舊官恐事之發, 欲殺我而滅口者也. 一不做, 二不休, 當思所以自全計. 仍仰視新官, 則左目眇矣. 乃大聲哀告曰:

"小的於新舊交遞之際, 無甚罪過, 但以舊官案前醫目之故, 致此殺身之殃. 豈不哀哉!"

新官驚問曰: "爾有何術, 能療目眇? 試言之, 當赦汝."

吏曰: "小的少日, 飄蕩江湖上, 遇一異人, 得授青囊不傳之秘術. 若有目眇者, 則手到病袪."

新官大喜, 使之解縛, 延堂賜座曰:

"舊官眞非人哉! 有此大恩未報, 而反欲殺之也. 余亦眇一目, 爾能醫之否?"

吏熟視曰: "此症最是易醫. 相公乘夜暫出小的之家, 則當以神方試之矣."

新官大喜, 苦恨此日之遲遲. 既暮便服獨出, 則吏已候于門外矣. 延入後堂, 觥籌迭錯, 水陸俱備, 飲至半醉. 新官問曰:

"夜深矣, 刀圭可試之否?"

吏唯唯而已. 少焉縛一黃牝犢, 置席上. 新官驚曰:

"此物奚爲而至哉?"

對曰: "此是神方矣. 若行一場雲雨, 則目自瘳矣."

新官不信欲起, 吏大笑曰: "舊官相公之欲殺小的者, 正以此也."

新官半信半疑, 不肯直前. 吏督促再三, 新官急於療目, 且多酒力, 解下褌帶, 雙膝跪坐, 把那牛兒, 朦朧進去. 那牛兒吼嘶蹁嚙, 艱辛畢事. 吏送至門首曰:

"明朝小的當進謁作賀. 勿以三杯薄酒相待也."

新官入坐縣衙, 秉燭待朝, 攬鏡自照, 則一夜不睡, 右目又欲眇矣. 且怒且慚, 使快隷星火捉來, 則吏以彩繩係牛鼻, 被以絳繒衣, 徐行大呼曰:

"速開大門. 知縣相公室內媽媽行次矣."

一府駭笑, 醜聲狼藉. 新官慚入內軒, 不敢出頭. 數日後, 乘夜去任上京云.

• 『綺里叢話』中

金氏家故事 김씨가 이야기

孝廟赴瀋時, 率皇朝指揮使黃而來, 給嘉善祿, 舍於壺谷. 金肅川翊八, 武而有識, 與之居不遠, 每往訪. 黃獨於金致款. 黃每自誇矜, 金公曰:

"令公有若是之才, 不能迅掃凶醜, 作一奔亡人, 而空自大談也?"

黃慨然流涕而言曰:

"吾年十八, 以將才聞於朝廷, 薦爲都提揮使, 屢戰立功, 而其奈天不助漢何? 國破家亡, 不能殺身成名, 藏蹤秘跡, 幸延數年之命矣. 今爲聖君之所延攬, 淹留異域, 欲遂一洗之志, 宮車晏駕, 計與心違. 萬事已矣. 奈何奈何!"

以拳擊案而嗚咽不成聲. 金以言慰之, 黃曰:

"吾之居東, 已過三十餘年, 見人多矣, 未有如君者云."

右出金斯文釋良, 所撰光山金氏家乘.

又記其曾祖諱世柱事曰 公年十一, 遭親喪, 三年間, 連遭三兄弟喪. 公又遘疾, 脫身寓居於忠州栗旨里鄕廬. 八九年後, 得差. 公, 外無緦功強近之親, 只依數三奴僕而居. 其時, 許利川諱僩(領議政諱公之考)·金判書徵(鳳至之祖)·尹侃(兵使諱五之曾)·沈察訪繹(世遇之高祖), 相與流涕曰:

"豈使吾師其考尙立金公之家, 終不保一子, 而滅其祀乎! 其家山所不吉, 必有此變."

相與求得吉地於三永洞, 遷兩代山所. 而公則不能知也. 先輩氣義如此.

金又記其曾祖, 少時逢術士推其命, 則書贈一句曰:"十蟾何罪, 三鷹并落." 人莫知之. 公以病下鄕後, 撤毀壺谷外舍, 埃中掩置一陶器, 其中有十蟾. 此婢僕輩詛呪之物. 而公之三兄, 皆由此而沒也. 終未知誰某之所爲.

又記掌令尹趏, 其曾祖之外舅也. 爲茂朱府使時, 茂朱牙東軒有怪事, 主倅之宿於東軒, 中夜猝死者四五人. 以是廢其軒, 皆避居於鄕廳. 公到任之日, 直往東軒治事後, 仍留宿. 鄉所及官吏, 萬端請止, 皆不聽. 卽使貢生輩, 塗窓戶之頹毀者, 命造十兩燭二雙而燒之, 揮鄉任及官吏, 明燭而獨坐. 時夜將半, 萬籟俱寂. 房中板子隱隱有聲, 須臾板子一立, 公然撤去, 鮮血一斗餘, 急瀉於房中. 少焉, 有一人之一臂落下, 血點淋漓, 一臂又落, 兩脚又次第而落, 全體又落下, 最後頭又落下. 或來觸於面而噓噓作聲. 公終不擧眼而視, 厲聲曰:

"爾何物, 中夜作怪於官府乎?"

厥物再拜而進曰: "某有窮天極地之冤, 欲爲暴白於主倅, 而形容如此, 每使主倅驚悸而死, 尋常爲恨. 今逢足下, 庶訴冤狀."

公曰: "第言之."

對曰: "我卽永平人李某也. 三十年前, 金某爲本郡太守時, 隨來留此, 有所眤妓者. 時衙中有小酒, 終日飲酒. 諸人罷去, 我獨醉臥於此, 妓亦出去. 及唱某漢, 本以厥妓之夫, 畜憾於我, 乘隙殺我, 割其四肢, 藏置一空石, 納諸板子上, 稱以爲虎所攫去. 他人皆信. 是以冤氣不散, 有此擧耳."

公曰: "其漢尙在, 而妓亦同謀否?"

對曰: "妓實不知, 其漢尙在耳."

公曰: "汝本在永平云, 汝家尙在, 而亦有子女乎?"

對曰: "有子矣."

公曰: "吾將雪汝之冤, 返汝之櫬, 汝其退去."

其人拜謝而去, 還入板子上. 公視之, 板子依舊而閉, 元無血痕. 公滅燭就睡, 平明起坐, 鄉任及官吏, 見公無事, 皆驚賀. 公終日開坐, 差晚招問下吏曰:

"官奴名某者在乎?"

答曰: "年老居生於南門外."

公使招之, 須臾來謁. 公卽命繫械, 仍問曰:

"汝有死罪, 汝知之乎?"

對曰: "小奴自少服役官門, 今年老告退, 未知得罪之由也."

公曰: "汝知永平人李某, 隨金太守來此之時乎?

對曰: "果思之矣. 其時李某爲虎所嚙去, 邑人莫不知之."

公曰: "戕殺李某, 掩置此板上者, 誰也?"

厥漢垂首不答. 公卽命嚴訊之, 厥漢箇箇承服. 公卽命下吏, 撤板子出尸, 尸不腐爛, 血點猶在. 滿庭觀聽者, 莫不驚倒. 公卽撲殺厥漢, 具棺槨衣衾, 斂殯後, 送人於永平地, 訪其人之子, 厚贈而返其櫬. 公之名譽播於一國.

光海癸丑, 蘇鳴國獄時, 公被逮杖死. 癸亥仁祖反正後, 雪寃贈爵. 公後孫, 卽今多在於務安玉山洞. 尹少不學, 發憤大讀書, 懸髻於樑, 棲山寺, 不出寺門者七年. 諸子百家, 無不盡讀, 尤用工於通鑑一書. 挾冊不輟吟哦, 誤入林藪, 踏乳虎之尾. 虎卽跳踉咆哮, 而公不爲之懼. 爲鏡城判官, 月夜憑軒誦詩, 聲音淸雅, 若出金石, 魍魎十輩, 出而踏舞云. 果然則尹蓋奇士也. 其事蹟不可泯沒, 爲記之.

• 『破寂』 제2책

平交 _{평교}

鄉弁自隨 統帥後

龍仁有一武人, 志氣磊落, 又多權術.

一日聞新除統帥不日將辭朝. 乃俱驄笠·虎鬚·筒箇·刀鞭之屬, 又買駿馬一匹, 及統帥行過前路, 武人乃具戎服囊鞬, 出迎路左.

統帥顧問曰: "彼何人?"

斯武人, 鞠躬前進曰: "聞使道將赴任統營, 故小人願爲隨往, 敢此來現."

統帥視其人, 容貌俊偉, 聲音洪暢, 衣馬亦輝煌, 笑而許之. 後陪裨將, 無慮數十人, 無不目笑之, 武人小不爲嫌, 日日隨行, 與諸裨輩, 朝夕問安.

統帥上營, 翌日朝仕後, 營吏以軍官座目板呈上. 統帥環顧諸裨輩曰:

"君則以何人之請來也?"

對曰: "小人某大監之請也."

又問 "其次何?"

對曰: "小人某大監宅人也."

次第盡問, 末及武人曰: "君則何爲而來?"

對曰: "小人卽龍仁中路, 自現而隨來者也."

統帥點頭, 隨所請之繁歇, 劃房任之優劣, 最晚只餘一薄窠, 姑以武人差之. 未幾自京來者, 或以任薄而求去, 或以妬寵而辭去, 所闕之窠, 稍稍移劃於武人. 屢月任事, 詳察所爲, 則見識通達, 做事勤幹, 人品才局, 俱非自京隨來者類. 於是益信任之, 腴窠緊任, 多求換差. 所親裨將輩, 交謁更諫, 一不動意, 益加親信, 營中諸務, 盡爲兜攬. 瓜期漸迫, 忽於一夜, 不告而走. 於是諸裨將一齊入現曰:

"使道不信小人輩, 而偏信不知根着中路隨來者, 一營錢財, 盡付渠手, 今乃一夜潛逃. 世間寧有如許虛浪之事乎?"

譏笑之聲, 左右迭發. 主帥使諸裨, 點檢各庫留在, 則無不蕩然. 主帥茫然失圖, 只仰屋長嘆而已.

未幾瓜滿遞歸. 時當庚申之際, 朝著換局, 午人盡爲斥退, 此帥亦南人也. 盡失攀援, 仕宦無路. 落斥數年, 家計剝落, 斥賣京第, 出居南門外里門洞. 舊日親裨, 無一人來見者, 朝夕屢空, 憂愁鬱悒, 日開前窓, 俯瞰大道.

一日見有人乘駿馬, 卜馬一馱, 從者五六人, 向南門而上者. 俄而直入里門洞巷口, 直入自家大門, 滾鞍下馬, 乘階上廳, 入房而拜見之. 統帥答拜, 坐定. 其人先問曰:

"使道不知小人乎?"

統帥愕然曰: "果不知也."

其人曰: "使道不記年前統制使到任之行, 中道迎謁而隨去者乎? 小人卽其人也."

統帥始乃大覺. 未暇責其盡輸營物不告逃走之罪, 當此窮途, 喜其來訪. 遽問曰:

"君於其間往何處, 今何故來訪耶?"

其人曰: "小人以八面不知之人, 自薦而隨往, 群譏衆笑, 四面沓至, 使道一不採聽, 偏受信任. 小人頑非豚魚, 豈不知感乎. 第觀時勢, 使道非久當此境界. 以如干廩俸之餘, 爲歸家幾年之用乎. 故小人爲使道, 別辦一計, 爲報德之地, 而若先告於使道, 則使道必不許. 故小人果知欺罔之爲罪, 而亦不暇恤焉. 潛輸營財, 往某處, 得一別區, 設置庄所, 諸般經紀, 今已整頓. 故敢來請使道, 往居其家, 以終餘年. 使道自量, 今居此世, 仕宦路阻, 飢困轉甚, 安能鬱鬱久居此乎? 願使道熟計之."

統帥聞言, 尋思半晌, 儘覺其言有味, 遂許之.

於是武人命率來諸僕, 精具飯湌二床, 一則進於使道, 一則進於內間. 留三日收拾家藏, 備具轎子, 遂與夫人, 一齊起行. 隨武人, 發行幾日, 轉入山谷中, 踰越山脊, 前當大嶺, 統帥心雖疑懼, 而到此地頭, 亦無如之何矣. 武人先登嶺上下馬, 統帥亦追到下馬, 見四山周遭, 平野廣闊, 瓦屋櫛比, 禾稼滿野. 武人指示曰: "此使道所處之家."

又指其傍曰: "此小人所居之家. 一坪田畓, 自某至某, 是使道宅所當收者, 自某至是, 小人所當收者."

統帥見此, 心目悅惚, 笑顔始開. 遂下嶺入其家, 房室精洒, 制度奇妙. 入見內舍亦然., 前列各庫, 盡爲封鎖. 武人招首奴, 分付曰:

"汝之上典主, 今此來臨. 汝輩等, 各入現身."

於是豪奴數十人, 一齊現謁, 又召女婢亦如之. 命納各庫開金, 遂與統帥, 輪行開示曰: "此則某庫, 此則某庫."

米穀藁草, 充積庫中. 復入內舍, 則大自欌籠釜鼎等物, 細至日用雜物, 無不畢具, 於是統帥大歡樂之. 武人又請往見渠家, 間架雖小, 而精洒則無異矣. 自此日夕往見, 或相與博戲, 或共往觀稼, 歡情無間.

一日武人曰: "使道既在此, 今安用使道小人爲哉? 請與爲平交何如?"

統帥亦喜之, 優遊終老.

• 『靑邱野談』海外蒐逸本 甲本 권2

盧同知노동지

盧同知者, 南陽人也. 善射而數奇, 每榜初試, 而會試則每屈.

一日乘醉, 而人定後立於六曹前大路上. 時則御營廳發巡日也. 邏卒執之, 則仍以手搏之. 牌將來, 又打之, 連打四五人又而不去. 各牌邏卒, 并會而結縛, 待明朝捉待于大將門外. 大將卽安國洞洪相國也. 洪相使之拿入, 問曰:

"汝知巡邏法意乎?"

曰: "知之."

曰: "然則何爲打巡邏也?"

對曰: "欲一言而死, 願暫解縛."

公命解縛, 盧君起而對曰:

"小人卽南陽擧子也. 略有勇力, 善騎射, 而以數奇之故, 會試之赴, 已近十次, 而今番又見屈矣. 自顧身世, 求死不得, 欲托跡宰相之門, 以爲發跡之計, 而亦無其路. 方今名望無出於使道之右, 竊欲一次承候, 而爲閽所阻, 故出此計. 打巡邏, 則必拿致此庭, 一次承顏而陳情故也. 若不打而只犯夜, 則不過自執事廳棍治而放之, 何由入此庭乎? 使道須府諒此簡事狀.[1] 一人敵二人, 則曰兼人之勇, 而小人則打五人, 可謂兼五人之勇也. 使道使小人得處門下則何如?"

洪公熟視而笑曰: "俄者被打之校, 在於何處?"

厥校承命而待, 則公曰:

"汝輩校卒五人, 被打於彼一人, 將焉用哉? 汝可解將牌而退去也."

仍以其傳令牌, 佩盧君, 而使之處門下矣. 其爲人百伶百俐, 每事中主人之意. 由是寵愛日隆, 內外大小事, 一幷委任, 而出納適中, 無一事疏虞. 洪公視之如左右手. 自別軍官陞資, 而以久勤, 爲宣沙浦僉使. 赴任之時, 洪公書托於巡兵營, 每事斗護. 滿瓜而三年之間, 一不書問於洪公, 門下人皆疑其基背恩之人矣. 及其遞歸來

---

1 使道須府諒此簡事狀 『계서잡록』에 의거하여 보충한 것임.

謁, 則公欣然曰:

"間者無故, 而官況所得幾何?"

對曰: "小人以使道恩澤, 得爲腴鎭, 三年所得, 並買南陽田土, 今則可謂足過平生矣."

洪公喜曰: "甚可幸也."

盧君仍起而告辭.

公驚曰: "汝旣來此, 何不留在, 而卽欲還歸耶?"

對曰: "小人效誠盡力於使道者, 將以有所求以然也. 今焉所得洽爲過望, 則更留何爲? 從此而告退."

公無語而許之. 出門時, 或有責其忘恩. 盧君笑曰:

"吾豈不知耶? 吾在使道門下十餘年矣. 諸處餽遺, 使道何曾盡覽乎. 如干之物, 皆爲吾輩之用.[2] 吾以殘鎭斂使, 雖竭一鎭之力而進封, 不過爲傔從輩眼下物而已, 不緊甚矣. 吾所以不爲也."

仍歸南陽, 絶踪絶信,[3] 更不相通矣.

及到丙申, 洪公廢居于高陽文峯墓下. 時則傔從一人無求侍者. 盧君始扶杖而來, 侍朝夕服事. 及病重之時, 左右扶持, 親嘗藥餌, 卒逝之後, 手自歛襲而入棺. 至葬畢禮後, 痛哭而歸.

• 『里鄉見聞錄』권3

---

2 之用 원래 '所皆用'으로 나와 있는데 『계서잡록』에 의거하여 바꾼 것임.

3 絶踪絶信 원래 빠져 있는데 『계서야담』에 의거하여 보충한 것임.

朴裨將박비장
朴同知爲統帥散財

朴同知敏行, 早孤無依, 托於銅峴藥局, 奔走供役, 時年十五.

一日從簾間窺視, 則一少年騎驢而過. 朴君踵至其家, 乃李公章五也. 願從之, 公一見許之, 不問其來歷, 每事委任焉. 又使之娶室於富家, 其妻乃富家從愛之女也. 家産粧奩太豊侈, 朴君猝富, 而不以爲泰, 視之如草介. 自娶室之後, 日游賭賽之場, 結交豪傑之士, 周遊海嶽, 放蕩無節. 李公家人積謗朋興, 公不問之, 待之如初. 家人莫不怪之.

居無何, 李公別薦驟至禁軍別將. 時英庙乙亥也, 統制使出於鞫招, 特於帳前除李公爲統制使. 當日促送前帥拿來. 李公卽出城, 報其家曰:

"招朴敏行, 束裝隨我."

時李公賓客如雲, 皆呫呫曰:

"今公受命於危疑之際, 將赴於不測之地, 而獨與破落戶一人偕去, 何其迂濶也."

李公皆不聽, 竟爲率去赴統營, 械送舊使. 時營中洶洶人心自懼, 若不保朝夕, 而簿書雲委, 機務旁午. 朴君入贊密計, 出治庶事. 又勘舊使之簿, 櫛之得四五萬金, 入告主將曰:

"此物何以區處乎?"

李公曰: "唯君便宜."

朴君唯唯而退. 卽夜設大宴於洗兵館, 椎牛饗士, 盡散其金. 且詢各廳各里, 宿逋舊瘼, 盡爲厘革償之曰:

"此是使家指敎也."

軍民胥悅, 歡聲如雷. 人心卽日妥帖, 入告之. 李公頷之而已. 遂轉危爲安, 威振三道, 滿瓜而歸.

朴君以名幕聞於世. 盖李公之知鑑, 朴君之蘊抱, 可謂兩美匹合矣.

• 『青邱野談』海外蒐逸本 甲本 권4

西瓜核 수박씨

擬腴邑宰相償舊恩

古有柳姓進士, 家貧朝不謀夕, 又值歉歲, 無以資生. 時當長夏, 連五日未炊, 飢困益甚, 頹臥外舍矣. 內堂廖聞, 久無人聲. 柳悀之, 起而欲入, 不能作氣, 匍匐而至于內, 則妻方以物口嚼, 見其入, 慌忙掩匿, 面帶羞色.

柳曰: "君何獨喫某物, 見我掩匿乎?"

妻曰: "吾若有物可喫, 豈忍獨嘗乎? 俄於昏倒之際, 見西瓜核, 枯付壁上, 取而剖嚼, 則乃空殼. 方爲恨歎, 見君入來, 不覺靦然."

仍於手中, 出示西瓜空核, 相與歔欷. 少頃門外有呼婢聲.

其妻曰: "彼何人斯? 踵門呼婢, 可卽出見."

柳匍匐出見, 則有一隸, 立於門前, 見柳出來, 拜謁後, 仍問曰:

"此是柳進士宅乎?"

曰: "然."

曰: "進士主, 名字某字某字乎?"

曰: "然."

曰: "進士主入於某陵參奉首望蒙點, 故望筒持來, 而艱辛尋到矣."

卽自袖中出示望筒, 果是自家姓名. 然素不知銓家之爲誰某, 今此檢擬, 實是意外. 如夢如眞, 疑怖良久, 曰:

"此必與我同姓名人矣. 汝誤尋到此也. 須往他處, 詳細訪問也. 吾家至貧, 與世相絶, 環顧城中, 無一知我名者, 豈有自銓曹照望之理乎?"

仍還入. 妻問:

"何人尋來耶?"

柳語其來由, 妻驚喜曰:

"若然則庶可延活矣."

柳曰: "百爾思量, 萬無是理. 進士之初仕者, 必有先容公誦, 然後可得照望. 而世豈有爲我言者乎?"

相與酬酢, 疑信相半, 其隷又來呼婢. 柳又出見, 則曰:

"小人往吏曹, 詳探則分明是進士主也. 先代職名, 登庠年條, 歷歷可驗, 萬無一慮矣."

柳始乃信之曰: "吾雖除官, 方今絶食者屢日, 不能起動, 將何以肅謝乎?"

其隷卽往于市, 貿米饌束柴, 而使之先炊粥飮, 潤其枯腸. 繼貿斗米駄柴如干饌物而來. 柳連喫粥飮, 目始有見, 氣能行步. 謂其隷曰:

"賴汝救飢, 幸得生道. 然自頭至足, 無一所着, 將何以出肅乎?"

其隷卽往衣廛, 所着衣冠, 皆得貰來. 又使其隷, 寄書于親知家, 借冠服以來. 致賀之人, 稍稍來見, 伴賀者亦踵門, 比諸前日, 炎涼判異.

柳肅謝後出直, 卽以錢米, 計給京書員所納之數. 又以十斗米·一駄柴, 入送家中. 探問吏判, 則乃李公某也. 非但他色, 素無聲息, 適有柳同硏友, 與吏判切親, 聞其窮餓濱死, 力誦銓家. 銓家聞甚矜惻, 排衆首擬云.

伊後數年, 柳大闡, 歷敭淸顯, 遂秉銓. 時適杆城有窠, 杆是饒邑, 上自卿宰, 下至親戚, 求之者甚衆, 難以取舍. 明將開政, 心甚悶然, 夫人見其顔色, 恠而問之. 柳具言其由. 夫人曰:

"大監爲參奉時吏判家, 今果何如?"

曰: "其時吏判已卒逝, 其子數人, 皆登朝籍, 亦有蔭仕可合郡守者, 而家甚淸寒云."

夫人曰: "大監若不以此人爲杆城, 則可謂背恩忘義矣. 干囑雖多, 愼勿容且, 決以此人首擬, 然後可以報昔日筮仕之恩. 大監何不思嚼瓜核之事耶?"

柳聞之, 大悟曰: "然矣."

翌日政, 以李某首擬杆城, 而蒙點云.

•『靑邱野談』海外蒐逸本 甲本 권6

孤竹君宅 고죽군댁

古有一村漢, 以農爲業. 秋多積穀, 而性甚不潔, 輒有手荒之病, 殆四隣之所共知.

隣居一兩班, 以讀書淸貧之士, 四壁徒立, 尋常累空. 而時當仲秋, 艱食又倍, 所謂家産, 盡入於斥賣糊口之資, 所餘只一食鼎而已, 絶火亦累月矣.

一日厥漢欲盜其食鼎, 而乘夜窺之, 則其宅夫人, 方擧火於廚, 烹賣作粥. 久而後, 遂用大小二椀, 先盛於大椀, 小椀則盛以餘汁未牛, 而置於土銼之上, 以破瓢覆之, 奉大椀, 出進於士人. 士人方[1]耐飢讀書之時, 忽見貧妻進粥, 驚問:

"作粥之資, 出於何處?"

妻答曰: "適得五合米作粥."

士人曰: "吾家五合米, 不啻如玉, 出於何處?"

其妻滿面羞澁, 不能卽對. 士人苦問曰:

"不知其出處, 則吾必不食."

其妻熟知其士人之固執, 不得已直告曰:

"門前某漢之畓, 早稻向黃故, 俄者人靜之後, 手折其穗一握. 炒之得米五合, 作粥以來. 而此出於萬萬不獲已, 慚愧何言! 日後當縫給厥漢之衣, 遂言其由, 不取其價, 則今夜不美之罪, 或可少贖. 幸下筯之, 千萬仰祝."

士人作色大叱曰: "天生萬民, 必食其力. 士農工賈, 各有其職矣. 彼漢之粒粒辛苦, 何關於讀書士飢不飢? 而夫人不潔之行, 一至於此, 不勝寒心. 不可不一[2]撻誡之, 斯速折[3]楚來也."

其妻不敢違越, 如敎折來. 遂撻之三楚, 叱退粥椀, 使之棄地. 夫人不敢違越, 並銼上椀, 棄於屛處. 入房內, 哽咽泣下.

盖某漢之畓, 卽來此窺伺者所耕作也. 厥漢備見首末, 不勝感服, 良心油然感發,

---

1 方 『청구야담』을본에 의거하여 보충한 것임.
2 一 『청구야담』을본에 의거하여 보충한 것임.
3 折 『청구야담』을본에 의거하여 보충한 것임.

平生不廉之習, 全然消磨. 卽還其家, 卽使其妻, 出所收農穀中, 玉米數升, 爛二椀粥, 親手奉往, 進之於士人. 士人驚怪曰:

"深夜饋粥, 甚是意外. 而無名之粥, 豈可食之?"

固退不受, 厥漢遂跪告曰: "小人俄以穿窬之行, 窺見生員主處分, 若是光明正大. 小人卽地感化, 大覺前非. 今以淸明秉彝之心, 持粥物以來. 幸俯察情曲, 勿以舊小人視之, 千萬幸甚. 況此椀所需, 實非穢物, 出自農穀. 小人豈敢以不潔之物, 浼於孤竹君宅乎!"

因匍匐叩頭, 至誠勸進. 士人以爲彼雖不良之人, 今見擧動, 其革心可賞. 彼旣以淸白良民, 饋貧士玉粥, 出於改過之善心. 而牢拒不受, 則沮其爲善之路, 便同於陵之節矣. 遂取飮之, 厥漢遂以一器, 進入於內堂.

自此以後, 厥漢心悅誠服, 畢竟徙家於厥班宅廊下, 遂作無文書奴子, 扶護上典, 耕田刈柴, 曲盡[4]其誠. 其班家勢亦稍稍饒勝云.

• 『靑邱野談』海外蒐逸本 甲本 권2

---

4 盡 『청구야담』을본에 의거하여 보충한 것임.

燻造幕 훈조막

　昭義門外有洪生員者, 鰥居有二女. 而貧不能生故, 嘗乞食於燻造幕諸役人處,
則役夫等各收一匙飯而給之. 洪生以芥葉裹, 飼其二女矣.

　一日生又來乞飯, 則役夫漢醉而辱之曰:

　"生員乃是燻造幕府君堂耶? 吾輩之上典子耶? 緣何日日討食乎?"

　生員含淚退去後, 遂入其門. 過了五六日, 門扉尙閉. 一役夫推扉入去見之, 則
生員與二女兒, 昏臥流淚而已. 役夫憐而急出, 煮粥以進之, 則洪生謂其十三歲長
女曰:

　"汝等欲喫此粥耶? 吾三人艱辛忍飢, 此有六日工夫, 死將迫矣, 可謂前功可惜.
今食一器, 而彼人繼給, 則好矣, 奈此後日辱何哉?"

　如是酬酢之際, 末女五歲兒, 旣嗅粥臭, 强起擧首, 十三歲兒, 以手押而臥之曰:

　"可宿可宿."

　翌日役人等更往見之, 則皆死也. 聞者莫不流涕, 況乎燻造幕役人之目觀者乎!
甚哉貧也! 吾家常以貧窮, 爲至寃之事, 而比之於洪則無寃可也.

•『禦睡新話』

婚閥 혼벌

尹判書絳, 六十後約妾婚于龍仁金梁村柳姓人家. 前期二日, 來留柳村, 柳家處子, 送老婢, 私自傳喝于尹判書下處曰

'老氣遠臨, 不暇有害? 伏聞以此身之故, 而爲此行次, 實用惶恐. 吾家雖甚寒微, 而猶有鄕曲間班名矣. 一番納妾于宰相宅之後, 則永廁於中庶, 無復可振之望矣. 緣此不肖之一女, 誤了本家之門戶, 思之至此, 中心是悼. 窃伏念大監, 位已躋六卿, 年已過周甲, 婚閥之間, 雖欠光鮮, 了無損於身名. 諒此愚婦切悶情地, 降心改圖, 强循齊體之禮, 假以正室之名, 則在吾門, 榮感萬萬. 閨中此言, 極知唐突, 而冒懇仰達, 未知如何耶?'

尹判書答傳喝曰: '所報當依施矣.'

改寫婚書, 具冠服入醮. 一宿而更思之, 十分不屑於心, 如食死肉, 頓無宴爾之意. 卽還京第, 一切疎絶, 不復通聲問. 柳家夫妻咎其女曰:

"依初約爲小室, 則必無此患. 公然爲唐突之計, 自誤汝平生, 更誰怨哉!"

過一年後, 柳氏請於父母, 願備新行.

父母曰"大監全然疎棄, 如視楚越, 汝何顔冒進乎?"

女曰: "吾旣爲尹氏人, 雖棄當死於尹氏家, 不可留父母家矣. 第願婢僕之多數隨轎去矣."

柳家富饒, 故盛備新行以發. 到尹判書門外, 尹家婢僕出問:

"何處內行耶?"

對以夫人抹樓下主新行行次. 尹家上下, 落落無延入之意. 柳氏使掃行廊, 淨潔其房, 下轎入坐. 時尹公長子持平已沒, 次子議政公爲承旨, 三子東山公方爲校理. 是日俱不在家. 柳氏預囑自己奴子輩, 伺候承旨校理之歸來, 自大門間拿入矣.

俄而承旨校理歸到其門間, 見轎卒之盈門, 聞知其爲龍仁行次. 姑欲入禀於其大人, 以決迎接與否, 而直向舍廊. 柳家健僕, 拿捽其兄弟, 脫其冠, 伏之於柳氏所坐房門前. 柳氏據門限, 厲聲呵叱曰:

"我雖地閥卑賤, 旣被大監六禮之聘, 則於汝爲母. 母在未百里之程, 而爲子者周年一不來見. 大監之疎棄, 固不足怨, 而汝輩人事誠爲可駭. 吾方來坐此處, 汝輩固當自外直到吾坐相面, 而直向舍廊亦極非矣."

承旨兄弟, 箇箇伏罪. 柳氏曰:

"吾欲笞治汝輩, 而汝輩是王人, 吾姑寬之. 起而着冠, 入房可也."

使之近前坐, 溫言曰:

"大監近來起居寢啖何如?"

酬酢凜然, 便有融洩之意. 一自柳氏入坐行廊, 大監使婢僕瞷其所爲, 續續來報. 初聞捽入承旨兄弟, 大難咤曰:

"吾娶悍婦, 生出橫逆, 恐將亡家矣."

及聞曉諭之辭嚴意正, 拍膝稱道曰:

"慧婦人慧婦人. 吾不知人, 而久致疎棄, 可悔可悔."

卽命家人, 掃正寢延入, 使一門上下老少, 一齊納謁於親夫人. 琴瑟款洽, 家庭雍穆. 柳夫人所生二子, 趾慶生子容判書, 趾仁官兵判.

• 『東稗洛誦』권下

瓜濃 오이무름

蒸胡瓜濃熟, 浸以醬醋, 雜施薑椒, 軟美可羞於無齒老人者, 俗名爲瓜濃.

正廟時有金仲眞者, 年未老而齒牙盡落, 故人嘲號曰 '瓜濃'. 善談諧俚談, 其於物態人情曲盡纖悉, 往往有可聽者. 其三士發願說曰

古人有三士, 上天訴玉帝, 各陳其願.

一曰: "生托名族, 貌如冠玉. 五車讀破, 三場魁擢, 華要清顯, 才無不適. 折衝輔弼, 能盡其職, 畵入雲烟, 名垂竹帛, 是所願也."

帝顧謂左右曰: "何如?"

文昌奏曰: "彼常有陰功, 著於物, 受斯報無濫."

帝曰: "依願."

一曰: "人生貧窮, 實所難堪. 裋褐不掩, 糟糠是甘, 妻啼兒號, 猶屬閒談, 飢寒切身, 難保恒心. 願作富翁, 必從自手, 藏鏹鉅萬, 播種千斗, 仰事俯育, 不惱兄弟, 冠婚喪祭, 備盡其禮. 至於貧族窮交之周恤假借, 行旅乞丐之寄寓叫化, 應接不難, 各極其歡, 則於良足矣, 更復何願."

帝曰: "傷哉貧也! 至願止此耶."

命司祿替判, 司祿承命出階上, 立令曰:

"汝其聽之. 汝前生, 恃富侮貧, 不思急人, 甘酒淫色, 花使銀帛, 茹美吐苦, 專事口肚, 揀精惡麤, 詰責妻孥, 暴殄天物, 濫用無節. 是其自取, 誰怨誰咎! 但先世謙儉, 非義不取, 施爾之願, 非爾伊祖."

兩人者趍出, 其一士獨深拱, 立庭隅, 眼眨眨遠視, 口默默不言.

帝曰: "爾何如?"

士乃整顏色, 斂膝進服香案前, 再三警咳, 然後奏曰:

"臣之所願, 異乎二子者. 爲人性癖愛淸閑, 富貴功名, 摠不干願. 求臨水背山處, 草草結茅三五間, 數頃水田, 幾株桑樹, 天無水旱, 地無稅賦. 朝飯夕粥, 足以充腹,

冬綿夏葛, 只要完潔. 兼之子弟分職, 不勞誡勅, 奴婢勤力, 自任耕織, 內無累於凌雜, 外不煩於剝啄. 臣於是逍遙安適, 優游閑逸, 心無營爲, 身亦平吉. 壽準期頤, 逝而無疾. 是臣之願."

言未畢, 帝遽撫床曰: "噫! 此所謂淸福也. 夫淸福者, 世人之所共願, 上天之所甚慳者也. 若使人人而可求, 求之而輒得, 豈獨汝也. 我當先占而享之. 復何事勞勞乎此上帝爲哉!"

系曰 談言微中, 亦可以解紛. 所謂瓜濃者, 雖無當時解紛之可稱, 然其率口取譬, 有可以喩大云.

• 『里鄕見聞錄』권3

安東郎 안동랑

金安國者, 判書大提學淑之子也. 自淑以上三代, 皆以文章才望, 世典文衡. 安國始生, 眉目清揚, 容貌峻茂, 淑愛重曰:

"此眞吾家子弟也."

逮夫能言, 父敎以文字, 三月而不能解天地二字. 父怪而疑之曰:

"此兒之容貌眉目如是婉然, 而何聰明才分之如是蒙昧也? 其或年之幼而才未及顯發也. 稍待數年後敎之."

及期而更敎, 則又如是不解. 父心甚悶然曰:

"此兒終若如是, 則不但爲渠身之不幸, 墜落家聲, 莫大於此也."

乃晝夜敎訓, 時時警責. 凡所以解之之道, 千萬其方, 而終未能解天地二字. 如是者一月二月, 一年二年, 安國之年已十四矣. 淑痛悗流涕而言曰:

"吾意其年幼而然矣. 今已十四而終始如此, 世間豈有如許等人物耶. 吾先祖赫赫然聲名, 此物將滅之. 與其有忝先之子, 寧無子而絶祀, 且吾輒見此物, 則忿火衝心, 頭面自痛, 勢不容畜家中也."

乃謀所以去之之方. 然旣不忍殺, 又欲逐去某所, 則恐其蹤跡之見露也. 姑令勿見於目前而已矣.

先時, 生小子安世, 年已五歲矣. 容貌之俊秀, 雖不及安國, 而才稟穎悟, 差勝於安國. 欲以此爲嗣, 而安國在焉, 則於禮不倫矣. 每擬逐去無聞之所而不得矣. 會從弟淸, 通判安東. 安東遠邑也, 與京師相隔, 其中又多富人焉. 淸辭肅將赴焉, 過訪淑. 淑乃以安國托之曰:

"此兒素行如此如此, 欲殺之心, 一日三出, 而猶有所不忍, 逐去之計, 長時有之, 而無處焉送之. 今君好作安東伯, 願率此兒去, 永爲安東之氓, 而無使世人知之也."

淸辭而慰之曰: "兄何出此言乎? 自古及今, 文章之家, 不文之子何限, 而未聞有放逐之說. 今兄肯爲之乎? 且此兒作人, 如是非凡, 假令終不識文字, 必能保家業承先祀. 安世雖才, 其器小, 且次子也. 何可以此而易彼也? 兄之此擧, 卽是悖常之舉也."

遂辭而起. 淑執手迫之曰:

"君若不聽, 吾欲無生."

清辭不能得, 乃許之. 淑召安國永訣曰:

"自今以往, 吾不以汝爲子. 汝亦勿以我爲父, 無復上來京師. 來卽殺之."

清旣赴任, 意謂安國之容貌眉目, 如此不凡, 豈有不可敎之理, 吾且訓敎之. 乃以簿牒之間, 召而敎之, 三月而果不能解天地二字. 清歎曰:

"有是哉! 判書兄之放逐也."

乃從容問其故曰:"何爲其然也?"

安國曰:"侄自前, 若聞閒雜說話, 則精神自明, 晝夜千萬言, 一聽而能盡誦, 至於文字, 不惟不能解也. 輒聽文之一說, 則精神自眩, 頭痛又作. 叔主殺之則死耳矣, 至於文字, 實無可奈何."

清知其末如之何也, 命還冊室, 無復敎矣.

清聞本邑座首李有臣之家富而且有女, 欲以安國贅之. 云"有冊室郎子", 而招有臣言之.

有臣曰:"敢問冊室郎子, 誰家郎子也?"

清曰:"卽吾判書從兄長子也."

有臣退而竊自疑曰:"金淑京華貴族也. 世典文衡, 通國士族, 莫不景仰. 若是所生嫡子, 必無求婚於安東之理. 無乃其庶子乎."

就淸詰之, 乃故相國許捐之外孫也.

有臣又竊自疑曰:"此非庶子, 則必是病人也. 盲者耶, 啞者耶. 不然, 宦者也."

復以詰之. 知其疑病人也, 招安國出來. 身長八尺餘, 眉眼如畫, 聲音爽朗, 眞京華美男子也. 有臣心竊奇之. 然猶未知宦之與否, 欲將言而未能發. 淸料度其意, 命安國脫袴, 則又非宦也. 有臣旣知其非庶子, 而又見其非病人, 又生疑訝, 問于淸曰:

"從氏大監, 京華貴族, 生子如此其奇, 而必欲求婚於安東千里之外者, 敢問其故何也?"

淸度其畢竟諱之, 事不可成也. 遂直以其不文放逐之事告之.

有臣心自計較曰:"以安東座首之女, 嫁得時任大提學之子, 斯亦滿足. 又安敢望其能文? 且其雖見逐, 吾當率育, 亦何有妨?"

遂許婚. 淸旣知其家産殷富, 足以忘憂, 且探其門閥爲士族, 大喜過望, 卽令擇日成婚. 居無何, 淸罷官歸京, 語淑以安國婚姻之說, 淑喜適中其計, 謝曰: "善處善處矣."

安國舍於有臣之貳室, 三月不出戶庭. 其妻從容問曰:

"大丈夫久蟄房中, 能無鬱鬱乎? 且立身揚名, 以顯父母之道, 莫過於文字, 而今夫子之處此室, 三月于妓矣. 未嘗讀書, 亦未嘗出門者何也?"

安國顧額而答曰: "始吾能言時, 父親敎以文字, 于今十四而終未能解天地二字故, 以爲亡家之物, 欲殺而不忍故, 放逐于此地. 使終身不復見於父母之目前. 我實罪人也, 何面目仰見天日乎? 且吾不惟不解文字, 聽到文之一言, 則頭骨欲碎, 自今以往, 請無復言文字於吾耳邊."

其妻歎息而退. 元來有臣頗以文名, 稱於鄕里, 其二子亦皆能文, 然素聞安國之事故, 初不生敎文之意, 亦未嘗就見焉. 其妻悶其夫之年長而無所爲也, 一日復語其夫曰:

"妾之父兄, 皆能文學, 願夫子出就外舍試學焉."

安國怒叱曰: "向吾旣謂聞文疾首之說, 則宜不復向我說文, 而今又妄發者何也?"

因疾首而臥. 妻憮然而退, 知其傷於文, 而無復言矣.

元來李氏女中之文章也, 詩書六藝之文, 諸子百家之語, 無不通習. 然天性溫柔, 又達事理之宜義故, 以爲文章必非女子之所可從事也, 自知而已. 未嘗開口語人故, 雖父母兄弟, 亦未知其能文章矣. 每恨安國之得罪於父, 思欲解敎文字, 然女子旣無敎丈夫文字之禮, 且安國之惡聽文字說如是, 則可謂無可奈何也. 欲以言說諷諭, 以試其才稟之如何也.

復問安國曰: "人非石佛與木偶, 則終日閉口而無所言說可乎?"

安國曰: "雖欲言之, 誰與言之."

妻曰: "請與妾論說古語可乎?"

安國曰: "固[1]所願也."

---

1 固 원래 '顧'로 나와 있는데 문맥으로 보아 바꾼 것임.

妻乃自天皇氏以下, 解其言以語之. 安國潛心仄聽, 輒聽稱其言之善. 因盡解一卷而語之.

乃曰: "雖如此閑說話, 不可隨卽忘却, 請更爲妾還誦之."

安國曰: "諾."

遂盡誦其言, 而無所遺謬.

妻心甚奇之曰: "此乃卓越之才, 而有所梏焉者也. 吾必因其所明者而達之也."

遂晝夜與語, 使皆還誦. 始自史記諸說, 終於聖經賢傳, 千言萬語, 無不能誦.

一日安國忽問其妻曰: "今吾與君所誦說者, 果何等說也?"

妻曰: "此果無他也, 乃所謂文也."

安國極驚且訝曰: "信乎其文耶. 所謂文者, 若是其滋味? 則吾何疾首之有?"

妻曰: "所謂文者, 本如是滋味也. 夫何疾首之有."

安國曰: "然則自今以往, 願學前日所謂文字者也."

妻乃持史略初卷, 自天皇氏以下, 字字指之曰, "向所誦某說某說之謂也. 遂使讀之於前, 一卷二卷之外, 皆能自解. 安國以爲平生所未覺者, 一朝而覺之, 不可斯須忽忘也. 晝以忘食, 夜以忘寢, 日日讀之, 又日讀之, 不惟盡讀其所語誦之書, 充棟於簡冊, 亦皆解讀. 妻又以教屬文寫字之法, 安國乃潛心積慮, 且做且書, 精思疊出, 妙法層生, 短歌長文, 卓書止字, 無不備解.

妻又欲使其出門而無由, 乃引而諷之曰: "語云 '德不孤, 必有隣.' 文章道德, 其理不殊. 今夫子孤居十年, 未有隣朋, 自今以往, 請出處外舍, 以受麗澤之益如何?"

安國遂沐浴衣冠, 出拜於有臣. 元來有臣, 素昧其女之能文, 豈料教安國成文章之事乎. 且安國之不出, 其間已十餘年矣. 始忽來拜於前, 半驚半喜, 其二子亦甚驚怪, 問言曰:

"今夕何夕? 金郎出門."

安國曰: "聞君做文之說, 願草而來."

有臣以下, 皆哂笑之曰: "昔未聽也. 然意則可嘉, 試之何妨."

乃書題於粉板上. 安國覽卽成篇, 揮筆以進. 文辭遒勇, 筆法精捷.

皆失色驚歎曰: "此古作者手段, 而安國能之. 此誠大變也."

有臣顚倒入內, 招問其女曰: "金郎之不解文字, 吾素所聞者, 而今忽做出文章名筆, 此何等變也."

女於是跪陳其前後之狀, 衆皆歎服不已焉.

自是, 安國之文章才業, 日就月將, 雖嶺南之老師宿儒, 無能出其右者. 是時, 朝廷以太子之誕降, 稱慶設科, 擇日頒諭.

李氏謂其夫曰: "方今慶科當前, 東方之以儒爲名者, 莫不蓄銳將赴. 大丈夫不文則已, 今夫子之文章, 如是有成, 烏可虛送好時, 永作安東之氓也. 且父母之放逐此地者, 但以不文之故也. 今則文辭異於前日, 願夫子及此時, 好以爲歸寧."

安國歎息流涕而答曰: "吾豈欲鬱鬱久居此乎? 始吾之來此, 父親永訣之日, '汝若更來京師, 殺之也.' 豈其惡死而不往哉! 惟恐父親有殺子之名也. 吾雖欲歸寧可得乎? 且爲人子者, 得罪於其父, 則宜閉戶編首, 以自終身, 烏可晏然入科場, 以冀事君之心."

妻曰: "大義則誠然矣. 豈無權道之可行乎? 今夫子先入科場, 得掛名於金榜, 則此足爲發明不文之道也. 然後歸寧父母, 豈無喜赦之心哉?"

安國遂以爲然, 卽日治發. 千里長程, 馬一奴一, 間關跋涉, 僅得至京. 於是, 欲歸其家, 則恐見其父, 欲向他處, 則皆是素昧. 歎息彷徨, 嗚呼曷歸! 此想彼想, 可棲者只其乳母家矣. 乃策馬尋到, 乳母望見其來, 驚喜出門, 携手迎入曰:

"意謂郎子已作泉下之人矣. 豈料今者更得相逢也? 然相公若知郎子之來, 必出大事, 請入處洞房, 無使他人見之也."

至夜, 乳母潛往告于夫人曰: "安東郎子來住小的之家矣."

夫人女子也, 自送安國之後, 無日不泣思焉. 聞其來, 欲顚倒出迎, 而恐相公知覺, 乃密謂乳母[2]曰: "相公就寢後, 潛與之俱來."

乳母如其命, 母子始得相見. 夫人泣謂安國曰:

"自吾別汝, 于今十年. 消息存亡, 如隔死生, 出門遙望遠雲, 每斷寸腸. 今見汝面, 悲喜交至."

安國仰看夫人, 蒼顔白髮, 非復舊時容矣. 亦感激流涕曰:

"小子不肖, 得罪父親, 久放遐鄕, 令母悲思, 此何人子之道也?"

方與泣話之際, 窓外有曳履之聲. 夫人知安世入來, 潛謂安國曰:

"汝之父親, 若知汝來, 必欲殺汝, 無使汝弟見汝也."

---

2 母 원래 빠져 있는데 전후 문맥으로 보아 보충한 것임.

遂使蒙被而臥之於後. 安世入門, 見之曰:

"彼蒙被臥者誰也?"

夫人知其終難掩跡, 命坐安世而低聲謂言曰:

"此果汝安東兒安國也."

安世拍掌驚笑曰: "有是哉, 安東兄之在此也. 俄者父主, 以夢見安東兄之故, 今方大段疾首. 將以告白於母主矣, 有是哉! 安東兄之在此也."

夫人掩口而止之曰:

"汝之父親, 若知此事, 必生大變. 汝出去, 愼勿出口也."

元來安世素聞安國之事故, 亦料其父之知卽殺之, 終未敢告之. 安國拜辭夫人, 遂出於乳母家.

是曉卽設科日也. 安國擬欲赴擧, 然十年離家, 今始入京, 四方何處, 科場何所? 單獨一身, 誰與爲共. 方纔趑趄之際, 有一小郎, 方且盛備入場.

乳母曰: "郎子可潛隨其後."

安國如其言, 卽其弟安世也. 得至場中, 一接皆是宰相之子. 安世恥其兄之不文而從來, 或有問者, 不稱其兄, 而終曰鄉客云. 及其懸題, 則乃策問題也. 相學筆硯, 擾亂奔走, 爭先膽題. 安國乃空手進去, 看則誦來, 背坐小思, 遂解笈, 磨墨揮毫, 而一番讀了, 躬自先呈. 安世心自驚服曰: "孰謂安東兄不文也?"

門開, 遂舍於乳母家.

考官拆榜, 壯元卽金淑之子安國也. 喜其知友之子居魁, 趣駕來賀. 未及門前, 催新來之出立. 淑意其安世之爲也, 喜見榜目, 則乃十年前放逐安東之安國.

遽驚發怒曰: "這漢蟄伏安東, 固其分也, 乃敢逆父命, 來入京師, 罪當萬死. 且渠雖爲及第, 必是借作, 安有金淑家人, 借作及第者乎?"

因大擬搏殺, 疾呼家僮曰: "速捉安東漢來."

安國蒼黃來跪於庭下. 淑大怒, 不問一言, 急命衆僮, 持重杖來打.

此際考官入來曰: "新來何在?"

淑曰: "方擬打殺也."

考官驚問曰: "是何言也?"

淑曰: "如此如此."

考官曰: "雖然, 暫試其借作與否然後, 可任意處之也."

淑冷笑曰:"甚矣! 君言之迂也. 彼漢行年十四, 終不解天地二字, 十年之間, 安能做成科文, 作爲及第也哉. 必無其理, 何待試焉."

急令杖之. 考官挽不能得, 親下堂携入.

淑怒罵考官曰:"我殺我子, 君何爲者也? 且吾目前輒見其漢, 頭面自痛. 今又然矣."

因蒙被而臥. 安國見其父, 怒色難解, 自分必死, 屏息跪伏.

考官曰:"暫起對問."

因問"今日科題, 君能記憶否?"

安國起坐誦對, 無一字差錯. 淑臥聽而意謂難解一字者, 能誦策問題, 誠極殊常也. 疑訝之際, 考官又問曰:"今日所做, 亦能記憶否?"

安國又誦對無遺. 其文若無邊大海, 波瀾自作, 千里長途, 騏驥逸騁.

淑聽畢, 起執安國之手曰:"夢耶眞耶 汝何以成文章乎? 可惜十年之隔面殊方夜燈, 豈堪望京之懷? 嘻嘻, 可歎吾先祖赫赫之聲, 於是焉振矣. 吾前日疾首之症, 至今快瘳於一誦淸和聲. 父子不責善, 易子敎之之說, 到今可明矣."

安國跪陳其能文之始終, 淑抵掌大喜曰:"僮僕速速治轎, 去邀安東婦來."

又謝考官曰:"倘非賢友, 幾殺吾文章兒."

淸自外聽得此報, 顚倒來賀, 取見安國之文, 則稀世之文章也.

"孰使之然也?"

"乃其妻之所敎也."

淸顧淑, 歎賞曰:"吾兄弟平生所未敎者, 其妻能敎之. 可以堂堂大丈夫, 反不及一兒女子乎."

李氏旣歸, 淑大會宗族賓客, 語之曰:"吾兒之作成文章, 以光先祖之遺業者, 皆吾新婦之功也."

衆皆稱羨, 豈意安東有如是之婦. 李氏自入壻家, 事舅姑盡孝, 甚執婦道, 未嘗以功有自伐之色. 父母愈益愛之.

安國之文名才望, 日以益盛, 始自翰林玉堂, 終至大提學.

異哉, 安國之才也! 以父則不能敎, 以妻則能敎. 今有空家於此, 大門自內閉, 而旁有一門開焉者. 有欲開其大門者, 不見其旁有門, 而終日立大門之外, 無數叩拍,而終不能開焉. 有一人, 至其大門之前, 叩而知其閉也, 輒見其旁門而入, 以開其大門. 始者安國之才, 乃大家空者, 而不能解天地二字, 即其大門之閉焉. 不忘閑雜說話者, 即其旁門之開焉. 其父則欲開大門, 而不見其旁門之開者也, 其妻則入其旁門, 而開其大門者也. 然則其父之不能敎, 其妻之能敎者, 有何足異哉. 噫! 是豈徒安國之才也. 然凡人道德之不明·文章之不達者, 皆是空家閉大門之類, 而世之從其旁門而入開大門者幾希. 信乎文章道德, 難得見之也. 余亦空家閉大門之類也. 今因安國之事, 竊有感焉, 遂以記之, 以俟他日從旁門而開大門者也.

• 『東廂紀纂』 권2

邊士行변사행

邊士行曰

嶺南有金蕭川者, 自罷蕭川而歸, 不復求仕. 而家居殷富. 有兩少妾, 三名鷹, 備絲竹, 酒肉樂飲者, 十餘年, 而身亦爲七十歲矣.

一日, 見秋風始厲, 而見架鷹刷羽顧眄, 起雲霄之想. 令人解絛割鈴而皆放之. 望見其極天之飛, 渺不知所終. 入, 令婢, 使盡搜兩妾之奩資, 皆出之庭, 而呼外僕, 鞴兩馬, 分載其奩資, 而各添以數百金. 兩妾方相對縫衣, 而相看脉脉無語而皆怔之.

蕭川曰: "汝等皆來前."

兩妾前跪.

蕭川曰: "吾已盡縱名鷹於霜風矣. 入見汝等稚齒艶色, 深閉曲房, 空拘於老夫之手, 亦何異凌風瞥雲之志, 苦其絛鏃之羈絆乎? 故吾給汝馬而添汝貨, 足汝一家之産, 而歸汝父母兄弟之所. 汝其無以我爲慮, 必皆精擇而嫁少壯, 育男女以享百年之樂也."

兩妾皆泣, 不忍辭去. 蕭川喝婢僕, 速載而出. 皆歸其家. 其父兄, 來問於蕭川者, 蕭川皆給文着標, 使卽嫁之.

獨與親戚故舊, 爲歡飲者, 又六七年而終.

邊士行曰

平壤城中, 有田長福者, 家積累萬金, 而自奉甚豊, 而餉人亦侈. 借貸人, 無記籍, 期限償還, 與不償還, 一任其人之所爲.

曰: "貨財之爲物也, 豈一人之所可擅者乎? 亦非欲擅而得擅之物也. 吾以白手, 致貨如此, 雖謀爲之不失, 然多料外之得. 要之以天幸, 而爲貨財之所寄積也. 天旣以貨財寄積於我, 我若認爲吾財而擅有之, 必有天殃而大不利於吾身. 吾何敢然哉."

蓋長福之豁達長厚如此, 而借貸不償還者, 十不能二三, 而償還與兼歸利息者,十居六七故. 長福之貨, 日以益殖.

一日天寒, 長福出門, 適見一少年, 秀眉明目, 單衣負暄而坐. 問曰:

"汝, 何爲者也?"

對曰: "貧而丐者也. 欲求朝飯於公矣."

長福曰: "踵吾入."

既入, 與之坐而飯之. 長福見其卒飯而語之曰:

"子何姓乎?"

曰: "吳姓."

曰: "子有父母妻子乎?"

曰: "無有."

曰: "然則舘於吾, 如何?"

曰: "不敢請耳, 固所願也."

使僕暖湯而與之沐浴, 爲新其衣服. 一日長福問於吳少年曰:

"子亦曉轉販之術乎?"

曰: "能."

曰: "當用幾許金?"

曰: "先欲試五千金."

長福遂以白金五千兩與之. 吳少年, 裝爲而辭去曰:

"明年某月日, 當來見耳."

果於明年, 吳少年載白金一萬五千兩而來見曰:

"今日, 乃去年之行所期之日也."

長福曰: "然乎? 吾初不記矣."

吳少年曰: "自試吾才, 度可用二萬金. 願受白金二萬兩而去."

長福依其言與之. 吳少年曰:

"明年某月日, 當來見."

長福筆之於壁. 果於其日, 吳少年來納六萬兩. 長福曰:

"子欲復往否?"

吳少年曰: "大利, 難以數圖. 復往, 恐罹災殃耳."

長福曰: "然."

乃以女妻之. 還付六萬金, 坐而用貨, 富埒長福. 兩家之富, 皆傳之子孫, 子孫亦蕃盛興隆云.

邊士行曰

杆城有寡婦, 養其姑甚孝. 寡婦只有一女而八歲. 家貧賣油爲生.

寡婦適出外未及還, 而其姑老而盲, 以油缸謂爲溺缸而出瀉於灰堆中. 未及盡瀉而八歲女兒見之, 黙然無一語. 旣盡瀉而入. 寡婦方還, 八歲女迎於門而泣, 曰:

"大母可憐愍. 不能辨油溺, 並置之缸, 而瀉油缸於灰堆, 未盡瀉而吾則見之. 欲明其爲油缸, 而存其餘油, 則恐老人傷惜無聊, 以爲羞恨故, 不言之耳. 願母亦不明言其爲油缸也."

寡婦抱其女而撫其背曰:

"汝眞吾女. 何其智慮之早開也?"

隣有不孝之婦, 適自籬隙而見之, 大感悟. 歸語其姑曰:

"願自今其自安, 勿復搬柴種火·刮灰掃糞·繅兒飼蚕·整器滌鐺·淸竈灑庭·績麻拾綿, 而坐臥隨意, 勿慮賤婦之有言也."

其姑泣而搔白首曰:

"吾於今日, 有何不稱於汝意, 而爲此不情之語也? 翁乎翁乎! 何不速捉我去, 而日日迫困於子婦也?"

不孝之婦, 跪而對曰:

"賤婦從前頑悍甚, 失婦道, 而今適有所感悟, 而敢發此言. 願姑安意, 而勿過慮也."

及暮, 其夫歸而其婦又言之如語于姑者. 其夫驚怒而罵之曰:

"今日必有迫蹙嗔詈於吾母之端矣. 汝之暴, 使吾母俾不得自便者, 積有年所矣. 此言何爲發哉? 乃是反語而炒爆之甚者也."

其婦曰: "今日適見東隣寡婦及八歲女兒之事矣. 其事如是, 其言如此. 彼亦人也, 吾亦人也, 彼乃孝於姑, 孝於大母, 至於斯極. 而吾之所以事姑者, 自覺無狀, 至爲八歲兒之罪人. 寧不可痛哉? 吾則誓心改過, 不復如前日之兇悖矣."

其夫曰: "其然, 豈其然乎?"

其後七八朔, 其婦之孝心不衰, 供養甚備, 其姑甚安之. 其夫大喜, 釀酒椎犢, 大

會隣里. 迎其東隣寡婦及八歲女兒, 大卓陳饌, 各進於其前, 跪而語其故曰:

"吾之取婦, 始不知其性行之兇惡矣. 恒言曰, '婦生二三子, 方見其眞性.' 果生數子之後, 肆其兇悖迫困老母. 豈不欲出此婦以安吾母, 而以其多子, 且善持家, 故不能出. 顧於心中, 如對讎敵, 少無宜家之樂, 而常抱不孝之恥矣. 今賴賢媼母女, 而感化兇性, 免爲不孝之婦, 得以小安老母之餘年. 不腆之饌, 敢致謝悃."

鄕黨莫不感嘆而去.

邊士行曰

有窮士, 推叛奴於湖南之海岸, 叛奴, 族戚蕃盛, 産業饒足. 始見窮士, 欣欵無比, 而納其美色處女於寢席, 窮士大悅而深信之.

一夕, 其女以衣裳, 内蔽膇戶, 梳頭爲男髻, 梳窮士之髮而爲女髻. 窮士怪問之, 女泣對曰:

"賊變期以今夜起. 而父兄囑妾内跳而得免. 伏願主君衣妾衣裳, 而伺變作内跳, 仍尋籬隙而走也. 走必告官而捕賊, 必行誅殺. 伏願爲妾代死之故, 而赦吾父勿殺也. 諸兄與族戚, 則不敢望盡赦矣."

果於夜半, 有操刀者十餘人, 破戶探男髻而出. 爛斫於外庭, 盛之藁包, 疾走投於海. 窮士女服而跳入内庭, 仍披後籬而走, 不暇改服而告於縣宰. 縣宰大驚, 發吏卒, 掩捕諸賊而鞫之. 其女之父兄, 果皆合謨作賊者也. 窮士言之縣宰而特宥其女之父. 使尋女屍而葬之, 則號泣而對曰:

"刀之爲泥, 不盈一斛之包, 夾以大石, 縛而投之海矣. 其何所尋之哉?"

縣宰具狀, 以聞于監司. 監司啓聞而誅諸賊, 以孝女忠婢烈婦三行之備而旌其女.

• 『靑橋別集』 권5 「漫錄」 6

鄭起龍 정기룡

鄭起龍尙州人, 而往晉州, 隷兵營官奴案. 一日, 在營庭晝眠, 忽大呼. 兵相招叱曰:

"汝何以魘語鬧公庭耶?"

對曰: "身雖賤, 志則雄. 大丈夫壯大, 不能建旗鼓, 不堪其鬱鬱, 仍睡覺時, 作聲大呼."

兵使卽爲放良. 或爲官吏輩使喚, 衣裝雖襤褸, 而志氣身手, 頗不草草矣.

時全州首吏, 家貲甚饒, 有獨女年可笄, 父母鍾愛之. 欲擇婿, 則女曰:

"女子百年, 專在良人, 一身一誤, 則悔莫及矣. 豈可含羞黙坐, 只待父母之定配乎. 父於本州, 雖解事吏, 而父主安有藻鑑. 吾將以吾眼自擇, 雖過時必得可人而後已."

父母不能强, 而荏苒累歲. 苦無所定, 每咎責其女而已.

全晉兩州首吏, 相爲姻査. 晉州首吏, 要起龍, 傳書於全州吏. 起龍帶書赴其家, 則首吏夫妻, 適往親戚家, 獨留其女. 起龍叩門, 其女自門內, 問曰:

"汝是何處人?"

對以晉州吏房使喚, 爲傳書而來矣. 其女側耳聽其語音, 知其爲非凡人. 出倚大門見之, 則乃衣鶉一總角也. 熟察良久曰:

"吾嚴親, 卽當還來, 汝姑坐舍廊前以待之."

旋又語之曰: "不必坐舍廊外, 入坐中門內, 可也."

有頃, 吏房妻, 先歸語其女曰:

"彼何兒耶, 使內近地耶?"

女曰: "此是晉州吏房伻人, 而兒已決以爲配, 故不嫌其近內坐矣."

母怒叱曰: "汝不許父母之擇配, 而期自擇, 謂汝將擇神通者矣. 今乃欲以衣鶉乞兒自定. 汝之眼孔可刺也."

曰: "母勿雜言."

有頃吏房至. 其妻告以女意, 吏房之言, 亦妻之言. 女曰:

"眼力終是卑劣, 安得以識此兒. 此兒雖在襁褓中, 各離其耳目口鼻, 細察則豈有一處不善生乎?"

其父細觀則似然, 乃曰:

"汝願牢定, 不得不依汝願矣."

招起龍入舍廊, 詳問門地凡百, 對之甚悉.

吏房曰: "吾欲以汝爲婿."

曰: "以上調之勢, 豈有婿乞兒之理乎?"

吏房曰: "汝留此, 而以娶吾女之意, 書告母氏, 則吾當送奴往復."

曰: "吾雖極寒賤而婚娶大事, 遠外書告, 恐非子道. 莫如自往告之而復來矣."

曰: "汝言誠是. 當備奴馬以送矣."

曰: "吾以賤者, 吾有兩脚, 何必奴馬爲也?"

曰: "旣定吾婿, 何可使之步行耶?"

其家有惡駒, 生五六年, 有人近前, 輒張紅口, 仰四足而起立. 給芻時, 以長竿縛簣, 在遠投之. 欲殺而不忍. 女曰:

"父親猶能的知起龍之眞箇不凡? 彼馬雖惡, 而實駿也, 必能解起龍之不凡. 試使起龍騎往晉州."

吏問起龍曰: "汝能制彼馬乎?"

曰: "吾未嘗御馬, 而豈有以男子而不能制一馬乎?"

進向槽前, 馬始張口欲立. 起龍批馬頰, 喝曰:

"汝何無禮耶?"

馬遂俛首, 起龍刷之摩之. 一味馴良.

女喜曰: "馬固知人矣."

起龍騎歸告娶, 而復往行醮. 吏謂起龍曰:

"汝在晉州旣無依, 奉母來吾家穩度平生." 云.

則女曰: "吾夫雖是晉州店門外丐子, 而晉猶本土. 女子有行, 宜就夫鄕. 吾父以萬金之富, 何難轉輸於二日程, 以供一女之生理乎."

遂歸晉. 未幾, 遇壬辰亂. 起龍聞變起舞.

妻曰: "君志壯矣. 立功之基, 勤王爲先. 速向京師."

曰: "其如老母弱妻之難捨何?"

妻曰: "以吾姑婦移置峽中, 則當善護吾姑, 不貽憂於君矣."

起龍依其言, 區處母妻. 然後騎自完騎來之駿, 到漢江, 遇招討使, 聞大駕已去邠矣. 招討使, 請與俱南, 遂同行到嶺外. 爲招討往探賊情. 往還之間, 倭兵已擄去招討一行三十人矣.

起龍曰: "吾旣與彼同事, 豈忍獨生."

遂躍馬突入倭陣, 倭人披靡. 倭將麾下縛置之三十人, 直爲解縛引出, 賊莫敢誰何. 仍勸晉牧勤王而不肯, 起龍斬之, 率其衆, 遂募兵屢戰, 殺賊甚多.

得暇歸省母, 母妻無恙.

妻曰: "淸州未免要衝, 錦山旣經義兵破陣, 必無重被兵之慮, 請移我姑婦於錦."

起龍從之, 而更赴陣. 前後效勞不少. 朝廷聞之, 拜官轉遷.

及亂平, 官至北兵使云.

• 『東稗集』

校生과 秀才 교생과 수재

校生—聞科聲夢蝶可徵

郭天擧槐山校生. 夜與妻同寢, 其妻睡中忽泣. 問之, 妻曰:

"夢有黃龍, 從天降, 啣君析屋而去. 是以泣."

天擧曰: "吾聞夢龍者得第, 奈我不文何?"

朝起, 爲灌溝洫, 出田間. 在路傍, 有被襟急行者, 問之, 云 "朝家新定別試, 方急告於嶺南某邑守令之子云云".

天擧歸語其妻曰 "夜來君有異夢, 今日忽聞科報. 而吾不識字, 亦奈何?"

妻勸令入京. 天擧再三力辭, 而妻力勸, 備盤纏以給.

天擧至京, 足未嘗[1]到王城, 莫適所向. 入崇禮門, 至最初巷口卽倉谷. 窮其洞止下擔, 息憩於一舍門外. 其家人, 再三出見而去. 已而來言主人上舍邀之. 天擧入見主人, 具告赴擧, 而初到京無投足之處. 主人遂令留住, 與之同入.

盖主人李上舍, 以宿儒老於場屋. 科具中, 私草積成卷軸. 入場時, 令天擧負而入, 使之歷考其冊中, 與科題同者. 天擧以校儒, 僅識其字, 遂逐篇考之. 李旣製呈, 始搜之, 題同者數篇, 相似者亦多. 遂裁折寫呈一篇, 幷參解額. 天擧大喜, 遂請歸曰:

"吾優免軍役, 與及第何異."

李挽留之, 同入會試. 又用前法, 李見落, 郭登第.

天擧質朴, 不隱其跡, 每自言其本末. 官至奉常正.

秀才—擅場屋秀才對策

李公日躋, 當時盛名之士也. 長於騈驪之文, 眼高一世, 未有許借者.

一日赴科圍, 因狼狽失侶, 棲遑於頒題板下. 有雨傘五六箇, 團成一隊, 燈竿帷帳, 極其靚麗, 珍味妙羞, 厨傳狼藉. 李乃披帷而入, 有一少年秀才, 隱几坐重氈上,

---

1 嘗 문맥으로 보아 보충한 것임.

十數書生, 各持試劵, 環坐其傍, 皆聽秀才之口呼, 繕寫如飛. 秀才左酬右應, 畧無難色. 李從傍竊觀, 則排叙中窾, 對偶精緻, 箇箇成警策矣. 李大驚曰:

"此世焉有此人? 請問姓名."

秀才頎然一笑而已. 篇俱完, 秀才使一卒呈之. 卒良久復曰:

"劵已黜矣."

秀才又給一劵曰: "第又繼呈."

卒又告見落. 秀才又呈一卷, 如是者凡五六遭, 丹墀日未斜矣. 秀才大笑而起曰:

"幾篇佳作, 未被一選天也. 何容更呈也!"

因捲傘而出. 李詰于從者, 乃知其爲北軒金公也.

•『靑邱野談』海外蒐逸本 甲本 권3

驛吏와 通引|역리와 통인

驛吏—兩驛吏各陳世閥

松蘿驛尹吏, 卽燕山朝海伯尙文之後也. 自尙文之竄本驛, 子孫因爲本驛吏.

當道伯之巡行也, 以掌馬奔走行塵, 受批煩于牢子輩, 困辱非常. 某吏不勝憤恨, 語其族吏曰:

"吾輩以監司之孫, 一變爲郵吏, 每於春秋受此大辱, 或者先祖當年巡行時, 苛督郵吏, 子孫受此殃報耶?"

因揮淚不已. 時長水郵河吏, 適在傍笑曰:

"君之先祖卽海伯也, 君往海西說此寃悶, 可也. 吾之寃悶, 尤有大於君輩. 吾先祖, 卽道伯河敬齋相公也. 自其曾孫蓮亭進士公之竄本郵, 吾輩逢此厄境. 子若揮淚, 則吾輩當慟哭也. 且尊先祖海伯公之政尙嚴苛, 今不可詳也, 吾先祖敬齋公之厚德仁政, 朝野皆被其澤, 蓮亭公以佔畢門人, 株連罪籍矣. 倘蒙天休, 則吾輩當大鳴於世, 而鬱鬱區區於此, 備經困厄, 天耶人耶?"

因大笑. 尹吏遂握手爲謝.

通引—三知印競誇渠鄉

英廟己酉, 嶺伯巡到順興, 玩浮石寺. 時本邑及安東體泉知印, 陪其官齊會. 有安東知印, 受其叔陪行營吏茶啖餘物, 誇耀順興知印曰:

"爾邑, 無此饌久矣. 汝可少嘗味也."

順興知印曰: "爾以吾邑之無營吏, 有此蔑視. 然爾之先祖, 未免洗足於吾邑之鄕吏子孫也."

安東知印, 勃然變色曰:

"是何言也? 寧有是理?"

順興知印曰: "爾不聞? 前朝安文成公, 以別星, 過爾府也, 使知印洗足之文, 載於麗史乎. 問于爾叔, 則可知也."

如此之際, 醴泉知印, 適在傍, 謂順興知印曰:

"吾邑則前朝勳業, 有林大匡, 本朝知印, 尹別洞先生, 登第爲大司成藝文提學博士, 受禮元孫. 又有黃公, 登武科策勳振武, 再除昌原大都護府使, 此則安東順興之所不及也."

安東知印曰: "吾鄕則本朝雖無文科生進, 武科則磊落相望, 昨年策勳花原君, 卽吾府之知印, 而與吾爲族黨. 孰敢當吾府也?

有褊裨聞其言, 言于巡相, 巡相卽靈城朴文秀也. 招三邑知印, 詳問委折, 送言于三邑倅曰:

"此有三邑大訟, 當會坐決處."

竟右醴泉, 兩知印各相稱寃云.

鬻書曹生 책주름 조생

曹生不知何許人, 以鬻書走於世久已故, 見者無貴賤賢愚, 皆能知生之爲生也.

生, 日出而出, 走於市, 走於巷, 走於庠塾, 走於官府. 上自搢紳大夫, 下至小學童子, 無不走見之. 而其走如飛. 其懷袖充然者書也. 書已售, 携贏走壚上, 沽飮醉, 日暮走而歸. 人未嘗知其處, 又未嘗見其飯食, 而一布衣·一草屨走, 更時年而不易也.

英宗辛卯, 以朱璘所著明紀輯略, 有汚衊太祖仁祖之語. 控于上國, 大蒐天下, 火其書, 戮賣書者. 於是, 國中鬻書者擧就誅, 而生先是走遠方, 以故獨免焉. 後歲餘, 生復來走如故. 人頗異之, 詰其故.

生笑曰: "生今在, 何走乎?"

或有問生年者, 生笑曰: "忘之已." 時或曰: "生年三十五." 今年問者, 明年復問 "生年奈何不過三十五云爾?"

生笑曰: "人年三十五時好故, 吾欲以三十五終吾年, 而不加數也."

好事者或曰: "生年已數百歲."

生瞠曰: "若安能知數百歲事耶?"

人不能難. 然酒後往往道聞見者, 默考之, 則百十年故事也.

問 "生苦賣書何爲?"

曰: "賣書以買醉耳."

"書皆生有, 而亦解其義耶?"

曰: "我雖無書, 而某氏藏某書若干歲, 某書自生賣之若干編矣. 是以雖不知其義, 亦能知某書爲某著某釋, 幾套幾冊也. 然則天下之書, 皆吾書也, 天下之知書者, 亦莫吾若也. 使天下無書, 吾不走也, 天下之人不買書, 吾不得日飮醉也. 是天以天下之書命吾, 而以吾了天下之書. 且疇昔者, 某氏之祖之父買書, 而身貴顯, 今也其子孫, 賣書而家窮寠. 吾以書閱人多, 而天下之智愚賢不肖, 比類從群, 生生不息, 則吾豈特了天下書也. 將以了天下人世也."

經畹子曰:"始余七八歲時, 頗解屬文. 先君子, 嘗一日拉生至, 買八家文一部賜之曰:'此鬻書曹生, 而家藏書皆從生來者.'以其貌若四十者, 而計其時亦四十年, 生不老. 生固異於人也. 時余喜見生, 生亦愛余甚, 數過余. 余今髮種種, 已抱孫數歲, 而生則長軀朱煩, 綠瞳烏髭, 顧曩日曹生. 吁已奇矣. 余嘗問生'何不食?'生曰:'惡不潔也.'又謂余曰:'人欲長年, 藥餌不及, 惇行孝悌, 陽德也. 子爲我喩天下人毋使苦問我也.'

噫! 生固有道而自隱玩世者也夫. 斯言也曾是老莊氏之所可得道也哉."

• 『秋齋集』권8「傳」

賈秀才 가수재

賈秀才者, 不知何許人, 常來往赤城縣清源寺中, 賣乾魚爲業. 長八尺餘, 辮髮, 貌甚黑. 人或問其姓, 曰:

"我姓天名地, 字玄黃."

問者絶倒. 強之, 曰:

"我賈也, 姓賈也."

故一寺中, 皆呼賈秀才云. 每晨起, 擔乾魚, 赴遠近虛, 日得銅錢五十, 沽酒飲, 平生未嘗啖飯也.

寺在縣南僻淨, 縣中諸生, 俶山房讀書. 一日天大雪新霽, 賈足淋漓陷泥濘中, 直上坐諸生間. 諸生怒叱之, 賈睨曰:

"爾威, 過秦始皇; 我賈, 不及呂不韋. 怕也怕也."

逐倒臥駒. 諸生益怒, 使僧牽出之, 堅不可扛. 翌日聞佛殿上, 有人讀李白遠別離詩, 音甚瀏亮. 諸生往視之, 乃賈也. 諸生始怪之, 問賈

"能詩乎?"

曰: "能."

"能筆乎?"

曰: "能."

諸生給筆札, 使賦. 賈就硯池上, 狂磨墨, 左手蘸禿毫, 向紙背亂草如飛. 題曰:

> 青山好, 綠水好, 綠水青山十里道.
> 賣魚沽酒歸去來, 百年長在山中老.

擲筆, 笑吃吃不止. 字畫似孤山黃耆老. 諸生始敬重之, 復請, 輒怒詬, 終不肯.

嘗大醉, 持鰒魚, 供如來佛卓上, 合掌禮拜. 諸僧驚逐之. 賈曰:

"爾不讀佛經. 經道如來啖鰒魚."

僧曰:"在甚經?"

曰:"在菩提經, 我能誦."

輒向佛卓下, 跏趺坐, 說道:

"如是我聞. 一時佛在西洋海中, 爾時如來向大衆中, 啖婆娑國獻大鰒魚. 佛於頂上, 放千萬丈無畏光明. 惟時比丘及諸大衆, 拜佛頂禮, 欽聽慈旨. 佛告大衆, 惟是鰒魚居大海中, 飮淸淨水, 喫淸淨土, 是爲如來無上妙味."

聞者皆大笑. 賈住寺, 凡一年餘去.

異矣夫! 夫秀才之爲人也. 抱奇偉之才, 負卓犖之志, 何爲是猖狂自恣, 使人怳然莫知其端倪也? 殆古所謂隱君子流耶.

駒城鄭叔, 訪余廬陵, 道其事甚詳. 余欲往見之, 及至寺, 去已三日矣.

•『薄庭遺藁·丹良稗史』

朴突夢박돌몽

朴突夢, 其人貢人金家奴也. 自能言, 志于書字, 以地賤不得師受. 金家兒常坐堂軒讀書, 突夢從階上傍覽, 雖不解義, 然隨其讀而得[1]其字音. 兒或忘音, 反質於突夢矣.

隣有丁先生者, 家居敎授, 突夢旣髫, 就先生願受業, 先生許之. 突夢日晨興, 懷書候其門, 門啓然後, 敢入趨造寢戶外, 肅竢先生枕起. 先生知其來, 隔牖而問曰:

"突夢來乎?"

曰: "唯."

衆徒弟後至, 畢升堂, 突夢自嫌以毛笠齒衿齷間, 蹋蹜不敢升. 先生權令戴折風巾而進之. 授則還家供役如故, 金家莫之知也. 歲餘, 卒受小學語孟, 文識日進. 先生甚奇之. 其爲役, 乃縛炬斯楦, 而揮斥束縢之間, 不輟唔咿, 家人指爲癡憧.

嘗患苦痎, 金家爲之躅役理病. 突夢私語其妻曰:

"是吾讀書之秋也."

乃入其房, 冠總危坐讀書. 瘧氣發寒痒齒戰, 而愈益堅坐, 口不廢誦, 三日瘧則乃已.

後與妻浣澣於蕩春川, 川多石盤陀. 突夢輟漂, 之石上, 不冠褰褌, 赤脚而坐盤礴, 硏墨石窪, 握大管, 書小學題辭淋漓石面. 日西施, 乃蔭樹假臥, 引聲長吟, 悠爾自得. 趙尚書家郞, 適遊春蕩春, 見其所爲, 心異之, 就而呼曰:

"爾何爲者?"

突夢徐起而對曰: "家人奴也."

郞曰: "而主非人也. 豈有學經傳而爲人奴者乎? 吾爲爾責而主, 而免爾身."

曰: "以奴故, 令老主觀閔, 義不敢出也."

郞尤重之. 金家兒, 長益挑達不勤學, 其父恚罵曰:

---

1 得 원래 '沒'로 나와 있는데 문맥으로 보아 바꾼 것임.

"汝逸居肆姐, 禽鹿視肉, 反不若突夢."

數督過之, 兒無所起怒, 見突夢輒扶歐之. 突夢曰:

"吾寧避之, 以定主家父子間."

乃辭以病不任役, 移居其妻之家. 兒憾毒不釋, 見主家陰以他事搆害之. 主家果疑其夫妻. 突夢乃歎曰: "命也. 敢誰怨乎?"

挈其妻, 流寓於南陽郡, 織籠爲生. 歲餘, 里正白郡, 編之束伍. 突夢曰:

"織籠, 所以餬口也, 軍租顧安所輸入?"

會郡都試鄕兵, 突夢以砲中試, 及會試不果. 因鬱鬱思京洛, 還歸金家, 居無何爲典獄吏, 年四十餘卒. 其作吏, 趙郞有力焉.

丁先生, 致厚其名, 爲人淳素篤學, 兼善風水說, 少爲芸館小史, 未老以病謝歸, 閉門敎授.

• '『里鄕見聞錄』권7

林俊元 임준원

京城民俗, 有南北之異. 鍾街以南至木覓下, 是南部也, 多商賈富人, 好利纖嗇, 以鞍馬第宅侈靡相高. 從白蓮以西至弼雲, 是北部也, 類皆貧戶游食之民, 然往往有任俠之徒, 意氣交游, 好施予, 重[1]然諾, 救災[2]恤患. 詩人文士時節相追逐, 窮林泉雲月之樂, 動有篇什, 誇多鬪麗. 豈亦有風氣使然者歟.

林俊元者, 字子昭, 世居漢師北里, 爲人雋爽, 有奇氣, 好神姿, 善談辯.[3] 少時, 受學於龜谷崔公之門, 頗有能詩之稱. 然俊元家貧有老親, 遂屈志爲內司椽. 勤幹解事務, 得任用司中, 以起富, 家貲累千. 乃歎曰:

"於吾已足矣, 寧可汨沒於此?"[4]

卽謝仕家居, 以文史自娛. 日與其徒高會, 戶屨常滿, 盃盤絡屬, 其徒有庾公纘洪 , 洪公世泰, 崔大立, 崔承太, 金忠烈, 金富賢諸人.

庾公號曰春谷, 善碁, 洪公號曰滄浪, 善詩, 名聲俱冠當時, 餘人亦皆以氣槩詞翰見稱. 然庾公嗜酒, 能一飮數斗, 洪公母老而貧, 無以爲養. 俊元館庾公爲置旨酒, 以盡其量, 而數以財周洪公, 使不至匱乏. 每遇良辰美景, 招呼諸人, 指某地爲期. 俊元爲主, 辦酒肴而隨之, 輒賦詩酬飮, 極驩而罷, 以是爲常, 久而不倦. 洛下稍有才名者, 以不得與其會爲恥.

俊元旣饒於財, 而好義樂施, 常如不及, 其親戚與知舊之貧不能婚嫁喪葬者, 必以俊元爲歸, 故其平居往來, 候視執恭如子弟者, 亦數十人.

俊元嘗步過六曹街上, 有一女子, 被官人驅去, 一惡少背, 隨詬之, 女號哭甚哀. 俊元問其故, 叱曰:

---

1 重 원래 '已'로 나와 있는데 문맥으로 보아 바꾼 것임.
2 災 원래 '菑'로 나와 있는데 문맥으로 보아 바꾼 것임.
3 辯 원래 '辨'으로 나와 있는데 문맥으로 보아 바꾼 것임.
4 汨沒於此 '汨'이 '沒'로 나와 있는데 문맥으로 보아 '汨'로 바꾼 것임. '此'는 『이향견문록』에 '世'로 나와 있음.

"可以微債, 辱女人至此耶?"

立償之, 裂其劵, 遂去. 女隨而問曰:

"公, 何如人, 家安在?"

子昭曰: "禮男女異路, 何必問我姓名?"

強之終不告. 自是子昭名震閭閻, 慕風願識者, 跡交其門.

龜谷崔公病沒, 喪不能擧, 其門徒會治喪, 無可以棺相助者. 時子昭從使臣入燕,
座客歎曰:

"嗟乎! 使林子昭在此, 豈使先生死而無棺?"

言未旣, 門外有人運棺材來者. 問之, 子昭人也. 盖子昭行時, 念公老病, 戒家人
者也. 於是, 人盆服子昭高義能慮事也. 及子昭歿, 弔者如哭其至親, 其常所仰賴
者, 則曰: "吾何以爲生?" 有老寡女, 自來請助針線, 至成服乃去. 盖街上女也.

子昭, 於詩雖無專工, 而得之天機, 淸艷有唐響. 與滄浪諸人唱酬者多. 子昭歿
三十餘年, 而滄浪子, 采里巷逸詩, 名曰『海東遺珠』, 刊而行之. 庾林之作, 多見錄
其中云.

金洛瑞 김낙서

金好古洛瑞, 字文初, 幼誕節, 常從諸俠少遊, 重然諾. 蓋其時北社西臺風氣使然也. 一日, 方散步於里閈之內, 有一老人騎驢而來, 問曰:

"此間, 有金洛瑞其人否?"

洛瑞曰: "何問爲? 我其人也."

老人忙執手曰: "誤觸大名."

洛瑞曰: "無傷也. 何問爲?"

老人低聲嗚咽曰: "吾中村人也. 竊有至懇, 願借君子一諾."

洛瑞曰: "第言之."

老人囁嚅良久曰: "吾有女早寡, 今又不幸短命矣. 臨歿囑我曰: '凡人之喪, 舁舉者, 名香徒軍, 皆醜惡凶悖. 平生貞白之軀, 豈可爲若輩所擔出. 曾聞北里多義氣男子, 爲親知行此等事不屑也. 若得是人, 可無憾.' 吾知此言大不可, 而悲其情而憐其志. 且聞吾子之大名故, 此委訪. 幸諒我舐犢而曲恕焉."

洛瑞慨然應諾. 至期, 率同人數十輩而往, 老人盛設饌而待之.

洛瑞曰: "吾輩豈爲哺啜來耶?"

却不受, 只以酒數十壺隨之. 趁時擧發, 到山下, 安頓而歸. 其出義尙氣, 多類此.

晚而折節學問, 博通經史, 治家崇儉約, 行止語默, 動中繩墨. 與人語, 各隨其所處, 勸戒備至, 而猶恂恂若似不能言者. 不如是, 無以變化氣質故也. 尤善詩, 嘗嘯詠於玉溪松石之間, 人皆以重厚長者稱之. 不復知曩日有放逸之氣也. 老而修墓廬, 題絶句五首曰:

李公愛平泉, 丁寧托其子. 先人所構堂, 豈與花石比.

酣歌于室中, 古訓曰巫風. 況此邱墳下, 遊嬉比狡童.

風雨三間足, 松楸一逕通. 寄言雲耳後, 來此視同宮.

丘墓三山下, 烝嘗十世同. 莫聽風水說, 棄去各西東.

古人云悖子, 能變爲三蟲. 有食墓廬者, 亦足參其中.

知舊中, 善書人, 各請寫一首, 以遺之.

鄭壽銅 정수동

鄭壽銅, 名芝潤, 字景顔, 籍東萊, 世佐行人役. 生而有文在手曰壽. 及冠, 取漢書芝生銅池事, 遂以壽銅自號. 通貴賤遠邇, 知與不知, 咸曰鄭壽銅也.

早孤, 母崔氏苦節自守, 傭針線以就業. 及長, 性耿介斥弛, 平生不肯受人羈絆, 殆自放於繩尺之外, 而恂恂卑謙, 若不能言, 不欲矜所挾以加之. 聰悟鍾於文字, 凡僻奧奇堀, 幽眇繁冗, 不能究竟者, 一見輒曉其指要機軸肯綮所在. 詩爲最長, 集耳目所蒐涉, 今昔高妙精確, 訴合于心者, 鑢鞴鎔冶而出之. 而善飮酒爲性命, 悲歡得失, 咷笑佗儕, 連蜷一切, 寓諸酒而發之詩.

秋史金侍郞正喜奇之, 使留讀所藏圖史, 期瞻博而進之, 能數月專心注目行墨間, 若不知戶外事者然. 忽一往不復來. 跡之尋, 至幽之, 不使着[1]巾衫, 而後復如此者, 不一再.

游觀金相國興根, 最愛其才, 爲置樽核而容之, 然而壽銅不屑也. 游相嘗外出, 收其衣笠而藏之, 戒侍者防其逸, 及歸不知去處. 訪之得于酒肆, 壽銅以藍袍紅帶, 戴喪人方笠, 陶然醉臥. 盖瞰人之無, 竊着相公之袍帶, 方笠又取傔人之所着者.

游相悶其窮, 遺以錢五十貫, 就白木廛, 悉以貿三升布歸家, 凡全躰衣服, 以此製之, 餘悉酬酒債. 又於歲除, 以大樽盛酒數斗, 倂以魚雉等物, 使奴擔之, 從壽銅, 使致之其家. 時夜深雪下, 至水標橋上, 命奴卸擔, 借椀於人家. 奴不肯, 强之卸開, 與奴飮, 罄樽而止.

其婦孕臨産, 訪醫局, 製藥(藥名佛手散)在袖, 道逢友人爲游賞金剛山而行者. 遂不歸家, 欣然從行, 閱數月, 遍歷關東諸名勝而歸, 其疏放類是.

妻金氏性淑順. 家徒壁立, 刺[2]繡以供夫子, 無幾微厭苦之色, 盖以夫子從游士大夫, 馳文學聲名爲榮, 他不恤也. 當壽銅之再入妙香也, 都下忽喧傳已祝髮. 及歸,

---

1 着 전후 문맥으로 보아 보충한 것임.
2 刺 원래 '組'로 나와 있는데 문맥으로 보아 바꾼 것임.

金氏迎而言曰:

"吾肝膽皆銷矣."

壽銅曰:"女子膽, 愈小愈宜."

壽銅言若訥焉, 至其抵掌談諧, 僅一二轉, 而聽者皆噴噱. 盖其意在玩世寓規諷矣. 而醉則席地而睡, 不復言也. 凡馬吊·江牌·樗博雜戱,[3] 隨緣放情, 而樽俎宴[4]盤之席, 文雅粲如也. 世稱人如晉·詩如宋. 意有所適, 便褰衣大鳥, 率爾獨行, 千里咫尺也. 遠方未一顧者, 亦誦慕如素知, 雖婦孺見輒罄囊, 爲酒食以侑之. 客有惡而毁之者, 心庵趙相國斗淳曰:

"子腰紫鬢黃, 涉世甚才諝, 然百世之下, 知有壽銅, 不知有子也. 毋多言."

客乃慚而退.

壽銅晚益縱於酒, 或連旬不炊, 猶晏如也. 趙心相提擧譯院也, 將考月稅, 頗稍食也. 謂曰:

"君必以五言詩百韻爲容."

通宵而成, 若貫珠焉. 其詩畧曰:

"人生不滿百, 戚戚復何傷. 前哲旣云邈, 吾曹空自忙. 療痴誰得劑, 涉世未諳方. 酒債饒詩債, 花荒復月荒. 孩提元慕藺, 憂故始驚姜. 譽竊潘安少, 鄰遷孟氏芳. 荊州書非借, 魯國壁同光. 弱步思騏驥, 雛毛待鳳凰. 茆茨非死所, 文字笑飢腸. 烏兔流雙疾, 蟲魚注兩忘. 厭他腐儒氣, 追彼結交場. 陸博寧擔石, 聲名欲楚梁. 一言三太息, 十載九他鄉. 西去探窮域, 南遊犯大洋. 虎林衝雪屐, 鯨窟折風檣. 竪髮增蕭颯, 熱腔添激昂. 燕雲來未了, 蓬丈指相望. 雞代遺墟吊, 香城宿願償. 登臨徒感慨, 閱歷只回徨. 春夢方抽緖, 秋懷遽濫觴. 天涯流似梗, 往迹戀如桑. 回憶馮驩鋏, 初從馬氏堂. 骨筋帶顏柳, 口吻入蘇黃. 此日門羅雀, 當時繡度鴦. 灌夫猶罵座, 賈傅已浮湘. 歷抵宜無合, 艱虞實備嘗."云云.

趙相讚誦不已, 使應試. 及入對, 拈譯書使讀之. 瞬目左右視, 不出聲曰:

"俺不解此."

意固不屑爾也. 仍署爲同院參奉. 故事車駕行, 郞不部從者, 囊鞬直本司. 壽銅乃

---

3 戱 원래 '劇'으로 나와 있는데 문맥으로 보아 바꾼 것임.

4 宴 원래 '鉛'으로 나와 있는데 문맥으로 보아 바꾼 것임.

去遊冠岳, 遂報罷.

嘗爲圭齋南尙書秉哲所遇, 至輒設酒以待之, 時或醉吐褥席, 臭汚人所不堪, 南公猶歡然不以爲嚬, 贈之以詩曰:

"有情天下王長史, 落魄江南杜牧之."

常以爲知己語也.

嘗一日宿于其江榭, 早起渴甚, 露髻往酒店滿飮, 不顧而出. 酒保責價甚急. 乃大呼曰:

"南尙書救我. 鄭壽銅被押."

店主聞其爲鄭壽銅, 謝遣之.

嘗於詩會, 備酒二大壺而藏之. 壽銅密入其藏, 連倒二壺而盡, 醉眠駒駒. 頃之, 皷至, 欲飮覓壺, 酒爲烏有. 認其所爲, 詰之曰:

"其一猶可, 乾其二, 甚沒廉哉."

壽銅笑曰: "右手飮了一壺酒, 左手食了一壺肴矣. 焉有飮而不肴者乎?"

座中皆絶倒.

心庵公嘗與諸宰相會, 談世間恐怖可畏之物, 或言猛虎可畏, 或言盜賊可畏, 或言兩班最可畏. 壽銅進曰:

"余騎虎兩班之賊最可畏."

蓋諷之也.

又某相家廊下, 有一幼子誤吞錢一枚, 其母憂之. 壽銅適過, 招其母問曰:

"兒之所吞, 誰人之錢?"

對曰: "兒之錢也."

曰: "然則無憂. 但撫腹可矣. 今有吞却他人錢七萬兩, 但撫腹而已, 況吞了自己錢一分, 有甚腹病乎?"

時主公有此等收略之說故, 所以規之也. 雖飮酒放曠, 有時滑稽規諷如是. 每渡水, 遇畧彴傾危處, 輒捨橋揭廣而涉, 其履坦戒險, 亦可想已. 一夕得暴疾而卒, 卽哲宗戊午, 年五十一. 游觀公爲專傾而葬之, 心庵公爲述其傳. 嘗自號夏園, 故崔君珸煥爲褒輯其詩藁, 爲夏園詩鈔一卷, 刊行于世.

外史氏曰: "余嘗讀夏園詩鈔一部, 精妙綿密, 奇峭穠麗, 絶不類放曠者口氣. 及讀上心庵相公百韻詩一篇, 於是乎發露其胸腔, 慷慨抑揚之音, 有似燕歌楚調, 令人歎咤悲涕之不堪. 盖自道其平生志抱者也. 惜乎! 其終於落魄, 中身而奄沒, 抑古之所謂秸阮傅奕之流歟."

•『逸士遺事』권1

錦江금강
過錦江急難高義

　江陵金氏一士人, 家貧親老, 乏菽水之供. 其老慈語子曰:

　"汝家先世, 本以富稱, 奴婢之散在湖南島中者不知其數. 汝往推刷也."

　仍出示篋中奴婢文劵軸. 士人持劵, 往島中, 百餘戶村落, 自占居生, 皆奴婢子孫也. 見劵羅拜, 收斂數千金贖之. 士人燒其劵, 駄錢而還. 路過錦江, 時月明寒甚, 見一翁一嫗一少婦, 列坐江邊, 爭欲投水, 而互相拯[1]出, 扶持痛哭. 士人怪問之. 老翁曰:

　"吾有獨子, 吏役於錦營, 以逋欠近萬石. 滯囚屢朔, 盡賣家庄, 徵族徵隣, 而尚多餘數, 更以明日定限. 若過明日, 則當爲杖下之魂, 而分錢粒米, 無可辦出, 不忍見獨子之被刑, 吾欲投水而死, 溘然無知, 而老妻少婦欲共死於此, 而不忍見其入水, 互相極出, 仍與痛哭矣."

　士人曰: "有錢幾何, 則可以償[2]逋乎?"

　曰: "數千金可句當矣."

　士人曰: "吾有推奴錢幾駄, 恰滿數千, 以此償之."

　卽計給之. 其三人又大聲哭曰: "吾輩四人之命, 因此而得生, 將何以報恩. 願入吾家, 留宿而去."

　士人曰: "日已暮矣, 歸路且急. 老親倚門久矣, 不可留連."

　卽馳去之不顧. 其老人疾追高聲曰:

　"願聞行次居住姓名."

　答曰: "聞之何益?"

　因爲走去. 三人遂以此物, 盡償宿逋, 當日其子放出獄門. 渾室感祝其士人, 而其居住姓名亦莫之知.

1　拯　원래 '極'으로 나와 있는데 갑본에 의거하여 바꾼 것임.

2　償　원래 '賞'으로 나와 있는데 갑본에 의거하여 바꾼 것임.

士人歸家, 其老慈喜其無恙而還, 又聞其推奴如意, 益喜之, 問其放良之物, 何以輸致? 士人對以錦江事, 其老慈拊其背曰:

"是吾子也."

後老慈以天年終, 家益剝落, 初終拮据, 萬不成樣. 金哀與地師一人, 步行尋山, 遍踏諸山, 到一處, 地師曰:

"彼麓必有大地, 而其下村落甚盛, 又有大家舍, 不可議到矣."

生曰: "果是大地, 則雖難占山, 一番往見, 何傷之有?"

遂與地師登其山, 尋其龍脈, 坐於一處, 泛鐵而觀之曰:

"此名穴也. 功名顯達, 赫世無比, 子支繁衍, 與國諸存, 可謂無上吉地, 而係是大村後也, 言之何益!"

稱歎不已. 生曰:

"雖然旣已日暮, 留宿彼家而去, 亦何妨乎?"

遂與地師, 入其家, 有一少年, 迎接客室, 待以夕飯.

金哀對燈而坐, 悲懷弸中, 山地關心, 長吁而已. 忽自內室, 一少婦開戶突入, 扶金哀大哭, 氣急不能言. 其少年驚問其故, 少婦曰:

"此是錦江所逢之恩人也."

少年又抱而哭之. 老翁老媼聞此言, 又突出, 抱而哭之. 哭止, 羅拜於生之前曰:

"生我者父母也, 活我者尊客也. 生我活我寧有間乎?"

生初不知本事, 惝怳怊悵. 主人內外, 細言錦江活命之事, 鑿鑿不爽, 仍言曰:

"微君吾其魚矣, 顧安得有今日. 感君高義, 銘鏤在心, 每於外室客來時, 從隙窺見, 或冀萬一倖遇, 豈意今日得遇恩人乎? 吾輩自伊時生出獄門之後, 退吏居村, 極力治産, 今成富家. 家舍田庄排置二所, 一則吾主之, 一則以待君久矣. 今幸天借好便, 得以邂逅, 如欲營窆於此山, 則以此家仍作楸舍, 而君居之. 吾則當移居於越崗之家, 唯君意爲之."

生僕僕稱謝, 擇吉營窆, 仍居其舍, 有子有孫, 爲公爲卿, 雲仍寔繁, 富貴兼存云.

舊僕莫同 옛 종 막동
宋班窮途遇舊僕

古有宦[1]族宋氏, 久替簪纓, 宗支諸人, 幾盡淪喪, 只有孀婦凄楚, 孤兒零丁, 但[2] 有一小僮莫同, 幹理家務, 以替外庭. 一日忽逃去, 闔門嗟惜, 莫詗其迹.

過三四十年後, 其孤兒長成, 貧窮轉甚, 不自能存. 欲往投于關東一邑倅親知者, 路出高城郡, 日暮店遠. 遙尋人烟. 踰一崗, 崗下千家同井, 碧瓦欲流, 溪山艷冶, 亭榭參差, 乃就而問之, 則洞之豪者崔承宣也. 生踵門請謁, 有一少年秀才, 肅生而入, 舘于一舍. 坐未定, 一靑衣傳承宣言曰:

"靜聞無以陶寫, 敢邀客位入座請款."

生隨敎踵至. 有一老人, 豐頤廣額, 兩眼燁燁有光. 見生致禮, 容儀端整, 剪燭談話. 將及三更. 承宣屛左右, 緊閉門, 仍免冠拜伏于生之前, 號泣請罪. 生莫知端倪, 吃了一驚曰:

"令公何故作此駭怪之擧乎?"

承宣曰: "小人卽貴奴莫同也. 厚蒙主恩, 暗地逃竄, 一罪也; 娘娘守寡, 待如手足, 而莫體盛意, 永世忍訣, 二罪也; 冒姓誣世, 猥占祿仕, 三罪也; 身旣榮貴, 不續音信于舊主, 四罪也; 相公辱臨, 待如敵己, 五罪也. 負此五罪, 何以自立於世乎? 幸相公責之笞之, 以贖積罪之萬一焉."

生瞿然無所容措. 承宣曰:

"主僕之義, 與父子君臣不等一間, 今此恩情阻隔, 體貌掣碍, 卽欲無生, 以償此恨."

生曰: "設如公言, 顧今時移事往, 水流雲空, 何必提起, 使賓主俱困? 願安坐閑話."

承宣卽問宋宗之大小族黨無恙與否. 道故感新, 相與興唶.

生曰: "令公自幼誠有器局, 然回耐匹夫, 何得起家至此?"

承宣曰: "正是更僕難盡. 小人童幼執役, 窃覩主家命運否替, 興復無期, 自知一

---

1 宦 원래 '官'으로 나와 있는데『기리총화』에 의거하여 바꾼 것임..
2 凄楚~但 이 대목이 원래 '孤兒零丁孤子'로 나와 있는데『기리총화』에 의거해 바꾼 것임.

生不免飢寒, 日夜[3]自計, 罔有經營, 倉卒逃出, 而志高膽雄, 誓不老於興僮之賤, 乃假冒於崔門之有顯閥而無后者. 初居京華, 潛殖貨財, 數年之頃, 得數千百金. 乃退居永平, 杜門讀書, 謹勅持身, 鄉里已稱以士夫之行, 又散財而買貧民之心, 厚賮而箝富豪之口, 繼使洛城遊俠之徒, 華其鞍馬, 詐冒顯者之姓名, 聯絡來訪, 邑人益信無疑[4]也. 又四五年後, 移鐵原, 修己如昔, 鐵人又待以一鄉之士族, 始乃聘一弁官女, 蓋稱再娶也. 生子生女, 而或慮事覺, 又移居於淮陽. 少焉, 又轉移于此郡, 淮人問諸鐵人, 高人問諸淮人, 奔走相傳, 推我爲甲閥. 而小人以明經, 幸窃科第, 分隷槐院, 歷正言持平, 多賴孔方兄,[5] 而旋以大鴻臚, 擢通政階,[6] 參知騎省, 同副喉院. 一日, 忽念難節者人慾也, 易缺者圓滿也. 若又冥升不已, 無所謙退,[7] 則神怒人猜, 僨誤可慮. 故決意勇退, 更不踏紅塵一步, 優游田園, 歌詠聖澤, 而五子二女皆與顯族結姻, 敝庄前後左右, 都是姻婭之家. 長子以文科, 方在股栗任所, 次子以學行登道薦, 授寢郞而不仕, 次登國庠. 小人年踰七十, 子孫滿堂, 歲收萬斛, 日食千錢, 量分度力, 誆不自足. 而但念主恩未報, 窹寐如結, 每欲趨謁, 恐或發露, 又欲周貧, 恨無門路, 此所以潛自疚懷, 悗忽獨語者, 而今天借其便, 相公來臨, 小人死且瞑目矣. 敢留相公數朔, 用副微悃. 而但以尋常行客, 忽被款厚, 則惹生傍觀之惑, 惶恐敢欲畵以稱姻戚, 以耀門閥, 夜以定主僕, 以正名分, 未知肯納否?"

生許之. 言訖, 天已曙矣. 子弟門生迭進問候. 承宣曰:

"昨夜逢[8]奇事."

諸人曰: "何謂也?"

承宣曰: "昨夜[9]渴睡, 偶[10]使宋生紋氏族, 正爲吾再從姪, 貫派昭然, 信非誣矣. 吾昔在京華時, 與其父追遊同學, 情好如同胞. 伊來四五十年, 不幸有存沒之感, 兼以道路脩夐, 聲音莫憑, 未聞六尺之孤安在. 今者相逢, 倍切傷感."

---

3 日夜 원래 '夜'로 나와 있는데 『기리총화』에 의거하여 보충한 것임.

4 無疑 원래 '之'로 나와 있는데 『기리총화』에 의거하여 바꾼 것임.

5 多賴孔方兄 원래 없었는데 『기리총화』에 의거하여 보충한 것임.

6 階 『기리총화』에 의거하여 보충한 것임.

7 無所謙退 『기리총화』에 의거하여 보충한 것임.

8 逢 원래 '有'로 나와 있는데 『기리총화』에 의거하여 바꾼 것임.

9 諸人曰~昨夜 원래 '偶因'으로 나와 있는데 『기리총화』에 의거하여 보충한 것임.

10 偶 『기리총화』에 의거하여 보충한 것임.

子弟輩大喜稱兄呼弟, 相攜於山亭水榭, 茂林脩竹之間, 以絲竹爲日用, 觴詠爲課程. 居月餘, 生欲辭歸, 承宣曰:

"謹以萬金壽之, 須廣謀田宅, 與近族分飽."

生大喜而去, 車馬輜重照耀長程. 及歸家, 求田問舍, 猝成素封. 知生者莫不異之.

生有一從父弟, 自是潑皮, 最尤陰毒者, 苦問生潤屋之由. 生曰:

"某知縣周恤云."

潑皮不信, 他日又問, 生曰:

"路傍遇得銀甕."

潑皮那裡肯信. 乃釀酒邀生共飲, 醉倒如泥. 潑皮忽大哭, 生怪詰之. 潑皮曰:

"我早失怙恃, 終鮮兄弟, 唯依從兄. 從兄遇我如路人, 寧不悲乎?"

生曰: "我有甚薄待?"

潑皮曰: "不通情曲, 豈非薄待? 生財之由, 終不肯直言, 何也?"

生曰: "汝不知我生財之由, 至成怨恨, 我當實告."

仍細述其詳. 潑皮大怒曰:

"兄長包羞忍恥, 反受叛奴之厚賂, 呼兄呼叔, 亂其綱常, 豈非大段羞恥乎? 我當直走高城, 悉暴此奴悖狀, 一以雪兄長汙衊, 一以扶衰世綱紀."

言已, 納履而走, 直向東門外. 生大懼, 急雇善步者, 馳書於承宣, 語故詳悉, 又引失言之咎. 雇者[11]兼程而至, 則承宣方與諸公飮博, 及呈書閱看, 畧無怖色, 大笑而起曰:

"却悔少日學得小技."

諸人問之, 承宣曰:

"日者宋姪之來, 語到醫人之術, 我偶詫素工鍼治之技, 姪大喜, 言渠有一弟狂易當專送治療云. 余謂戲言, 今果送之. 今明間當抵此, 諸君須各歸家, 屛息關門, 毋使狂者自橫也."

諸人大懼而散, 各自歸家. 一洞爲之斂跡曰:

"承宣家有狂夫來."

居無何, 潑皮性如烈火, 胡叫亂嚷而至曰:

---

11 雇者 『기리총화』에 의거하여 보충한 것임.

“某也吾之奴也! 某也吾之奴也!”

一洞大笑曰:“眞個狂夫來矣.”

承宣安坐不動, 令健奴數十輩, 齊出圍而結縛, 卽拘囚於家後庫中, 以便針治. 已而鄕里諸人又會, 承宣顰眉曰:

“不圖此姪若是嬰疾, 幾成貞痼.”

諸人曰:“可惜, 名家少年, 有此心恙. 吾輩見狂者多矣, 未有若此之甚者.”云云.

夜深席散. 承宣持一大針, 獨造潑皮見囚處. 潑皮張口肆辱, 承宣全不採聽, 以針亂刺, 皮肉盡綻. 潑皮不堪痛楚, 願活縷命. 承宣一向深刺, 潑皮萬端哀乞. 承宣乃正色厲責曰:

“我自守本分, 先陳來歷, 則固當好言相對, 而今忽摘發釁累, 計欲湛滅乃已乎? 我白地刱家,[12] 豈無智慮而被汝庸愚者所敗耶! 初欲以釰客, 邀擊汝于中路, 而特念先世之恩, 姑存性命. 汝若革心改圖, 則當成一富兒, 若迷執前失, 則我不過爲殺人之庸醫. 唯汝自裁.”

潑皮感其忠厚, 量其利害, 乃曰:

“如不悛改, 便爲狗子.”

承宣曰:“自今昧爽, 必呼我以叔. 諸人如有所問, 則汝必答以如此如此.”

潑皮曰:“敢不唯命. 雖呼爺亦甘心矣.”

承宣乃出, 呼子弟語曰:“宋姪病崇, 幸不深在膏肓, 盡意施針, 當奏神效, 須厚備膩味, 以補虛耗.”

翌朝承宣率子弟諸僕, 入見潑皮. 潑皮喜且拜曰:

“自叔父療治以後神氣淸明, 病根快去. 更願安臥靜室, 調養數日.”

承宣泣曰:“天將不餒宋氏鬼耶! 我昨日忍所不忍, 亂刺汝膚, 可謂骨肉相殘.”

因衣以新衣, 携出外舍, 盡意撫饋. 居無何, 鄕里聚集, 承宣使潑皮, 面面拜謁, 潑皮磬折唯謹, 且曰:

“昨日疾大作, 不省所爲, 能無悖慢於諸丈乎?”

自是潑皮禮貌甚恭, 閑住五六月, 以緡錢三千送之. 潑皮終身感戴, 不敢以此事有洩云.

---

12 家 원래 '開'로 나와 있는데『기리총화』에 의거하여 바꾼 것임.

及承宣垂沒, 語子弟以故, 曰: "我只緣戕傷舊主. 我死之後, 只以短端殉身, 以贖罪戾云."

君子曰: "賢哉, 承宣也! 自立門戶, 智也; 不忘舊主, 義也.; 臨沒思過, 仁也. 惟智與義與仁, 非賢何哉!"[13]

• 『青邱野談』海外蒐逸本 甲本 권6

---

13 及承宣垂沒~非賢何哉! 이 대목은『기리총화』에만 실려 있는 것임.

水原 李同知수원 이동지

漣川有窮生金姓人, 將推奴於遠方, 要圖請束入城. 日曛雷雨, 未及抵所向家, 忙投路傍屋, 立門前呼人, 寂無應者. 良久有總角處女, 倚中門遙謂曰:

"外舍荒廢不可宿, 請入此中."

金生喜出望外, 入坐內房, 房中排置殊非貧家. 處女問金生曰:

"何方人, 何爲而到此?"

金生具道所以, 處女卽出廚, 備夕飯, 張灯以進. 喫飯後, 金生曰:

"主人何樣女子, 如是獨守家, 而見我生面男子不爲羞避, 慇懃迎入, 供饋多情耶?"

女對曰: "吾之邂逅生員主, 此實天也. 吾父以富譯, 不幸以妖惡巫女爲妾, 妖巫或咀呪, 或置毒, 吾母吾姨吾娣次第死於其手, 只餘吾一身, 吾父惑甚, 不能覺悟. 吾父又喪出, 纔過三年. 惡巫擅握家柄, 惟意圖欲, 察其氣色, 則非久又將除吾身. 吾之軀命不保朝夕故, 方謀圖生, 而良家女乘夜踰垣走, 義所不敢出, 方此罔措. 而惡巫雖饒財産, 猶不棄本習, 今日赴人家神事, 再明當還, 生員主以此時適到, 天與我托身之便, 何暇羞避而不爲之欣迎乎."

金生曰: "我是至窮生, 汝之隨我, 何以耐飢?"

厥女曰: "吾父財産尙餘屢千金, 吾豈有留置分錢尺布, 以付惡巫之理乎. 盡挈屋中所有以去, 則幷生員主全家家眷穩過平生, 有何貽憂於生員主乎."

金生曰: "此則然矣, 而我有正室, 以汝人物資生, 去爲人下, 似非所甘矣."

女曰: "吾之踪地, 正似晨虎不擇僧狗, 正嫡有無, 非所可論. 吾當盡心服事, 不敢失好矣."

遂與結雲雨之歡. 曉起上壁藏, 搜篋中寶貨與銀錢, 幷庫中所積貨, 與田畓文書, 治裝結束, 出刷馬五六馱滿載, 男前女後, 東抵漣川. 初頭請束推奴之計, 已擲於九霄外矣. 金生以貧兒暴富, 內子之愛是妾, 有甚於同氣, 妾之事嫡亦極卑順, 不敢挾其貨, 渾室和氣洽然.

一日, 妾謂金生曰:

"口腹之憂雖已寬矣, 草木同腐, 所可羞也. 何不留念於科目間事耶?"

金生曰: "吾已失業於文武, 何由以觀光於科場乎."

妾曰: "吾家有千石君忠奴, 在於水原, 持吾書往議, 必有善指揮之道矣."

乃裁一丈書, 謂

"以禍亂餘生, 幸逢仁人, 脫身罹咎, 得托絲蘿百年, 仰望有所父母香火可擧, 言念身命, 萬幸萬幸. 生員有所相議事, 委進汝家, 以汝出人之忠誠, 不計難易, 似必曲副矣."

金生持書赴水原, 尋覓奴家, 則一瓦屋, 居大村中央, 庭前集數十健夫方打稻. 村人稱厥奴爲李同知. 頂金圈, 拂白鬚, 儀觀甚偉, 邀客上堂對坐. 金生出付其妾之札, 厥漢覽未畢, 蒼黃下階跪坐, 泫然流涕曰:

"上典家禍變相繼, 而爲奴無狀, 一自大上典大祥後, 不復往還. 上典骨肉, 只有一阿只氏, 而年來全然不聞其存沒安否矣, 今承諺牌, 始認其托命生員主, 去危就安, 悲喜交集. 而生員主於小人一大恩人, 將何以圖報耶!"

召其妻與子, 拜謁新上典. 金生勸使上堂, 無拘分義. 滿堂奔走, 接待如待別星.

主翁曰: "阿只氏牌子分付, 以生員主行次有所議於小人, 伏問果指何事?"

金生曰: "吾以失業文武者, 每當科擧, 輒致坐停. 君之上典, 以是爲悶, 謂君以忠以富, 必有指揮, 勸我此行矣."

主翁曰: "小人以此家産, 曾不收貢, 又不贖良, 一生不以人奴之故而費財物. 每欲用財報德而不得其便, 今何幸有地效誠矣. 家有兩子善書, 每科捐千金, 則可以絡來場屋雄手, 無論庭試增別, 限十年盡力, 則生員主發身可以必矣."

自是後, 有科厥漢輒率巨擘與其子之筆, 隨金生入場, 修人事恰滿意, 不數年, 金生大闡, 富貴兩全云.

· 『東稗洛誦』 권下

徽欽頓휘흠돈

京居一班, 推奴於遐方, 而與其本官爲平生親友, 坐於衙中, 考閱帳籍, 奴甚繁
盛, 至於百餘口, 而箇箇饒居. 以官威, 捉來其居首十餘漢, 沒捧男女, 花名定贖千
金, 以一旬爲限, 而厥奴輩小無咎怨之色, 以實情告其上典曰:

"奴主卽父子也. 小人先世非敢背主, 凶年飄泊, 轉到于此, 生子生女, 有孫及曾,
今至爲百餘口, 而特蒙上典主垂恤之澤, 利於興販, 得於作農, 遂爲饒民. 而常念
父祖遺來之言, 則以某宅轎前婢, 流落他鄕, 內外諸孫, 今此許多, 而阻隔上典宅問
安, 已爲幾許年云者. 歷歷如昨日之聞, 今者上典主下臨, 實若父母之復見. 雖有官
供, 在[1]小人情理, 豈不欲躬自捧供乎. 伏乞行次於小人之家, 以叙小人輩情理, 惶
恐幸甚, 且相距不過一舍, 六足之勞, 不費半日矣."

上典然之, 明日往焉. 老奴數十輩等候於中路, 馬頭羅拜, 前後擁護, 直抵奴家.
內外大門及家舍皆雄偉, 洞中無他人家, 奴輩族戚自作一大村矣. 遂迎坐於堂上,
進以大茶啖, 男女奴僕一齊現身, 其[2]麗無慮三四百口, 而其中貧不能贖, 願從爲奴
者, 亦近數十家. 厥上典日飽酒肉, 放心閑臥, 將近一旬, 明日卽收贖定日也. 是夜
四更量, 數十名健奴, 圍其上典所在房前後十匝, 又壯丁數十名, 擁入房中, 執捉上
典, 拔劍脅之曰:

"急急作簡於官家, 而以家有繁故, 未能躬辭, 自此逕歸之意, 措語可也. 不然則
命懸此劍."

其中又有畧解文字者, 臨書見之, 無變通之路. 以姑息之計, 不得不從其言, 裁書
而至名字, 則彼所不知矣. 年月之下, 書以'徽欽頓', 卽爲封緘, 傳授厥輩. 厥漢送
其黨中一人, 飛奔呈官.

官開封見之, 至年月下'徽欽頓'三字, 大生疑訝, 尋思良久, 忽然覺得. 盖徽欽,

---

1 在 『청구야담』을본에 의거하여 보충한 것임.
2 其 원래 '一'로 되어 있는데 『청구야담』을본에 의거하여 바꾼 것임.

卽趙宋二帝, 而被拘於虜中者也. 意其班見辱於厥漢輩, 遂枷囚來漢, 大發校卒, 急
往某里. 一邊奉其行次還衙, 一邊以奴爲名者, 無論老小沒數縛來事, 嚴飭出送.

校卒輩飛到其家, 其行次果然見縛於首奴之家, 而一隊壯丁圍匝門庭矣. 校卒急
解厥班之縛, 騎馬送官, 且厥奴輩一並結縛, 驅入於官庭, 厥輩中[3]造謀首犯者, 校
擧報營, 斷以一律, 其餘衆漢, 從輕重一一嚴治. 厥班則給馬還京, 厥奴輩家産沒數
記上, 並爲馱送於厥班行中.

•『靑邱野談』海外蒐逸本 甲本 권2

---

3 中『청구야담』을본에 의거하여 보충한 것임..

彦陽 언양

趙泰億爲嶺南伯, 巡行郡縣, 到彦陽, 方坐館受衙, 館垣之外, 有人大聲而急呼
曰:

"大年, 大年, 吾在此, 而阻閽不得入, 奈何!"

大年者泰億之字也. 泰億卽應之曰:

"汝之來何其晩也. 吾方苦待汝, 汝其速入."

卽遣禮胥迎入. 旣入, 卽引之傍坐, 而把其臂款語, 其人亦不逡巡而喧笑爾汝之.
勅郡吏盛饌而享之.

當夜辟人, 仍與同臥. 從容問之曰:

"君是何姓名而誰族戚, 昔於那地見吾? 今於此郡, 有甚大事急迫之機, 而爲此
出常之擧乎? 吾聞君聲, 知其非親非舊, 而旋料其爲死中求生之計, 故吾亦爲度外
之事, 以應君之機. 今方閑寂, 願詳聞之."

其人曰: "某姓名, 某之族戚, 而布衣貧窮, 屢經喪葬, 積債如山, 而此邑舊有奴
婢, 中間不暇收貢, 仍成棄置者, 殆六七十年. 今來此邑, 欲推理收貢, 而得某宰書,
托於太守, 太守昏弱, 而奴婢太半爲吏胥‧軍校, 蕃盛强橫, 秉權據勢, 方有潛殺之
議云, 此其必然而無疑者. 吾雖空歸, 奴輩必要於路而殺之, 以絕後患. 故出萬死
爲此擧, 而竊聞令公有宏量敏識, 必能度外行事, 必不以斥呼爲罪, 又不以素昧而
黜之, 必有以援濟而救護, 故冒昧禮法, 而不以爲懼耳. 果如所料, 而令公之應卒如
此. 此乃吾得生而成事之時也."

泰億曰: "奈何宏量敏識之有, 而抑君有英雄之才氣, 必不久於窮困者也. 吾之待
君, 旣如此, 則太守必悚懼, 而君之强奴, 必破膽, 智不能謀, 勇不能力, 君之事必成
而無疑矣. 然凡事必欲足吾欲, 則不有人害, 必有天禍. 君其輕其斂, 而使人無怨,
亦使無餘怨之及我也. 凡事好機會難再得, 君之値我, 豈可再乎? 必皆贖放, 而焚
其文簿, 以斷後日之危機也."

其人曰: "吾意亦正如此."

明日, 泰憶囑太守曰: "此人乃吾竹馬之友也. 凡事必皆依其所願, 而逐鄉人心兇強, 奴能殺主, 必愼防之. 吾雖去, 必間日問安否, 愼之愼之."

乃去之他郡, 而走驛卒, 間日書候, 而必有酒肴而餉之. 太守果恐懼, 奴輩皆震怖. 其人請太守, 出百年之版籍, 以詳奴婢之名數. 請官徒, 設威以詰奴婢見存之生産, 盖無一人之遺漏, 而爲五六百人, 而輕其斂而許其贖放, 得數十萬錢. 泰憶又使營校, 護其行, 至京師而止.

•『雲橋別集』권2「漫錄」3

黃鎭基 황진기

洪家寡婦取婿, 多智·有力·能文者三人, 使之往推奴婢, 收[1]貢于醴泉矣. 奴輩誘入渠村之深谷密室, 而一幷結縛後, 懸於樑上, 磨刀其前, 而將欲殺之. 倉卒之間, 力無所措, 故三人被懸, 面色如土. 文者懸於樑上, 噫噓長笑, 二人曰:

"今吾三人命在頃刻, 奚暇於笑耶?"

其人曰: "吾初欲圖生, 故假稱寡婦之女婿, 藏蹤秘跡, 而終不免死, 則豈非天數耶. 是以笑之."

智者應曰: "吾儕死則一也, 身不受刑戮, 家妻穉子俱免坐律, 亦可幸也. 然可歎項羽之爲呂馬童德也."

奴輩怪問其故, 智者紿曰:

"彼人乃亡命罪人黃鎭基也. 吾兩人, 亦是與彼干連者也. 一自亡命之後, 不使人知我行色矣. 今則死已迫頭, 諱[2]之何益. 惟願諸君速速下手焉."

諸人出門相議曰:

"近聞朝家, 揭榜坊曲, 有捉納鎭基者, 施以重賞云云, 今若捉納此三人于官家後, 啓達朝廷, 則吾之鬢邊金玉貫子, 猶屬後歇, 一鎭邊將, 唾手可得. 吾輩本以寒微之人, 家財稍瞻, 而又得功名, 則不是天與妙機會耶?"

僉議相同. 遂解三人, 而緊緊綁縛後, 使健壯者[3]數人, 押向官門而去. 俄有一人後來, 得聞其事, 大驚曰:

"吾輩居于此地, 着冠讀書, 自稱兩班, 如此數三世, 則名宦亦可不難矣. 而今欲貪於通嘉善·僉萬戶之名, 而納此三人于官, 則吾之根本綻露於三人口招之中矣, 奈何? 莫如還爲捉來, 殺之於此處後, 以滅其口好矣."

遂使人追及之, 追者相逢於官門近處, 而更欲捉去, 則有力者反身使氣, 自解其

---

1 收 원래 빠져 있는데 전후 문맥으로 보아 보충한 것임.

2 諱 원래 '恨'으로 나와 있는데 문맥으로 보아 바꾼 것임.

3 者 원래 '者' 자가 없으나 전후 문맥으로 보아 보충한 것임.

縛, 亂打追者後, 入告其由于官庭, 本倅卽招三人, 而使之探實, 則能文者以書供之曰:

"生等三人, 俱是洛中士人洪某之女婿, 洪家願多奴婢, 在於安城·利川·禮泉等地者, 洽滿千口也. 妻父生時, 擇其可使者而使喚, 其餘或有收貢而資用矣. 妻父死後, 貢物無一漢來納之事, 故生等贅入其門之後, 妻母使生等往去奴輩居處, 責其闕貢之罪, 兼收貢錢以來. 故生等三人同行, 而俱以年少未經事之書生, 也不知衆寡强弱之難敵, 但恃兩班咆哮號令之爲勝事, 豈意奴屬之如此頑悖也. 初有五六人漢來, 而以酒醉樣肆惡矣. 又有數十力夫, 幷持蒿索椎棒, 高聲大叱曰, '汝以奴輩, 敢厄兩班耶'云, 故生等不知力夫之有此詭計, 而還乞來救矣. 及其來也, 此又凶賊也. 佯作挽止之狀, 指東打西, 生之同行中一人, 雖自稱有力, 勢無奈何也. 三人無數被打, 緊緊見縛, 懸之樑上, 放火磨刀,[4] 命迫瞬息, 生等計出死中求生, 假作笑於涕淚之中, 變姓名而自稱亡命罪人鎭基, 而以做奴輩之捉納官府矣. 今幸到此嚴明慈恤之案下, 伏願得生恥雪之也.

本倅覽畢大怒, 卽發吏, 而捕捉其凶奴輩後, 一一訊問, 首唱者杖殺之, 其餘隨從, 幷論有差, 盡收貢錢後, 使給三人而送之.

• 『禦睡新話』

---

4 원래 '放火磨刀' 앞에 '以'가 있었으나 문맥으로 보아 삭제했음.

匏器 바가지
擇夫婿慧婢識人

古有一參政, 志養萱闈, 而公擾私務, 鎭日叢集, 未暇左右恒侍. 家畜一婢, 年纔及笄, 容姿豐豔, 性度聰慧. 善承萱闈之旨, 飢飽寒暖, 隨宜管領, 坐臥動息, 相機扶攝. 萱闈以是而自適, 參政以是而悅親, 家人以是而代勞, 愛護偏篤, 賞與無筭. 婢於長廊之內, 別設一房, 書畫什物, 俱極齊楚, 以備少隙燕息之所. 長安豪富子弟, 從事靑樓者, 競欲以千金一娶, 爲希媒寵於參政. 婢四處牢拒, 一心自矢曰:

"若非天下有心人, 寧甘老空房."

一日婢領了夫人之命, 修起居于親黨家. 及其復路, 忽逢驟雨, 忙還其家, 則有一丐, 蓬頭垢面, 避雨于門首. 婢一省而知非常, 携入于自己房櫳, 囑曰:

"爾姑留此."

因轉出而鎖其扃, 踽踽入內闈. 那丐一刻萬想, 莫料端倪, 而姑任其狀, 欲聽下回. 少焉, 出而入室, 詳看那丐, 喜容可掬. 先買束柴, 溫水設沐, 使丐全身洗滌. 且饋暮飯, 美羞珍饈, 跐破枵膓之神, 畫皿朱盤, 眩若滄海之市. 日已曛黑, 街鍾亂動, 遂交頸於錦襪繡裯之中, 宛轉春夢, 顚鸞倒鳳. 黎明使丐椎髻成冠, 又衣以鮮服, 穩稱其體, 果然儀容雋爽, 氣宇軒豁, 非復昔日之愁蹙也. 又囑曰:

"君可入現於夫人及參政, 而如有動問, 必對以如此如此."

丐滿口領諾, 卽謁參政. 參政曰:

"此婢昔擇其耦, 今也忽地結褵, 必見可意人也."

乃使丐近前曰: "汝所業甚麽?"

曰: "小的將些錢貨, 使人殖貨八路, 變幻貴賤, 相時射利."

參政大喜深信. 自是丐美衣豐食, 不事一事. 婢曰:

"人生斯世, 各有所幹, 而飽食無爲, 將如謀生何哉?"

丐曰: "若欲料理資生, 須得十斗銀子, 乃可."

婢曰: "我當爲君周旋."

因入內堂, 乘間, 懇于夫人. 夫人轉言於參政, 參政慨然然諾. 丐將此白金, 都買洛肆乍着不褻之衣, 積於天衢, 盡招平日同與乞丐之若男若女, 總以其衣衣之. 次聚江郊乞兒, 亦如之, 次尋遠鄉近州, 流離飄蕩之類, 以無漏大庇爲心. 馬以駄之, 雇以擔之, 循八路而盡之, 只餘一匹馬及數襲衣. 因作襦擔, 籍於馬背而行. 時當中秋, 霽月初上, 淡烟橫野, 郊通路, 四無行旅. 揮鞭促程, 聽其所止而欲止. 路遇大橋, 橋下有洴澼之聲, 裸人語響. 深宵曠野, 疑其木客. 因下馬據橋, 探視橋下, 則有一翁一媼, 解衣露體, 澣其所着之衣, 驚人俯視, 愧其赤身, 揮手趨避, 無所措躬. 乃招出橋上, 罄其所儲之衣以衣之. 是翁是媼, 嗚謝僕僕, 懇請邀入, 止宿于其家, 則數椽蝸舍, 僅庇風雨. 丐繫馬于外, 入室而坐. 翁媼奔走幹辦, 以饋籩飯苦菜. 丐一飽而欲宿, 請借枕具, 則翁媼乃於椽角之間, 搜出一匏瓠曰:

"可以枕此."

丐依言而臥. 乃於黑窣窣地, 用手捫匏, 則旣非金石, 又異土木. 謹細捫摩, 而認他不得. 忽有呼唱之聲, 喧聒籬外, 甚有威猛, 如貴者之踵門. 俄有一卒, 應令而入, 欲奪此匏.

丐曰: "是我所枕, 不可輒與人明矣."

數卒繼而攫取, 丐一向拒之. 居無何, 貴人躬入而詰之曰:

"汝詎知適用此器, 而如是自寶耶?"

丐曰: "旣入我榖, 義不輕許, 而實昧適用之術."

貴者曰: "此殖貨之良寶. 若以散金碎銀, 納其中而搖之, 則頃刻滿器. 汝必待三年之期, 拋之于銅雀津, 無使他人覷知之.[1] 愼勿疏虞."

丐大喜而叫, 乃尋常片夢也. 時天色向曙, 翁媼已起.

丐曰: "願以鄙鬣, 易此瓢."

翁洸洸而却曰: "此物不直一錢, 敢售駿馬也."

丐脫其衣而掛壁, 繫其馬於門楣, 反求主翁鶉衣, 掛于身子. 又以一藁席, 包其匏, 擔而出. 乞食於行路, 依然復爲乞兒樣子. 間關千里, 屢日入城, 直望參政家而造焉. 忽地心口相語曰:

"當日出門, 萬萬銀資, 今夜歸家, 弊弊衣裳. 恐有礙於見聞, 姑待烽後鍾前, 闃其闃寂而入, 無妨也."

---

1 之 원래 빠져 있는데 『기리총화』에 의거하여 보충한 것임.

乃藏身於酒肆, 少俟夜闌, 瞥入其家, 則廊門半掩, 房戶牢鎖. 丏因屛氣息迹於昏黑深陬, 俄而婢自內而出, 推局而入曰:

"今日街鐘亦云鳴矣. 吾一雙銀海, 不識人品, 致此噬臍, 奈將何爲?"

丏微啾一聲, 使知其來.

婢驚曰"誰也?"

曰: "吾也."

曰: "何往何來?"

曰: "開門燃燈."

乃挈其負而入室, 相對燭下, 則羸垢之容·襤褸之服, 比諸宿昔倍爲愁慘. 婢吞聲出門, 備晩食而一飽共歇. 是夜晨鐘纔動, 婢蹴丏而起, 重裹輕寶, 欲爲竊負而逃, 以免亡銀之罪. 丏瞋目厲聲曰:

"我寧首實獲戾, 豈可相携逸去, 重添禍網也?"

婢怒曰: "君縱不能庇一妻, 詎忍由我困人, 日逢笞罵, 猶作丈夫語耶?"

丏曰: "卿若一執迷見, 我當先告于參政, 小效自新."

婢更無奈何, 纏恨含憤, 却入內屋. 丏乃出匏子, 且得片銀於婢子之箱篋裡, 納于其中. 暗祝天地, 用力搖晃, 開口視之, 則白雪也似紋銀充滿一匏. 因注於屋漏中最凹處, 搖之又搖, 注上添注, 俄頃之間, 與屋子齊高. 始以廣裸撫掩, 高枕而睡.

婢良久而出, 忽見有物塡塞房子, 不勝怪訝, 褰帷而視, 則片片白銀, 堆積如京, 不知其幾千十斗也. 始驚如啞, 口咭目瞠, 俄纔定精曰:

"此物從何而生, 又何其夥也?"

丏笑曰: "宵小兒女, 焉知丈夫之做事也."

因與帶笑相戲, 坐而待晨, 換着新衣, 伏謁於參政. 始參政罄一家之儲, 以付于丏. 丏一出而久無形影, 心甚訝惑. 忽於昨夕, 一傔童見丏之狼狽而歸, 備告參政. 參政愕爾缺懷, 夜未穩睡. 及見丏滿着燦燦衣服, 趨謁於前, 參政已在疑信之中, 亟問爾興販已完否.

丏曰: "多荷貴宅俯助, 獲利甚優. 請納二十斗銀子, 俾完子母之恩."

參政曰: "我豈受利息也? 只償本銀, 切勿更溷."

丏曰: "小的可死, 利息不可不納."

因戴負輸置于庭除, 正如臘前厚雪, 可爲三四十斗. 參政素是嗜利, 欣然領受. 婢又以十斗, 獻于萱閣, 庸申微誠, 又以數十斗, 分納于諸夫人. 其餘傔隷臧獲, 擧得數鎰, 擧家嘆羨嘖嘖不已. 參政乃悟疇昔之夜一傔之備述丐襤褸之狀者的是搆陷. 亟告萱閣曰:

"此傔深猜此婢, 搆揑殊甚, 錦衣紈袴者, 勒謂鶉懸, 橐盈黃金者, 勒謂敗還. 究其心肚, 實非佳人."

乃厲責那傔, 傔一辭稱屈, 而不之信, 亟令斥之.

丐自是日富月贍, 贖婢從良, 百年湛樂. 子姓繁衍, 至有登朝籍. 而匏器則果於三年之後, 祭而投之銅津云.

• 『破睡篇』권上

轎前婢교전비

一士人娶妻, 則其率來婢子, 年可十五六, 容貌端正, 爲人敏捷故, 士人每欲私之, 言語形色, 有見於厥婢. 婢自思曰:

"吾與娘子, 名雖奴主之有分, 自離襁褓, 至今同袍, 義同兄弟. 今來爲其敵人, 則冥冥之中, 天必有殃矣. 久居此處, 則萬端威惻, 必不得免矣. 如是而豈有同食同衣至于今相愛之舊義乎! 不如逃躱自避. 若告娘子, 必不肯許也."

乃換着男服, 不告而逃. 路上逢酒媼, 而察其家無男子, 乃作雇工, 則凡百事伶俐, 難以形言. 四五朔後, 酒婆始知女子, 而換着女服, 愛之如己出. 又數月後, 科客過去者, 望見其姿色之美, 而懇請通婚於其酒婆, 則婆告女. 女曰:

"吾雖流離於此, 本是班族之處子, 寧爲貧士妻, 不作富貴妾."

科客亦是未娶者也, 仍卽成婚矣. 科客幸得科名後, 率去其妻. 歷高官, 生三子而死焉. 其後三子, 連爲登科, 皆在名窒.

一日其兄弟相言曰:

"某也何可堂錄, 某也何可持掌, 某也何可弘吏耶?"

其母曰: "以汝之家地, 何敢論評他人乎! 吾拘於家中耳目之煩多故, 不卽言於汝矣. 今幸子婦輩, 適不在傍耳. 吾試言之, 吾則某鄉居李生員宅某班之婢, 名某而假稱李妹者也."

因言前事, 思其主而泣之. 適其時, 賊漢伏在廳下, 細聽其事, 乃曰:

"吾每蹈危機, 盜人財物, 而苟苟充腹. 寧告此事於李生後, 分其贖身之錢, 則豈不妙哉!"

卽往渠所, 而優辦盤錢, 卜得一馱, 往訪李生. 而細告其由, 則生欣然寬待, 喜若不勝, 言曰:

"切勿漏泄, 使隣人知之."

卽擇日而發行京城. 使盜漢牽馬, 乃以其子, 佯作陪行之狀. 行到大江邊, 暗推盜漢, 而投水滅口後, 入于京城. 尋訪其家, 而通其姓名, 言於婢僕曰:

"吾乃汝宅大夫人之甥也."

奴輩入告, 旋卽請入. 甥妹相見大哭, 以敍積阻之懷後, 與甥侄及姪婦等, 行初見禮. 而留之數月, 主人請銓曹, 付除監役. 數日行公, 不仕還鄕, 則甥侄中一人, 已爲宰相. 多買屯宅以給之, 付扗於其邑倅與道伯, 使之厚待. 其生色榮幸, 冠於一道.

大抵李生之稱妹, 得職致富, 此乃施恩於老夫人之洗其賤名, 快爲士族, 可謂幸矣.

•『禦睡新話』

曙 새벽

昔有一宰相內外偕老, 而有一童婢年十七, 容色不麤, 性又醇良, 夫人寵愛之. 宰相欲近幸, 厥女不承從, 泣告夫人曰:

"小人將死矣. 大監屢欲以小人薦枕, 若不從命, 則畢竟死於大監刑杖之下, 若從命, 則小人蒙夫人子育之恩, 何忍爲眼中釘乎! 一死之外, 更無他道, 將欲往投江水而死."

夫人憐其志, 捐出白銀靑銅簪珥之屬, 幷與渠之衣服, 裹一褓而與之曰:

"今無以在此. 人生又何可空死. 持此物, 往投汝所欲去之處, 以此資生."

待曉鐘纔罷, 潛開門, 出送之. 厥婢養於宰相家內舍, 未省出門行路, 持此褓裹, 不知所向. 直從大路而行, 出南門, 漸近津頭. 時天色方曙, 聞有馬鈴聲, 從後而來. 見有丈夫近前而問曰:

"汝是何處女兒, 如此早晨, 獨往何處?"

厥女曰: "我有悲寃之事, 將欲投江而死."

其人曰: "與其浪死, 吾未娶妻, 與吾居生何如?"

厥女許之. 遂馱之馬上而去.

其後幾年, 宰相內外俱歿, 其子亦已死, 其孫已稍長矣. 家計剝落, 無以資活, 忽思先世奴婢散在各處者多, 若作推奴之行, 則可得要賴之資. 遂單身發行, 先往某處, 招致諸漢, 示以戶籍曰:

"汝輩皆吾先世之奴屬也. 吾今收貢次下來, 須從人口, 男女之數, 一一備出."

厥漢輩, 口雖應諾, 心懷不良, 定一房而居之, 備夕飯以待之, 將於其夜, 聚黨而謀殺之. 其班不知而困眠矣. 忽於夜半, 聞窓外有多人聲跡, 心切疑之, 潛聽之, 則以開戶先入, 互相推諉. 始乃覺之, 大生驚怵, 潛身起來, 蹴倒北壁而出. 厥漢輩, 或持刀鈀, 或持椎杖, 或從房中, 或從廚後而逐來. 其班無計圖生, 遂超越短籬, 忽有一虎突前捉去. 厥漢輩見其人爲虎所捉去, 相顧大喜曰:

"不勞吾輩之犯手, 自爲虎狼所噉, 豈非天哉! 永無患矣."

其虎雖捉去其人而去, 只唧其衣後領, 而翻其體, 負背上. 半夜之間, 不知走幾里, 往投一處, 掀翻墜地. 其人肌膚則雖不傷, 而精神昏窒. 已而驚魂小甦, 開睫周視, 則乃一大村中井邊人家大門之前, 而其虎尚蹲坐其傍, 天色向曙矣. 井邊家人, 將欲汲水, 開門而出, 忽見何許人, 僵臥地上, 又有大虎守其傍. 大驚走入, 連呼聲 "有虎". 其家人老少一齊持杖而出, 虎見眾人齊來, 始起身欠伸, 徐徐而去. 始問僵臥之人曰:

"汝是何人, 緣何到此? 斑寅又何故相守而不去也?"

其人始述顛末, 人皆嗟異之. 其家老母, 亦出來相見, 認其人容貌, 請其人入內舍, 語之曰:

"子非兒名某氏者耶?"

其人大驚曰: "吾是也. 老媼何以知之?"

老媼遂細述 "兒時爲某宅婢子, 受恩於夫人, 今日如此居生, 莫非夫人之德. 吾今年將七十, 何日忘之. 但京鄉落落, 聲聞莫憑, 今日郎君意外到此, 此天使之報舊恩也."

遂遍呼諸子孫, 諭以 "此是吾上典. 汝輩一一現身." 又拓北窓, 招諸子婦, 一並現身. 備盛饌而進之, 製新服而衣之, 挽留數日.

老媼諸子, 皆是壯健桀驁, 有風力, 財産豐饒, 行號令於一鄉者. 今忽不意其母以一介流乞之人, 稱之以上典, 使渠輩盡爲奴屬, 憤怒撐中, 又爲鄉中之羞恥. 然其母性嚴, 諸子莫敢違其志, 不得不黽勉從令. 其班謂老媼曰:

"吾離家已久, 可以急歸, 須爲我俾得速還."

老媼曰: "姑留數日, 亦何妨耶?"

待夜深後, 見諸子輩熟睡, 屬耳而言曰:

"郎君不見諸子輩氣色乎? 渠輩雖以吾命不得不外面順從, 其心不可測也. 若單身歸去, 則必致中路非常之禍. 我有一計, 郎君其能從之否?"

其班曰: "何計也?"

老媼曰: "我有一孫女, 年近二八, 亦頗有姿色, 尚未定婚, 欲以此女納于郎君, 則如何?"

其班猝聞此言, 惝恍不能答. 老媼曰:

"從吾言, 則可以生還, 不從吾言, 則必致非命之禍. 我不忘舊主之恩, 爲計至此,郎君何不聽之?"

其班許之. 明日老媼召諸子輩, 言之曰:

"吾以孫女某也, 納于某上典. 汝於今夜, 整辦婚具, 無敢違忤."

諸子輩不做一聲, 唯唯而退. 其夕修理一房, 爲新婚之房, 使其班入處, 艶粧其孫女入送, 遂成婚焉. 翌朝老媼入見問安, 又召諸子輩, 語之曰:

"上典主明將還宅, 孫女又當率去. 騎馬一匹, 轎馬一匹, 卜馬數匹, 斯速備待, 轎子亦爲借來. 汝輩某某陪行上京, 受上典主書札而來, 使吾知平安行次之奇."

諸子輩奔走應命, 一齊辦備, 遂治發上京. 衾枕衣服, 如干錢兩, 幷載一汰, 一路無事平安得達, 其班作書付其回便. 其後每年一伻, 限老媼終身.

• 『靑邱野談』海外蒐佚本 甲本 권6

解放 해방

　陜川伽倻山海印寺僧至誠者, 少日承其師之令, 受錢千五百, 而往平海貿藿. 到平海, 見一士人, 携一童男一童女而行者, 童男女啼泣而行. 至誠意哀之, 問於士人曰:

　"所携童男女, 何爲者也?"

　士人曰: "吾自京師之平海, 爲督奴婢之貢, 奴婢皆死, 只餘此穉故, 縶歸京師, 將以役之也."

　至誠曰: "海邊童穉, 卒入京師, 四無親知, 只仰主家之衣食, 何能耐城中之饑凍乎? 願受貧道之錢而賣之也."

　士人曰: "汝買二穉, 將以何用?"

　至誠曰: "欲買而放之, 使得自便而爲傭賃於其親戚故舊之鄕耳."

　士人曰: "汝錢幾何?"

　至誠曰: "千五百矣."

　士人曰: "汝錢恨少, 然汝意甚善, 不可違也."

　遂受錢成文而與二穉. 至誠旋爲放良之文, 而俾二穉任其所之, 二穉歌舞而去. 至誠空手歸, 見其師而曰:

　"中路失錢而來矣."

　後十餘年, 二穉嫁娶成産業, 相謂曰:

　"僧恩不可不報也."

　皆裝爲而行, 女則男服, 馬行二日, 曉發有礙於足, 視之有鎖之櫃也. 二人曰:

　"爲僧報恩之行而得此. 此中未知有何物, 然必天之所以付我, 而報僧恩者也."

　遂不開櫃, 而載之於馬. 旣至海印寺, 見至誠. 至誠問:

　"何人何爲而來乎?"

　二人曰: "我居平海, 乃禪師所買而放者也."

　至誠曰: "汝能成立如是乎!"

　至誠之師, 大喜驚嘆至誠之賢. 二人解裝獻饌, 而又納其櫃曰:

"此拾於道者也. 未知其中之所盛, 而意天之所與於禪師者, 故不開其鎖, 而謹玆納之矣."

至誠曰: "汝之所拾於道者, 乃汝貨也. 何關於我?"

二人曰: "爲報禪師而發行, 二日方得此櫃, 天意可知. 願師勿却也."

寺中皆曰: "二人之言果然, 禪師必受之."

至誠受而掊鎖, 其中皆黃金也. 至誠分其半, 買沃田以畀二人, 使皆富. 自用其半, 而富甲於寺中云.

• 『霅橋別集』권5 「漫錄」 6

第4部

●

世態 II‥市井 周邊

작자 미상 「태평성시도太平城市圖」(국립중앙박물관 소장)

驟雨소나기
聽驟雨藥商得子

壯洞藥儈, 老而鰥居, 無子無家, 輪廻藥肆而宿食. 時英廟方幸毓祥宮, 時當四月, 驟雨注下, 溝渠漲流. 觀光諸人, 避雨於藥肆房室, 簷廡彌滿簇立. 藥儈時在房中, 忽言曰:

"今日之雨, 若吾少時踰鳥嶺時雨也."

傍人曰: "雨豈有古今哉?"

曰: "其時, 有可笑事故, 尙今不忘."

傍人曰: "可得聞乎?"

曰: "某年夏, 倭黃連乏絶於京藥局,[1] 吾以急步, 將貿於萊府. 日午, 越鳥嶺, 纔過鎭店, 無人之境, 驟雨急注, 咫尺難分. 彷徨圖避之際, 山崖有一草幕, 直向入去. 有老處女在焉, 爲先脫衣而澣之, 而處女在傍不避. 忽焉心動, 仍與狎焉, 處女亦無難意. 少焉雨止, 故不問其女之居住而卽來矣. 今日之雨, 政如其時之雨, 故偶爾思之矣."

俄而, 自簷外有一平頭兒, 直上軒, 問:

"俄者言鳥嶺雨者, 是誰座也."

傍人指之. 厥童卽拜曰:

"今始得父, 天幸也."

許多傍觀, 無不疑恠. 藥儈亦異之曰:

"是何說也?"

厥童曰: "卽聞父親身上有標, 暫請脫衣也."

乃脫衣, 見腰下後. 厥童尤以爲無疑曰:

"眞是吾父也."

座中曰: "願聞其由."

---

1 於京藥局 원래 빠져 있는데 『해동야서』에 의거하여 보충한 것임.

兒曰: "吾之母親, 兒時守幕, 一經雨中行人, 後因有胎以生吾. 吾漸長至學語, 隣兒則有父呼之, 吾則無父可呼. 故詳問于吾母親, 吾母親所言, 一如俄者父親之言. 且聞其時, 暫見左臀有一黑痣云矣. 吾一聞其言, 自十二歲, 離家尋父, 周廻八路, 三入京城. 今爲六年, 而幸而得父, 天之所使, 豈非萬幸."

仍謂其父曰: "父主不必久在於京, 願與偕往, 吾當力穡奉養. 且母親方在守節, 而以其親家之不貧, 似無朝夕之憂矣."

一時觀者, 無不嘖嘖稱奇. 藥肆主人方在內, 聞而出來曰:

"某也得子云. 世間豈有如此稀貴慶賀之事乎! 其在親知之心, 猶尙聳喜, 況當者之心, 尤如何哉!" 亦勸與子同去. 藥儈喜則喜矣, 久留京中, 猝地離去, 不無怊悵之意, 又以盤纏爲憂. 其兒曰:

"勿慮. 自有行中如干錢矣."

衆人皆力勸隨去, 皆收囊中所有, 助給之, 爲五六兩. 主人亦給十餘兩. 雨晴後, 仍別諸人, 而與其子同行.

有家有妻, 有子有食, 優遊以終身云.

• 『青邱野談』海外蒐逸本 乙本 권2

銅峴藥局 동현 약국
投良劑病有年運

　　銅峴有一藥舖. 一日, 有一老學究, 獘衣草履, 貌似鄉愿, 突如而入. 坐於室隅, 口無一言, 移晷不去. 主人恠問曰:

　　"何處客主, 以何事來臨?"

　　學究曰: "某, 與客約會于此, 故今方苦企, 淹留貴肆, 心切不安."

　　主人曰: "何不安之有?"

　　至食時, 主人請飯, 則不應之, 走出門外, 以囊錢買飯于市舖而復來, 凝然如前. 如是數日, 所待之友, 終不見至. 主人雖窃怪之, 而亦不敢辭却也.

　　忽有一庶人曰:

　　"妻方臨産, 猝然僵仆, 不省人事. 願得良劑, 以救此急."

　　主人曰: "爾輩無識, 每謂販藥者, 能通醫術, 有此來問, 然我非醫也. 焉知對證投劑乎? 若往問醫人, 出方文以來, 則當製給矣."

　　庶人曰: "本不識醫師門巷, 望以一劑活人."

　　學究勸說曰: "若服藿香正氣散三貼, 則卽愈矣."

　　主人笑曰: "此是消痞解欝之方, 若投産病, 則便同氷炭. 君徒習於口而發也."

　　學究固執前言.

　　庶人曰: "事已急矣. 雖此劑, 萬望製給."

　　因問價投錢. 主人不得已稱量與之.

　　向夕又有一庶人來謁曰:

　　"某, 與某甲隣居, 某甲妻, 方産垂絶, 幸得良藥于此舖, 得以回甦, 此必有良醫. 故欲[1]謁耳. 某之子, 方三歲, 患痘瘡, 方劇. 望以珍劑救活."

　　學究曰: "亦服藿香正氣散三貼."

　　主人曰: "庶人輩未嘗服藥, 故其強壯者, 或以此藥收效, 而至於襁褓之兒, 決不

---

1 欲　원래 '修'로 나와 있는데 『청구야담』에 의거하여 바꾼 것임.

當服此. 況其症形, 不啻千里之差乎!"

庶人固請, 主人又與之. 旣而, 庶人來告, 果得立效. 自是聞風者, 踵門而至, 學究莫不以藿香正氣散應之,[2] 無不良已, 捷於桴鼓. 殆近數月, 學究未嘗去, 所侯客亦不至.

一日, 有一宰相之子, 乘健驢入門. 主人下堂迎之, 灑掃惟勤, 擧家奔走先後, 而學究獨坐木櫃上, 不動一毫. 宰相子曰:

"親癠沉綿, 已經數月, 百藥無效, 元氣漸下. 昨邀嶺南一儒醫, 命補劑, 而醫言, 陳根腐草, 難以得力, 須親造藥肆, 別擇新採之劑, 依法妙製, 可望收效云. 故有此親訪."

主人遂極擇良品, 按方製藥. 宰相子, 低聲問曰:

"彼坐槓子上者誰也?"

主人曰: "此間有異事. 遂述前狀."

宰相子, 乃整襟詣其前, 備告其親症候, 仍請良方. 學究無所改容, 但曰:

"藿香正氣散最佳."

宰相子暗笑而起, 携[3]貼藥而回. 仍使傔輩煎藥, 復向其親, 語及學究事而一笑矣. 宰相曰:

"此藥未必不是當劑, 試服之如何?"

其子及門人傔輩交進告曰:

"積敗之餘, 何可服消散之劑, 決不敢奉命."

宰相默然. 旣而, 熨藥以進. 宰相曰:

"所食不下, 姑置臥內."

迨夜仍暗覆之. 使左右潛劑藿香正氣散三貼, 混而爲一, 以大鎗合而煎之, 分三服之. 詰朝起坐, 則神淸氣逸, 病根已釋. 其子候起居, 則曰:

"宿疴已祛體矣."

其子曰: "某醫眞華扁也."

宰相曰: "非也. 藥肆之學究, 未知何方人, 而眞神醫也."

仍言覆藥而煎服正氣散之事. 又曰:

---

2 之 원래 빠져 있는데 『청구야담』 을본에 의거하여 보충한 것임.
3 携 원래 빠져 있는데 문맥으로 보아 보충한 것임.

"數朔貞疾, 一朝氷釋, 恩莫大焉. 汝須親往迎之可也."

其子, 承命而往, 極致感謝之意, 仍請偕往鄙家, 學究拂衣而起曰:

"吾誤入城闉, 致此汚衊之言. 吾豈作幕中之賓耶?"

遂飄然而去. 宰相子, 憮然而退. 歸告其由, 宰相益歎其耿介拔俗之士.

旣而, 上候違豫, 轉輾沉篤, 良醫迷其所向. 擧朝莫不焦遑. 其宰相, 時任藥院提調, 適感學究事, 因入診口達. 上曰:

"此劑未必有益, 亦無所害."

仍命煎入, 進御, 而翌日乃瘳. 上益歎異之, 令物色而訪之, 終不可得.

識者曰: "此異人也. 盖醫書有年運之循環, 一時之間, 百病雖異類, 而其根則年運之所使也. 苟知其年運, 而投入襯合之劑, 則雖不相當之症, 無不有效. 近世業醫者, 全昧此理, 故但隨症而試藥, 治其末而捨其本, 所以孟浪殺人也. 此學究, 必預知上躬之當有眚度, 而非此劑則無以能救, 故假此以自達耳."

•『破睡篇』권上

無棄堂 무기당
聽街語柳醫得名

柳知事相, 少時以醫術名於世, 頗有才而未得其妙境. 適隨嶺南伯, 以冊室下去, 累朔留連, 無所事爲, 甚無聊. 請於巡相而告歸, 嶺伯許之. 卽以所騎騾子, 並奉給之.

柳渡琴湖江, 未及牛岩倉, 牽奴以放屎爲言, 授轡於柳曰:

"此騾甚驚突, 必操心堅坐也."

柳偶然擧鞭一打, 厥騾果大驚奔馳, 騰山超溪, 勢不可遏. 柳則牢着精神, 堅執鞍子, 幸不墜地. 厥騾少不停足, 終日馳突, 所向盡是山谿崎嶇之路. 日將暮, 忽踰一嶺, 立於一家堂前. 堂中老人呼其子曰:

"有客騎騾來矣. 牽入善喂, 且備客子夕飯."

柳終日昏眊之餘, 幸此騾子之駐足, 收拾精魂. 下騾升堂, 與主人敍寒暄, 仍言騾子奔馳之狀. 少頃飯出, 療飢後, 仍困憊臥眠. 主人坐於閫內, 柳則坐於閫外, 一燈耿耿主客相對嘿然. 俄有謦音於外.

主人拓窓曰: "來乎!"

曰: "來矣."

主人携長劒而出曰: "無以主人之無也, 長者書冊, 勿爲看之."

倏爾而去. 柳心甚疑恠. 柳更看下房, 近壁垂帳, 迎風自開, 隱隱若有所可觀. 主人之言, 雖甚謹嚴, 可不一次涉獵哉. 遂起立披帳, 則盈箱滿架, 盡是醫書. 柳亂抽而繙閱之際, 自外有人跡聲, 卽還揷卷而退坐. 少頃, 主人入門, 回顧柳曰:

"少年太無禮. 長者書籍, 唯意取見乎."

柳曰: "知罪知罪."

仍問其持劒出入之事.

主人曰: "適有友於江陵, 要我酬怨, 故俄者暫出而來也."

仍與柳就寢. 鷄初鳴, 主人呼其子曰:

"騾子喂之乎?"

柳亦起坐. 須臾飯至, 喫了.

主人曰:"須速發, 勿爲逗留也."

柳起身騎騾, 則主人之子, 亦一鞭打了. 騾子[1]如昨超逸馳突, 當午至廣州板橋, 則[2]掖隷十餘, 連絡路次, 呼聲曰:

"柳書房來乎!"

柳是時連日馬上橫馳, 且去夜不得接目, 精神昏迷, 如醉如呆, 騾子背上一箇泥塑人也. 一紅衣, 當騾前問曰:

"行次非柳相柳書房主乎?"

柳曰:"緣何問也?"

答曰:"上候極重, 方招柳書房主入診, 卽令小人等渡江而俟之矣. 盖聖候中, 有一神人現夢曰,'柳醫名相者, 方自嶺南, 騎騾上來, 須急送人于江邊而招來, 則聖候萬無一慮.'云故也.

柳曰:"吾是柳相也."

紅衣輩大喜, 相率扶護. 柳於馬上細問, 則大殿以痘患, 方在黑陷云云. 柳還家, 服公服, 入闕之路, 過銅峴, 有一嫗, 背負新經痘兒, 而立於街上, 在傍一人見而問曰:

"此兒之痘, 所聞極重云, 何以無頉出場?"

嫗曰:"此兒以黑陷, 七竅盡爲一殼, 呼吸不通, 束手而待盡. 幸逢過去僧, 用柿蒂湯. 後七竅盡通, 今至快蘇昨日送神矣."

柳駐馬聽之柿蒂湯云云.

昨夜山中所見書, 亦有之. 於是入侍診候, 則與俄者嫗所負兒痘同證也. 遂出柿蒂湯. 時當四月 柿蒂雖內局難得. 是時, 南村有一措大, 作一間房, 揭號以無棄堂, 天下無用之物, 雖樊噲等破瓢, 俱收並畜. 柿蒂一斗, 亦得來於無棄堂中. 進一貼奏效, 聖候平復, 柳相遂以名醫擅名.

由是觀之, 一翁一嫗, 皆是異人之類, 而騾子之超逸, 神人之感夢, 莫非天使之然也. 異乎異乎.

• 『靑邱野談』海外蒐逸本 甲本 권4

---

1 騾子 『해동야서』에 의거하여 보충한 것임.
2 則 『해동야서』에 의거하여 보충한 것임.

南山남산
失妙貢物

藥局諸益, 設酒肴, 登南山濯足矣. 一人, 忽動腎難堪, 尋懇懇處, 而方挐腎之際, 禁松軍, 自後而來, 大呼曰:

"此兩班! 南山重地, 其事是何事也?"

其人乍驚顧視, 則乃禁松軍也. 卽顏駢, 挽其袖而近坐曰:

"吾之此事, 幸勿煩說焉."

軍曰: "南山重地, 此等事大禁法也. 不可仍置, 當捉去矣."

其人懇乞曰: "老兄是何說? 俗語云, 死病有生藥, 少弟一時無顏之妄. 吾兄豈無闊恕乎?"

乃罄出囊中錢給之曰: "此物, 雖些少, 買飮酒盃, 寬恕焉. 日間訪弟, 則當厚待矣."

禁松軍曰: "兄宅在何?"

曰: "弟家卽銅峴某邊第幾家耳."

禁松軍曰: "南山卽案山重地, 此等事, 若現捉, 則以一罪用之. 然兄之懇乞如是, 故不捉去. 後勿更爲也."

其人感謝感謝, 禁松軍受錢, 心甚可笑, 不顧而去.

禁松軍, 翌日歷入其家, 則其人果在房, 望見禁松軍之來, 卽掬錢, 忙出給之. 受而不顧而去. 過數日後又歷入, 則如前樣, 掬錢給之.

如是者凡四五度. 在傍人, 莫知何故, 問其故. 主人諱不肯言. 其後, 又如是, 故傍人, 懇問其故, 主人乃懇懇附耳而語曰:

"吾於某日往南山之時,[1] 若此若此, 而厥者厚恕, 故其恩感謝如是耳."

其人聞甚可笑, 責曰:

"男兒挐腎, 卽例事[2]也. 非但南山, 雖闕內爲之, 誰能禁之耶? 日後若更來, 責

---

1 之時 전후 문맥으로 보아 보충한 것임.
2 事 전후 문맥으로 보아 보충한 것임.

送也."

其後, 禁松軍又來矣. 責之曰:

"吾之拳腎, 有何關於汝乎?"

軍曰:"當初如是, 則誰能來訪耶?"

不顧而走.

•『醒睡稗說』

風流 풍류
遊浿營風流盛事

沈陝川鏞, 疎財好義, 風流自娛. 一時之歌姬·琴客·酒徒·詞朋, 輻輳並進, 歸之如市, 日日滿堂. 凡長安宴遊, 非請於公則莫可辦也.

時, 一都尉遊狎鷗亭, 不謀於沈公, 盡招歌琴, 大邀賓客跌宕恣游. 名亭秋夜, 月色暎波, 興復不淺. 忽聞江上簫聲寥亮. 遙見一小艇泛水而來. 老翁頭戴華陽巾, 身被鶴氅衣, 手持白羽扇, 皓髮飄飄. 兀然而坐, 有兩小童, 着靑衣左右侍, 橫吹玉簫, 舟載雙鶴, 翩翩而舞. 分明是神仙中人也. 笙歌自停, 諸人依欄簇立. 嘖嘖稱善羨. 萬目注視江中, 而席上虛無人, 都尉慚其敗興, 乘小艇而就之, 乃沈公也. 相與一笑, 都尉曰:

"公壓倒勝遊矣." 盡歡而罷.

時又一宰, 除箕伯啓行. 其仲兄爲首相, 設餞宴於弘濟橋上以送之. 都門外車數十輛, 人馬耕闠路上. 皆嘖嘖稱其福力曰:

"棠棣之華, 鄂不韡韡."

忽見自松林間, 飛出一騎. 那人身着縷緋紫茸裘, 頭戴漆色蜀貓皮耳掩, 手執一鞭, 據鞍顧眄, 風彩動人. 美娥三四人, 頭戴戰笠, 身着短袖襖子, 腰繫水綠藍纏帶, 足穿起花紅紋繡雲鞋, 雙隊作行而邌後. 復有童子六人, 靑衫紫帶, 各執樂器於馬上奏之, 獵人臂鷹呼狗, 走出林樾間. 觀者如堵, 咸曰:

"是必沈陝川也."

見之果然. 路人復咨嗟曰:

"人生世間, 如白駒過隙, 固當窮心志之所樂. 俄者餞宴豈不盛哉! 然自古功名多敗而少成. 與其憂讒畏忌, 氷炭腦中, 曷若快心適意, 豪爽自娛, 無憂於身外者哉!"

長安諸人, 遂相與戲曰: "餞乎獵乎? 寧獵無餞." 其歆艷可知.

一日, 沈公, 與歌客李世春, 琴客金哲石, 妓秋月·梅月·桂蟾輩, 會於草堂, 琴歌永夕. 公謂諸人曰: "汝輩欲觀西京乎?"

皆曰: "有志未就."

沈公曰: "平壤自檀箕以來, 五千年繁華之場也. 畫中江山, 鏡裏樓臺, 可謂國中第一. 而吾亦未之見焉. 吾聞箕伯設回甲宴於大同江上. 道內諸倅咸集, 且選名妓歌客, 肉山酒海, 先聲大播. 將於某日, 開宴云. 一擧足則非但大疎暢, 亦必多得纏頭之金帛, 豈非謂楊州鶴乎?"

諸人雀躍相賀, 遂治裝啓行. 稱以往楓岳藏蹤跡, 以迃路潛入箕城, 於外城靜僻處住着.

其翌日乃宴日也. 遂貰小艇一隻, 上設靑布帳, 左右垂緗簾, 中藏妓客管絃. 隱舟於綾羅浮碧之際. 俄而鼓樂喧天, 舟楫蔽江. 巡相高坐樓船上, 諸守宰畢集, 大張宴席. 淸歌妙舞, 影動水波, 城頭江岸, 人山人海. 沈公乃搖櫓前進, 停舟於相望之地. 彼船劍舞, 則此船劍舞, 彼船唱歌, 則此船唱歌, 有若效響之狀. 彼船上諸人, 莫不怪之, 發送飛船, 使之捉來. 沈公促櫓而走, 不知去處, 飛船莫能追, 回去. 復搖櫓而進, 又如之, 如是者數三. 於是甚怪之曰:

"吾遙見其船中, 則劍光閃電, 歌聲戛雲, 決非遑士尋常之人. 且緗簾中, 被鶴氅衣, 戴華陽巾, 手揮羽扇之一老翁, 兀然端坐, 喧笑自若, 豈非異人乎?"

遂暗令於船將, 以十餘小船, 一齊圍住, 捉曳而來. 泊至大船頭, 沈公捲簾大笑之. 巡相素有親誼, 見則顚倒驚喜, 槩問其疎暢之意. 盖船中諸宰幕賓, 及巡相子婿弟侄, 俱是洛陽人也. 見洛陽之妓樂, 莫不歡喜. 亦多知面之人, 相與握手敍懷. 於是歌妓琴客, 盡其平生之技藝, 終日遊衍. 西路之歌舞粉黛, 頓無顏色. 當日席上, 巡相以千金贈京妓, 諸宰又隨力贈之, 幾至萬金. 沈公迭宕一句而還, 至今爲風流美譚.

及沈公之逝後, 葬於坡州之柴谷. 歌琴之伴, 相與泣下曰:

"吾輩平生爲沈公風流中人, 知己也, 知音也. 歌歇琴殘, 吾將何之?"

會葬于柴谷, 一場歌一場琴, 遂痛哭于墳前, 各散其家. 惟桂蟾守墓不去, 白頭絲絲, 方瞳黯黯, 向人說道如此.

回想 회상
秋妓臨老說故事

秋月公山妓也. 以歌舞姿色, 選入尙方, 聲價最高, 風流輩爭慕之, 擅名繁華之場, 數十年之久矣. 及其老也, 每自言平生有三可笑事.

一則, 在李尙書家, 笙歌喧轟之時, 唱雜詞, 絃轉急而聲正繁. 適有一宰相入來. 風儀端正, 目不邪視, 可知其爲正人君子也. 與主人大監, 敍寒暄畢, 仍使唱歌, 盡歡而罷. 時琴客金哲石, 歌客李世春, 妓桂贍·梅月等偕焉. 後數日, 有一皂隷來言, 某大監見招, 諸人急急來待. 遂與歌琴客諸妓往焉, 卽向日李宅來過之大監也. 大監設席端坐, 問安訖, 使之陞廳, 頓無賜顔之意, 直曰:

"唱歌."

雖無興致, 第唱之. 初章二章曲未終, 大監氣色盛怒, 使之一幷捽下, 厲聲喝之曰:

"汝輩向日李宅之筵, 絃歌寥亮可聽, 今則低微而緩細, 顯有厭色, 一無興趣. 以吾之不解音律而然歟?"

秋月慧黠, 已曉其意. 謝曰:

"初筵之聲, 偶爾低微, 知罪知罪. 更若試之, 曼雲繞樑之聲, 頃刻頓生矣."

大監特賜寬恕, 使之更唱之. 妓客相與瞬之, 入座直發羽調雜詞, 聲大唱高, 呼叫亂嚷, 全無曲調. 大監大樂之, 以扇拍案曰:

"善哉善哉! 歌不當若是耶."

歌聲小歇, 暫爲休息. 出酒肴以饋之, 薄酒乾脯而已. 飮訖, 直曰:"退去." 遂辭歸.

一則, 一皂隷來告曰:"吾宅進賜, 使之招來矣." 咆喝無數. 遂與琴歌客隨往, 則東門外燕尾洞有草屋. 入柴門, 則單間房, 外無軒, 只有土階. 土階之上, 設草席一立, 使坐其上而絃歌之. 主人則弊袍破笠, 面目可憎者, 著宕巾, 與鄕客數人, 對坐房中. 職則蔭官也. 歌數闋, 主人揮手止之曰:

“無足聽也.”

饋以濁酒一盞, 飮訖曰:“退去.”遂辭歸.

一則, 暑月往洗劍亭宴會. 才子名士, 雲擁霧集, 設杯盤於淸流白石之間, 歌舞之
筵, 觀者如堵. 一鄕人衣服不楚楚, 形容憔悴, 有若流丐行色. 遙在鍊戎臺下, 注目
視之. 秋月怪之. 其人又以手招之, 第往見之. 則其人曰:

“吾乃昌原上納吏也. 飽聞香名, 今幸邂逅, 名不虛得也.”

仍探腰後出一緡錢, 特與之. 秋月心笑曰:‘天下愚男子汝也.’和顔而辭曰:

“無名之物, 何可受也. 特給之意, 感謝感謝, 視不受如受.”

其人固與之, 不受, 遂掩口而歸.

宰相之沒風致, 蔭官之無意趣, 鄕吏之太愚痴, 是余平生未忘云.

• 『海東野書』와 『靑邱野談』海外蒐佚本 乙本 권2

金聖基김성기

琴師金聖基者, 初爲尙方弓人. 性嗜音律, 不居肆執工, 而從人學琴. 得精其法, 遂棄弓而專琴. 樂工之善者, 皆出其下. 又旁解洞簫·琵琶, 皆極其妙. 能自爲新聲, 學其譜擅名者亦衆. 於是洛下有'金聖基新譜'.

人家會客讌飮, 雖衆伎充堂, 而無聖基則以爲歉焉. 然聖基家貧浪遊, 妻子不免飢寒. 晩乃僦居西湖上, 買小艇, 篛蓑手一竿, 往來釣魚以自給. 自號釣隱, 每夜風靜月朗, 搖櫓中流, 引洞簫三四弄, 哀怨瀏亮, 聲徹雲霄. 岸上聞者, 多徘徊不能去.

宮奴虎龍者, 上變起大獄. 屠戮搢紳, 爲功臣封君, 氣焰熏人. 嘗大會其徒飮, 具鞍馬, 禮請金琴師聖基. 聖基辭以疾不往. 使者至數輩, 猶堅臥不動. 虎龍怒甚, 乃脅之曰:

"不來, 吾且大辱汝."

聖基方與客, 鼓琵琶, 聞而大恚, 擲琵琶使者前, 罵曰:

"歸語虎龍. 吾年七十矣, 何以汝爲懼. 汝善告變, 其亦告變我殺之."

虎龍色沮, 爲之罷會. 自是聖基不入城, 罕詣人作伎. 然有會心者, 訪至江上, 則用洞簫爲歡, 而亦數弄而止, 未嘗爛漫.

余自幼少時, 習聞金琴師名. 嘗於知舊家遇之, 鬚髮皓白, 肩高骨稜, 口喘喘不絶咳聲. 然强使操琵琶, 爲靈山變徵之音, 座客無不悲惋隕涕. 雖老且死而手爪之妙, 能感人如此. 其盛壯時, 可知也. 爲人精介少言語, 不喜飮酒. 窮居江上, 若將終身, 是豈無守而然哉. 況其憤罵虎賊, 凜然有不可犯者. 嗚呼, 其亦雷海靑[1]者流歟. 世之士大夫, 侇詬去就, 以汚迹於匪人者, 其視金琴師, 亦可以知媿哉.

• 『浣巖集』 권4

1 靑 원래 '淸'으로 나와 있는데 문맥으로 보아 바꾼 것임.

柳遇春 유우춘

徐旅公, 曉樂律喜客, 客至命酒, 鼓琴吹笛以侑之. 余從之游而樂之. 得其奚琴焉
以歸, 含聲引手, 作蟲鳥吟. 旅公聞而大驚曰:

"與之粟一溢. 此褐之夫之琴也."

余曰: "何居?"

旅公曰: "甚矣! 子之不知樂也. 國之二樂, 曰雅樂, 曰俗樂. 雅樂者古樂也. 俗樂
者後代之樂也. 社稷文廟用雅樂, 宗廟參用俗樂, 是爲黎園法部. 其在軍門曰細樂,
鼓厲凱旋. 嘽緩要妙之音無所不備, 故游宴用之. 於是, 而有'鐵之琴'·'安之笛'·'東
之腰鼓'·'卜之觱篥', 而柳遇春·扈宮其, 俱以奚琴名. 子如好之, 何不從而師之, 安
得此褐之夫之琴乎? 今夫褐之夫, 操琴倚人之門, 作翁媼·嬰兒·畜獸·雞鴨·百蟲
之音, 與之粟而後去. 子之琴無乃是乎!"

余聞旅公之言, 大慙, 囊其琴而閣之, 不解者數月.

宗人琴臺居士來訪. 居士爲故縣監柳雲卿子. 雲卿少任俠善騎射. 英宗戊申, 討
湖賊著軍功. 悅李將軍家婢, 生二子. 余從容問:

"居士二弟者, 今皆安在?"

曰: "噫! 皆在爾. 吾故人有爲邊郡太守者, 吾裹足踔二千里, 得五千錢, 歸李將
軍家, 贖此二弟. 其長居南門外販網巾, 其季籍龍虎營, 善於奚琴, 今之稱'柳遇春
奚琴'是已."

余愕然始記旅公之言. 旣悲名家之裔, 流落軍伍, 又喜其能名一藝以資生也. 遂
從居士訪其家. 十字橋西, 艸屋甚潔. 獨其母在, 涕泣道舊. 呼婢跡遇春告有客. 已
而遇春至. 與之言, 諄諄然武人也.

後夜月明, 余篝燈讀書. 有衣黑罩甲四人者咳而入, 其一乃遇春也. 大壺酒一麗
肩, 藍彙帶裹紅沈柿五六十顆, 三人者分持之. 遇春揎袖大笑曰:

"今夜且驚書生."

使一人跪行酒. 半酣顧謂之曰: "善爲之."

三人從懷中出, 笛一·奚琴一·觱篥一合奏且闋. 遇春就琴者膝, 奪其琴曰:

"'柳遇春奚琴', 惡可不聞?"

信手徐引, 悽婉慷慨, 不可名狀. 擲琴大笑而去. 琴臺居士將歸, 理裝在遇春家. 遇春具酒要余. 坐置大銅盆, 問其故曰: "備醉嘔也."

酒行其盃椀也, 有在異室中燒牛心, 度酒一行, 割而不提, 承一盤卧一箸, 使婢跪而進之. 其法與士君子相聚會飮酒有異也. 是時余盖携囊中琴往, 出而示之曰:

"此琴何如? 昔者吾有意於子之所善, 臆而爲蟲鳥吟. 人謂之'褐之夫之琴'. 吾甚病之. 何以則非'褐之夫之琴'而可乎?"

遇春拊掌大笑曰:

"迂哉! 子之言也. 蚊之嚶嚶·蠅之薨薨·百工之啄啄·文士之蛙鳴, 凡天下之有聲, 意皆在乎求食. 吾之琴與褐之夫之琴, 奚以異哉? 且吾之學斯琴也, 有老母在爾. 不妙何以事老母乎? 雖然吾之琴之妙, 不如褐之夫之琴之不妙而妙也. 且夫吾之琴與褐之夫之琴, 其材一也. 馬尾爲弧, 濡以松脂, 非絲非竹, 似彈似吹. 始吾之學斯琴也, 三年而成, 五指結疣. 技益進而廩不加, 人之不知益甚. 今夫褐之夫也, 得一破琴, 操之數月, 聞之者已疊肩矣. 曲終而歸, 從之者數十人, 一日之獲粟可斗而錢歸撲滿. 毋他, 知之者衆故耳. 今夫柳遇春之琴, 通國皆知之. 然聞其名而知之爾, 聞其琴而知之者幾人哉? 宗室大臣, 夜召樂手, 各抱其器, 趨而上堂. 有燭煌煌, 侍者曰: '善且有賞.' 動身曰: '諾.' 於是絲不謀竹, 竹不謀絲, 長短疾徐, 縹緲同歸. 微吟細嚼, 不出戶外, 睨而視之, 邈焉隱几, 意其睡爾. 少焉欠伸曰: '止.' 諾而下. 歸而思之, 自彈自聽而來爾. 貴游公子翩翩名士, 淸談雅集, 亦未嘗不抱琴在坐. 或評文墨, 或較科名, 酒闌燈炧. 意高而態酸, 筆落箋飛, 忽顧而語曰: '汝知爾琴之始乎?' 俯而對曰: '不知.' 曰: '古嵇康之作也.' 復俯而對曰: '唯.' 有笑而言曰: '奚部之琴也, 非嵇康之嵇也.' 一坐紛然, 何與於吾琴哉. 至若春風浩蕩, 桃柳向闌, 中涓羽林, 狹斜少年, 出游乎武溪之濱. 針妓醫娘, 高鬟油罩, 跨細馬薦紅毯, 絡繹而至. 演戲度曲, 滑稽之客, 雜坐詼調. 始奏鐃吹之曲, 變爲靈山之會. 於是焉煩手新聲, 凝而復釋, 咽而復通. 蓬頭突鬢, 壞冠破衣之倫, 搖頭瞬目, 以扇擊地曰: '善哉善哉.' 此爲豪暢, 猶不省其微微爾. 吾之徒有宮其者, 暇日相逢, 解囊摩挲, 目捐靑天, 意在指端, 差以毫忽, 大笑而輸一錢. 然兩人未嘗多輸錢. 故曰: '知吾之琴者, 宮其而已.' 宮其之知吾之琴, 猶不如吾之知吾之琴之爲益精也. 今吾子欲捨功易而人之知者, 學功苦而人之不知者, 不亦惑乎."

遇春母死, 棄其業, 亦不復過余. 盖孝而隱於伶人者也. 其言技益進而人不知, 則豈獨奚琴也哉!

• 『泠齋集』권10

宋蟋蟀 송실솔
歌者宋蟋蟀傳

宋蟋蟀, 漢城歌者也. 善歌, 尤善歌蟋蟀曲, 以是名蟋蟀. 蟋蟀自少學爲歌, 旣得其聲, 往急瀑洪舂硪薄之所, 日唱歌. 歲餘惟有歌聲, 不聞瀑流聲. 又往于北岳巓, 倚縹緲, 懳惚而歌. 始嘽析不可壹, 歲餘飄風不能奪其聲. 自是, 蟋蟀歌于房, 聲在梁, 歌于軒, 聲在門, 歌于航, 聲在檣, 歌于溪山, 聲在雲間. 桓如鼓鉦, 皦如珠瓔, 嫋如烟輕, 逗如雲橫, 璅如時鶯, 振如龍鳴. 宜於琴, 宜於笙, 宜於簫, 宜於箏, 極其妙而盡之. 乃歛衣整冠, 歌于衆人之席, 聽者皆側耳向空, 不知歌者之爲誰也.

時西平君公子標, 富而俠, 性好音樂, 聞蟋蟀而悅之. 日與游, 每蟋蟀歌, 公子必援琴, 自和之. 公子琴, 亦妙一世, 相得甚驩如也. 公子嘗語蟋蟀曰:

"汝能使我, 失琴不能和耶?"

蟋蟀, 乃曼聲爲後庭花之弄, 歌醉僧曲, 其歌曰:

"長衫分兮, 美人褌. 念珠剖兮, 驪子紃. 十年工夫, 南無阿彌陀佛. 伊去處兮, 伊之去."

唱纔轉第三章, 忽鐺[1]然作僧鈸聲, 公子急抽撥叩琴腹以當之. 蟋蟀又變唱樂時調, 歌黃鷄曲, 至下章曰:

"直到壁上, 畫所黃雄鷄. 彎折長喤喉, 兩翼橐橐鼓. 鵠槐搖, 晬時游."

仍曳尾聲, 叫一大噱. 公子方拂宮振角, 治餘音, 洽洽未及應, 不覺手撥自墜. 公子問曰:

"吾固失矣. 然爾之初爲鈸聲, 又一大噱者何?"

蟋蟀曰: "僧唱佛旣, 必鈸而成之, 鷄聲之終, 必噱, 是以然."

公子與衆皆大笑. 其滑稽又如此.

公子旣好音樂, 一時歌者, 若李世春·趙樸子·池鳳瑞·朴世瞻之類, 皆日游公子門, 與蟋蟀相友善. 世春喪其母, 蟋蟀與其徒往吊之. 入門, 聞孝子哭曰:

---

1 鐺 원래 '當'으로 나와 있는데 문맥으로 보아 바꾼 것임.

"此界面調也. 法當以平羽調承之."

遂就位哭, 哭如歌, 人聽者傳笑.

公子家畜樂奴十餘人, 姬妾皆能歌舞, 操絲竹, 恣歡樂二十餘年卒. 蟋蟀之徒, 亦皆淪落老死, 獨朴世瞻, 與其婦梅月, 至今居北山下. 往往酒酣歌歇, 爲人說公子舊游, 未嘗不欷歔嘆息也.

• 『薄庭叢書』권19 『文無子文鈔』

柳松年유송년

柳松年傳

柳松年, 字耆卿, 以善歌聞於洛. 嘗中夜歌而過鐘街, 有丐者臥藁薦中, 問曰:
"君紙廛羅行首乎?"

曰: "否."

"非中部趙部將乎?"

曰: "否."

曰: "然則盤松柳秀才乎?"

松年歌盖居第三, 而丐亦善歌者也. 松年家世治儒, 群從兄弟, 以文學名世, 而松年獨佻蕩狹邪間, 兄弟皆賤棄之. 而松年愈益輕俠自喜. 家素富, 以故日益落.

妓樂, 甲於關西. 妓法, 納米四十石者, 使自擇一妓與遊, 雖久不問也. 松年有載寧庄直千餘金, 輒賣之. 納米如法, 卜期而往. 衆妓具酒樂迎客, 老妓爲主, 少妓盛飾以待聘. 中堂置投壺, 左右設坐椅. 松年袨服輕裝, 從數客入, 妓皆屬目艷之. 松年直據右椅, 持紅矢顧眄自得. 指屬意者一妓, 妓自引而起, 對與投壺. 酒半, 松年乃振袖而歌, 聲調高絶. 衆妓停樂驚歎, 以爲叛聞, 視妓行若登仙焉. 松年乃裝妓服數百金, 鞍馬僕隷, 道路酒食, 費又數百金. 宣川歌者桂含章, 歌之豪也. 松年挾與俱, 遍遊關西. 每至山水佳處, 妓鳴琴, 松年與含章, 和而歌. 數年, 歌大成, 自以爲無敵. 關西年少, 莫不慕已. 已而貨盡, 妓客皆散. 乃歸, 家已易主, 妻兒皆饑餓. 松年又酗酒傷人, 絜其母妻, 逃之抱川, 賣靑烏術以自食.

抱川多文士, 愛其歌, 嘗置酒邀之. 松年旣窮且老失所, 歌益悲激. 每秋高夜深, 放聲而歌, 衆皆爲噓唏或泣下.

• 『海叢』

市奸記시간기

漢城有三大市, 東曰梨峴, 西曰昭義門, 中曰雲從街, 皆列肆左右, 羅若星. 百工百賈, 各以其所居者至, 四方積貨, 雲輸而水灌之. 民得冠帶衣履飮食於是. 於是萬目䀹䀹惟利是覷, 萬口咻咻惟利是謀. 一人賣之, 一人買之, 又一人儈之, 日出而會, 日入而罷. 市之中, 行者戛肩背, 止者冠不正. 有奸細小人, 魚淵而雀藪之, 出沒疑眩於其間, 甚者剽囊而賊人貨, 其次衒僞而利粥之. 周之刑書曰: "鴟義奸宄, 奪攘矯虔." 其之類乎!

金景華東萊府人也. 有刀癖, 以膚金三十兩, 貨一短叹於倭, 三年而獲之, 以吹髮無不入. 於是, 室以速香, 粧以赤金, 佩而游京師. 館於新門朴氏, 朴氏亦癖愛刀, 見而欲之, 請奉萬二千錢易之, 景華不肯.

朴氏曰: "京師多剽囊盜子, 不愼, 是棄萬二千錢也, 不如早德我."

景華笑曰: "吾腕可偸, 吾刀不可謀."

朴氏曰: "子不賣我? 我若從他獲, 子若之何?"

景華約不收直. 朴氏乃立召剽囊盜三人, 飮之酒, 示人與刀, 戒三日, 必以刀來, 厚賚女, 盜諾, 色不難. 景華猶不信也. 景華雖不信, 猶以慮, 自是三步一視刀, 坐立行臥, 其右手未嘗不在刀. 二日刀卒無事. 三日過小廣通橋, 有迎而至者, 貌甚愿, 衣冠偉且鮮, 目景華舌嘖嘖過曰:

"咄, 長者人, 顧不能衣掩蟲."

景華自視衣, 左肩有蟲, 方蜿蜿動. 景華板, 急回右手擇去之. 行數步, 視其刀, 刀已無矣. 衣繫失其半. 意其爲盜, 亦不敢質, 歸而告朴氏. 朴氏笑曰:

"子之刀, 誰敢謀?"

啓篋而出之, 衣結處猶未解. 刀竟爲朴氏有.

白鐵似天銀, 羊角似花玳瑁, 朱埴土似漢中香, 臊鼠皮似灰鼠皮, 黃狗毫似狼尾. 市之巧於眩者 貨之, 多以騙鄕里人. 巧之至, 雖京華辨博者, 亦或墮其局.

照厓李生者, 生於漢陽城西, 長於漢陽城西, 自以爲漢陽之賈, 無敢我欺者. 一日

過西門市, 有童子與鬚白者鬨, 靜聽之, 鬚白者曰:

"與你十文, 你與我."

童子曰: "叟亦有眼, 我貨豈只直十文錢?"

鬚白者曰: "你何從有此? 你必挾來於圈子廛. 十文猶白貨, 何敢論直不直?"

童子曰: "我挾來叟曾見未? 此叟政好吃我罵."

鬚白者喝曰: "鼠子敢無禮."

童子背而狠曰: "強盜叟!"

鬚白者欲拳之, 童子走且詬不絕口. 生爲殷勤之, 視其貨, 黃玳瑁, 朗如琉璃, 晃如純金, 堅如雕瓜, 圓如鷄眼, 環上有一鳥花得其位. 懇售之, 與十二文而始得之. 歸而示賣圈子者, 羊角也. 生耻之, 陰跡之, 童子卽鬚白者子. 鬚白者乃市之業僞貨者也.

•『桃花流水館小藁』

賞蓮 상련
衙婢待客

黃海監司巡歷時, 延安原無妓生, 府使使其衙婢, 盛侈衣裳, 以爲隨廳之役. 又其大夫人, 性愛蓮花, 自蓮花初開時, 至于落盡, 日日往賞于南大池. 故官屬與民人之間, 不無其弊, 而冤聲喧籍矣. 京中士夫聞之, 莫不駭然嘲笑也. 臺諫將欲上疏論駁, 府使先聞此報, 裁成一札後, 使其子懷呈于一宰相家. 其宰相則與臺諫交分世誼自別, 又兼隣居相從, 事事言聽之間也. 延衙子弟入謁宰相, 呈納書簡. 宰相曰:

"吾亦聞知此事矣. 大抵賞蓮之頻數, 雖有民弊, 是乃爲親之事, 則猶或不恠. 至於私出婢而替妓待客, 其外貌似是獻諂於巡使也. 人之是非, 或當然. 汝家何不知如此體面耶? 吾與某臺諫, 情分果不泛然, 今欲請邀面托, 期於挽止爲計. 然其人已出疏草, 人多知之故, 其聽未可必也."

遂使人邀致矣. 俄而門隷入告曰:

"某臺諫入來矣."

宰相使少年隱於屛後, 與臺諫酬酢. 則臺諫曰:

"延倅本是南行, 雖與文士有異. 然以其處地, 何不支撐一邑之倅? 而巡使送迎時, 旣無妓生, 則使通引守廳使之, 必是例套也. 苟使衙婢替妓待客, 究其情態, 極爲巧詐. 且大夫人雖好賞蓮, 一二次之行, 猶或可矣, 日日擔拽作行, 各樣供給, 連續於道路, 至有吏民之冤. 延倅知而不諫, 則朧恫可知也. 近來守令, 不務於善治, 只以善事巡營爲勝事, 豈不寒心哉! 吾是以將上疏, 而旣出疏草云矣."

宰相曰: "延倅則故宰相某諡公之幾世孫也. 與吾家世誼自別, 而其人天性至孝故, 今有八十老親, 每以承順親意爲心, 不拘小節者也. 則今爲苟且之事, 以悅巡使, 欲保延倅者, 亦出於爲親榮養之計耳. 亦於君宅, 原無宿嫌, 幸其恕之也."

俄而酒肴出來, 酒則燒酒, 肴則乾蛤之屬, 此亦是延邑物也. 主客滿醉, 或閑談古事, 或討論時事. 日晩, 臺諫陳謝歸去. 宰相執袖笑言曰:

"君將何爲耶? 延倅以母待客, 則可謂叵測也, 以衙婢待客, 何辱之有? 其大夫人好常漢, 則可謂駭擧也, 好賞蓮何妨也?"

臺諫亦笑曰: "大監如是累累挽止, 小生豈敢不停止乎."

遂唯唯出門而去. 少年出自屛後, 跪坐于前曰:

"幸蒙周旋之另念, 事旣無弊. 雖極私幸, 何置人子於屛後, 而辱說之太過乎?"

宰相亦笑焉. 盖衙婢之音, 與父之釋音相似, 賞蓮之音, 與常女之釋音相同, 故如是也. 聞者絶倒.

·『禦睡新話』

秋吏추리
秋吏弄法

式年科時, 鄕閑良一人, 欲圖科, 以五百金, 給訓練奉事, 約以中不中間, 擧旗告箭矣. 當日試所之令申嚴故, 不得措手, 無以變通矣. 翌日閑良來到門前, 而大怒責之, 卽索所給之錢. 奉事憫之, 而以溫言喩之曰:

"紅牌得之, 則大好而已. 不須多言."

及放榜之後, 果得一紅牌而給之, 此則僞造也, 蹋御寶者也. 擧子喜而受之後, 下來遊科道內, 而摘發於嶺營, 捉上秋曹. 秋曹嚴刑而詰問紅牌之所自來, 則擧子口吐訓練奉事. 奉事被捉之後, 擧子徑斃焉. 奉事累次受刑, 終爲舊囚. 其家使人送飯之際, 女兒泣而隨來, 年甫十歲, 顏貌端雅, 見者可愛. 書吏鄭姓者, 入于獄中, 而見奉事言曰:

"吾有一子. 君若許婚, 則吾當極力周旋, 救可出矣."

奉事大喜, 卽使人言及諸婦, 則其處子在傍聞之曰:

"吾地閥之於吏輩家, 雖不可作査. 然吾何愛一身, 而不救父親乎!"

遂暗告其母後, 卽使轉通獄中結婚之意, 則奉事邀鄭吏而許之. 鄭大喜, 擇吉日過婚後, 語于奉事曰, 以後開座時, 招納以如許如許之意指揮矣. 及其堂上大座起, 則奉事供曰:

"當初科時, 貫革圖謀之罪, 則矣身甘受不敢免. 暗書假牌, 僞蹋御寶者, 其時擧子携來安東雙溪寺僧某釋而爲之也."

秋曹移文于嶺營, 發關于安東, 則安東府所報內, 以爲雙溪寺僧某釋, 以爲上去于北漢太古寺已有年矣. 刑曹發吏. 吏推捉于太古寺, 則僧之所告內, 以爲雙溪寺僧某釋, 果爲來往二載, 死於三朔之前, 已爲火葬云矣. 諸堂上只閱嶺營及安東府之文牒, 而亦可謂無憑可考. 故遂以奉事照律定配, 遇赦見放云.

蓋秋吏與奉事成婚之後, 使人探問諸寺死僧之前後, 所居寺刹名字, 使之納招, 救出奉事. 吏胥輩之弄奸, 每如此也.

• 『禦睡新話』

秋吏추리　**315**

上納吏 상납리
還納退木

　　全羅道潭陽柴姓者, 以大同色, 上納木二十同親領上京. 時本倅, 書簡一度·筆三柄·壯紙三束, 合給於色吏曰:

　　"此物, 上京後, 傳於南村金生員宅."

　　色吏領命, 上京後, 先納于惠廳, 則木品次下, 全數見退, 故本邑大段狼狽. 卽馳報本邑後, 腰帶錢貫, 入南門而興成順路, 持書簡而訪其金生員宅. 到其家見之, 則門壁歪倒荒落, 貧窮可知也. 本來金生員, 道德淸高, 學識宏遠, 笑其富家貴門, 安貧自在, 故在朝鄕士, 無不師之. 方伯守令間, 若餽以厚物, 則退以絶交. 是故, 但紙筆而已. 色吏不知曲折, 納簡後, 立於廳前仰視, 則面有飢色. 出外閑步, 適其宅下人, 自內而出, 低頭歡息. 色吏問其故, 則下人曰:

　　"吾飢二日, 今日亦闕朝飯, 是以歡息."

　　色吏曰: "然則上典老生員主何如?"

　　下人曰: "吾宅之風, 無上無下, 飢則同飢, 飽則同飽."

　　色吏卽解其所帶錢而給之曰: "此物雖少, 以供生員主之今日朝飯."

　　下人感之以受曰: "無名之物, 吾潛受, 上典若知奈何?"

　　色吏曰: "無傷也. 吾以不忍之心誠."

　　下人持入而遂授納上典. 其朝大設朝飯而出, 生員驚問盛飯出處, 下人遂以實告之. 則生員非愛其財, 嘉其眞情所發. 翌日色吏乃持二貫錢, 又去生員宅, 暗呼下人曰:

　　"以此錢, 買物而饒生員主一時之飢. 吾亦客裡, 行橐不足, 則纔有此物."

　　下人大感之, 入告生員.

　　生員卽招色吏, 而近前問曰: "爾是何意耶?"

　　色吏曰: "小人見其宅之貧不能繼朝夕, 故聊表下情, 有何別意思乎?"

　　生員曰: "汝因何事上京耶?"

　　對曰: "納木於惠廳而上京."

生員曰: "善納否?"

色吏備告還退. 生員卽時刮其壁上破舊紙, 記之數字給曰:

"汝持此書簡, 納於黃山大監宅, 自有所驗矣."

色吏莫知其故, 卽去黃山大監宅. 納簡則大監近前問曰:

"汝本知金生員主耶?"

對曰: "否."

大監曰: "此兩班平生無所請囑. 汝則何緊於彼宅耶?"

色吏告其始末, 則大監稱讚不已, 卽招宣惠廳書吏而分付曰:

"潭陽上納木, 勿論高下品, 卽奉後, 尺文給送."

書吏不敢復言而去. 已退之木, 還奉後, 卽給尺文. 前後利害, 非止五六百金.

乃往金生員宅, 謝其請囑之功.

生員曰: "吾非愛汝之數貫銅, 可愛汝之仁性施人故也."

卽修回簡以給.

色吏還鄉, 呈上書簡, 則本倅看畢大喜曰:

"非汝之仗[1]義踈財, 則金生員豈肯干請! 若終來見退, 則此一邑大弊, 而不知何境矣. 其功莫大."

乃報關於巡營, 以柴某之子子孫孫, 蔭其大同色, 而揭板於廳椽, 雖有過失, 不得除案. 子孫繁盛, 至于今, 潭陽柴姓最多云云.

　　　　　　　　　　　　　　　　　　　　　　　• 『奇聞』

---

1 仗 원래 '杖'으로 나와 있는데 문맥으로 보아 바꾼 것임.

禁酒 금주
禁酒監督

甲子年酒禁時, 安城士人某姓者, 爲其父壽辰, 釀酒數斗許, 而供其父之故舊. 諸老莫不快然, 而皆有所待者曰: "趙生員日日來到而尙今不來, 不無少一之歎." 語未了, 趙者來之. 諸客及主人之子, 欣然迎接曰:

"何其晩耶? 待之久矣."

遂促出盃酒以進曰: "後來三盃, 鄕飮之常例. 速酌速酌."

趙整襟危坐, 而顧責主人之子曰:

"君以兩班之子, 朝家禁令之下, 如是放恣無忌耶? 諸君則共飮爲樂, 吾則不敢爲如此之事."

遂拂手下堂, 不顧而去.

諸客謂主人曰: "趙之天性, 似忠多猜, 告官可慮. 君須隨去, 哀乞邀來, 似好矣."

主人之子隨而告之曰: "近聞京城之婚喪宴禮, 不禁小釀云. 故適値家親生辰, 釀此斗酒矣. 尊丈若不共飮, 則吾家親悵缺之心, 果何如哉?"

趙擧理責之, 萬端恐喝, 因[1]言曰: "君家幾石落田與我, 則吾當自今年耕食矣."

少年曰: "吾家所有者. 只此物也. 侍下人事, 捨此何爲乎?"

趙遂切齒奮拳而去. 少年還說其事於諸老.

諸客曰: "今日事, 君爲親獻壽之宴也. 而趙旣飮則好矣, 不飮則必告官矣. 君莫如將酒缸, 自現于官可也."

主人之子如其言, 而將酒往向官門矣. 逢官差於路上, 借入官庭, 而納上酒缸, 則趙已坐軒上矣.

郡守分付曰: "汝於禁令之下, 何敢釀酒乎? 旣已釀酒, 入官何意?"

少年告曰: "家有老親, 不能出入. 每有老客來, 設博奕以消永日, 而飮酒散歸矣. 一自酒禁之後, 諸老歸去時, 以溫水代飮而罷矣. 適値家親之生日, 聞得京中宴筵,

---

1 因 원래 '而'로 나와 있는데 전후 문맥으로 보아 바꾼 것임.

亦或釀酒云. 故釀於²此缸, 以饋家父之諸友, 則諸客莫不欣然, 惟趙不飮而去. 追而更邀, 則趙生有受賂之意, 而討覓田土, 故勢不得許給矣. 趙之告官, 生旣預知矣. 坐待官差之來, 則家親獻慶之宴, 反有貽憂之患, 故不告家親, 潛將酒缸, 自請受罪."

郡守佯怒曰: "汝旣釀酒, 罪不容恕也. 遂決杖三度. 酒缸旣納於官家, 亦不可浪飮. 旣云汝家壽宴之日, 故特爲帖給也."

遂語趙生曰: "君不顧日日相從之顔私, 斷義割情, 以顯禁令, 可謂忠矣. 吾當以君差出禁都監官, 而境內酒禁, 自今以後, 不可慮³也."

趙固辭曰: "老物無力, 不能隨行."

郡守因呼吏房, 出差帖以給送之.

諸洞之民, 畏其趙生之肆毒, 而無敢釀酒者. 趙生一不能捉納, 三日之後, 捉來趙生, 而決杖十度. 又三日之後, 決杖三十度, 又三日之後, 四十度, 又三日之後, 加杖八十度. 一望之內, 合受三百餘杖云. 其守之處斷, 可謂能矣, 快也.⁴

• 『禦睡新話』

---

2 於 원래 '得小'로 나와 있는데 정음사본에 의거하여 바꾼 것임.
3 慮 원래 '虛'로 나와 있는데 정음사본에 의거하여 바꾼 것임.
4 快也 정음사본에 의거하여 보충한 것임.

茌子袋 깻자루
囊錢落茌

一士人行于市場, 則隣居民人適買茌子而來. 逢着士人問安曰:

"生員主何往耶?"

"玩景爲計而別無所幹."

民奉盃酒而進之, 仍曰:

"旣無往處, 則小人別有所看事, 去處往還問, 看守此茌子袋, 待小人還來而同行
如何乎?"

士許之曰: "然則能有酒乎?"

民曰: "諾."

卽自腰間, 解佩四五兩錢, 同入於茌袋中後, 緊塞置之生員前, 復以數三盃酒價
給之而去.

還來後, 開袋取錢見之, 則有縮爲一兩有餘. 民驚駭曰:

"俄者入袋時, 錢爲幾兩錢, 今無幾兩錢, 可怪可怪!"

生員勃然大怒曰: "如許獰漢, 何可如是發說耶? 兩班愛汝故, 看守汝囊, 則汝感
之德之可矣. 反作如是, 使兩班歸之於盜賊之境哉! 如此不義凶漢, 不可尋常置之.
詬辱兩班者, 罪可當律, 吾將告官矣."

遂拽厥漢而向官家之際, 路逢常漢而說此, 則人皆避之曰:

"彼漢可以過甚矣."

納諾而去. 若逢兩班而言之, 則莫不叱責常漢而去.

生員者益復勝勝自得, 曳履攘臂, 直到官庭, 而說陳事實. 本倅大叱曰:

"無知常漢頑慢如此, 如汝之輩, 當嚴刑照律, 以爲懲勵."

遂着枷下獄, 以溫言慰士人曰:

"近來名分解弛, 故常漢若有錢兩, 則每多有如此之變. 吾當痛治, 君須勿憂勿憤."

遂問其姓貫何鄕, 京有至親有無後, 卽延之升軒, 勸以酒盃. 密語通引, 而持一張
紙, 布于士人之面前, 付耳言曰:

"請解所佩囊子. 吾有可觀之文書矣."

士人面色通紅, 跪告曰:

"囊中實無文書, 城主搜之無益矣."

主倅儼然顧他, 不復更言, 通引等催如星火.

士人不得已解囊, 置于紙上. 倅正色而坐, 使通引倒打其囊, 則錢塊出之, 而錢葉之間, 茌子紛紛落紙. 計其錢數, 則不合所失之數, 故又搜其身, 則有新買數尺布, 而藏于袴中. 推計布價, 則果合所失錢數也. 倅大責曰:

"雖未知君之地閥, 然旣稱兩班, 敢有如此之行乎? 後勿如是可也."

自官備充其錢, 給送見失之民. 士子掩鼻匍匐去.

•『禦睡新話』

官員戲원님 놀이

李延原光庭, 爲楊牧時, 有鷹師, 日日送獵, 向夕輒歸矣. 鷹師忽經宿不歸, 已怪之. 翌日, 鷹師始還而步蹇. 延原問經宿與蹇足之由, 鷹師笑對曰:

昨日, 放鷹而逸. 薄曛, 跟至某面李座首門前樹, 招而臂之. 方欲移步之際, 忽聞昏黑中, 有一隊駪來之聲. 諦視之, 則乃五箇大處女也. 來勢豪健, 若將搏我, 驚跳近澗, 趺而傷足. 仍隱聽於籬外叢薄, 則五處女相謂曰:

"今夜亦爲官員戲可乎?"

皆應聲曰: "諾."

於是, 設一平床於地上, 伯處女坐而爲官員, 以其四人號曰, 座首·別監·刑房·使令, 名色旣定. 自卓上發號曰:

"捉入李座首."

第五處女以使令, 出班長聲, 卽接第二處女, 伏之於卓前. 高聲曰:

"捉入矣."

伯處女, 乃數座首罪. 第四處女, 以刑吏傳語聽分付. 其分付曰:

"婚姻何等大倫? 而汝之末女, 亦已過時, 其諸兄之晚晚, 已無可論. 汝何優遊不斷, 一任其廢倫耶?"

座首處女所對云:

"下敎至當, 而家勢赤立, 婚具罔措, 自爾致此矣."

官員處女, 又曰:

"婚喪稱家有無, 只可以酌水成禮而已, 何待衾枕凡具之備耶? 汝之言迂矣."

座首處女, 又曰: "郞材亦難得矣."

官員處女, 又曰: "苟能廣求, 何患無人? 以吾所聞言之, 同郡宋座首·金別監·吳別監·崔別監·鄭座首家, 皆有郞材, 已足五人之數. 同是前鄕任, 班閥與汝家相等, 何不與之結姻耶?"

座首處女曰: "謹當通媒以議矣."

官員處女曰: "汝罪當有罰, 而斟酌放送. 如不斯速定行, 則後難免罪矣."

仍命曳出, 五處女一時幷散.

"極爲可笑."

延原聞之而捧腹. 卽邀時鄕所, 問其面有李座首與否.

則對曰: "有之."

延原曰: "家之貧富何如, 子女幾何?"

對曰: "家則赤貧, 而子女則雖未詳知, 似多女矣."

使禮吏, 邀致李座首, 賜顔接語曰:

"君聞是前鄕任, 業欲與議邑事而未果矣. 君之子女幾許?"

對曰: "命道奇薄, 無一子, 有五女矣."

延原曰: "成婚幾人?"

對曰: "一齊未嫁矣."

延原曰: "年歲皆幼否?"

對曰: "第五亦已過時矣."

於是, 延原之言, 用官員處女之言, 李之對, 一如座首處女之對. 繼告以郎材之難, 延原乃擧處女口中所言五家郎. 則李曰:

"彼必嫌我貧甚而不肯矣."

延原出送李座首, 又使禮吏, 邀有郎材五鄕所. 五人方至, 談次間以婚材有無, 皆曰:

"有子當婚."

延原曰: "吾爲汝輩指媒, 可乎?"

五人曰: "何幸何幸."

延原曰: "某面李座首, 有女當婚, 君輩五家, 各娶一女可也."

五人躊躇不卽諾. 延原厲聲曰:

"彼鄕所, 此鄕所, 地醜德齊, 而君輩不肯, 只以貧也. 貧處女, 終無可嫁之期乎? 吾之年位, 視君輩何如, 而發說之後, 使之無聊, 君輩事體大段非矣."

抽出五幅簡, 投于五人前曰:

"除雜談, 各各書出令允四柱爲宜."

五人惶恐承命. 延原卽爲自擇吉日, 語五人曰:

"彼家至貧, 何以或先或後, 五次過婚乎? 五雙夫婦, 一時交拜, 極爲稀罕盛事. 吾當先往其家, 接應凡具, 君輩依此爲之."

因備酒肴, 餽五人, 各給道袍次. 卽日送吏李座首家, 告以婚期, 且曰:

"五處女, 裝束與醮日宴需, 自官贊助, 本家勿慮."云云.

李家鼓舞感激. 前期二日, 延原出住李座首村中. 官備大牛, 往而推之, 官家遮帳茵席一齊輸來. 大張白幕與花席, 設五卓. 五男五女, 交拜之影, 掩暎於庭中. 觀者如墻, 嘖嘖稱歎.[1] 和氣藹然於窮家.

至今傳爲積善之大義, 延原後承, 宦達蕃衍, 實基於此云.

• 『東稗洛誦』

---

1 歎 원래 '歡'으로 나와 있는데 문맥으로 보아 바꾼 것임.

科場과장

騙鄕儒朴靈城登科

靈城君朴文秀兄弟, 皆不足於文筆. 而僥倖聯參於監試解額. 其兄憂之曰:

"吾兄弟, 皆無文無筆, 又無器具, 難可以買文買筆, 會闈將近, 何以觀光哉?"

靈城曰: "一場文筆, 皆吾兄弟文筆也. 當日呈劵, 何憂之有哉?"

遂日日出入, 跡遍城內, 探得某鄕之某士巨擘, 某鄕之某儒書手, 而皆無初試冒入者. 拚谿曲逕, 求見巨擘書手, 一識其面. 及當試日, 兄弟各持試劵一張, 首先入場. 坐於路傍, 見冒入者入來, 則輒起迎而語曰:

"犯禁冒入, 無乃未安乎?"

如是者凡四次. 其主人及冒入者, 滿面通紅, 畏首畏尾, 懇乞其官村無事. 朴曰:

"吾兄弟試劵, 作之書之, 則可幸無事矣."

仍曰: "此則吾兄之巨擘, 此則吾兄之寫手."

各自排定, 其擘及筆, 不敢出一聲, 各展試劵, 一人呼之, 一人書之. 頃刻寫出, 文不加點, 筆亦無欠. 遂得聯璧於會榜.

其後增廣, 靈城又得初試, 而會試則尤無以觀光. 際聞湖西一儒, 爲策文接長, 得鄕解而上京, 留旅舍. 往訪之, 語:

"以當赴會闈, 會工不可不略爲收拾, 而苦無同接相長之益. 得聞高名嫺於長文, 願同做若干首, 以爲肄習之地."

其人許之. 靈城雖短於製述, 自有記誦之才, 寓目輒誦. 乃從相親人, 倩策題一道默記于心中. 翌日又往曰:

"會日漸近, 可自今日始工. 試出一策題也."

鄕儒曰: "吾雖略解策工, 而至於策題, 則京華眼目似勝. 尊須出之如何?"

再三推諉, 靈城始遍閱諸冊, 若搆思樣, 沈吟半晌, 始乃呼寫. 寫畢乃曰:

"今已日晚, 自明始做如何?"

遂辭去. 又要所親人, 倩中頭已上, 默記于中.

其翌又往, 與之會做略費思索, 旋卽寫出. 如是四五日. 鄕儒初則以京華少年, 藐視之, 及見其出題, 及所作文華富贍, 詞采爛燁, 便一雄文巨筆, 自不覺望洋之嘆.

一日, 則方且出題, 構思之際, 有一毛笠下人, 氣喘喘走來, 問:

"朴書房主何在?"

朴[1]視之, 則乃自家奴子也. 其奴喘喘然慌忙告曰:

"內上典急患胸腹痛, 實有頃刻難保之慮. 請書房主, 火速行次焉."

朴乃謂鄕儒曰: "室人此症, 係是本症. 一發必至十餘日委痛. 不可不急急往見, 問醫用藥. 第往觀動靜, 更當來做." 云云. 遂辭去.

此盖托辭也. 過了十餘日, 始乃又訪曰:

"室憂今雖少差, 猶未可釋慮. 且會期無餘, 無以更做, 極爲悵嘆. 須於會日, 相期於場外, 以爲同場之地如何?"

鄕儒亦仰以高手, 意以爲若得同坐, 必有利益, 欣然諾之.

及當會日, 靈城携一空石·一正草, 坐於場中門外. 目見其鄕儒之往來, 而視若不見. 或回面與他人語, 不爲接談. 其儒見如此貌樣, 嘆曰:

'京華士大夫, 誠無足恃矣. 旣丁寧相約, 而臨場顯有訑訑之色. 恐其有害於自家之科事而然否.' 遂躬往其傍, 先自接語曰:

"見人之來, 而外面何也? 同場周旋, 旣有宿約而如是冷落, 顯有外之之意何也?"

靈城心中則唯恐其人之不同入, 而外面假示電勉許之之意. 遂入場, 同坐一席.

未幾題出, 各自起草未半, 靈城謂鄕儒曰:

"做得幾許?"

曰: "做至中頭矣."

仍出示之曰: "如有疵病, 須詳敎之."

朴將自己所草摺置於方席之下, 而每字以墨塗抹, 使他人莫能諦視. 略觀鄕儒之草, 未半, 卷持而起曰:

"小便甚急, 請少俟之. 吾之所草者, 在於方席之下, 須出而見之也."

遂起身若放溺樣. 避坐於所親人雨傘之下揮帳之中, 親自展劵寫之. 盖增廣正草, 歷書之故, 雖怚拙荒雜, 無所拘焉. 逐條以下, 則又瞻他人所作, 仍爲呈劵. 又得高中.

---

1 朴 원래 '外'로 나와 있는데『청구야담』을본에 의거하여 바꾼 것임.

至戊申亂, 以從事官, 錄揚武勳, 封靈城君, 官至判書. 而平生多權術, 善詼諧, 以善行繡衣, 至今得名云.

• 『靑邱野談』 海外蒐佚本 甲本 권2

祭文 제문
窮儒詭計得科宦

昔有一班族, 不文不筆, 家且貧寠. 時或赴擧, 而不能自設一接, 只從親友之後, 得餘文餘筆而呈劵矣. 僥倖得一監解, 會闈漸迫. 而旣無文筆, 無以觀光. 然難於坐停, 乃携一張正草, 單身入場. 四顧無親, 借述借筆, 亦無其路. 政爾彷徨, 忽見關西巨擘, 有名於國中者, 爲人借述, 冒入場屋. 曾有一面於他座矣. 卽往其接, 叙寒喧畢. 卽曰:

"莫重場屋, 無難冒入, 吾若一言, 事當不測."

其巨擘及主人, 滿面發赤, 惶怵戰慄. 其士乃曰:

"詩一首, 盡意善做, 先給我, 則我當不言矣."

其巨擘乃操紙揮毫, 頃刻製出以給之.

文則雖幸詭計得之, 又無以寫呈. 方抱劵周回之際, 適有能筆而短於文者, 與人相約換手, 而臨期狼狽, 操筆苦吟. 又乃就其座, 先叙前日未一見之語, 次愍同接狼狽之事, 且言自家有文無筆, 要與換手, 仍示自家所持之詩. 其能筆者, 雖不能善文, 猶能知科文體格. 取見其詩, 則果善做者也. 方甚罔措, 猶幸得此, 遂許之.

仍展劵磨墨, 揮毫寫之, 頻頻回顧曰:

"我則當致誠善寫, 須於其間盡意做出一首詩以待也."

其人曰: "諾."

遂出草紙, 若出草樣. 颯颯書之, 仍又墨圈, 使他人莫可辨識. 待寫劵畢, 卽爲捲持, 仍投暗草一張於能書人曰:

"呈劵後, 吾當卽還, 姑待之."

遂抱劵直向臺上. 故爲躍入於網內. 試官及軍士輩, 見之以爲犯法, 使之速速押出. 其士人, 以錢兩授軍人曰:

"吾雖欲還入接中, 愼勿聽之, 只願[1]逐出, 俾不得一刻留連於場內."

---

1 願 원래 '顧'로 나와 있는데 전후 문맥으로 보아 바꾼 것임.

軍人旣受其賂, 又試官分付至嚴, 豈欲暫時徐緩. 前引後擁, 忙忙逐出. 其士人, 故作哀乞樣於軍人曰:

"吾有萬萬緊關事. 幸少緩, 俾吾還入吾接."

軍人輩那裡肯從. 四次五次無數懇求, 而一向牢拒. 遂過其接而出來之際, 遙語能書人曰:

"事旣到此, 無可奈何." 云云.

仍爲出場. 及其榜出, 果得鬼捷.

某士旣得小科之後, 又生筮仕之意. 而無勢力無挤緩, 莫可奈何. 適其時, 吏判新喪其近三十獨子, 如癡如狂, 無意榮途, 而電勉行公. 某進士心生一計. 細探吏判之子, 年歲性稟, 才華文識, 及平日交遊之爲某某, 做工於何處, 遊覽於何處, 一一詳知. 往懇於南山下文章之士, 搆出祭文一通, 極其哀痛. 備言, 相識於某處, 同做於某家, 伴讀於某寺, 年歲則差以幾年, 交分則厚若膠漆, 稱以世誼, 而備述渠家世德, 俾人之見者, 一按可知爲年歲幾何·誰之子孫.

仍備鷄酒之奠, 瞰吏判之赴公, 躬往其家. 使奴僕輩, 開几筵門, 設奠斟酒, 跪讀祭文而嗚咽不成聲. 仍又放聲大哭, 哀痛良久而去.

其夕, 吏判自公而退, 入內則其夫人曰:

"俄有一士, 稱以洞某進士, 稱以亡兒之切友, 具奠爲文, 痛哭半晌而去." 云云.

吏判大異之, 取其祭文而見之. 則連篇屢幅, 殆過數百行, 而文筆俱極佳. 歎曰:

"吾兒有如此切友佳士, 而吾何以不得知乎? 觀其世閥, 則乃是故家班族, 且年近四旬, 政合筮仕. 且瞰宰相之不在家, 而奠于其子之靈筵者, 其志操尤可尙."

遂於都政, 排衆檢擬, 得以筮仕焉.

•『靑邱野談』海外蒐佚本 甲本 권6

全州政丞 전주 정승
田統使微時識宰相

田統使東屹全州邑內人也, 風骨秀傑, 智略沈深, 亦有鑑識. 時李相國尚眞, 居在邑隣, 獨奉偏母, 惸然塊處, 室如懸磬, 秋無甔石, 窮貧之極, 菽水難繼, 而言論風儀, 綽有可觀. 又勤勤做工, 窮晝夜矻矻不輟. 東屹年雖少, 常奇李公之爲人, 傾身納交, 定爲刎頸之友. 常分其財穀, 以周其急. 李公亦深感之.

忽於初冬末, 東屹告李公曰:

"公之形貌, 終當富貴, 而時運未到, 貧困如此, 上奉下率, 無以濟拔. 吾有一計, 公但依吾言行之."

遂歸取五斗米·麴子數圓, 授李公曰:

"以此釀酒, 酒熟, 則卽通于我."

李公如其言, 釀旣熟, 告于東屹. 東屹乃遍召隣人, 告之曰:

"李措大今雖貧寒, 乃日後宰相也. 家奉偏親, 朝夕屢空, 無以爲生. 今欲從事田疇, 經紀生理, 而所需者, 柳櫟木錐也. 爾輩須飮此酒, 每人但取柳櫟木錐長一尺半五十介, 以助之爲可."

諸人莫曉其意, 然素信東屹, 又重李公, 皆齊聲應諾. 東屹乃出其酒, 飮二百餘人. 數日後皆取柳櫟錐如其數, 可爲數萬餘介.

東屹出牛馬, 盡馱之, 與李公同往乾芝山下柴場. 柴場乃東屹土也. 刈草淨盡, 東屹與李公及奴僕輩, 遍揷木錐, 入地可尺數寸許. 東屹謂李公曰:

"明春可以種粟也."

其翌年春凍解之後, 東屹乃取早粟種幾斗, 携李公往乾芝山下, 拔其錐, 每穴下種七八粒, 又取新土, 略下穴中以覆之. 及夏, 粟苗之出穴中者, 甚碩茂. 乃拔去其細者, 只留三四莖, 草生則刈淨之. 及結實, 穗大如錐, 打之出五十餘石. 李公大喜, 猝然成富家翁. 此皆柳櫟之汁素沃, 而入地尺許, 則土氣全而又新矣. 經冬雨雪之汁, 且流入穴中, 與錐之沃汁, 融合而深漬, 則粟可苗茂, 種之入地也深, 則常帶潤氣, 故旣不畏風, 又不畏寒, 且種入草根之底, 去草根遠, 則草不能分其土力, 故結實碩大. 此當然之理也, 東屹可謂深曉農理者也.

李公方喜家計之稍贍, 而養親之無憂矣. 忽一日, 火生竈堗, 延及室宇, 適又大風起, 火烈風猛, 撲滅不得, 積貯之粟, 幷入灰爐之中, 無一留者. 李公自歎窮命, 天不見助, 無食粟之福. 母子相扶, 一場慟哭而已. 東屹曰:

"天道杳茫, 姑未可料也. 李措大氣宇狀貌, 決非窮死者, 而今者天灾孔酷, 不遺粒米, 此何故也? 豈吾有眼而無珠耶!"

心竊歎傷. 時適有慶科庭試, 東屹乃謂李公曰:

"公試入京觀光. 僕馬資粮, 吾當辦備. 須勿爲慮焉."

李公乃以其資上京. 時李公之戚叔, 有名宦者. 李公往見之, 戚叔待之甚厚, 徵其功令文字, 見之喜曰:

"體裁精潔, 句作淸新, 尙未得一番初試, 亦云晚矣. 今科則須努力觀之."

遂助給試具. 及入場屋, 自作自書, 早早呈券, 果一擧寬捷. 戚叔爲辦應榜之具, 遂延譽於朝中, 卽入淸選, 歷翰林玉堂, 聲望甚藹蔚. 乃輦母入京, 始成家道.

其時東屹亦已登武科矣. 李公乃招致東屹, 置之外舍, 與同起居. 且謂東屹曰:

"君與我神交也. 門地班閥, 初非叮論, 文武間體禮, 又何必用也. 雖在衆人廣座之中, 無爲做恭, 待以平交, 無間彼此."

俄而玉署僚友數人, 來會做話. 東屹欲起避之, 李公挽袖止之. 東屹乃拜現之, 參座. 李公謂諸僚曰:

"此是吾知己之友也. 智慮材力, 拔出儕流, 非今世之人物, 日後國家必藉其力. 將大用之人也, 兄輩必無以尋常武弁視之, 深爲結納焉. 吾之挽留, 將爲蟠木之先容也."[1]

諸僚見東屹身手起起, 狀貌堂堂, 皆相顧獎詡, 使之尋訪. 東屹乃遍往拜之, 俊辯偉論, 令人驚動. 諸人競相吹噓, 延譽廟堂. 遂通列于西班正職, 由宣傳官, 多踐方鎭, 治民勤幹, 馭戎諳練, 聲名赫翕, 擧朝稱賞, 自兵水使至統制使. 年過耆艾, 子孫衆多, 而其子其孫, 繼登虎榜, 遂爲東方武班之顯閥云爾.

• 『靑邱野談』海外蒐佚本 甲本 권6

---

1 吾之挽留~先容也 『학산한언』에 의거하여 보충한 것임.

爭春 쟁춘
嘲使命李尚書爭春

李判書益輔與某台, 生同庚·居同巷·幼同學·長同業, 以至上庠登第, 無不同年, 內翰瀛館, 亦皆同選. 地閥儀表, 文翰物望, 人莫能甲乙. 李台與某友, 伴直於玉署, 互相自勝, 莫肯相下, 乃相約曰:

“吾輩自幼及長, 無一不同, 無以定其優劣. 聞南原有妓, 名某者, 爲國中一色云, 以此妓先着鞭者爲第一.”云云.

未幾, 某友爲全羅左道京試官, 而乃是他人有頉之代. 試日迫近, 明將辭朝, 試邑卽南原也. 李台適在直中聞之, 大驚嘆, 直欲卽地飛去, 而無可奈何, 深致慨嘆, 以爲 ‘今則勢將遜某友一頭, 此將奈何.’ 咄咄憤痛, 達宵不寐. 其翌曉, 某友爲試官下直, 歷入直所, 意氣揚揚, 顯有壓倒之意. 大言令張曰:

“從今以後, 吾可以勝君矣.”

李台雖强作大談, 而垂頭喪氣, 自不覺氣縮縮然.

少頃, 忽有入直玉堂李某入侍之命, 乃顚倒赴召, 則自上授封書一度, 及鍮尺馬牌等物. 李台大喜, 意必湖南繡衣, 卽刻直出南門外, 坼見封書, 則果是湖南左道暗行御史. 計其日子, 則某友當於某日入南原, 必於當日內起程, 倍道疾馳, 方可以先某友入去矣. 從人褌將, 未暇知委, 急報家中, 先持若干盤纏, 率伴倘一奴子一, 徒步發行. 從人褌將, 及盤纏衣服, 則從後直送于南原地事, 報于家中. 兼程趲進, 某日午時, 抵南原邑. 探京試官行止, 則今朝纔入來云. 遂急急廉探, 得數三件事, 直爲出道於客舍. 伊時, 上自官家及試官, 下至邑村吏民, 未聞御史先聲, 猝地出道, 皆蒼黃忙急, 一邑震蕩. 遂拿入吏房座首各色色, 略略治罪後, 自本邑定入隨廳妓幾名, 而見其座目, 則無厥妓之名. 遂拿入戶長, 問之曰:

“南原乃國內色鄕, 御史是第一別星, 而今者隨廳妓, 全不成樣, 須速速換定以入也.”

御史分付, 誰敢違越. 乃換定以入, 而亦無厥妓名字. 御史大怒, 戶長及首奴首妓, 一幷拿入, 喝問曰:

"吾知汝邑有妓名某者, 而再換隨廳, 猶不來. 汝邑擧行, 萬萬慢忽, 某妓須斯速現身也."

戶長等白曰:

"某妓京試官使道已定隨廳, 不使須臾離側, 故不得定入."云云.

御史愈往愈怒, 令別造三隅杖, 戶長首奴等, 縛坐於刑機上, 厲聲曰:

"汝輩將此妓, 藏於何處, 而假托京試官隨廳, 終不現身乎. 萬萬駭痛, 萬萬無嚴. 若不卽刻待令, 汝輩將死於刑杖之下."

遂令選善杖者, 限以十度內打殺. 威風凜凜, 號令如霜, 擧邑戰慄. 戶長首奴首妓家擧族, 及三班官屬, 並詣京試官下處, 涕泣號訴曰:

"三人性命, 今在頃刻. 伏乞京試官使道, 特垂哀憐之念, 大施活人之德, 暫命出給某妓, 則謹當現身於御史道, 以免罪責, 少待御史道威令之稍定, 趁夕間某條還爲率來, 使之隨廳, 暫許出給, 俾完三人將死之殘命, 千萬至祝至祝."

京試官不忍厥輩之無罪將死, 又念若不出給某妓, 而御史果打殺某漢, 則不無由我之嫌, 亦有埋怨之慮. 且所謂御史不知爲誰某, 而若因一妓之故, 遂成平生之嫌, 則亦是不美之事. 遂出給厥妓曰:

"吾特念汝輩之將死, 暫此出給, 現身後, 須卽率來也."

厥輩歡天喜地, 百拜致謝曰:

"上德如天, 殘喘得保. 一番現身之後, 何敢不率來乎!"

遂將此妓, 現身於御史. 御史大喜見之, 果是絶代妙色也. 遂解[1]下吏奴輩, 并退左右, 圍繞大屛風於大廳之中, 携厥妓入于其中, 爛熳作戲, 雲雨旣畢, 命入肩輿, 使某妓隨後, 直向京試官下處, 而以扇遮面, 直至廳上下輿, 字呼其友曰:

"今果何如? 吾果快勝矣."

京試官雖聞御史之出道, 實不知御史之爲何人, 而李台則自家下來時, 入直玉堂也. 今日之行, 尤是不意. 今者料外逢着, 喫了一驚, 且念其妓之先着, 已讓一頭, 尤不勝憤痛. 面色如土, 幾乎氣絶云.

蓋自上亦聞李台與某友相約之事, 故於京試官下直之日, 特遣繡衣, 俾得以爭春云.

• 『靑邱野談』海外蒐佚本 乙本 권4

---

1 解 『청구야담』 갑본에 의거하여 보충한 것임.

露眞齋上候書노진재 상후서
被室譎露眞齋折簡

廣州一措大, 不文不武, 地卑家貧, 不能力農, 以內助支過, 而以若干世誼戚誼之在京, 三十年出沒洛下, 而以人望才華之一無可取, 不得結交於一箇官人. 其妻訕之曰:

"士子之遊京者, 居半以着意工夫, 賭取科宦之地. 否則納交於利勢之家, 以爲依托之地, 而至若夫子, 則旣無文字, 科宦非所可論, 而三十[1]年洛下, 宜有一箇情交, 未嘗有一張存問. 妾心疑怪, 無或酒色之沈惑耶? 雜技之外入耶?"

措大實恥其言之有理, 而無辭可答. 沈吟良久, 乃瞞答曰:

"吾非病風之人, 三十年遊洛, 豈徒然哉? 果有某姓某人, 自少親密, 而悶我窮困, 恒曰: '若爲西伯, 則給我一家産云.' 其人再昨年登科, 今爲應敎. 吾之上京, 必留是人之家, 朝晚必得其力矣."

其夫人聞之, 每於朔望, 用甌祝天, 以某人之爲西伯, 每問某人陞品與否. 其夫則每以尙遠諉之.

過六七年後, 適因親黨之來往, 得聞某人之爲西伯, 而措大時適上京矣. 待其還, 跣足出迎曰:

"某官今爲西伯云. 何不往見, 須以明日發行."

措大聞之, 不勝悶迫, 乃佯曰:

"到任屬耳, 稍俟後日, 何用躁躁."

妻信之. 過三朔後, 其妻促之曰:

"何不往也?"

曰: "無馬也."

已得貰馬則曰: "身病也."

其妻曰: "然則須送人也."

---

1 三十 원래 '十'으로 나와 있는데 전후 문맥으로 보아 바꾼 것임.

曰: "誰爲我作千里之行乎?"

其妻曰: "已約某隣之某漢, 盤纏亦已備置矣."

措大悶甚, 亦以無簡稱頉.[2] 其妻乃以一大簡授之. 措大東推西托, 百般圖避, 而無可奈何, 乃終夜籌思, 遂冒沒裁一簡.

皮封曰箕營節下下執事入納, 露眞齋上候書. 裏面曰:

"云云小生以迂怪儒生, 畸窮所迫, 不辨雲泥有隔, 敢此修候於素昧宰相, 未知台監, 訝惑如何? 實狀載胎錄, 下諒伏望."

別紙云 "小生以迂活身世, 散漫持心, 少失文學, 世乏産業, 兼之不繁出入, 遨遊京洛, 殘盃冷飯, 不嫌苟且, 一年二年, 如此如彼, 零星妻子, 歸之於秦越之視, 如干稼穡, 屬之於笆籬之邊, 鄕黨賤棄, 親戚排擯, 只賴室人賢哲, 祭祀之奉, 子女之育, 猶以成樣, 所謂家長, 有若無矣. 如是者, 三十年于玆矣. 一日, 室人以小生之積年遊京, 不得一長者交遊, 每致嘖言, 雖以婦女之言, 實無可答. 閤下自儒時, 地閥門文望, 必將大做故, 遂擧閤下之名, 飾辭以慰妻曰: '某人實與我膠漆, 而且有丁寧之約曰, 若爲西伯, 則惠以一庄墾云云.' 以此瞞之, 此盖六七年前事也. 實出於一時彌逢之計, 而老妻則認爲眞談, 信之無疑, 一自其後, 甌飯之祝, 沐髮之禱, 皆願某人之爲西伯, 自執事登科以後, 精誠愈勤, 企待愈切, 每問某大人今至何官, 生至於執事, 實無半面之雅, 而惟恐前言之歸虛, 以去年某官, 今年某資, 一一答之, 有若眞箇親密者然. 頃者因其親族, 遂聞台監之出按西伯, 妻使小生親往乞駄, 小生之煩惱, 當如何哉? 托以無馬, 則備馬而待之, 托以身病, 則雇人以送之, 甚至托以無簡, 則出一大簡與之. 到此情地, 一倍悶隘, 誠欲中止, 則前言之虛妄綻露, 且欲修書, 則台監之素昧何哉? 小生今以悶隘煩惱之意, 不得已悉暴顚末, 惟執事哀憐之, 諒恕之."

書畢, 授之內君, 內君卽招隣漢, 計給盤纏, 卽地起送. 厥漢到平壤, 營門洞開, 納上書簡. 巡相坼見, 再三循環. 盖西伯自玉堂之後, 每以朔望, 夢至一家, 見一班家夫人, 精潔沐浴, 淸水甌餠, 合手祝天曰:

"使某人爲平安監司云."

2 亦以無簡稱頉 『청구야담』 을본에는 '亦諉以無簡'으로 나와 있는데 『청구야담』 갑본에 의거하여 바꾼 것임.

某人卽自家姓名也. 心甚怪之, 不識其故矣. 今見此書, 與夢兆符合, 惋然大覺. 一是情地可憐, 一是精誠可感, 遂招來奴近前, 其宅生涯之如何, 疾病之有無, 兒稚長養, 條條下問, 一一詳探, 眞若竹馬故舊樣. 其奴之心, 亦曰:

'某生員主, 果有京洛好親友矣. 雖窮居鄉曲, 豈不可畏哉!'

巡相使其奴, 留之下處, 饋以盛饌. 過二日, 巡相招厥漢曰:

"汝宅生員主, 果是葱竹之交, 宜有財物之惠, 而以汝卜重, 不得付送, 當自營駄送, 而汝之生員主, 偏嗜藥果, 故今以一横送之, 汝其視之."

使之開蓋, 果油蜜果也. 遂掩蓋, 裹以油紙, 結以細繩, 封而踏印. 且問來奴之有父母, 以二十五大藥果, 別裹以給, 使歸遺其父母, 厚給盤纏, 並書札出付, 使之促還.

其奴歸期漸近, 夫人懸望甚切, 而措大則以其所爲虛無孟浪, 憂患萬端, 便成不病之病. 一日妻忙告曰:

"某奴歸矣."

斯須之頃, 近至柴門之外, 老妻出立軒外, 而措大則不敢開戶, 穴隙窺之. 厥漢果爲入來, 而背上有封物所負. 方在疑信之際, 厥漢納拜內庭. 夫人先慇行役之無事, 次問所負何物, 忙索答札, 與之措大.

皮封曰 露眞齋執事回納, 箕伯謝狀. 裏面曰: "遠承徽音, 披閱如對, 矧審動止一向佳勝, 弟泣任屬耳, 公務多端, 撓惱何言, 關河千里, 雖難枉臨, 第候日後, 卽臨京第, 則實多長話之可叙. 不備. 藥果一横, 伴呈."

措大大發生氣, 鬼鬼以士大夫氣像自處, 推窓起坐, 呼來奴曰:

"遠涉千里, 其勞良苦."

厥漢曰: "幸蒙下念, 無事往還, 何敢言勞! 且蒙使道寬厚, 至有小人母藥果之饋, 莫非生員主德澤."

遂以使道分付之如是, 接待之如此, 一場仰白, 以別裹藥果出饋其父母, 兩班之生色大矣. 措大遂入內解横, 出一立喫之, 此是平生初喫之物也. 夫婦相顧稱其味異常, 次次捲之, 則藥果不過二重, 而横中又有中層, 邊有一指可容之穴, 開之則實以天銀子一斗, 計其直, 果萬金有餘. 措大夫婦大驚喜, 不覺踴身三丈. 措大遂賣銀買土, 至爲廣州甲富云.

• 『靑邱野談』海外蒐佚本 乙本 권4

借胎 차태
老學究借胎生男

古有京居一士人, 因事往嶺南地, 轉入太白山中, 迷路越店, 日色向昏, 遂投宿於一村舍. 其家內外俱是瓦屋, 無異京第. 求見主人, 請寄宿. 其主人, 儀容甚偉, 鬚髮半白, 快許之. 饋之夕飯. 主人問曰:

"年歲幾何, 而有子女否?"

士人曰: "年未三十, 而子則殆近十. 蓋一經房事, 則輒生子矣. 家素清貧, 而子姓滿室, 還爲憂患矣."

其主人顯有欽艷之色, 仍嘆曰: "何許人, 有如許福力耶?"

士人笑曰: "憂患中大憂患. 何足以福力稱之耶?"

主人曰: "年過六十, 尙未産育. 雖積穀萬石, 有何世況乎? 使我若有一子, 則朝飯夕粥, 亦無恨矣. 今聞尊言, 豈無欽羨之意乎?"

其翌, 士人欲爲辭去, 主人挽之, 烹鷄磔狗, 豊其供饋. 至夜屛退左右, 引士人入狹室, 從容語之曰:

"吾有衷曲可告之事矣. 吾生長於富家, 今至老白首, 不識艱窘之狀, 復何所願, 而第子宮奇窮, 半生不育一子. 爲其廣嗣, 偏房副室, 亦非不多矣, 祈禱醫藥, 靡不用極, 雖平日宜子之女, 亦未有娠. 桑楡漸迫, 奄成窮獨. 今亦家蓄三妾, 年皆二十內外, 而亦無喜消息. 雖他人之子, 一聞呼爺之聲, 死可瞑目矣. 今聞尊座, 一交卽孕云, 願藉客主之福力, 欲施借胎之方, 未知如何?"

士人驚謝曰: "是何言歟? 男女之別, 禮防至重, 有夫通奸, 法意莫嚴. 雖一生素昧之間, 不敢萌心, 況數日主客之誼, 何忍發口? 逆旅常漢之婦, 猶不可, 況士夫之別室乎!"

其主人曰: "渠是賤物, 且自我發說, 則少無可嫌. 夜深人靜, 日後生子, 誰得知之? 言由心腹, 毫無飾詐. 幸憐此漢之身世, 卽賜俯從, 使此無子之窮老, 得聞生子之喜報, 則生生世世, 此恩如何可報? 在尊爲積善之事, 在我爲無窮之恩. 事之兩便, 莫過於此, 安用固辭爲也?"

士人尋思良久, 以爲渠旣懇請, 異於自己潛通, 且旣出渠之眞情, 似無他慮. 雖以外面人事, 再三辭拒, 男女大慾, 人孰無之! 乃曰:

"揆諸道理, 萬萬不可, 而主人之請, 如是懇摯, 惟命是從, 而吾心則極不安矣."

主人聽罷大喜, 攢手稱謝曰: "今賴客主之德, 可聞呼爺之聲矣."

遂語其由於諸妾. 三夜三妾, 輪回侍寢. 其三妾, 亦意必生子, 問士人之姓名居住, 暗記于心中. 三宿之後, 仍爲告別. 主人厚有贈遺, 皆辭以卜重, 仍爲出山, 還歸京第.

其士以多子之故, 調度極艱. 有婦有孫, 食口恰過三十, 數間茅屋, 無以容膝. 三旬九食, 十年一冠, 亦難變通, 遂分散諸子, 使之贅居, 只老夫妻及長子同居. 居然過二十春秋.

一日, 無聊閑坐, 忽妙少年三人, 騎駿馬, 聯翩而來. 升階上堂, 納頭便拜. 士人見其衣服華麗, 擧止端雅, 乃慌忙答拜, 問曰:

"客主自何而來? 前日似無一面之雅矣."

三少年曰: "我等卽生員主之子也. 生員主不記某年某地如是如是之事乎? 吾輩俱是伊夜所孕之子也. 竝皆同月生, 而日子稍有後先. 今年爲十九歲矣. 幼少時, 只知爲老人之子, 及至十餘歲, 母親細言其曲折, 始知爲生員主之子. 然生員主旣不知住在何處, 且十餘年養育之恩, 極爲隆重, 不忍一朝背之. 欲待老人之下世, 爲歸侍之計. 十五歲, 同日娶婦, 行新婦禮於其家, 再昨年二月, 其老人年八十一, 無病而化. 厚其殯歛, 擇吉地, 依禮營窆, 服喪三年以報其恩. 今則祥禫已訖故, 玆憑母親之所記, 兄弟三人, 聯轡上京, 今纔來謁矣."

士人怳然大悟, 細察顔色, 則果皆酷肖. 遂將此事, 言于妻子及子婦等, 使之各各拜現. 且曰:

"汝之母, 今年爲幾何, 而皆得無恙否?"

三子各各對之. 又曰:

"略察生員主家計, 萬不成說. 行中適有携來者."

使奴子解行橐, 出錢幾兩, 使之貿米貿柴, 以爲朝夕之需. 其夜三子, 從容語曰:

"生員主春秋旣高, 書房主亦早年失學, 科宦似無其望. 又地無立錐, 秋空磈石, 赤手白地, 何以資生? 不如落鄕以度餘年, 如何?"

士人曰: "吾亦有意落鄕, 而其於無田土庄舍, 何哉?"

三子曰: "某村老人, 是屢鉅萬富人, 身故而無他族戚, 其財産盡爲吾輩之有. 斥賣家舍, 盡室行次, 則可以裕足無憂矣."

士人聽罷大喜曰:

"然則何妨."

遂賃馬賃轎, 卜日起程. 至其家, 見三妾及三婦. 其士人入處大家, 其三子各奉其母, 析居于隣舍. 過數日後, 士人備祭物, 往哭于富翁之墓. 其他贅居之子, 次次率來, 分産同居. 前後左右, 摠數十家. 其士人周廻輪宿三妾之家, 以續舊緣, 好衣好食, 以度餘年.

其富翁之祭, 終三子之身不廢云.

續絃 속현

憐樵童權老續斷絃

　　安東權某, 以經學行誼登道剡, 筮仕徽陵郎. 時年六十, 家富饒, 新喪配, 內無應門之童, 外無朞功之親. 時金相宇杭爲本陵別檢, 適有陵役, 與之合直齋所.

　　一日, 陵軍捉犯樵人以納. 權公據理責之, 將笞罰之. 樵人, 老總角也, 涕泣漣漣, 無辭可白. 權公察其氣像, 決非常漢也.

　　問: "汝何許人也?"

　　總角曰: "言之慼矣. 小生簪纓後裔, 早孤, 老母今年七十, 有一妹年至三十五尙未嫁, 小生年三十未有室. 男妹樵汲以奉養, 家近火巢, 而今當極寒, 不能遠樵, 故有此犯樵, 知罪知罪."

　　仍又涕泣. 權公見其涕泣, 忽生惻隱之心, 顧謂金公曰:

　　"可矜哉其情! 特赦之何如?"

　　金公笑曰: "無妨."

　　權公曰: "聞汝情理可矜, 故特放之. 更勿犯罪."

　　賜一斗米·一隻鷄.

　　曰: "以此歸養老親."

　　總角感謝而去. 數日後, 又見捉於犯樵. 權公大責之, 總角失聲哭曰:

　　"辜負盛德, 固知兩罪俱犯, 而不忍老慈之呼寒, 積雪之中, 且無樵採之路, 今則擧顏無地."

　　權公又生惻隱之心, 縮眉良久, 不忍笞治. 金公在傍微哂曰:

　　"隻鷄斗米, 不能感化. 第有好樣道理, 果依我言否?"

　　權公曰: "願聞其說."

　　金公曰: "老人喪配而無子, 總角之妹, 娶而繼室, 何如?"

　　權公垺其白鬚曰: "吾雖老矣, 筋力尙可爲也."

　　金公揣其意, 遂招總角近前曰:

　　"彼權參奉, 忠厚君子也. 家計饒足, 喪配而無子. 汝之姊氏, 過年未嫁, 未知凡節之何如, 與之作配, 則汝家永有依託, 豈不好哉?"

總角曰: "家有老母, 不敢擅許. 當往議焉."

去而復返曰: "往告老母, 則老母曰: '吾家世世閥閱, 今至衰替之極, 雖前世未行之事, 不有愈於廢倫耶.' 泣而許之耳."

金公喜之, 遂力勸之. 涓吉辦需, 助力於兩家, 急急成禮. 果是名家後裔, 女中賢婦也.

一日, 權公來見金公曰: "賴君之力勸, 得此良配. 吾年已六十, 更何所求? 永歸故鄉故, 來別矣."

金問: "夫人旣率歸, 則其家眷何以區處乎?"

答曰: "並率去矣."

金公曰:[1] "大善哉!"

仍酌酒相別. 後二十五年, 金公始得緋玉, 出宰安東. 到官翌日, 有一民, 納刺請謁, 乃前參奉權某也. 金公良久始得記得徽陵伴僚事, 而計其年紀, 則八十五歲也. 急爲邀見, 童顏白髮, 不杖不扶, 飄然入座. 望之若神仙中人, 握手叙阻懷, 設酒饌款待, 飲啖如常.

權公曰: "民之得拜城主於今日, 天也. 民賴城主勸婚, 晚得良耦, 連生二子, 至今偕老. 而二子稍學詩文, 戰藝於南省, 聯擢司馬. 明日卽到門日也. 城主適莅此府, 豈可無下臨之擧耶? 民之急急請謁者, 良以此也."

金公驚賀不已, 快許之.

權公謝去. 明日, 金公携妓樂備酒饌, 早往之. 見其居, 溪山秀麗, 花竹翳如, 樓榭隱映, 眞山林好家居也. 主人下階迎之, 遠近風動, 賓客雲集. 俄而兩新恩來到, 幞頭罷衫, 風彩動人. 前後雙立白牌, 雙笛嘹亮. 觀者如堵, 咸咨嗟權之福力. 金公聯呼新來, 問其年, 則伯二十四歲, 季二十三歲. 權公之續絃翌年又翌年, 連得雙玉也. 與之酬酢, 容貌則鸞鵠也, 文章則琬琰也, 可謂難兄難弟. 金公歆歎不已. 老主人之喜色可掬. 座間, 權公指在傍一老曰:

"城主知此人乎? 此是昔年徽陵犯樵人也."

計其年則五十五也. 遂設樂以誤之. 主人仍請留宿曰: "民之今日之慶, 皆城主之

---

1 曰 원래 빠져 있는데 문맥으로 보아 보충한 것임.

賜也. 城主適臨蓬蓽, 天與之, 非人力也."

遂止宿穩話. 翌朝, 權公進酒饌侍坐, 口欲言而囁嚅不敢發端. 金公問曰:

"有所欲言乎?"

權公乃言曰: "老妻平日爲城主有結草之願, 而幸臨陋地, 一拜尊顔, 則至願遂矣. 女子之不思體面, 只有感恩之心, 容或無怪. 願城主暫入內堂受拜, 恐未知如何? 且城主之於老妻, 德如天地, 恩猶父母, 何嫌之有?"

金公不得已入內軒. 上設席迎座, 老婦人出拜於前, 感極而悲, 涕淚汍瀾. 又見兩少婦凝粧盛飾, 隨後而出拜, 其子婦也. 三婦人皆默然侍坐, 其愛戴之意, 溢於顔色. 遂進滿盤珍饌. 權公又請城主於夾房. 前見年可六七歲稚兒, 髮漆黑鬖鬆, 手執窓闥而立, 方瞳瑩然, 黯黯視人, 精神若存若無. 權公指之曰:

"城主知此人乎? 此是犯樵人之慈親也. 今年九十五歲, 而其口中有聲, 城主試細聽之."

金公聽之, 則非他聲也, 卽'金宇杭拜政承, 金宇杭拜政承'之語也. 二十五年祝願如一日, 尙今口不絶聲, 至誠安得不感天乎? 金公聽之, 犂然而笑, 遂謝諸人還衙.

其後, 金公拜相. 肅廟朝以藥院都提擧, 承命往視延礽君患候. 延礽英廟潛邸時封號也. 說其平生窮跡, 語及權參奉事, 叙其顚末, 英廟聞甚奇之. 及登極後, 式年唱榜日, 偶見榜目中安東進士權某, 乃是權某之孫. 自上特敎曰: "故相臣金宇杭語權某之事, 甚稀貴事也. 今其孫又捷司馬, 事不偶然. 特除齋郎, 使之繩武其祖."

嶺人榮之. 盖權金深仁厚德, 有以致此也.

・『靑邱野談』甲本 권4

非情비정
行胸臆尹弁背義

尹某, 卽有地閥之武弁也, 性悍毒而又妄率. 薄有文藝. 出入於時宰相之門. 宰相多許可者.

其在湖中也, 適居憂, 窮不能自存. 隣里適有親知之人, 與松商以錢貨相去來者. 尹弁請於其人, 欲貸用錢兩. 其人以八十兩, 書標以給, 使之推用於松人處矣. 尹弁乃潛改十字, 書以百字, 而全州公納錢之上京者換用矣. 換錢失期, 自完營查實, 知其爲尹弁之所爲. 朴崙壽之爲完伯. 發送鎭營校卒, 以結縛尹弁某以來之意嚴飾. 而校卒來矣, 尹弁方在罔措之中. 其人來言曰:

"君之當初行事, 雖不美矣, 事已至此. 君則前啣, 以前啣, 一入鎭營, 則豈不敗亡身名乎? 吾則布衣, 吾當代行. 定限以來, 趁卽備送好矣."

尹弁感泣而代送矣. 其人受棍而被囚於獄中, 使之備納後放送. 其人無奈何, 盡賣自家之田土家産而充報, 閱幾介月, 得放還家. 又以杜毒幾死僅生. 家因蕩敗, 而目見尹弁之無出處, 姑俟日後而一不開口矣.

其後, 尹弁爲端川府使. 其人始乃賃騎而訪於千里之外. 意謂執手致款矣. 阻閽而不得入, 留月餘, 行資已盡, 負債於店主者亦多. 其人計無所出, 進退維谷. 一日, 聞本倅出他, 要於路, 直前而呼曰:

"吾來久矣!"

尹倅回顧而言于下隷曰: "可率入衙內." 云而去.

未幾而還來. 叙寒暄後, 別無他語. 其人仍語曰:

"吾之貧窮, 君所知也. 以舊日誼, 不遠千里而委來矣. 阻閽而留月餘, 食債又多. 君幸憐而濟之, 吾不言向來債耳."

尹倅聞而嚬蹙曰: "公債如山, 無暇救君."

仍定下處於外, 而接待極其冷落. 留數日, 給病脚馬一匹曰:

"此馬價過數百, 君可牽去賣用." 云,

而又以五十兩贐之. 其人懇請曰:

"馬是病脚. 錢又如此, 其所食債, 及回粮亦云不足. 此將奈何? 君其更思之."

尹倅作色曰: "以君之故, 積債之中, 有此贈也. 如非君, 則可空手而見逐. 勿多言."

仍[1]使之出去. 其人大怒, 散其錢於庭下, 而叱辱曰:

"汝乃偸喫公貨, 將入於鎭營, 而吾以義氣, 代汝之行. 幾死獄中, 蕩敗家産而報其債矣. 汝乃今爲萬金太守, 而吾不遠千里而來, 則汝旣不邀見, 又爲冷待, 乃以五十兩贈我. 此猶不足於往來之需. 古今天下, 寧有如許非人情之賊漢乎?"

仍放聲大哭而出門. 呼寃於通街之上, 對往來之人而皆言其狀. 尹倅聞而憾之, 又忿其揚渠之惡. 使將校搜驗其行具, 則有宗簿郞廳帖二張矣. 尹倅囚其人, 卽日發營行, 對監司言曰:

"下官之邑, 捉得御寶僞造罪人, 將何以治之?"

監司曰: "自本邑治罪也."

尹倅曰: "若然則下官可處置之乎?"

曰: "諾."

仍還官而打殺之. 世豈有如許殘忍非人情之人乎? 吁! 亦慘毒矣.

• 『靑邱野談』甲本 권3

---

1 仍 원래 '回'로 나와 있는데 『청구야담』 을본에 의거하여 바꾼 것임.

鳳山武弁 봉산 무변
李節度窮途遇佳人

仁祖朝, 海西鳳山地, 有一武官姓李者. 饒於財而性甚豁達, 喜施與, 信人不疑, 有告急者, 傾儲無所惜. 以此家計耗敗, 至不可支. 然風骨偉麗, 見者皆以榮達期之. 仕爲宣傳官, 坐事失職, 鄕居累年, 銓曹久不檢擬. 一日, 李謂其妻曰:

"武弁鄕居, 官不自來, 而家貧如此. 實恐一朝塡壑, 寧不可歎. 所餘庄土, 賣可得四百餘金. 以此入京求官, 得則生, 不得則死. 我意已決矣."

妻亦許之. 遂盡賣田土, 果得四百金. 留百金付妻謀生, 以三百金上京. 健僕駿騎, 頗動人目. 至碧蹄店止宿. 僕方治馬食, 忽有一漢, 着氈笠, 衣服新鮮, 始則窺視, 俄而入來, 與僕輩語, 意頗懇款. 僕輩悅之, 問所從來. 曰: "兵曹判書宅使喚蒼頭也."

李微聞其言, 亟召問之, 對如前. 李大喜曰:

"吾方求仕上京, 所望者兵銓. 汝果是兵曹判書宅信任奴僕, 則其能爲我居間周旋否? 且汝之來此何幹?"

其人曰: "小人爲兵判宅首奴. 上典家藏獲, 多在西關, 今方受命, 收貢膳, 故今日發去耳."

李歎曰: "得爾不易, 而有此交遘, 何以則有周旋之策耶?"

曰: "此不難. 請與之同入京中. 小人受命辭出, 已累日. 擇吉發行故, 今始出來, 上典未必知之, 今復還爲進賜周旋後, 發行亦未晩也. 但未知行中所持者幾何?"

曰: "三百."

曰: "僅可用之."

遂隨而歸, 爲李定一館舍, 傍近兵判家. 囑主人善待之, 其抑揚甚示威勢. 主人奉行惟勤.[1] 李以爲主人素知此漢, 益信之.

其漢歸家數日不來. 李謂以見欺, 大爲疑慮, 已而來見. 李喜極, 如漢王之得亡何.

---

1 其抑揚~行惟勤 이 대목은 『학산한언』에서 보충한 것임.

問: "數日何爲不來?"

曰: "爲進賜圖官, 豈可倉卒耶? 有一處蹊逕甚緊, 而當用百金."

李急問之. 厥漢曰:

"兵判有姊氏, 寡居在某洞. 大監極念之, 所言必從. 小人以進賜事, 告于厥宅, 則內主要得百金, 美官可立致. 進賜能無吝乎?"

李曰: "此金之用, 專爲此, 更何問?"

卽出囊, 計數而付之. 僕輩疑之曰:

"進賜不親往, 徒付此漢, 安知非詐耶?"

李曰: "其爲兵判宅奴則明矣. 何可不信人如此?"

翌日厥漢來曰: "內主得金甚喜, 卽送言于大監, 懇以散政有當窠, 必首擬毋泛. 大監諾之. 然必有言重者, 傍助然後, 事益牢固矣. 某洞有某官, 素爲大監親重, 有言必從, 又以五十金投之, 則必喜, 可大得力."

李深以爲然, 令圖之. 厥漢來有喜色, 曰: "果樂聞矣."

李又付五十金, 厥漢又來告曰:

"大監有小室, 國色絶愛之. 生男甚奇, 懸弧不遠, 欲厚設具, 而無私儲, 甚憂之. 若又進五十金, 其感悅而當如何? 寵姬干請, 尤爲深緊."[2]

李亦善之, 卽與五十金.[3] 厥漢持去, 卽還曰:

"姬果大喜, 言當竭力周旋. 進賜好官, 非朝卽夕, 當坐而俟之. 然武官供仕, 冠服不可不精備, 且以五十金貿辦則可矣."

李曰: "此斷不可已."

仍以金托厥漢, 貿易辦備. 非久毛笠·帖裏·廣帶·烏靴·黃金帶鉤一時致之, 而皆極光麗. 李大喜, 自以爲得一諸葛亮. 雖僕輩之始疑者, 皆大信之, 欣欣然顒望臁仕之必至.

李旣具服, 着卽懷刺, 詣兵判家登謁. 備具履歷情勢, 告訴哀乞, 兵判頷之而已, 非不假借, 終無一言矜惻. 李以爲此不過兵判之常事. 其後復往, 亦不免同諸武逐

---

2 其感悅而當如何 寵姬干請尤爲深緊 원래 '則事可十分完全矣'로 나와 있는데『학산한언』에 의거하여 바꾼 것임.

3 李亦善之, 卽與五十金 원래 '李又以五十金出給'으로 나와 있는데『학산한언』에 의거하여 바꾼 것임.

隊問安而已, 無賜顏款接之意. 聞有政目, 則必艱辛覓見, 而渠之名字少無疑似者. 心甚焦躁, 而務悅厥漢之心, 來則出其囊錢, 買肥肉大酒, 任其醉飽, 餘存者五十金, 幾盡消融. 李頗悶之, 問厥漢曰:

"汝言久無驗何也?"

曰: "大監何日忘進賜? 而奈有所納者, 加於進賜, 則尤爲緊, 進賜何以得參? 然此輩得意者已多, 聞後日散政, 大監將擬進賜某職, 此極腴官, 姑[4]俟之."

及政目出, 又無聞. 厥漢來見曰:

"某官及內主, 力請於大監, 可必得, 忽有大臣託以某人, 不容不施, 爲其所奪, 當奈何? 然六月都政不遠, 某司之職, 財用甚饒, 小人已白於內主某官及小室, 合請於大監, 已得快諾. 此則決不失矣, 且俟之."

李半信半疑, 而不敢不重待, 財力已磬盡矣. 及至[5]大政, 奴主早起待報, 望眼欲穿, 而日高至午, 過午至晡矣. 吏兵批已畢, 而李之姓名, 寂無所[6]聞, 厥漢亦無聲影.

李大悵失心, 僕輩之訕議恨歎, 不勝其騷耳. 李雖上典,[7] 不能出聲氣, 猶望此漢之復至, 而前之日日來者, 今過三日不至. 李始大疑之, 招主人曰:

"兵判宅首奴, 近日不來何也? 汝旣情熟, 何不招來?"

主人曰: "此本素昧之人也. 其爲兵判家首奴, 進賜明知之耶. 小人實不知之, 第以渠自稱兵判家奴子, 而進賜又謂兵判之奴也. 小人以此信其爲兵判家奴子, 實則吾安知之."

李曰: "汝旣親熟, 知其家乎?"

曰: "不知也. 進賜旣與親熟, 豈未嘗知其家耶?"

李曰: "偶未致意耳."

自後厥漢絶跡不復[8]來. 李自念蕩敗家産, 盡輸於一賊漢, 都由於人之疎濶.[9] 累代宗祀, 許多家眷, 將擧委邱壑, 而族黨鄕隣, 妻子僮僕, 怨怒誚責, 其何辭可解. 且

---

4 姑 원래 '試'로 나와 있는데『학산한언』에 의거하여 바꾼 것임.

5 至 『학산한언』에 의거하여 보충한 것임.

6 所 『학산한언』에 의거하여 보충한 것임.

7 李雖上典 『학산한언』에 의거하여 보충한 것임.

8 復 『학산한언』에 의거하여 보충한 것임.

9 都由於人之疎濶 『학산한언』에 의거하여 보충한 것임.

念平生桀驁之性, 豈肯作[10]寒乞兒苟活耶? 百爾思之, 惟有一死, 乃快於心. 遂決意捨命.

翌日早起, 直走漢江, 脫去衣冠, 大叫數聲, 奔入水中. 水浸背腹, 已不勝凜慄, 不覺縮身, 退步佇立. 靜思曰:

"實難自死, 莫如爲人所打死."

遂出忙忙然歸.[11] 翌日朝, 大飲酒爛醉, 錦衣·烏靴·金鉤橫帶, 八尺長身, 昂然大步, 直至鐘街. 人人大驚, 視以爲神人. 而李方揀取衆中偉幹擰貌似有勇力者, 直前搏之, , 飛脚大踢. 其人一聲跌仆, 急起疾走, 追之不及. 李甚慨恨, 又環視衆中, 有可勝己者, 將赴之, 佇立睢肝, 狀若狂者. 目之所觸, 莫不潰然迸走, 街上空無一人. 李雖欲爲人所打死, 而人方畏爲李所打死, 死可得乎? 日已暮矣, 大悵而歸.

夜臥無寐, 欲死之外, 更無他念矣. 又思曰:

"莫如入人內家, 押戲其妻妾, 則打死必矣."

翌朝又飲酒服着, 遊歷大街, 見一屋新麗, 直入至中門, 而無阻搪者. 遂突至內廳, 只有一少婦, 年可二十餘, 花容月態, 手梳雲鬟, 視之略不驚動.

問曰: "何人, 入人內室乎? 豈非狂者耶!"

李不答, 直上廳, 把女手撊頭接口, 女不甚牢拒, 而亦無一人在傍呵之者. 李極怪之, 問曰:

"汝夫何在?"

女曰: "問夫何爲? 世豈有如許事? 醉狂雖不足較, 自有法司, 其速去!"

李曰: "第言汝夫所在. 我非眞醉也, 自有情事, 不得已作此."

婦曰: "所謂情事何事? 願聞之."[12]

李曰: "吾本舊日宣傳官也. 爲賊人所欺, 盡失家産, 決意就死, 而不能自死, 要人打殺, 故累作此等事, 而終無下手者. 今汝夫又不在, 死亦至難, 將奈何?"

咄咄不已. 婦人大笑曰:

"信乎狂矣. 世[13]豈有求死如此者乎? 公果武班淸宦, 則以此風骨, 豈虛死耶. 我

---

10 作 『학산한언』에 의거하여 보충한 것임.

11 遂出忙忙然歸 『학산한언』에 의거하여 보충한 것임.

12 願聞之 『학산한언』에 의거하여 보충한 것임.

13 世 『학산한언』에 의거하여 보충한 것임.

亦有情事不得已者, 欲圖他適, 而忽與公遇, 此[14]豈非天耶?"

李問其情事, 婦曰:

"妾夫本譯官也. 有正妻在室, 而聞妾之美, 又娶爲次妻, 已四年矣. 始率置一屋之內, 妻悍極妬, 而夫已老衰, 不堪其勃磎, 買得此屋, 使妾移居. 夫始也, 往來食宿, 非無眷戀之意, 畏妻之妬, 數日後足跡甚稀, 只有數婢相守, 無異寡居者. 昨年夫以首譯, 隨使行赴燕,[15] 適以事滯留燕[16]京, 今已周年末歸. 音問杳然, 莫知歸期, 獨守空房, 形影相弔, 雖[17]喫着無闕而世念索然, 春風秋月, 悽傷自悼而已. 今婢輩以無人照檢, 相繼而去, 只有老婢相伴, 而亦多出入, 不常在家.[18] 情事酸苦如此, 人生幾何, 而守此衰朽不相干之人, 酷受悍婦嫉妬, 夏之日·冬之夜, 獨泣空閨之中! 如許情事, 與被賊欺奪而求死不得者, 何間焉? 自念賤身, 異於士族, 不可徒然枯死. 正欲別圖, 而忽有此奇逢, 分明天意矜憐我兩人. 我實願從, 公亦何過慮耶?"

李聞其言, 始也惻然, 繼而欣然. 徐曰:

"汝言亦善矣. 然顧無可歸, 唯有一死耳."

婦曰: "非丈夫也. 然此會非偶, 豈無便順之道? 願自愛無枉平生."

因起入室, 捧出酒肴, 親酌以勸. 李旣悅其色, 且感其言, 隨勸飮醉, 酒興頗逸, 携女入室. 畵屛錦衾, 花茵繡枕, 蜂貪蝶戀, 極其繾眷, 枯草沾雨, 死灰復燃, 彼此喜可知也.

自是以後, 因常留住, 其生其死, 一任天公. 婦亦欲絶夫家, 不復畏忌, 但治珍衣美食以養. 李弁瘦顔日漸豐麗, 夜則來宿, 晝則出遊, 奄過一月, 死念漸消, 生樂轉甚. 而女之風聞, 亦自難掩. 已而譯官旋歸, 書信先到. 厥婦欲使李避去, 李恥之,[19] 不敢歸, 遲廻未決. 而譯官已到高陽店. 其家屬治具出迎, 譯官問其妻曰:

"次室之不來何也?"

---

14 此 『학산한언』에 의거하여 보충한 것임.

15 隨使行赴燕 '隨行赴北'으로 나와 있는데 『학산한언』에 의거하여 바꾼 것임.

16 燕 『학산한언』에 의거하여 보충한 것임.

17 雖 『학산한언』에 의거하여 보충한 것임.

18 亦多出入, 不常在家 원래 '亦多不常常在家'로 나와 있는데, 『학산한언』에 의거하여 바꾼 것임.

19 之 『학산한언』에 의거하여 보충한 것임.

曰: "次室自有別人, 何關於君?"

譯官驚問其故, 妻細傳所聞. 譯官怒氣如山, 推擲盃盤, 急鞭[20]駿馬, 腕懸利刀, 疾馳入來, 將欲一劍幷剪. 蹴開大門, 衝突直入, 大呼曰:

"何物賊漢入我室, 偸我妻? 速出喫釼!"

忽有一人, 推窓當戶, 冠服輝煌, 貌若神仙. 披開衣襟, 露示其胸, 嬉怡而笑曰:

"吾今日眞得死所矣. 汝刺我胸."

意氣安閑, 略不動容. 譯官纔擧顏, 不覺懍然震慴, 若侯景之見梁武, 氣縮口呿, 卻立凝呆, 不能出一語, 但嗟咄數聲. 忽擲劍謂李曰:

"家宅妻財, 任君自爲."

罔然出去, 不復回顧. 婦時藏在壁間, 窺見其狀, 出謂李曰:

"庸奴何能爲乎? 然可束去耳."

走上樓, 捧出一横中有天銀三百兩, 曰:

"吾父亦富室, 吾嫁時, 父以此財資送. 而吾深藏秘之, 夫未嘗知, 而父死已久, 無可與謀生者, 今幸有主, 此可爲資本."

且挈出一籠, 開示其中, 金玉·珠貝·首飾·雜佩及錦繡衣服.

曰: "此亦數百金. 苟善運籌, 何患不富? 速命僕馬載之."

明曉, 李遂以兩奴兩馬, 載之滿駄, 置女其上, 李隨其後, 馳歸鳳山. 譯官莫敢蹤之, 而其妻幸其去, 唯恐發狀, 如欲推還, 阻抑寢之.

李以其資, 盡復所賣之土, 且轉運居積, 數年成富室. 復上京求仕, 深懲前日, 務極周詳, 甄復出六, 次次序陞, 累陞雄鎭, 至節度使. 厥女與之同居, 俱享福祿甚盛.

•『靑邱野談』海外蒐佚本 甲本 권6

---

20 鞭 원래 '鞴'로 나와 있는데『학산한언』에 의거하여 바꾼 것임.

玉人形옥인형
還玉童宰相償債

李相公某, 少時磊落不羈, 蘊抱才器, 鬪鷄走馬, 名聞一世.

一日, 出東郊外, 見一僕牽駿馬, 習步於長堤. 其馬, 色白·鹿脛·梟鷹,[1] 眼如垂鈴, 銀鞍繡勒, 動人眼目. 公喜之, 願一乘而馳之, 僕快許之. 一據鞍, 疾如飄風, 莫知所向. 日晚, 抵深山巨谷中草幕, 下馬. 見數百好漢羅拜於前, 曰:

"吾輩皆是良民, 爲飢寒所驅, 結爲綠林之黨. 而願各得資生之財, 還作良民, 智慮淺短, 尙無生財之道. 今郎君來臨, 發謀出慮, 以副衆願."

公曰: "吾儒生也. 但知詩書, 不知此等事. 不幾近於緣木求魚, 却步求前耶?"

百般苦辭, 終不可得. 乃晝夜思量, 乃許之.

衆人曰: "京中巨富洪同知家, 只有孤兒寡婦, 而貨累巨萬, 何以則盡搜其貨?"

公不得已出一計曰: "汝輩持數百金入京, 詳探洪同知家丹骨盲人巫女, 及近處巫盲, 啖之以利, 深爲締結後, 托以洪同知家, 若有變怪, 來問吉凶之事, 須以宅神發動, 大禍將至, 某日卽極凶之日. 其日一家男女老少, 盡爲出避圖命. 家中雖有怪變, 不顧也云云. 諸巫諸盲, 皆使之同然一辭. 然後, 汝輩潛身四伏, 夜中投瓦礫沙石於其家, 連三夜如是, 則洪家必閉卜出避. 遂於其夜, 盡括其寶貨而來."

衆人如其計, 得財屢巨萬. 於是, 屢百人均分其財, 而於公倍與之. 公笑曰:

"吾何以財爲? 欲一時圖生之計也."

其寶貨中, 有一玉童裹以錦繡. 公取之曰:

"持此足矣."

遂騎駿馬而還. 諸人各散. 公秘不發說.

後登科, 除箕伯. 招洪同知子, 其子年尙少, 以幕裨率去. 凡營廩之用餘, 一倂委之. 臨歸時, 洪裨稟其區處.

公曰: "置之君家."

---

1 鷹 원래 '膺'으로 나와 있는데 성대본에 의거하여 바꾼 것임.

還第後, 又棄之.

公曰: "君家老母, 使之來見吾也."

果來見於內室. 公遂出玉童子一坐, 示之, 曰:

"老嫗, 知此物乎?"

嫗見, 卽泣下如雨.

公問: "何以泣也?"

答曰: "此, 吾家長以舌官入燕, 得來之物也. 家有獨子, 而玉童酷似吾兒之貌, 燕人授之以補兒命, 蓋異事也. 某年有家怪, 又被偸窃之患, 家貨盡失, 此物亦入於其中矣. 大監何以得此也?"

公笑曰: "吾亦有異事. 明知嫗家之物, 故還之. 且吾之箕營廩餘之物, 已付之嫗子. 足當見失之貲矣."

嫗固辭不得, 以其財復得巨富云.

• 『靑邱野談』海外蒐佚本 乙本 권10

廉同伊염동이
宴鬼取富

　富者廉同伊, 卽承政院使令隨行者也. 曾爲院隷時, 以傳命事, 持簡筒, 往于南山洞. 方回還之際, 至掌樂院前路, 忽有一人拜於前曰:

　"兄無恙[1]否? 弟遍觀八路, 無如兄爲計者. 弟之許參, 迫在數日, 壺酒豆肴, 俱不及辦. 伏願尊兄, 勿以人言廢之, 濁酒狗肉, 豊備進呈, 使弟善待同儕, 因爲許參, 俾免曹司之役, 當以千金報之."

　時當七月望間, 夜且三更已深, 霖雨初霽, 明月漏雲. 同伊擡醉眼視之, 其人戴平箬笠, 着布單衣, 腰帶橐, 手執鞭, 身長八尺, 行步輕澁, 言甚恭謹, 貌甚恠奇, 似人而非人, 似鬼而非鬼. 同伊心自語之曰:

　"此時夜禁至嚴, 彼何爲人, 乃敢爲犯夜耶? 無乃魍魅之類耶?"

　思量及此, 心忽悚懼. 又自解曰:

　"人是陽明之質, 鬼乃幽陰之氣. 陽實成質, 陰[2]虛而成形, 彼豈有禍我之理哉? 自古及今, 深結此輩, 得財者多矣."

　乃徐問曰: "君是何人, 許參何日?"

　對曰: "人必呼弟爲金僉知, 許參再明日爲期也. 與兄有宿世之緣, 故有此煩兄耳."

　同伊又問曰: "酒肉幾何, 則可無不及之患?"

　對曰: "酒十斗狗五首, 則可以適當矣. 望兄十分用慮, 勿以違誤."

　再三丁寧,[3] 同伊點頭應諾曰: "此非難事, 君無違約."

　其人欣喜致謝而去, 復來曰:

　"情則感荷, 而但有別請者. 猯肉尤佳, 兄其辦得否?"

　同伊曰: "旣爲人而設備, 則何難之有乎? 然則再明日最迫, 前期五日退定, 使得

---

1 恙　원래 '口'으로 나와 있는데 문맥으로 보아 바꾼 것임.

2 陰　원래 '陽'으로 나와 있는데 문맥으로 보아 바꾼 것임.

3 丁寧　원래 '仃儜'으로 나와 있는데 문맥으로 보아 바꾼 것임.

致力何如?"

對曰:"此甚易矣. 而當聚會於五間水門外永渡橋上, 兄獨乘昏夜, 待候可矣."

於是, 同伊欺其家人, 稱以餞客, 大備酒肉. 使人廣求狗, 得三十餘首, 具藥鹽善烹蒸, 輸運於興仁門外, 等待於川邊. 溪鳥投林, 草露垂玉, 有頃, 缺月出沒於雲間. 萬籟俱寂於三更, 螢度前林, 使人愁起. 乍坐乍立, 夜將闌矣. 左顧右眄, 形且斷矣. 同伊獨甚無聊, 暗然自嘆曰:

"吾醉中, 與虛妄之類相約耶? 渠若魑魅, 則必有信, 豈肯與人違約事? 極可恨."

將信將疑之際, 忽送望眼, 則光熙門外, 有野火數十炬明郎, 又永渡橋下, 野火數十柄照曜. 兩火相應, 忽明忽暗, 東馳西走, 變化莫測, 自遠漸近, 一齊聚集. 同伊隱身潛伏, 窺其所爲, 奇形怪狀, 無慮四十餘鬼, 循環而坐. 其中首居之鬼, 頭有一角, 赤髮靑體者, 號曰夜叉. 夜叉顧左右呼曰:

"赤脚何在?"

一鬼趨出而進, 卽掌樂院前路逢着者也. 夜叉曰:

"汝之許參何爲?"

赤脚曰:"今方進矣."

又問曰:"主人何如人?"

對曰:"廉公同伊矣."

赤脚卽出呼曰:"廉兄何在?"

同伊應聲而出. 赤脚大喜, 因與之現於衆鬼. 齊言曰:

"人必忌我輩, 而此人惟獨不惡, 誠合主人."

及進酒饌, 見狗肉, 大樂曰:

"兼味珍羞, 可佳."

稱心不已. 旣醉且飽, 謂同伊曰:

"我輩四海八荒, 一瞬千里, 求無不至, 獲無不得. 但所缺者, 無主人耳. 君有信義, 可堪此任. 願君定家於幽僻處, 每朔二三次, 接待我輩, 則必有利無害矣. 何可爲人僕隸, 自苦如此?"

同伊拱手對曰:"固所願, 不敢請."

衆鬼曰:"然則明日夜, 再會君家, 秘而勿煩, 可也."

移時, 村鷄一聲, 諸鬼扶醉而散. 同伊歸家, 又備酒肴. 是夜三更, 群動寂然, 諸鬼

齊集, 各其所持之物, 堆積於庭, 可千金矣. 諸鬼曰:

"物雖小, 聊以標情, 勿以却之, 幸垂容納. 旋卽用之, 必無後弊矣."

自是以後, 無月不會. 如此十年, 財至累鉅萬. 同伊反有揮離之計, 一夜從容言於
赤脚曰:

"我與君, 幽顯雖異, 情則無間. 半世相逢, 財致鉅萬,[4] 可謂榮矣. 山高之德, 海深
之恩, 擢髮難酬, 而古人有言曰, 好事多魔. 又曰, 橫財不祥, 況豈無彎長自踏之灾
乎! 事實如此, 何以財永絶乎?"

赤脚聽畢, 喟然垂淚曰:

"兄言是也. 然則更有後期, 僚僚畢集然後, 大備酒肉俱進, 而乘其酩酊, 具以大
軟鰒, 善蒸豳進之, 則卽坐盡消矣. 如此則可無虞慮. 而若非兄, 何敢泄此方術, 反
受其殃? 望兄秘之秘之, 愼勿出口."

同伊依言行之. 衆鬼吟咏半晌, 愀然自歎曰:

"聖人有言曰, 干戈之禍, 不特在於四夷, 而且在於蕭墻之內. 此方敎之者果誰?
眞所謂虫生於皮也. 事已至此, 噬臍莫及."

因罄飮而就盡. 少頃, 箒柄朽骨, 狼藉于席上, 一陣淸風, 殘燈明滅而已矣. 盖魑
魅魍魎, 以幽陰汚濊之氣, 假物成形者也. 同伊取火燒之. 不久, 赤脚來到曰:

"與兄世緣已盡, 今方告別, 贈以千金."

倐然無迹而逝, 從此永絶矣. 世之稱富者, 廉同伊云爾.

• 『奇觀』

---

4 萬 원래 '莫'으로 나와 있는데 문맥으로 보아 바꾼 것임.

墓묘

京城有一朝士, 臨終遺言三子曰:

"葬地必待沔川李生員之指示. 愼勿違吾言."云.

喪後一二朔, 沔川李生員果來吊, 喪人告以遺命.

李曰: "吾安得不擇先大人葬地耶."

喪人請發看山行. 李直令行喪. 喪人惟令是從, 李隨紼偕行. 出西門, 向長坡, 至一處停喪, 卽使人用鍤鑿破一處, 穴至數尺餘, 今已下棺.

喪人兄弟曰: "士夫葬禮, 豈如是草率耶?"

李曰: "葬禮之具不具, 非吾所知. 非此地, 則無可葬地, 非今時, 則無可葬時. 奚暇論灰隔外棺等浮文乎?"

喪人不得已直加莎土於棺上成墳, 僅似覆盆狀. 喪人情私罔極, 私相語曰:

"今日事, 爲有遺命, 姑依李言, 勢將更擇地, 具禮以窆耳."

仍與同歸馬上, 謂李曰:

"葬事旣已一聽尊長言, 地理果何如?"

李曰: "吾於先大人葬地, 豈有不善擇地理乎?"

喪人曰: "前頭禍福何如?"

李曰: "初年之禍, 在所不避, 伯哀似不久矣."

又曰: "仲亦然矣, 季則最吉矣."

季也,[1] 時未冠也, 及闋服, 娶於義洞成承旨女. 在妻家時, 倭破東萊之報適至. 伯仲送書, 促歸要與避亂, 而新情難別, 伯仲書三到以後始歸. 歸時, 折牧丹花一技, 揷妻笄上, 灑泣而別. 兄弟三人, 同爲避難, 行到一處, 遇倭兵, 一時被擄, 縛置磩櫬[2]上. 次第斬頭, 先斬伯仲, 未及至季之時, 其家奴子, 在後目擊. 而渠獨逃還, 往

---

1 季也 원래 빠져 있는데 이대본에 의거하여 보충한 것임.
2 櫬 원래 '貫'로 나와 있는데 문맥으로 보아 바꾼 것임.

見季之妻於苑後, 細報其上典俱死倭鋒之由. 成夫人認爲共死矣.

時將斬季也, 倭帥一人, 愛其貌美, 救而免之. 仍號爲養子, 提挈左右, 甚加撫愛, 携歸本國, 留至十年. 倭中約束, 他國人試才之科, 十年一設, 不中試則殺之. 此人漏於其試, 所謂養父倭, 救而得免. 又十年赴試才科, 又不中試, 將殺之際, 倭中大帥高僧, 請免其死, 以爲闍梨. 遂寄空門, 又將十年, 高僧病將死, 問此人以所欲, 則願還本國. 高僧乃行關於沿路州縣乘障津梁, 使勿禁而護送之.

渡海抵王京, 尋其故閭, 則全家覆沒於亂中, 無所止泊. 往尋義洞妻家, 亦已易主, 無憑可問. 四顧彷徨, 仍西走尋省父墓. 入其洞遙望, 則舊日薄葬之壙, 不可復識, 有上下二墳, 封築嵯峨玲瓏, 前各堅碣, 齋室穹崇. 意謂親山一麓, 已爲勢家奪占矣. 進問於墓直則云, "是, 時任平安監司宅山所." 就讀其碣文, 則上墳職啣事實子女錄, 的是考也. 下墳則被禍倭亂, 葬以衣履, 而關西伯爲其遺腹子云. 而生年配耦兄弟次序, 的是自己事也. 意想怳惚, 如幻如癡. 卽向平壤府, 而布政司門深如海, 無由進身. 而身上倭服尙未變, 一箇山僧樣. 乃大其衲衣之袖, 拱立布政門外, 垂袖俯身. 三日特立不動, 營中下屬, 相傳爲怪事. 方伯聞之, 而招問其桀, 對云如許如許.

方伯謂裨將曰:"彼僧之言如何?"

裨將曰:"其言萬萬妖惡, 使道不必與之酬酢, 惹疑於聽聞. 付之小人, 則小人當自下處置."云者, 滅口之謂也.

監司曰:"可."

裨將引其僧出去. 大夫人招監司以問曰:

"俄聞有怪事, 汝何以處之耶?"

對曰:"裨將謂當處置, 而已引去矣."

大夫人曰:"安知其必僞而非眞乎? 吾當隔簾而躬問之, 斯速招入."

裨將未及下手, 旋爲入送. 僧之所對, 一如前對監司之言. 大夫人曰:

"汝言大體則符合, 而第言其最明白之證驗也."

僧曰:"方在妻家時, 伯仲促歸之書三度, 皆付內手. 且與內相別時, 折牧丹揷其笄, 此爲緊證."

大夫人曰:"此二事, 已有名於朝廷, 聖上亦喜遺腹子之顯達, 并奇其母, 以牧丹揷其笄命題, 使臣僚製進. 汝或聞之於歷過京師時. 以此不足爲信驗, 莫如指吾幽

墓묘　357

暗處隱表之爲可信也."

僧趑趄良久, 乃曰:"吾妻小腹下, 有七點黑子橫於肌膚. 同裯撫摩時, 戲以爲北斗七星矣."

大夫人聽未畢, 撤簾突出, 直前抱僧, 宛轉大哭曰:"此是吾夫, 此是吾夫! 千明萬白, 天乎, 天乎!"

奇遇奇遇, 一營震動. 脫其巾衲, 加以冠服, 賀語如沸. 監司上書, 自陳亡父生還之始末, 急就松楸, 削其墳墓, 仆其碣.

李之擇地, 果神矣.

•『東稗洛誦』권下

胡蝶호접

柳進士者, 居西江郊, 而家甚富麗. 有女息, 齡長求婚. 柳本以觀相爲自業, 不爲煩述矣. 時請婚者甚多也, 柳以觀相後退婚故, 女齡漸過矣.

是時, 京城南村, 有朴氏子, 早喪父, 但依其母. 家貧所致, 以絲商爲業. 一日, 賣至柳進士家里, 適値出, 柳見其兒相, 火招語門閾, 乃是班子也. 隨至兒家, 語乎內間曰:

"吾欲以此兒爲婿也."

其兒母自內出, 言曰:

"此言雖好, 卑家甚貧, 安敢望乎?"

柳曰: "余將用前後凡節, 至於食計之排."

定婚而歸家, 乃制婚具之資焉. 於是, 値婚日, 行禮後, 新郎入新房, 與新婦對坐. 新郎極喜, 而坐吸烟竹, 忽思舊事, 心返悲思曰:

"可謂苦盡甘來也."

適見婚函, 則通盖隙, 有蝶飛矣. 起見則乃是裵補之端也. 還坐又見, 則又有蝶飛, 更起則如前其裵補也. 以手出補, 則乃是婚書補也, 還爲入函. 於焉之間, 烟竹火, 落于新婦裳, 火而爲孔也. 兩人大驚, 急換裳着之矣. 是夜兩人同寢, 其樂可知矣. 翌曉起出, 言于其翁曰:

"今欲省親而來爲計."

翁許之. 招率下人, 侍倍歸家矣. 朴郎行至南門內, 時忽胡人滿城, 橫行路上, 多戮人命. 而見朴郎至, 捕見像[1], 殆非凡像, 卽置軍中矣. 此夜則丙子胡亂也. 受降後還軍, 朴郎亦在軍中, 同入中原矣.

是時, 柳家及朴郎母, 失其子而爲歎不已也. 新婦孕胎, 十朔生男子. 漸長, 受科

---

1 像 문맥으로 보아 '相'으로 되어야 맞는데 이하 모두 '像'으로 표기되어 있어서 그대로 두었음.

及第, 仕至判書, 家勢赫赫焉. 其朴郞母, 年老棄世, 而柳進士亦作故也.

于時, 朴郞捉入中原. 中原人見像曰:

"君之像, 今若歸國, 則受殃也. 四十年後歸國也."

仍爲削髮爲胡人. 於焉已經四十年, 得歸古國矣. 朴郞初入中原時, 年將十七八也. 當此還時, 年近六十, 中心感悵不已也. 行至本家, 則家已變主, 更訪柳進士家, 此家亦變爲西江別營倉庫焉. 朴乃問于里人, 曰:

"柳進士宅, 移去長安甲第, 柳進士作故而無子矣. 其女婿未知何去, 其外孫朴某, 今爲判書, 仕位赫然. 其父朴某, 不知去處."云云也.

朴聽此言, 卽到判書家. 卽入舍廊, 見則一宰端坐迎之曰:

"貴老儒, 何事來乎?"

拜曰:"無他. 余則姓朴名某也, 朴某之子, 朴某之孫, 朴某之曾孫也, 柳進士某之婿也. 婚日翌曉, 省親次來路, 於胡人捉入中原."

中原人見像, 四十年後放送事爲言, 則判書聞, 卽自己父也. 起拜曰:

"其有何徵事否?"

答曰:"婚夕時, 婚函補化爲蝶故, 見之際, 烟竹火, 落于新婦裳而作孔故, 驚收置之, 換裳着之也."

翌日, 判書入闕上書, 言此事. 上聞甚奇之, 以其父爲初仕. 漸至堂上, 爲使臣入中原, 與其同居之胡人相見矣. 其後又爲使臣, 再入中原, 而仕位漸登, 官至判書. 豈不奇哉!

潘南朴氏文集有之.

•『靑邱野談』別本

秋齋紀異추재기이

余生而早慧, 六七歲, 卽誦經史·讀子集, 操筆學屬文. 以故先生長者多愛而齒諸坐. 余亦樂聞緖餘, 未嘗一日離于側, 其人皆七十已上者. 每擧耳目覩記, 與酒之勸酬, 詩之唱和, 相間而竟日也. 余乃一一記存·一一持守, 侏儒之囊, 已果然矣. 及夫長而自家又浪遊四方, 閱歷世故, 聞見益廣, 點檢胸中, 如藏書家卷册纍纍·部類秩秩. 愚竊自喜曰:

"記性未艾之前, 安得時年暇, 一出而著述之, 不至乎空然泯沒飮一大恨也."

然顧坐於懶漫, 又意以謂書成而無少補於堯舜周孔之道, 同歸乎稗官野語也, 則毋寧不作之爲可. 因循未果矣.

今年病, 幾死復起. 時當長夏溽熱, 所居湫隘, 喘喘畏日, 無以作消遣法. 試自反舊有, 則十不能一二, 所餘又如抄本之誤書落字者. 甚矣, 吾衰至於此乎! 遂令兒孫把筆, 倚枕作紀異詩. 人有小傳, 合爲若干篇. 而事或關於人之是非·國之政令, 一不及焉. 非徒不欲言也, 亦已忘故也. 噫! 是不過慨初心於草莽·歎餘生於蒲柳, 聊爾爲禦眠遣暑之資. 凡我同人, 覽之而憫其老悖, 不曰:"怪力亂神, 吾夫子不語云." 則誠厚幸也. 若其文詞, 搆之急就, 雜以呻囈, 則烏得免人事不省之誚也?

吹笛山人

山人, 不知何許人. 每歲楓葉方酣時, 吹笛, 自北漢山城出東門, 向鐵峽寶盖山中. 頂篢背蓑, 步履如飛. 人多見之者.

篢笠來時風颯然, 老人非鬼亦非仙.

一聲鐵笛歸何處? 紅樹靑山似去年.

宋生員

宋生員, 貧無室家. 顧能詩, 故伴狂遊戲. 人有唱韻輒對, 如鼓答枹. 句索一錢, 奉于手則受, 投諸地則不顧也. 往往多佳句, 如「送同鄉驛子」曰:"千里相逢萬里別, 江城花落雨紛紛."而未嘗以全鼎向人也. 或云恩津宋氏諸族人憐之, 爲其家留之, 遂不復出.

江城花落雨紛紛, 佳句人間直一文
日出軟紅團似盖, 兒童爭逐宋生員.

賣瓜翁

大邱城外, 有賣瓜翁. 歲種嘉瓜, 瓜熟薦諸道傍, 見人輒勸之. 不問價錢有無, 有則酬之, 無則施之.

東陵嘉種十畦田, 瓜熟時丁熇暑天.
降雪玄霜隨刀滴, 擎盤施渴不論錢.

畓田僧

德川校宮傍, 近有曠谷沃, 谷中皆惡樹亂石, 似無尺寸饒. 而一日一衲子來白曰: "願地谷爲田, 耕三年後, 依法納稅, 分墾可乎?"

校曰:"諾."

明朝裹數斗餅, 携一柯斧, 至則啖餅盡飲水, 既入谷中, 手拔樹且伐, 足蹴石轉下. 日未中而菁叢磽确, 已爲平衍, 焚所拔樹而去. 明日一手推雙犁, 起于原, 止于峰, 縱橫上下, 作數十百畝, 種粟數石而結草廬居之. 及秋, 穫粟千五六百斛. 今年如此, 明年如此, 又明年如此, 積粟三千餘斛矣. 一日來告曰:

"佛不可耕而學也, 僧今告歸. 田畝納于校宮."

明日, 招本邑暨傍邑近里民三千餘戶, 戶施一石. 僧竟飄然而去.

一臂耕犁勝十牛, 三年收穫粟如邱.
春來散盡飄然去, 民食穰穰及數州.

洪峰上

洪生, 本土人而人不知其居何在. 每春秋佳日, 有歌樂者, 雖數十里之遠, 必至而高坐於相望山峰上. 妓女樂工歌者, 莫不驚. 相呼曰:

"峰上來矣!"

送饋酒肉醉飽而去.

滿城絲管日遨遊, 南漢行春北漢秋
聲樂果能相感召, 洪崖先在上峯頭.

汲水者

汲水者, 長在城西, 閭巷間人家, 久而哀其飢而進之食. 城西多山, 小旱井泉渴. 汲水者, 夜入山中, 得泉源臥守之. 雞鳴, 汲水者, 汲水而分餉所親人. 問何乃自苦如此, 曰:

"粥飯恩, 亦不可不報."

臥藉靑莎枕石根, 五更先起汲泉源.
無家有累休相問, 未報東鄰粥飯恩.

吾柴

吾柴, 賣柴者也, 不曰賣柴, 而但曰吾柴. 若甚風雪祈寒, 則循坊曲而叫, 餘時則坐街上. 適無來買者, 出懷中書讀之, 則古本經書也.

風雪凌兢十二街, 街南街北叫吾柴
會稽愚婦應相笑, 宋槧經書貯滿懷.

空空

空空, 崔氏奴也. 生而愚戇, 粥飯之外, 不知爲何物. 中年學飮, 始知濁酒一杯, 有二錢可沽也. 日向人家, 問滌銅錫器否? 出而試之, 則磨滌不用力而器皆光明發輝. 器主量給賃錢, 過二文則投其餘, 直走向壚頭.

愚似空空是不愚, 得錢何過兩靑蚨
辛勤滌器隨多少, 喜辦村壚濁一盂.

林翁

棗洞安家廊下, 有傭婦, 而其夫則老矣. 雞鳴而起, 淨掃門巷, 遠及四隣, 朝則閉戶獨坐室中. 雖主人亦罕見其面也. 一日偶見其婦, 進飯于夫, 擧案齊眉, 而敬如賓. 主人意其爲賢士, 禮以叩之. 翁謝曰:
"賤者豈足受主人禮也? 是爲罪過, 將辭去."
明日遂不知所向.

晨興掃地畫扃關, 深巷人過劇淨乾.
擧案齊眉如不見, 誰知廊下有梁鸞.

張松竹

張生嶺南人, 遊學京師. 每酒酣, 吸墨數碗, 噴於大幅, 以指頭揮抹, 數其淺深大小, 或松竹·花卉·鳥獸·魚龍, 或作篆隷·行草·飛白, 以其濃淡曲折莫不隨意. 見者不知其爲指頭戲也.

今張壓倒古張名, 濡髮狂呼不足驚.
斗量噴來方丈紙, 指頭書畫若天成.

磨鏡躄者

躄者, 家在東城外, 日入城, 業磨鏡. 余年七八歲見之, 年可六十許, 而鄰人七八十者云"童丱時已見之", 日暮醉歸, 見月上, 必踟躕仰觀, 噓氣不卽去曰:

"見此可悟磨鏡法."

此語韵甚也.

磨鏡歸時緩脚行, 醉看圓月上東城.

仰天噓氣長虹白, 放出雲間澂灩明.

鄭樵夫

樵夫, 楊根人也. 自少能詩, 詩多可觀. 如曰: "翰墨餘生老採樵, 滿肩秋色動蕭蕭. 東風吹送長安路, 曉踏靑門第二橋." "東湖春水碧於藍, 白鳥分明見兩三. 柔櫓一聲飛去盡, 夕陽山色滿空潭." 如此者甚多, 而恨不傳其全集也.

曉踏靑門第二橋, 滿肩秋色動蕭蕭.

東湖春水依然碧, 誰識詩人鄭老樵?

金琴師

琴師金聖器, 學琴於王世基. 每遇新聲, 王輒秘不傳授. 聖器夜夜來附王家窓前窃聽, 明朝能傳寫不錯, 王固疑之. 乃夜彈琴, 曲未半, 瞥然拓窓, 聖器驚墮於地. 王乃大奇之, 盡以所著授之.

幾曲新翻捻帶中, 拓窓相見歎神工.

出魚降鶴今全授, 戒汝休關射羿弓.

鄭先生

泮宮之東, 卽宋洞, 洞中花木甚多, 講堂翼然, 卽鄭先生敎授處也. 晨夕鳴磬, 聚散學子, 多有成就者, 泮中人稱曰鄭先生.

講堂花木一蹊成, 斯夕斯晨趁磬聲
敎育四隣佳子弟, 裒衣博帶鄭先生.

古董老子

漢城孫老, 本富翁也. 性好古董而無藻識, 人多售贋品騙重直, 以故家竟懸磬, 翁猶不覺見欺, 獨坐一室, 磨古墨於端硯嗅之, 淪佳茗於漢瓷啜之曰:
"此足以遣飢寒."
隣人有饋早饍者, 輒麾去之曰:
"我不受衆人惠也."

解下綿裘換古瓷, 焚香啜茗禦寒飢.
茅廬夜雪埋三尺, 摽遣鄰家饗早炊.

達文

達文, 姓李, 四十總角, 儈藥養其母. 一日, 達文之某氏肆, 主人出示直白[1]金一兩數根人蔘曰:
"此何如?"
達文曰: "誠佳品也."
主人適入內室, 達文背坐望牖外而已. 主人出曰:
"達文, 人蔘何在?"
達文回顧無人蔘矣. 乃笑曰:

---

1 白 원래 '百'인데, 문맥으로 보아 바꾼 것임.

"我適有願買人, 已付之矣. 從當輸直也."

明日主人將燻鼠, 見堅櫃後有紙裹. 出而審之, 則昨日人蔘也. 主人大驚, 邀達文而告之故曰:

"若何不言不見人蔘, 而謾曰賣之乎?"

達文曰: "人蔘我已見而忽失之. 我若曰不知, 則主人獨不謂我盜乎?"

於是, 主人愧謝僕僕. 是時, 英宗大王憫民之貧不能冠婚者, 自官賜資而成其禮, 故達文始冠矣. 達文垂老落嶺南, 聚家人子貨販業其生, 每見京城人客, 泣說賜冠時盛德事云.

談笑還金直不疑, 富翁明日拜貧兒.

天南坐對京華客, 泣說先王賜冠時.

傳奇叟

叟, 居東門外, 口誦諺課稗說, 如淑香·蘇大成·沈淸·薛仁貴等傳奇也. 月初一日坐第一橋下, 二日坐第二橋下, 三日坐梨峴, 四日坐校洞口, 五日坐大寺洞口, 六日坐鍾樓前. 溯上旣, 自七日沿而下, 下而上, 上而又下, 終其月也. 改月亦如之, 而以善讀, 故傍觀匝圍. 大至最喫緊甚可聽之句節, 忽默而無聲. 人欲聽其下回, 爭以錢投之曰: '此乃邀錢法.'云.

兒女傷心涕自雰, 英雄勝敗劒難分.

言多默少邀錢法, 妙在人情最急聞.

弄猴丐子

丐子, 弄猴乞於市, 愛猴深, 未嘗一擧鞭. 暮歸駄于肩, 雖憊甚不改也. 丐病且死, 猴泣涕不離側. 飢死, 將火葬, 猴見人泣拜乞錢, 人多憐之. 及薪火方熾, 丐屍半化, 猴長慟一聲, 遂赴火死之.

當場了不見皮鞭, 罷戲歸巢任在肩.
報主自挤身殉志, 逢人泣乞葬需錢.

嵇琴叟

記余五六歲, 見奏嵇琴乞米者, 顔髮如六十餘歲人. 每曲輒呼曰:
"嵇琴阿, 汝作某曲."
琴若答應, 而作如一翁一婆. 鮑喫豆粥, 腹痛大發聲, 疾聲告鼪鼠入醬瓻底. 南漢山城賊, 此處走·彼處走等, 意丁寧詳悉, 俱是警人語也. 乃余周甲歲, 叟又來余家, 乞米如當日. 想叟之年已過百餘, 異哉異哉!

翁婆豆粥痛河魚, 鼪鼠休敎穿醬儲.
自與阿咸相問答, 竊聽都是警人書.

三疊僧歌

南參判名不記. 少年時見一女冠於斗彌途中, 歸不能忘而病. 將訖乃作長歌致意焉. 如有答歌酬唱三疊, 長髮爲南家側室. 至今有僧歌三疊傳于世.

迢迢江路獨逢君, 峽樹飛花映楚雲.
三疊僧歌勝說法, 袈裟脫却着榴裙.

勸酬酢

水踰店東陂, 有長松淸泉, 賣酒翁, 坐其下. 行人有沽酒者, 必先酌一杯曰:
"敢用獻酬禮."
飮盡, 洗盞更酌, 乃進之其人, 如沽數杯, 翁亦如之. 客有數人, 亦如其數酬酌之. 其日不下五六七八十盃, 未嘗見其不勝酒力也.

一盃白酒兩靑錢, 主酌賓酬禮秩然.
五十年來君不見, 寒松依舊覆淸泉.

乾坤囊

趙石仲, 長九尺餘, 濃眉大腹, 多手藝, 尤善結帽鬔巾. 一日一巾, 三日一帽, 巾直百錢, 帽直八百. 而有錢輒施人, 善飮酒愛客, 重然諾. 以無家室, 故常佩一巨囊, 囊可容一碩米, 名曰乾坤囊. 一切器具, 曁衣被冠屨, 皆藏之. 自稱在世彌勒云爾.

鬔帽鬔巾畫不能, 乾坤囊子影崛峻.
身家百供皆於是, 慚愧人間布帒僧.

孫蟁師

孫姓蟁師, 不閑卜術而善歌曲. 所謂東國羽調界面長短高低廿四聲, 無不淹博貫通. 日坐街頭, 大謳細唱, 方其得意處, 聽者如堵, 投錢如雨, 手扱而計爲百文, 卽起去曰:

"此足爲一醉資."

史傳師曠刺爲盲, 歌曲東方廿四聲.
滿得百錢扶醉去, 從容何必羡君平.

一枝梅

一枝梅, 盜之俠也. 每盜貪官汚吏之財自外來者, 散施於不能養生送死者. 而飛簷走壁, 捷若神鬼. 被盜之家, 固不知何盜也, 而乃自作朱標刻一枝梅爲記, 盖不欲移怨於他也.

血標長記一枝梅, 施恤多輸汚吏財.

不遇英雄傳古事, 吳江昔認錦帆來.

洪氏盜客

南陽之洪, 有豪富好客者. 一日, 見客避雨立門前, 邀之堂, 與之語, 則客固能詩善飲工博奕. 主人大喜, 留之. 雨終日, 是夜半, 客出一短簫曰:

"此鶴脛骨也. 君可一聽."

為奏一曲, 嘹亮截雨, 雲月朣朧. 主人甚喜, 又出一短劍, 霜芒的爍於燈光. 主人方錯愕, 窗外有人來告曰:

"小的們已到."

客又把劍, 左執主人手曰: "主人賢者, 吾不忍盡取之."

下令曰: "凡物皆分半. 彼黑驏不可分者, 留以報賢主人好客之惠."

應曰: "諾."

而已, 又告曰: "已句當公事."

客乃起揖而去. 主人点視家中物, 無巨細半分而去, 無一人戕害, 然驏顧不見. 主人囑家人秘勿洩. 及午, 驏白還, 背一草笿, 笿上有赫蹄書曰: "頑卒違令, 故謹以其頭謝焉."

燈前揮霍舞秋濤, 鶴骨簫聲截雨高.
百物中分違令卒, 包頭驏笿謝鄉豪.

金五興

金五興, 西湖業舡者. 勇力絶倫, 能飛上把淸樓簷, 掛足於瓦溝, 倒行歷歷, 疾於燕雀. 路見不平, 濟弱扶傾, 如不惜性[2]命, 故里人莫敢行不義事.

樓簷千尺壓江潯, 飛蹴身如倒掛禽.

扶弱恤窮嗟莫及, 傍人誰有不平心.

彭絳羅

彭氏, 富人子也. 家貲十萬, 猶以爲不足, 欲售廢居, 試榷燁菜, 先散三千緡, 徧買其田收, 自意城中無燁矣. 至秋叫賣者不絶矣. 盆以二千購之, 於是燁菜果踊貴矣. 民間則以爲安用一錢三箇之苦燁哉. 遂無買者, 經冬徂春, 腐朽爲虫, 不得已而投諸水中. 乃發憤欲復充所失, 觸事狼狽, 家遂赤立, 因病心狂, 以燁屑塗鼠朴, 行且啖之. 其家人用絳羅度日, 故市人號彭絳羅.

裂衫曬笠鬢鬖髿, 唧唧行啖鼠子杷.
誰識當年彭十萬, 絳羅家本榷椒家.

說囊

說囊金翁善俚語, 聽者無不絶倒, 方其逐句增衍, 鑿鑿中竅, 橫說堅說, 捷如神助, 亦可謂滑稽之雄, 夷考其中, 又皆玩世警俗之語也,

智慧珠圓比詰中, 禦眠楯是滑稽雄
山鶯野鶩紛相訟, 老鸛官司判至公.

林水月

林熙之, 字熙之, 一字水月, 譯士也. 善飲酒喜吹笙, 畫蘭竹. 性好奇, 所居庭不旋馬, 鑿池於中, 傍僅容一屐, 種荷蓄魚. 當雪後曉月明, 頂雙䯻被羽衣, 吹笙於第五橋頭, 過者疑其爲仙人也.

羽衣雙䯻夜吹笙, 第五橋頭雪月明.
酒氣指間流拂拂, 滿堂蘭竹寫縱橫.

姜攫施

姜錫祺, 長安惡少也. 日酗酒毆人, 無敢與敵者. 常見募緣僧勸善文, 積錢寸許, 問僧曰:

"施若錢者, 上天堂乎?"

曰: "然."

"攫若錢者, 入地獄乎?"

曰: "諾."

錫祺笑曰: "僧錢之得多如是, 則上天堂路, 必肩磨足疊, 人不得行走, 誰能耐此苦也? 吾欲向地獄路, 掉臂縱步也. 然則今不可不攫若錢謀於醉也."

撤之無一箇.

人人佈施上天堂, 攫取應須地獄行.

路窄天堂容不得, 無寧掉臂去縱橫.

卓班頭

班頭, 名曰文煥, 儺禮局邊首也. 少工於眞妓之舞, 萬石僧之歌笑. 班中子弟母能及之者, 老以延敕勞, 賜嘉善階.

眞娘弓步斂蛾眉, 萬石槎槎舞衲緇.

旛綽新磨何似者? 班頭先數卓同知.

· 『秋齋集』권7

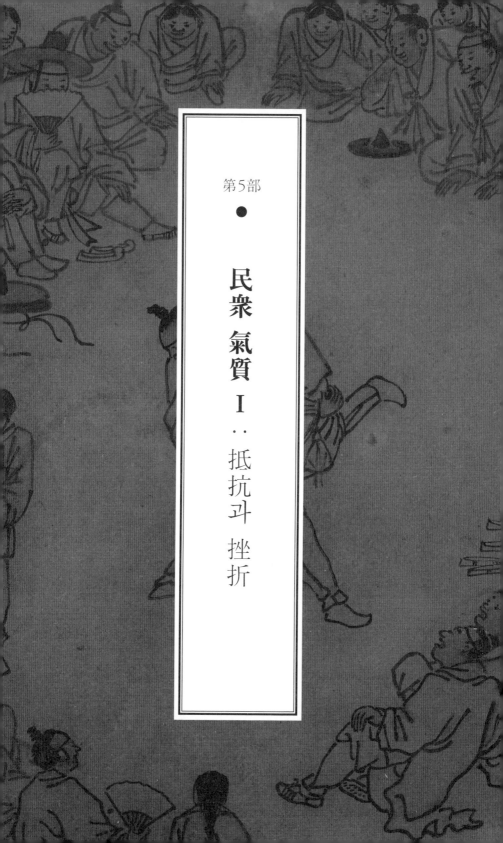

第5部

●

民衆 氣質 Ⅰ
‥抵抗과 挫折

김홍도 「씨름[相撲]」(국립중앙박물관 소장)

月出島 _{월출도}

語消長偸兒說富客

嶺南一士族, 以世富有百餘萬金財. 所居基址, 三面皆石壁, 前則大江, 橫帶於洞門外. 所率廊下二百餘家矣. 此人雖積百萬之財, 而以屢世鄕居, 連査姻親, 皆是鄕班, 京洛則初無一面之親. 欲結一有勢之家, 而實無其路.

適其時, 隣邑蔚山倅喪出, 其甥侄朴校理者, 來到邑府, 靷行諸節, 親自主張. 是日, 自江外沙場, 一行次, 以駿馬健奴, 招舟渡江. 旣渡之後, 下舟登陸, 輕揚飄沓, 瞥眼之頃, 已至於大門之外. 遂下馬升堂, 主人整衣冠迎接.

仍問: "尊啣伊誰, 所來何幹?"

客對以蔚山倅之甥侄:

"今遭喪變, 靷行在三明, 較其宿站, 要不出此. 幸許借二三奴舍, 以容一夜喪行否?"

主人久欲締結一勢家, 以爲緩急之交矣. 今當適會, 不費財力, 豈非所望? 遂快許之. 客感謝再三, 約日告別而去.

及是日, 主人分付首奴, 曠三四大屋子, 灑掃庭宇, 塗褙窓戶. 擔軍歇所, 兩班下處, 屛帳之設, 供饌之備, 無不畢具. 與諸子侄, 整衣冠以待之.

初昏, 喪行果入來. 方相氏先導, 隨樞行次, 太半隣邑守令, 而監·兵營護喪, 裨將以紗笠靑天翼, 乘白馬分立於左右, 人丁擁護鞍馬簇匝, 充塞於江上二十里, 木道備十餘巨艦, 臨江卽渡. 停樞於排設之所, 卽聞哭聲動地. 已而, 朴校理者, 率五六從者, 馳馬入來, 高揖主人曰:

"多蒙盛念, 利稅樞行. 層雲義氣, 何以相酬?"

主人答曰: "不費之事, 何足曰勞?"

酬酢未了, 自內急邀生員主入來. 生員入去, 則內君跳足曰:

"大事出矣. 卽聞婢僕之言, 所謂喪輿, 初不載樞, 皆是兵器云. 此將奈何?"

主人雖大悟, 事已到此, 誠無奈何. 遂寬慰之, 出來外堂.

客問曰: "卽見主人眉宇, 滿帶憂懼之色, 無或有憂患耶?"

主人曰: "有小兒急病, 幸卽差安."

客微笑曰: "主人量狹矣. 今吾所欲, 不過財之輕便者. 土地·人畜·家舍·糧穀自在. 今者所失, 雖云不些, 數年之內, 自當充滿. 何必深憂? 且財物, 天下公器. 有積之者, 則必有用之者, 有守之者, 則亦有取之者. 如君可謂積之者守之者, 如我可謂用之者取之者. 消長之理, 虛實之應, 卽造化之常. 主人翁, 亦造化中一寄生也. 豈欲長而不消, 實而不虛耶? 事已早覺, 不必以昏夜作鬧, 以至傷人害命, 幸主人先入內庭, 使婦女共集一房也."

主人已知沒可奈何, 依指揮奉行. 出而告曰:

"如敎矣."

客更謂主人曰: "主人應有平生偏愛之物. 此則早言之, 無使渾失也."

主人以七百金新買靑騾言之.

於焉之頃, 守令·裨將·喪人·服人·行者·哭婢·擔軍·馬夫, 皆換着狹袖軍服, 持軍物, 簇立於外庭. 已不知幾千丈夫, 而箇箇身手健壯, 人人氣力驍勇. 客乃下令曰:

"汝輩須入內室, 諸房所在之物, 無論銀錢, 衣服·器皿·髢髻·釵釧·珠玉·錦繡之屬, 一並搬出, 而但婦女所聚之房, 雖有億萬金財, 愼勿近也. 財物雖重, 名分至嚴. 若有違令者, 必用軍律."

又誡以靑騾勿取之意. 且謂主人曰:

"領率入去, 毋致亂雜也."

主人遂領入羣徒. 爲先大室內所居房, 與其他長婦房·介婦房·季婦房·孫婦房·小室房·弟婦房·庶婦房·大女房·小女房·長狹房·短狹房·大壁欌·小壁欌·東狹樓·小狹樓·前庫舍·後庫舍, 房房曲曲之物, 一一搜出, 積之於外庭. 又出來, 外舍廊·大舍廊·中舍廊·下舍廊·後舍廊·別堂·後別堂所在物, 又皆無餘盡取. 無慮爲億萬萬金, 以三百匹健馬馱之, 乃一時飛奔渡江.

領袖者則留, 與主人分席對坐, 慰之以塞翁之禍福, 譬之以陶朱之聚散, 長揖作別曰:

"如我之客, 一見已極不幸, 再逢非所可願. 今此一別, 更會無期. 唯望主人達理順懷, 珍重多福. 愼勿復生交結京華士夫之念也. 今番所謂朴校理者, 有何所益乎?"

及上馬, 又顧謂主人曰: "失物之人, 例有追踪之擧, 此則無一益利. 幸主人毋用俗套, 以致後悔."

再三申申. 主人曰:"唯唯, 不敢不敢."

遂越江飛馬而去, 不知去處.

少頃, 數百家奴僕畢集, 咻咻致慰, 呶呶起憤. 果以追踵之意, 爛熳相議, 交諉更進曰:

"此必是海浪之徒, 宜無從陸之理. 此距某海門爲幾里, 某海口爲幾里. 急步追之, 宜無不及, 吾儕六百餘名左右分隊, 飛赴於某浦某海之濱. 況某大村在某海口, 某大村在某浦邊, 彼雖累千徒衆, 吾豈有敗歸之理乎?"

上典大禁之. 其中首奴知事者十餘漢, 交諉更白曰:

"賊將之申托勿追者, 都出於威脅也. 以小人六百壯丁, 公然見失億萬金財, 寧不大憤? 初頭不能接當, 以其不虞之遭, 而至若追踵, 則已有預備, 何畏之有? 況浦口不遠, 浦村甚大, 誠一追之, 宜無不獲. 萬一不獲, 必無見敗. 伏乞生員主一任小人輩周旋如何."

衆論蜂起, 上典亦不能禁止. 忽於家後松竹之林, 遽有千餘丈夫, 發喊而出. 飛集於外堂之庭, 蹴之擠之, 踏之拳之, 扶臀焉, 打腦焉, 瞥眼之頃, 六百奴丁, 碎之如土犬瓦鷄, 拉之如枯鼠腐雛. 勢若風雨之翻紛, 疾如雷霆之馳驟. 瞬息之間, 擠夷踏平, 一時渡江, 又不知去處.

卽見近千奴僕, 一一僵仆於地. 拔目者·折臂者·鼻血者·坼腦者·折脅者·拉齒者·落耳者·浮煩者·碎頭者·蹇脚者·違骨者·裂皮者·氣急者·窒塞者·直視而喪魂者·僵臥而不起者, 形形色色, 無一人不傷, 而實無一箇物故之弊. 其翌收拾驚魂, 周攷失物, 則無一存者, 而櫪上靑驪, 亦又見亡.

其再明之曉, 忽有驪鳴之聲, 出於越江津頭, 而聲甚慣耳. 主人大驚, 急使往觀, 則所失靑驪, 以白銀鞍靑絲勒, 兀然獨立於江頭. 而鞍前以巨繩網, 盛一血淋漓頭, 掛於左邊. 且有一封書, 斜掛於馬勒之右. 皮封曰: '江壁里普施案執事', '月出島候狀'. 裏面曰:

日前再度趍晤, 出於許久經營, 而勢甚忙迫, 未能穩話. 第未審動止不瑕, 有損於不虞之患耶? 財帛之喪, 竊料以執事洪量, 宜無有介于懷矣. 不有臨別贈言, 竟致奴僕之傷, 滄浪自取, 誰尤誰咎. 所可銘感者, 以執事三百馱輕寶, 輸之爲海島中一年之糧, 多謝多謝. 貴驢奉完, 而馬鞍所懸之物, 卽犯令者也. 幸相考之如何? 不備.
　　年 月 日 綠林客 拜.

　　主人見此, 失物之憤, 氷消雪融, 未或有胸中滯芥. 而人或以慰, 則未嘗以逢賊咨
之, 輒曰: "今世見傑男子, 而江山眉睫, 無由更覿, 尋常眷戀. 頗有怊悵."云.

•『靑邱野談』海外蒐佚本 甲本 권6

新市신시
鬻蛇角綠林修貢

金義童, 愼相守勤家蒼頭也. 年十九, 服役主家, 不堪柴蕘之苦, 潛迹而遁, 編名驛夫. 隨奉表使朝燕京.

至遼東, 夜中遺矢于外, 見暗中有光的的. 將乾矢攊, 披其沙, 有一物如角者數寸, 異而取之. 引一商人視之, 密相附耳語. 厥後引衆商出入, 互視之, 無不駭視.

義童不知爲何物, 而高其價要鬻之, 呼百萬. 商人下其價, 以十萬買之, 猶有喜色溢面. 義童旣鬻之, 密問厥[1]夫曰:

"始我知其寶, 果不知其所以貴也."

曰: "是蛇角也. 皇后無子, 問太醫, 得蛇角一帶佩之, 實宜男子第一方也. 大內得其一, 未求其雙. 懸購百萬, 未有應者, 今乃於子手得之."

義童聞之, 悔其賤賣. 以十萬貿錦段. 馱重, 不得盡輸而歸, 遂成契芬, 輸之節使之行, 歷四五載不絶. 乃致重貨于鄉谷深邃處. 嘯聚逋藪凶賴之徒, 掠奪貪饕不義之財, 仍成巢窟. 富擬素封, 而世無知者. 及愼相被禍後, 其家零替. 使僕業山, 徵諸外奴歲貢.

行至鳥嶺, 有一大官, 着駿帽·穿蟒段·珥銀頂·御飛黃而過者. 辟路甚嚴, 輜重塞道. 業山伏於路左, 熟察之, 狀類金義童, 甚疑之. 大官亦從馬上睨視. 過里許, 有數卒, 還來牽業山, 而業山惶懼魂褫. 入山谷數十里, 杉檜參天, 不見日月. 薈蔚之中, 無一獸蹄鳥跡, 往往或茅莖以表行徑. 又過累十里, 洞壑呀開. 有大屋, 金碧照爛, 環屋四方, 皆有人家可數百戶, 臨溪設彩幕如雲.

一人導業山而入. 對置紅椅子, 被紅豹皮, 相揖而陞坐, 卽金義童也. 問其主寒暄, 仍叙阻濶. 俄而, 紅粧捧盤而進. 曳綺紈·執塵箑者數十人. 方丈稱羞, 璀璨寶器, 衆樂並奏, 觴豆繼進, 彷彿公侯之富也.

業山問曰: "今做何官, 若是之貴且尊?"

---

1 厥 원래 '闕'으로 나와 있는데 문맥으로 보아 바꾼 것임.

義童笑曰: "纔爲綠林縣監. 今聞京中大衙門收稅于新市甚急, 差官入我境故, 迎宴于此."

仍命侍兒, 出彩段八十疋, 與業山. 其十疋任業山, 其七十疋使進其主家, 曰: "敬修十年貢."

業山, 歸而奉其主. 主家因是饒居.

・『東野彙輯』권4

玉笛 옥적

吹鶴脛丹山脫禍

林巨正楊州白丁也. 性狡黠且驍勇, 與其徒數十, 皆極趫捷, 起而爲賊. 焚燒民居, 亂搶牛馬, 若有抗之者, 則剮裂屠剪, 極其殘酷. 自畿甸至海西一路吏民, 與之密結, 官欲譏捕, 輒先漏通, 以此橫行無忌, 官不能禁.

朝廷使宣傳官哨探. 賊據九月山, 宣傳官來到賊窟而徑還, 賊在後射殺之.

又使甕津等五六邑武臣守令, 領兵往捕. 聚於瑞興, 吏民已通之. 賊夜率百餘騎, 乘高俯射. 亂箭如雨, 五官軍不能支, 潰而歸.

尹之淑爲鳳山守, 行到臨津. 有十餘商人, 載物而馳, 衝撞不顧而上船. 之淑怒欲捕治, 商人開其裹, 皆弓矢刀槍也. 之淑始知爲賊, 旣下船, 諸賊追之, 僅免.

丹山守周卿宗室也, 善吹玉笛, 有名聞. 因事, 之海西, 到開城靑石嶺. 有賊數十人, 挾弓鈒, 當路掠輜車及丹山守而去. 入山谷數十里, 見彩幕威蕤. 徒衆各執供具, 持兵戟而衛擁, 中有大將, 朱冠錦袍, 箕裾紅椅上, 卽巨正也. 令跪之地.

問: "若名爲誰?"

曰: "宗室丹山守也."

巨正笑曰: "然則金枝玉葉. 得非善吹笛丹山守耶?"

曰: "然."

曰: "爾行有笛乎?"

曰: "有之."

巨正使左右進盃盤, 悉陸海珍羞. 擧金觴而屬之, 令取笛吹之. 時月正明, 笛是鶴脛, 骨體短而韻響淸越. 丹山守不得已出自袖中, 羑之作羽調. 賊徒環聽之, 曲湧飛動, 有衝天之勢, 徐變作界面調. 未終, 皆歔欷歎息, 巨正愀然掩涕. 盖朝家捕渠甚急, 雖延歲月之命, 自知終不免也. 聞腔調悲心, 不勝悲激於中也. 曲罷, 連勸四五盃, 以不能飮辭.

巨正曰: "留之無用, 可使送還."

乃解其所佩小刀, 與之曰: "道路有梗, 以此示之."

翌日到前站, 果有數騎, 欲犯之. 觀其刀, 嘖嘖而散曰: "何從得此耶?"

朝廷以南致勤爲討捕使, 盛率軍馬, 漸進山下, 使一賊不敢出. 賊之謀主徐霖, 知其不免, 遂下山來降. 盡言其虛實情形, 乃進軍搜林, 剔藪而上. 諸賊皆降, 巨正越壑而走, 匿民家, 竟死於亂箭.

• 『東野彙輯』 권4

明火賊 명화적

海西有林巨正者, 明宗朝大盜也. 築城盤據, 爲西路憂, 至發軍討之, 僅能勦滅.

南原舊有白龍者, 亦大盜, 據于屯山·宿星二峙間, 智異之下, 幾成賊藪, 幸而殲焉.

當宁戊申, 逆變將作, 先有明火大賊, 在在蜂起. 盖自明陵末年已然, 而湖南之泰仁·扶安諸邑爲甚. 或潛居深山, 或顯居大村, 或劫士夫, 或掠良女, 群行橫突, 命吏亦不禁. 或曰:

"弼顯方謀不軌, 陰養勁卒三千, 卽此賊是也. 逆獄作, 而諸賊次第誅斬, 則明火者, 亦不復現形, 今四十餘年矣. 以此證之, 其與戊申逆賊相應者可知."

吾邑舊有金檀者, 李氏家奴也. 少伶俐, 不事樵牧, 日逐兩班家子, 遊書堂. 能聞讀書聲知文字, 年十五六, 忽不知所往.

後十餘年, 其故里兩班一老人, 行過八良峙, 暮失道, 爲賊黨所縛. 行幾四五十里, 入深山中, 至一處, 閭家櫛比. 中有大屋宇如官廨, 重門廣庭, 燈燭如晝, 乃其酋長所也.

酋長忽望見老人, 認之忙下庭, 解縛携手, 上堂而跪曰:

"不知小人乎? 乃前日里中金檀也."

老人亦大驚, 徐問:"何以至此?"

檀嗚咽移時, 乃曰:

"生不能一舒英氣, 鬱鬱因成誤入耳. 大丈夫, 若幸見用於世, 何至乃爾?"

老人曰:"何不歸作良民?"

檀曰:"門地局之, 守宰束之, 寧爲偸兒長, 不欲歸也."

老人曰:"爾旣不歸, 能不殺越人物乎?"

檀曰:"殺無辜, 天必殛之, 小人只令卒徒, 就大富家半分, 就大貪吏全奪而已. 至於嗜殺, 有不敢也."

老人曰:"終無罪乎?"

檀曰: "旣不殺一人, 小人亦不受刑死."

乃遣老人出山. 每過賊伏處, 必以一小紙傳令示之, 得歸.

大抵賊亦人爾, 豈無雄傑智略可用者. 顧不爲世用, 又被官吏炒迫, 乃以父母遺體, 投入賊窟. 寧爲賊, 不欲爲庸人所制. 噫, 世之主是責者, 盍亦舒究哉.

· 『頤齋先生遺稿續』권12「漫錄」

四友 네 친구

有少年四人, 讀書于北漢山寺.

一人家貧, 獨有妻在, 針功繼其糧. 一日, 小奴來告其死. 其人以書掩面而臥, 三日不語不食. 三人强起之, 不應. 四日曉, 捲書籍筆硯而歸, 三人微跡之, 其人入其門, 一慟, 幷其書籍筆硯, 置于屍傍, 暴燒而走, 不知所向.

三人歸寺. 又一人以書掩面, 三日不語不食. 二人强起之不應, 四日曉, 捲[1]書籍筆硯而歸. 二人微迹之, 其人入門, 卽與兄弟父母妻妾, 負戴而出城, 不知所之.

二人歸寺讀[2]書, 無何, 一人登第窘達, 一人蹉跎不第而貧居. 登第者, 後爲湖南伯.

貧居者, 弱馬屠僮, 往將干之. 中途忽見二氈笠者, 轡駿馬, 請之曰:

"吾家主翁, 謂與公有舊, 而要相見矣."

貧居者曰: "汝主翁爲誰?"

曰: "到家則知之."

强貧居者移騎, 而付其僮馬於僻村. 策駿馬疾馳山谷間, 一日可二百里. 而百里則經無人之地. 及一大洞府, 瓦屋齊山, 而門庭敞濶, 旗纛鼓角, 從衛使令, 擬於藩鎭, 而居處飮食, 侍女音樂, 乃非藩鎭所可比. 中有一人, 盛服飾, 高坐大床, 字貧居者, 而疾呼曰:

"來來!"

貧居者惶悚趨走而前. 燭光窈視, 乃暴燒者也. 不覺呼其字曰:

"子何爲至於此?"

相與飮酒酣, 從容語前日事而曰:

"子知某之所去乎?"

---

1 捲 원래 '卷'으로 나와 있는데 문맥으로 보아 바꾼 것임.
2 讀 원래 '詩'로 나와 있는데 문맥으로 보아 바꾼 것임.

蓋指負戴者也. 貧居者曰:

"不知."

曰: "某也, 最善. 今在妙香山北, 占據蔘田, 渾家不火食, 殆於成仙. 吾輩何敢望乎?"

貧居者曰: "子則何以致此富厚?"

曰: "不須問也. 子今往湖南何幹?"

曰: "婚喪之債如山, 將求之方伯矣."

曰: "某也性慳, 必不與所望之十一二. 子無往干也. 吾與子千金, 足於用乎?"

曰: "報債而有餘矣."

曰: "子爲家書而置此. 吾必先子之歸, 而致千金於子之家. 子必速歸, 而無之湖營也."

遂命主錢者齎錢十萬, 主帛者齎布百匹, 而使貧居者見之, 受其書, 送于其家. 駿馬七疋勇夫十餘人, 拜辭而行, 又以駿馬飛送.

貧居者, 尋其僮馬, 將西歸, 忽復向湖營, 通刺而入. 卽言暴燒者之居處使令如此如此. 湖南伯曰:

"子果見之於所居乎?"

曰: "然."

曰: "今有朝令, 使捉其人. 其人爲賊將, 今已二十年故也. 我今發猛校黠胥數千人, 以子爲鄕導, 可必獲乎?"

曰: "何難獲乎?"

曰: "然則吾以功陞資, 子亦以功授官. 不亦善哉."

貧居者大喜, 湖南伯密檄近邑, 選吏校, 悉發全州精銳, 合爲二千餘人. 方伯自將之, 使貧居者領百騎先行.

至向者舍僮馬之所, 方指點山路, 而傳語於方伯之際, 忽見勇夫十騎, 輾一駿馬, 自山飛下. 直入百騎中, 縛貧居者, 移縛之駿馬, 飛馳入山而去.

方伯大驚, 使銳騎先跡之, 渺然不見其蹤, 而山路又多歧. 銳騎復曰:

"無可奈何."

方伯遂結陣而待之.

十騎, 一日之內, 以貧居者告暴燒者. 大設兵威, 拏入貧居者, 而數之曰:

"汝何無故人之情乎? 湖南伯亦不曉事. 渠能擒我乎?"

杖之曰: "猶存故情而不殺汝. 汝其往告湖南伯也."

杖十餘而曳出之. 令其下速裝, 告裝畢.

令曰: "皆行."

遂鳴上馬炮而鼓之, 令後隊曰:

"火所棄屋舍, 用藥而火之."

烟焰一時漲天, 而飛瓦星散.

貧居者三日行, 始達方伯之陣. 告其故, 方伯太息而歸, 亦無所給於貧居者.

其後五六年, 貧居者, 西遊妙香山. 深入山北, 見一人蒻笠簑衣, 跨一靑牛, 其疾如飛. 竭力追之, 一日百餘里, 不見其人, 而跡牛糞, 入石門, 茅屋蕭然, 獨在巖阿. 扣門而有應, 乃負戴者也. 其父母皆童顔, 而兄弟皆完健矣. 握手談笑道舊事. 旣經數日, 乃誚之曰:

"暴燒者, 固大賊可誅, 而子何爲鄕導? 甚矣, 子之無信也! 且其鼠竊狗偸, 非有大害於國, 則湖南伯亦不當謀襲, 而全忘故舊之情也."

貧居者曰: "子言果是. 吾則悔之矣. 抑子之棄世而深隱, 何也?"

曰: "見暴燒者之所爲, 實驚于心, 是豈人之所可忍乎? 吾恐其以梟雄沈鷲之資, 而爲移國之盜, 故先誤避之矣. 賴國祚靈長, 而其人亦智者, 知其不可圖, 故爲潢池自娛之計而止耳."

貧居者, 欲移家從之, 負戴者不許曰:

"子之爲人, 不可與同隱者也. 一出此山, 山蹊多歧, 子必不可復尋矣."

我來賊아래적
必題我來

一賊漢, 偸人財物, 必題'我來'二字而出故, 名之曰'我來賊'矣. 富人家逢賊所志日至, 畢境見捉於捕廳. 而捕將期欲打殺乃已, 嚴囚獄中矣. 賊語守獄留直曰:

"君之衣服纏樓, 可憐可憐. 吾有所盜得之銀子三百兩, 埋於某山某洞第幾松之下矣. 君去取而用之. 吾則死在迫頭故, 可惜其物之無用也."

捕卒, 往見其所指處, 則果若其言而有之. 掘運渠家, 入獄謝之. 自此以後, 廳中諸事, 盡言于賊而通之矣.

一日, 捕卒喧動. 留直暗探其由, 則'我來賊'搏殺次, 明日座起出令矣. 密言於我來賊而通之. 賊曰:

"汝暫時放我, 則罷漏前必還來矣. 明日座起, 我則免死也."

留直細問其故, 則賊曰:

"使道之欲殺者, 以爲'我來賊'故耳. 今往他家, 又題'我來'而來, 明曉'我來賊'立旨又入, 則吾必免死矣."

留直, 旣餌其銀, 又觀其意氣, 則必非不來之人故, 遂萬端付托不失期之意, 開門出送矣. 瞬息間還來, 依舊囚矣. 翌日座起, 而果得決棍放送.

蓋捕將與其妻, 同衾同宿之時, '我來賊'脫其衣服, 自臥於兩人之間, 左右相推之後, 盜出其褌, 而大書'我來'二字於席上而來. 大將始覺獄囚非眞'我來賊', 遂出放也.

• 『禦睡新話』

洪吉同 以後홍길동 이후
綠林客誘致沈上舍

中古有沈進士者, 簪紳名閥也. 築室于彰義洞, 豪放自負, 不拘節行. 早得進士
第, 更不屑科臼業, 亦不求蔭階進取. 人或詰其由, 則但頎然一笑而已. 性好乘快
馬, 當時貴戚宰樞凡廐有肥馬者, 生必使人傳語, 願得一乘. 諸公亦飽悉其名, 欣然
備之. 生乃橫馳大路, 無所止窮, 俟其步品少衰, 輒飜身而下曰:

"馬已不堪更乘矣."

仍困步而還. 亦無造訪久要.

一日平朝, 有一僕牽嘶風逸足, 習步於門屛之前. 生招之曰:

"望馱我一馳."

僕諾之. 生據鞍執轡, 山腰樹嘴, 過眼閃忽. 過都越郡, 歷如一塊, 日亭午而馬少
倦. 生至于旗亭, 問其地方, 則乃海西金川界也. 僕策馬先回, 生隻身殊鄕, 歸路夐
脩. 忽有一僕, 又步馬于官道. 生復請一乘. 僕曰:

"須速上馬."

生纔乘而馬一躍飛走. 僕跟後鞭策, 五內盡蕩, 一身飄擧, 與傳命郵騎一般. 生欲
乞哀而恐傷於勇, 欲跳下而恐傷於身, 一聽所爲, 忍耐做去.

俄而, 驟入深谷絶峽, 轉過萬壑千峯, 路忽闊, 若馳道. 道左有朱衣一隊, 雁鶩而
進, 請換乘便輿. 生疑眩不能自解, 只做痴蠢樣子, 下馬乘轎. 轎駕八人, 施文豹大
皮, 轎前砲鼓一動, 器仗纛蠹, 左右簇立, 戎衣已加身矣. 生無如之何, 凝重自持, 恬
若固有. 行到一崗, 崗後大野曠漠, 萬騎留札, 隊伍井井, 壘栅堂堂, 帷幕連雲, 劍戟
如星. 轎下令箭乍傳, 喊聲相應, 大吹大搖, 有若敵在呼吸者然. 俄而, 生馳入其壁,
將領椽吏, 禮謁既畢, 復請生乘轎. 行五里許, 有金湯周遭, 雉堞如粉. 入城而舍屋
櫛比, 市肆連亘, 度朱門三重, 做畵堂數百楹, 制度宏麗, 金碧耀煌, 名姝環侍, 翼生
而升, 生毅然坐實榻上, 召一頭領曰:

"此局果何等地? 若曹又何樣人? 而賺我措大, 仍作傀儡一戱?"

頭領對曰:

"幣府既漏於版籍, 是任又外於官志. 僕等以東西南北之人, 為飽暖放縱之計, 鳩合蟻附, 萃成一軍. 攫取不仁富之財, 招納窮無告之人, 日以為常耳."

生曰:

"然則, 若曹都是綠林豪客也. 不有邦憲, 盜弄兵器, 戕殺無辜, 尚不自戢, 而乃推我為帥, 何也?"

頭領曰:

"此柵自洪主帥吉同, 于今百有餘年. 繼以為將者, 舉皆智慮絕倫, 軍民遂以安堵. 迨至昨歲, 故將云亡, 軍務無統. 僕等遍跡率土, 密求將材, 而莫出老爺右者. 敢以一駿驄, 誘致尊駕于金川, 又以一駿驄, 奉邀至此. 萬望老爺, 特憐一寨性命, 權留忠義大將軍印綬."

生沈吟良久, 以鐵如意, 打破几案曰:

"我欲一試才智久矣. 特從汝請."

眾大喜設宴為賀. 自是, 生為籠鳥盆魚, 安坐飲食者且數日, 乃召頭領曰:

"此中人額幾何, 粮儲幾何?"

頭領對之悉, 生怒曰:

"計口較粮, 博有數月之資, 何不早稟停當."

頭領盱衡而告曰:

"故將有經天緯地之才, 神鬼不測之機, 環東土數千里, 富家巨郡, 無不盡掠. 惟餘陝川海印寺, 壺谷李進士家, 咸興城內, 而此則不可窺覦. 其他州鎮之稍雄者, 村里之頗饒者, 指不勝屈, 而勞苦掠來, 未必補一月之粮. 百爾籌思, 實無好階, 致此奏告之稽緩耳."

生怒曰: "籌劃在我, 率職在爾. 爾何敢自相疑難, 多費辭說? 我當於某日, 往擊海印寺. 知委, 諸軍切勿遠洩."

頭領大驚曰: "本寺僧徒數千, 錢帛如山, 防護甚密, 弓劍悉備, 雖以故將軍之神籌, 亦不敢生意. 今動軍於千里之遠, 驅入於危亡之地, 是老爺姑借將令, 盡劉萬命也, 不敢惟命."[1]

生大怒, 命出斬頭領, 左右無有應者, 生乃手劍亂斫, 一軍為之肅然. 生乃召頭

---

1 不敢惟命 원래 빠져 있는데『기리총화』에 의거하여 보충한 것임.

領曰:

"汝可選²軍徒之面目白皙伶俐曉事者三十人, 其衣服都做官奴樣子, 各騎駿馬一匹, 又馱緡錢二千, 先到該寺. 傳言某大君欲求嗣續, 親來祝佛, 更設香飯, 周饋觀光之人, 為辭. 以此錢鈔, 先辦香燭, 只等吾行, 決勿有誤."

又召一頭領曰:

"汝少俟旬日後, 齎此路文, 馳往該寺只道. '大君連被主上挽止, 且恐外朝論劾, 暗地下來, 勿令郡縣有知, 本寺供臆, 一切革除.' 以示優恤為辭. 亦等吾行, 決勿有誤."

又召一頭領曰:

"汝與數十頭領, 侈其衣袍, 各騎駿馬, 一模傔客樣子. 又選軍徒之身長面悍者數十人, 領大君品服, 及雙馬轎·靑羅蓋, 潛伏于距該寺五十里之地, 俟我親到, 以便換乘."

諸頭領皆領命而去. 生漫浪十許日, 身着幅巾道服, 策一隻千里駒. 下山而到陜川之界, 騶從皆隱藏于信地. 生乃自乘雙轎, 盡下幨帷, 用夜半到本寺. 緇徒迎生而入. 生踞坐禪房, 屏帳甚麗. 乃召頭僧及幹辦諸人, 約以明夜設齋. 指畫供費, 悉從厚優, 諸僧環聽嘖嘖曰:

"好大君, 必受佛力."

生屏人安寢, 陰使一頭領, 暗地破毀便輿之上椅, 因舊補綴, 令觀者不知其傷缺. 因頹然而睡. 睡到五更乃覺, 見山月滿窓, 泉音撼枕, 暗興勃勃, 開室命酌. 且召僧曰:

"寺外有水石會心處否?"

對曰: "某處甚佳."

生乃攝衣而出曰: "汝須導余."

僧忙以便輿進. 生知為破輿, 小心踞坐. 衆僧擔之而行, 行到數十步, 生故憑身於椅上, 破椅自墮. 生翻身倒落於路旁. 衆僧急救, 則生昏僵不省. (詐也) 衣袍盡濕, 諸頭領擔之, 而到房櫳, 亟灌良藥, 且晒其衣. 良久, 生兀然起坐, 大喝大怒曰:

"吾無品貴人, 在外位在觀察使上, 量汝富寺, 使星陸續, 豈無一箇完輿? 而必以

2 選 원래 '撰'으로 나와 있는데『기리총화』에 의거하여 바꾼 것임.

破件待令, 俾余墮傷至此. 幸而不死者[3]天也. 然頭顱盡碎, 肩脚俱折, 豈意禮佛之行, 反得一生貞痼也."

諸僧伏于庭下, 無以自辨. 生乃一逐僧案, 拿致於庭, 没一箇不得竄漏. 以大麻索, 自相綁縛, 違者當立殺, 諸僧懍慄如律令. 生見懸鶉乞丐, 四隅擁觀, 無慮數千計. 乃令左右, 詰問曰:

"汝們緣何相聚?"

諸丐齊告曰:

"聞大爺, 誠行檀越, 復設無遮大會, 普饋羣生, 不遠百里, 相携至此耳."

生惻怛曰:

"我今人鬼未判, 如何供佛, 行當還駕耳. 但汝們, 遠來求飽, 狼狽而回, 咎實在我. 我所以供佛錢二千緡給汝, 汝須均領也."

因洒錢于庭, 諸丐爭拾立盡, 齊道

"大爺無彊壽."

生曰: "我又有令甲, 汝曹慎勿疑難."

諸丐曰: "雖湯火鼎鑊, 當唯令是從."

生曰: "我欲報此恨, 無由盡殺諸僧, 聽汝們都入大小梵宇, 其錢貨器物, 盡力負去. 母使一物遺落. 使頑者知戢, 窮者少饒, 我當厚受陰報, 豈不優於頂禮枯佛也."

羣丐大喜曰: "敢不如教."

因爛入禪房, 廣搜盡掠. 生又令諸丐曰: "汝曹乘我未發, 快走快走, 少緩則患在禿驢之追攫耳."

羣丐一時雲散. 生故為遷延, 坐到數十刻, 朝暾已射東牖, 乃趣駕啓程. 疾馳百餘里, 下轎跨馬, 亟回山寨. 蓋羣丐乃生之軍而扮作此狀者也. 次第回寨, 各獻所掠, 得百萬計, 而兵不血刃. 諸頭領乃服.

居數日, 頭領告軍令當指何處.

生曰: "某日當擊壺谷."

頭領憚之曰: "此谷安東地也, 三面皆巉巖, 峭壁削立千仞, 飛禽莫能施羿翩. 前面只有一線路, 僅容人不容馬. 其洞口咽呃, 又設石門, 夜關晝開, 絙以鐵鎖, 石門

之外, 微徑又陷下, 攲崖斷落, 馬必扶攝而出, 人必攀捫而登. 谷中李上舍, 積粟十萬石, 錢帛稱是, 蒼頭數百人, 帶鎧甲·持弓矢, 達夜巡更. 雖以鄧士載入綿竹之才, 韓襄毅破藤峽之功, 無所施也."

生聞言愕爾, 叱退將領, 密遣心腹, 偵探李庄動靜. 探子回報曰: "李上舍身外無育, 五旬而得一子, 纔離襁褓, 羸弱善病. 上舍近住蕭寺, 為其子修齋誦經. 家人之防護益密, 屋後盡布蒺藜, 男女俱佩信標, 無者以賊論."云.

生大喜曰: "事有濟矣."

即穿峨冠道服, 袖中儲囊炷香·牙扇·珠履, 跨千里騾子, 不許一人跟隨, 一鞭下山. 不日到壺谷. 局勢險阻, 實無可攻之路也. 賴名騾之逸步, 超塹躐巖, 如履平陸, 直入李庄. 故問上舍在家否, 僕對曰: "遠出矣."

生悵惘且久, 徘徊堂上, 使赤脚傳語于內堂曰: "吾卽上舍之膠漆也. 專訪到此, 竟題凡鳥. 願得小郎君一面, 少敘此懷."

居無何, 赤脚抱兒而出. 生即置膝上, 撫摩眷戀曰: "兒乎兒乎, 聰達特秀, 吾友無憂矣."

即以袖裡香囊諸品, 滿佩于兒之裾下, 乃令赤脚, 携兒而入. 赤脚以其狀, 備告內堂. 內堂大喜, 益信生之為上舍切友也. 以盛饌饋生, 生啗已, 移晷悄坐, 乃跨騾而出. 出到洞外, 忽旋駕而入, 駐馬于門首, 又傳語于內堂曰: "纔出我洞門, 步步回首, 戀結不能定情, 願更見小郎君."

赤脚感生眷眷, 更攜兒而進. 生於馬上, 緊抱合口吮頰若不勝情, 且召赤脚曰: "汝可煩稟于夫人, 兒面目少覺黃瘦, 近日有何嬰疾."

赤脚領諾而去. 生乃策騾一馳, 倏忽杳然蹤跡. 赤脚復命而出, 則客與兒俱無有矣. 一家號哭, 促召上舍還. 上舍莫知端倪, 憂悶廢食. 一日蒼頭早開石門, 有一緘書落于地, 乃呈上舍, 上舍披視, 則有云:

"忠義大將軍, 貽書于李生座下. 凡地之生財, 必有其用, 天之生人, 各有其食. 君積穀萬箱, 而未得救一民之窮, 營田千畝, 而不能延百年之壽, 竟使辛苦粒粒爛腐土壤. 君之一子, 理當受厄, 我故與神為謀, 奪攫至此. 君能悲駒隙短景, 且念舐犢大倫, 亟回鄙吝之心. 欲效普濟之德, 則將君之資產, 分半積于某江之邊. 俾使運去, 則余當奉還郎君, 惟君自裁."

上舍讀畢, 泣曰: "家貲, 所以長子孫也, 無兒則黃金萬籯, 亦安用哉?"

乃以長腰二萬石, 鵝眼十萬貫, 潛積于信地. 翌日往視, 則已盡輸去矣. 上舍猶是矛盾, 疑信不定, 耐度五六日. 蒼頭晨出石門, 則有一畫轎宛在地上, 錦帷周匝, 畫氈重疊, 兒在其中, 衣服新鮮. 上舍驚喜泣抱曰: "吾兒也."

且問兒曰: "汝往何處?"

兒曰: "曩日伊人於馬上, 抱余疾馳幾里, 納余於安車之中, 又以一婦人乳余, 行到五六晝夜, 到一山寨. 遇余甚厚, 其帷帳玩好之盛, 殆勝於在慈母之側. 及至日昨, 又以數十騎, 余至此護, 乘夜擔置于石門之外, 因各走散."云.

上舍深感生之高義. 而生不勞一軍, 掠得巨財, 一寨歡聲如雷.

生又中令曰: "某日當擊咸興."

諸將領入告曰: "咸興, 城郭峻高, 山海險阻, 巡使擁千三鐵騎, 土府簇數萬實戶, 重以中軍都事綜錯之. 非可儔於海印, 亦難擬於壺谷, 願無造次."

生叱曰: "將令惟行, 不唯反, 如更有亂言, 疑眩軍心者, 當殺無赦."

眾皆退. 生乃分付一頭領曰: "汝可選軍徒之愚駭者五十人, 分為五隊, 扮作樵叟, 往樵于咸興城外朝家莫重禁養之地五處, 待某夜初昏時, 分一齊放火. 迨火未熾, 竄走逃回, 違者斬之."

又分付一頭領曰: "汝選軍徒之幹事者五十人, 將大船二十隻, 扮作海商. 自山後海濱, 溯于嶺南關東, 趣某日泊舟咸興城外. 決勿有洩."

分撥既定, 生選三千精銳, 或做官人狀, 或做賈客狀, 或做引喪狀, 或做乞丐狀, 陸續起程. 並指日約會于咸興城外深山靜僻處. 打聽消耗, 果於二鼓下, 城外火光焰天, 一府震盪. 眾官畏罪, 急忙往救, 城裡人丁, 奔走皆赴, 只有婦孺. 生密使四箇頭領, 各率數十軍徒, 把守四門. 權把按使秘令, 不許擅人出入. 自己率眾徒舉兵器, 潛入城內, 帶將公私儲峙, 都數掠奪, 並運于海. 海船已遵約艤待矣. 揚帆中流, 晝宵催程, 泊于山寨. 又得累鉅萬計.

生乃擊牛設宴. 其翌曉, 沈進士與其信任者一人, 擇駿馬而逃, 還其家. 對人輒曰: "周流八方, 歷覽山川而歸."云.

•『青邱野談』海外蒐佚木 乙本 권10

附: 「金生傳」의 결말부

悉召徒衆曰: "汝曹果謂吾器局, 可堪一官乎?"

衆對曰: "主師有掀天動地之才, 恐不稱於偏邦小局也, 何況一官也."

生大笑曰: "諸君知我矣. 然薄不爲卿相而惡可爲賊酋乎! 特副汝誠留之篤, 簿試吾素抱之才而已. 吾世臣也, 汝皆良民也, 豈可不改絃易轍, 駸駸然同歸于偸盜乎? 吾欲從此逝矣. 汝曹亦相携歸農圃, 團合親戚, 復省墳墓, 生可爲聖世之氓, 死不作他鄕之鬼. 優劣易觀, 取捨何居?"

衆感泣曰: "願唯命."

生悉分軍實, 分給徒衆, 一人各得一家之資. 乃用一把引火之物, 焚燬山寨室宇, 復約曰: "如有復據此窟者, 我當首實于朝家, 自願勦滅耳."

衆僕僕而散.

生乃着來時衣裳芒鞋竹杖, 不帶一物, 間關歸家, 閉門不出.

史臣曰: "嗟哉! 金生計無遺策, 出入神鬼, 終乃導誨衆盜, 使復其天理之公, 其智勇不讓於古人, 未得需用於聖世, 槁項黃馘, 死於牖下, 當時宰相之責也. 然古語云 '劃地爲獄, 義不當入', 況自陷於橫山綠林之中, 爲之嚆矢, 屢犯邦憲, 而反以自負, 逃不得亂首也."

• 『綺里叢話』권中

洪吉同 以後홍길동 이후　**395**

淮陽峽 회양협

鄭陽坡少時, 與親友二人讀書于山寺. 一日論懷而各言平生所欲爲. 一人, 則不願仕宦, 擇居於山明水麗之地, 以山水娛平生, 是所願矣. 一人, 獨無言, 陽坡問曰:

"君何無一言乎?"

其人曰: "吾之所欲, 大異於二君, 不須問矣."

二人強之, 乃曰: "吾不幸而生於偏邦, 自顧此世無可容身之所, 不如自橫吾志, 爲大賊之魁, 而處於深山窮谷之中, 率數萬之卒, 奪不義之財, 以供軍糧, 橫行山間. 而歌童舞女, 羅列於前, 山珍海味, 厭妖於口. 如斯度了, 則幸矣."

二人大笑, 而責之以不義矣.

其後陽坡果登第, 位至上相, 一人以布衣終老, 而一人不知何落矣. 陽坡之按北關也, 其布衣之人, 窮不能自存, 恃同硏之誼, 徒步作乞馱之行. 向北關而行到淮陽之地. 忽有一健夫, 輔一駿驄, 迎於前曰:

"小人奉使道將令, 來到於此, 亦已久矣. 快乘此馬而去可也."

其人怪而問之,

"汝使道誰也? 而在於何處?"

其夫對曰: "去則自可知矣."

其人仍上馬, 則其疾如飛. 行幾里, 又有一馬之待者, 且有盃盤之供. 怪而又問, 則其答如前. 行幾里又如是. 漸入深峽之中, 夜又不息, 炬火遵前而行. 其人不知緣何向何處, 只從其夫之言而行矣. 翌午入一洞口, 深山之中, 人居櫛比, 中有一大朱門. 下馬而入三重門, 則階下一人, 頭戴驄笠, 身被藍色雲紋緞天翼, 腰繫紅帶, 足穿黑靴. 而身長八尺, 面如塗粉, 河目海口, 儀表堂堂, 威風凜凜, 軒軒而笑, 執手而共升階曰:

"某也, 別來無恙乎?"

其人初不知何許人矣. 坐定熟視, 則乃是山寺同苦之時, 願爲賊將之人也. 其人大驚曰:

"吾輩山門各散之後, 不知君之蹤迹矣, 今乃至於斯耶."

賊將笑曰: "吾豈不云乎? 吾今得吾志, 不羨世上富貴矣. 人生此世, 豈不有志於功名進取乎? 然以其命懸於他人之手, 而畏首畏尾, 平生作蠅營狗苟之態, 一有所失, 則身棄東市, 妻子為奴, 此豈所可願乎. 吾今擺脫塵臼, 入深山之谷, 有卒數萬, 財積阜陵. 吾非如[1]鼠竊狗偷之為而探囊劫筐之為也. 吾之卒徒, 遍於八道, 燕市倭館之物無不致, 貪官污吏之財必也攘奪, 權與富, 不讓於王公. 人生幾何? 聊以自適耳."

仍命進杯盤, 有美人數雙, 擎盤而進. 水陸畢陳, 酒旨而肴豊, 與之盡歡. 同卓而食, 同床而寢, 明日與之同覽軍中財貨及山水勝槪. 仍言曰:

"君之此行, 欲見鄭某而去者, 將有所求耶"

曰: "然."

賊將曰: "此人規模, 君豈不知乎? 雖有贈, 未洽於君之所望矣. 不如更留幾日, 自此直歸也.

其人曰: "必不然矣. 舊日同研之情, 彼亦念之.

賊將曰: "量其贐物, 不過幾兩矣. 何可為此而作遠行乎? 吾當有贐矣, 勿往可也.

其人不聽, 而決意欲行. 賊將曰:

"君見鄭某, 切勿言吾之在此也. 鄭某雖欲捕我, 不可得矣. 言出之以來, 吾當聞之矣. 若然則君之頭不可保矣. 慎之勉之, 勿出口可也."

其人矢言[2]曰: "寧有是理."

賊將笑而送之出門. 其人依前乘其馬, 出外山大路, 牽夫辭而去.

其人徒步作行, 到北營而見監司. 寒暄禮罷後, 其人低聲密告曰:

"令公知吾輩少時山寺讀書時作伴某人去處乎?"

監司曰: "一自相別之後, 不知下落矣."

其人曰: "今在令公之道內而即大賊也. 渠言則有卒數萬云, 而皆散在各處. 渠之部下無多, 而俱是烏合之賊徒也. 令公若借我伶俐之健卒三四十人, 則吾當縛致營下矣."

---

1 如 전후 문맥으로 보아 보충한 것임.
2 矢言 다른 본에 의거하여 보충한 것임.

監司笑曰: "渠雖賊魁, 而姑無作弊於郡邑也. 且量君之智勇才力, 恐不及此人矣. 空然惹起禍機乎. 君且休矣."

其人作色曰: "令公知大賊之在境, 而掩置不捕, 後若滋蔓, 責歸於誰也? 若不從吾言, 吾於還洛之後, 當告變矣."

監司不得已許之. 留數日而送之, 所贐之物數, 果如賊將之言. 擇校卒如數而給之.

其人率校卒, 更向北路. 埋伏於山左右叢越之間, 而戒之曰:

"吾將先入, 以觀動靜, 汝等姑竢之."

行至幾里, 來時牽騎來邀之人又來 傳其賊將之言, 與之偕來, 而不送騎矣. 心竊訝之. 行到洞口, 一聲號令, 使之拿入.

無數健卒, 以繩縛之, 前擁後遮, 如快鶻搏兔樣而入門. 其人喘息未定, 拿至庭下, 仰見賊將, 盛備威儀而坐.

叱曰: "汝以何顏來見我乎?"

其人曰: "吾有何罪, 而待我至此之辱也?"

賊將叱曰: "吾豈不云乎? 汝往北營, 所得豈不符我言乎? 且汝以吾事泄于北伯. 不念臨別之托, 尚何撓舌?"

其人曰: "天日在上, 吾無是事. 君從何聞知而疑我乎?"

賊將號令卒徒曰: "可拿入北營校卒."

言未已, 數十箇北營校卒, 一時被縛而入於庭下.

賊將指示曰: "此是何許人也?"

其人面如土色, 無語可答, 只請死罪. 賊將冷笑曰:

"如渠腐鼠孤雛, 何足污我刃也. 棍之可也."

仍打十餘度而依前縛之, 解諸校卒曰: "汝等良苦. 何爲隨此人而至?"

命各賜二十兩銀子而送之曰: "歸語爾主將, 更勿聽此等人之語也"云云.

仍使卒徒, 出各庫財物·銀錢·器皿等物, 或馱或擔, 一時舉火燒其屋宇曰: "既被人知, 不可以處矣."

更使一卒, 驅逐其人, 出之門外大道. 仍不知去處.

其人艱辛得脫而前進, 歸家則已移他洞矣. 尋其家而入, 則門戶之大, 比之前家大不同. 問於家人曰:

"以爲在北營時, 豈不作書而送物種乎?"

其人驚訝, 出而示之, 則恰如自家之筆, 實非自家之爲也. 其錢與布帛之數甚夥. 然默焉思之, 此是³賊將之所送, 而倣自家之筆跡而送之也. 後乃悔之云爾.

或云北伯非陽坡云, 未可知也.

• 『記聞叢話』

---

3 是 원래 '時'로 나와 있는데 전후 문맥으로 보아 바꾼 것임.

宣川 金進士 _{선천 김진사}

宣川有金進士者, 以信義才略著稱. 一日, 有美少年, 騎一駿馬而來, 見曰:
"聞公好馬故, 以此馬來. 公欲買則買之."

金進士問其價, 答曰:

"吾有所急, 不敢待高價而持久. 願公量宜而惠之. 然少騎而試之, 然後定價未晚."

金進士然之, 騎而出大路. 其人執鞚而揚鞭, 馬耳風生, 疾如飛鳥.

金進士曰: "試已足矣. 其勒回也."

其人曰: "試馬不能一舍, 何異試人不能一年乎?"

既過一舍曰: "勒回."

曰: "又請試之狹路危蹊."

策入山中, 纔十里.

曰: "勒回."

曰: "少前而勒回未晚也."

又前十里, 有勇士五六人, 伏道而謁, 設坐請下馬而進酒饌.

金進士方知其爲大盜所邀, 而無可奈何. 乃下馬而食, 不問曲折.

又上馬而行五十餘里, 又有設於林中帷幕, 床榻亦具. 既宿而曉又行, 可百餘里, 方見一洞府寬敞, 有大瓦屋, 設三門. 門外十里所, 設帷幕, 武夫分行, 耀劍戟而伏. 有甲胄者二人, 道謁而請下馬入幕. 幕中有二女子, 皆美色, 而開兩籠, 出錦衣着之. 金進士乃如三道都統制服色, 帶之弓劍, 授之以小旗. 設饌進酒. 金進士不問曲折, 而一任其所爲. 既食而出, 輸大馬具飾, 執鞚者備儀. 既騎, 旗旄盖纛, 鼓角笳簫, 環擁而行. 勇士之虎飾而駿騎者, 前後皆十雙. 方入門, 鳴下馬砲. 既坐大廳, 甲胄者二人, 左右侍立, 二女子侍傍進饌以大卓. 既飲, 甲胄者執簿呼名, 應而拜者千餘人. 居三日, 甲胄者進一大冊, 乃書朝鮮八道三百六十四郡之以富名者也.

甲胄者雙伏而言曰: "身是副將二人也. 願發令聚財."

金進士曰: "你使吾爲大將乎?"

曰: "然."

曰: "然則能一從我令否?"

曰: "然."

曰: "然則不從令者, 吾欲劍斬之如何?"

曰: "敢不惟命."

曰: "古語云, '盜賊相聚, 無終日之謀', 你輩亦然乎? 人而無終日之謀, 何以謀終身之便樂乎?"

曰: "小人無遠謀, 幸大將有以敎之."

曰: "前日所聚之財, 其餘幾何? 必皆有簿, 其速納于我."

甲胄者雙進錢穀·錦帛·衣服之簿.

旣覽曰: "徒知廣取而不能節用, 是以江海而實漏巵也. 何時而足乎? 自今吾欲制節用度, 汝輩有或不肯從令者乎?"

曰: "誰敢不聽令者乎?"

曰: "然則衣食之用, 一從我節制. 且聚財之時, 亦一從我令, 不者皆劍斬之."

曰: "惟大將之令."

是夜, 大犒其軍. 請點富家之簿而下令. 金進士, 旣點百餘戶, 而大聲發令曰:

"使人奪汝輩之財, 則汝之心當如何? 旣奪汝財, 而殺傷汝身, 焚蕩汝屋, 汝之心尤當如何? 以我之心, 度人之心而爲之, 此道也. 自今汝輩盜富人之産, 祇取其半, 而愼勿盡取, 勿小傷人身, 勿火其屋舍. 一有犯此禁者, 全隊皆釖斬之."

遂制用數, 使千餘人僅免飢寒, 而積所聚於府庫, 使甲胄者詳簿而閉之. 如是者三年, 而所積盈溢, 乃使甲胄者算之, 每人可錢二萬·布二十匹. 卽大犒其軍, 而語之曰:

"汝輩今强壯故, 能輪掠取而足如此. 稍過八九年, 則已衰老矣. 尙可以有爲乎?"

千人皆對曰: "誠然."

"然則, 及今未衰而各挾錢二萬·布二十匹, 各歸故鄕, 以營産業, 而爲終身便樂之計如何?"

皆對曰: "然則幸甚."

金進士旣使甲胄者, 據簿而人給之. 又將大饗而罷之.

謂甲胄者曰: "此二女子, 始吾問其所從, 皆士族處女, 而一在湖西, 一在湖南. 吾不勝其悲愍, 而不忍汚之, 與之同居三年, 而子女視之, 渠亦呼我以父. 今吾散爾輩, 而將獨歸吾家, 此二女子欲付忠信之人, 各歸之其家, 誰可信者?"

甲冑者曰:"前則以將令從事, 故無不信之慮, 今則散衆, 而將令無所施, 人誰爲可信者乎? 二女子賴大將之仁義, 侍側三年, 結爲父子, 幸得潔其身. 一出山門, 所付之人, 何可保也."

二女子泣曰:"此言是也. 且使得無汚而至家, 家人必不信, 吾其爲棄人矣. 吾父惟知吾無汚, 願從吾父而至父家, 願終其子視之恩."

金進士喟然歎曰:"此言亦有理."

遂與二女子歸家, 皆擇其配而嫁之于宗族及故舊相信者. 旣成婚, 各使爲書, 而告于其父母兄弟. 皆來省視, 問其曲折, 皆感泣嗚咽. 其後金進士之卒, 二女子皆服喪父之服.

嗟乎! 金進士, 果豪傑之士也, 然亦非智者也. 當其始也, 駿馬低價, 試之山蹊, 皆智者之所可疑, 而金進士不知疑焉, 宜乎其陷于賊也.

• 『霅橋別集』卷4 漫錄 5

聲東擊西 성동격서

諭義理群盜化良民

嶺南一進士, 以文章智謀爲一道所稱, 皆許以都元帥材目. 一日初昏, 適獨坐, 有一人乘駿馬, 率健奴而來. 與主人叙話曰:

"吾在海島萬里之外, 其徒數千而天性不幸, 取人嬴餘之物, 用人堆積之財, 之食之衣, 皆資他人之物, 而指揮管領, 只有大元帥一員. 今遭喪變, 襄禮纔畢, 靑油遽空, 殆同龍亡而虎逝. 三千徒黨, 散無紀律, 不農不商, 生涯無路. 及聞主人蘊不世之智, 有濟人之才. 今吾來此, 非爲他也, 爲邀足下, 坐大元帥之位, 未知意下如何? 苟或越趄, 則滅口在於反手."

遂拔長釰, 促膝威刦之. 主人自思曰:

'吾以士族淸類, 投身盜賊之魁, 非不羞辱, 而與其滅性於壯士之釰, 不若暫辱身名, 一以免目前之禍, 一以化凶徒之習, 不亦權而得中者耶?'

遂快諾之. 厥客卽稱小人, 於窓外分付來隷曰:

"牽來繫外之馬?"

盖有二馬之來, 而一則繫外矣. 請其人上馬, 聯轡而出, 疾如飄風. 俄頃已到於海口, 有大紅船一隻備待矣. 下馬乘船, 船疾如飛. 遂抵一島, 下舟陞陸, 城郭樓閣, 宛一監兵營樣矣. 自此, 坐之於肩輿, 前後擁護, 而入一大門之中. 坐於大廳中交椅上, 數千徒衆, 以次現謁. 禮畢, 進茶喫一大卓. 明日朝仕後, 初來者以行首軍官, 從容跪告曰:

"見今財力罄竭, 未知處分如何?"

主將遂分付如此如此.

其時, 全羅道有萬石君一人, 先塋在於三十里地, 守護禁養, 無異卿相家. 一日喪制行次, 入于山直家, 而後有服者二人, 地官二人, 鞍馬僕從, 極其豪健, 必是巨家求山之行也. 山直自下問之, 則京居某宅行次, 而喪制主已行校理, 服者亦皆名士云. 小憩後, 一行齊上墓後, 放鐵於最上塚腦後一金井地, 指揮評論, 置標而下來. 坐定後, 行匣中出大簡四五張, 揮灑修書, 卽令一奴, 傳于某某邑及監營, 一一受答

以來. 招山直謂曰:

"宅新山定於俄坐之地. 非不知彼墓之爲某宅山所, 汝之爲某宅墓奴, 而禁山與否, 用山與否, 在於彼此之强弱, 非汝所知. 葬日擇在某日, 而酒飯當爲豫備. 先給三十金, 以此先爲貿米釀酒而待之."

遂卽地馳去. 山直雖欲拒之, 無可奈何, 卽馳告緣由於山宅. 山主笑曰:

"彼雖勢家, 吾若禁斷, 則何敢用之. 當於彼葬之日, 如是如是, 汝輩勿爲出他以待之."

至是日早, 主人率家丁七百餘名, 方十里內民丁作者, 擧皆聞風而會者, 亦爲五六百人矣. 各持一索一杖, 向山所而來, 滿山遍野, 便一白衣行軍. 領之於山上, 飮之以彼家所釀之酒, 結陣而待之, 終日無所見. 至三更末, 遙見萬餘炬從大野陸續而來. 柩歌喧天, 勢若萬軍之馳來. 停柩於相望而不可見之地. 山上軍擧皆納履荷杖, 鼓勇奮臂以待. 一餉之後, 喧譁漸息, 火光亦滅,[1] 稍稍若無人. 山上軍大疑之, 急使覘之, 則果虛無一人, 而火則皆一枝四五頭也. 忙報是狀, 山主大悟曰:

"吾家財穀, 盡爲見失矣."

率大軍急急馳還, 則家內人命, 幸無所傷, 財物則蕩盡無餘. 此是元帥聲東擊西之謀也.

其財物盡爲刦來後, 明日釀酒殺牛, 大犒群徒. 並今行所得, 及庫中財物, 積聚於前庭, 卽令掌籌者, 計其多寡. 分屬於三千人, 各名之下, 皆爲百餘金許矣. 將軍乃以一張傳令, 輪示曉諭之曰:

"人之異於禽獸者, 以其有五倫四端, 而汝輩以化外頑民, 隱伏海島, 離親去國, 遊手衣食, 以刦掠爲生, 剽奪爲業. 嘯聚徒黨, 凡不知幾人, 搆災積孽. 亦不知幾年矣. 余之來此, 非爲助爾爲惡, 將欲化爾歸善. 人雖有過, 改之爲貴. 從今以往, 革面革心, 東西南北, 各歸故鄕, 父母焉養之, 墳墓焉守之. 浴於聖人之化, 歸於樂民之域, 則其與海上明火賊何如哉? 矧又所分之物, 足以當中人一家産, 則於農於商, 何患無資乎?"

於是, 衆徒一時叩頭稱謝曰: "誠如分付."云云.

其中一二漢不遵令者, 卽以軍令斬之. 燒其城郭室屋, 領三千徒衆涉海出陸, 各

---

1 滅 원래 '減'으로 나와 있는데 문맥으로 보아 바꾼 것임.

送於其道其鄉, 自家則從容還家. 離家之久, 一朔半矣. 隣近之人來問, 則答以間作
京行云云.

•『靑邱野談』海外蒐佚本 甲本 권6

獷賊광적

捕獷賊具名唱權術

具南陽紞, 少時驍勇過人, 有膽略·善唱歌·好飮酒, 風神俊秀美男子也. 登武科, 爲尙衣主簿, 忤時宰, 落仕潦倒, 十餘年沓沓不得志.

正廟朝, 襄陽獷賊李景來, 大有膂力, 亦有膽智, 嘯聚徒黨, 東西閃忽, 官軍不能捕, 有若海西林巨正之變. 自上聞具紞之勇力, 卽除宣傳官, 授密旨, 使之往捕. 臨行戒之曰:

"以汝兼帶金吾郞暗行繡衣, 捕賊之際, 便宜從事. 治行盤纏, 密諭軍門, 不計多少助給之. 若失捕而來, 則當施軍律."

紞奉命而退. 家有八十老母, 情事茫然. 已而嘆曰:

"男兒生世, 豈能長事淪落哉! 今年得此賊, 取金印如斗大."

遂往見捕校卞時鎭, 與之同行. 卞是善譏捕者也. 又得京中破落戶總角林完石, 此則日行三四百里, 號稱神行太保者也. 暗暗治行, 皆是倡優服色, 華麗之衣, 珍寶之物, 藏之橐中, 使完石負之, 步行至襄陽境.

時紞之叔父世績爲襄陽倅, 追後下來特旨也. 紞與其叔父密議, 藏蹤跡, 自稱冊客, 入處山亭, 日與吏鄕輩射帿, 酒肉淋漓, 用錢如水, 盡得吏鄕官屬之心, 察其動靜. 其中別監一人, 好風儀, 善談論, 頗有方略, 權鄕也. 紞締結此人, 作爲心腹之交. 一日, 相與飮酒, 夜深酒酣, 紞忽左手把其袖, 右手拔釰欲揕其胷. 別監驚惶罔措, 面如土色曰:

"是何事也? 是何事也?"

紞曰: "吾無他, 奉命藏蹤而來, 將譏捕景來賊矣. 始知汝是景來也. 汝勿多言, 受我釰."

別監曰: "小人果非景來. 眞景來在於近處, 當指示矣. 願活無辜之命."

紞曰: "然則賊安在?"

答曰: "日前來往境內, 聞新官家下來, 見機而去, 隱身於金剛山中, 的知其去向矣."

曰: "何以的知? 汝非同謀者乎?"

答曰: "同謀則誠至寃, 而但親熟故, 的知其蹤跡矣."

紞曰: "汝試聽之. 渠雖有勇力, 豈不見捕乎? 汝若從賊, 闔門被誅. 曷若從我設捕, 爲大功勞之人乎?"

曉諭順逆, 其人唯唯聽命.

又曰: "今放送汝, 汝若漏洩此機, 則當先捕汝."

又唯唯. 特放送之.

翌日, 與卜校林童, 藏蹤入金剛山. 自稱以京中倡優具名唱, 使卜時鎭擊鼓, 到處唱靈山調. 華其衣, 散其珍寶之物, 施於各寺僧及遊山人. 由是名動山中, 聞具名唱唱調, 人皆雲集. 紞遍察之, 終不見景來之面. 盖因別監詳探景來之容貌疤記, 故遍踏內外山, 於[1]衆中陰察之, 終不得焉. 登毘盧峰祝天, 仍痛哭而下. 宿長安寺, 夜深月色入窓, 耿耿不寐. 步出神仙樓, 見山底草幕中, 燈火微明. 心忽動, 遂往見之, 一僧獨坐, 見紞之入來, 急藏一物於膝底. 紞入[2]坐, 與僧酬酌.

僧曰: "何其名唱也?"

紞欲觀其膝底物, 以手推僧曰:

"僧何以知名唱乎?"

僧翻臥時[3], 見一大草鞋半造者. 紞遂結縛其僧曰:

"此是李景來之鞋也? 汝知景來所在處, 從實直告."

盖因別監聞景來足大之說故也. 僧驚服之.

紞曰: "若與我捕景來, 則賞賜大矣, 譁之則爲釰頭之魂. 於斯兩者, 何擇焉?"

僧曰: "唯令是從."

紞曰: "吾乃奉命而來, 何以則捕此賊也?"

僧曰: "今夜逢小僧, 乃天也. 當告以捕賊之術. 景來嘗欲聽名唱之聲, 約以再明日來此草幕. 又請造草鞋. 故小僧造此鞋, 未及成矣. 景來若來, 則小僧請來唱調矣. 且景來是平生嗜酒者也. 連勸酒, 待其沈醉後捕之, 無不濟矣."

遂解其縛結爲心腹.

---

1 於 『청구야담』갑본에 의거하여 보충한 것임.
2 入 『청구야담』갑본에 의거하여 보충한 것임.
3 時 『청구야담』갑본에 의거하여 보충한 것임.

卽夜送林童於襄陽, 使之罔夜發送猛悍之校卒四五十人. 再明日, 各自變服, 把守長安寺各處要害之地. 又持來峻味燒酒兩瓶, 使林童賣酒於草幕.

再明日, 景來果來草幕. 僧招紈唱調. 紈初發聲, 卽唱勸酒歌將進酒. 景來嘖嘖稱善. 紈買林童之酒, 一邊唱, 一邊勸. 景來喜其聲, 一盃[4]一盃復一盃, 卽醺然而醉, 眼已朦朧. 連勸之, 不辭而飮, 俄而景來醉欲睡. 紈袖藏鐵椎奮擊之. 景來本是絶倫之勇也, 醉中跳出草幕外, 東奔西走. 時各處把守, 呼聲相應. 景來精神恍惚, 莫適所向. 紈急變服[5], 雜於觀光人中, 跟向景來奔走之處, 以鐵椎潛身狙擊之, 折其脚. 景來被縛, 呼把守校卒, 一齊來縛之際, 縛索屢絶. 又以鐵椎擊其兩臂, 然後始就縛. 多發官軍, 檻車送之京城, 戮之. 賞其草幕僧及別監.

復命之日, 卽除堂上宣傳官. 善於傳命故, 長帶承傳之任, 累歷州郡. 上將大用之, 庚申正廟昇遐, 紈晝夜號慟哀毀, 成病而死.

• 『靑邱野談』成大本 권3

---

4 一盃 『청구야담』 갑본에 의거하여 보충한 것임.
5 變服 원래 '複'으로만 나와 있는데 『청구야담』 갑본에 의거하여 바꾼 것임.

盜婿 도둑 사위

　京城古有一大賊, 有女擇婿以善盜者. 一漢自願來, 因爲婿, 而日以午睡爲事. 翁責之, 婿曰:

“丈人每夜之圖利爲幾許?”

翁曰: “二三百金, 或四五百金矣.”

婿曰: “此可爲財物乎? 吾不欲如是些少.”

　當夜偕翁, 往戶曹. 升屋撤瓦, 穿其一穴, 使翁入去, 偸出天字銀歸家. 翁大喜, 價折萬餘金矣. 翌夜, 翁又欲爲之, 欺婿獨往. 窺其穴中, 則又有銀色如雪. 翁大貪之, 下去之際, 誤落于蜜瓮中. 盖本曹知其見失, 期欲捉得, 蜜瓮上舖以好銀而誘入也. 其婿知而大驚, 急往見之, 翁仰見而已.

婿曰: “翁在此中, 必有闔室屠滅之患.”

乃斬其首級而來. 厥姑大驚悲泣.

婿曰: “止之! 大禍當至. 后事吾當善處矣, 勿慮也.”

翌日, 戶曹官開見, 則有一無頭屍.[1] 大驚曰:

“甚哉悻哉!”

卽草啓. 上亦驚忿, 命捕將李浣下教曰:

“國賊不可歇后, 各別詞捉.”

李浣對曰: “聖敎之嚴飭, 臣當極力矣.”

命出屍鍾街上, 使校卒守直.

時賊妻對其婿曰: “翁之身體, 何以覓來?”

婿曰: “勿慮.”

　一夜着平凉子, 負燒酒瓶, 至鍾街. 時當深冬, 校卒輩呼寒呵凍, 且多日失睡, 不勝困憊. 賊卸負, 戰栗而薰火, 因作佯睡之狀. 校卒乘其睡, 竊去全負, 次第傾飮, 眞

---

1 屍 원래 빠져 있는데 전후 문맥으로 보아 보충한 것임.

好品燒酒也. 飢寒之餘, 安得不醉? 舉皆昏倒不省. 賊乃負屍而歸.

賊妻大喜, 欲葬之.

賊曰: "姑未可葬. 自有善處. 勿慮勿撓也."

先時, 校輩攪睡而見之, 已無賊屍矣. 大驚曰:

"吾輩見欺! 雖是不審之罪, 事已至此, 亦不可不實告."

卽入告. 李公忿然曰:

"世豈有如是甚者[2]乎? 吾誓心捉此賊以正其罪也."

又下令曰: "必無不葬之理, 自今守直兩門, 考察屍身也."

賊聞其事, 辦求板材, 厚歛入棺. 忽圖加出捕校, 往來助事, 爲人伶俐, 無事不堪. 諸校大喜, 結交甚厚, 悔其晩見. 如是相從數月, 而一日賊服生布帶而來言:

"間遭丈人初喪."云.

諸僚助以紙燭. 過幾日來言曰:

"某日出西門外營葬. 諸僚臨時來會考察, 不違將令也."

諸僚曰: "君言妄矣. 至於君家事, 吾輩有何疑乎? 君須勿慮也."

及其日, 賊盛備外儀而臨門, 諸僚來慰, 賊命下喪車, 使之開檢. 諸僚不肯曰:

"是何妄擧? 勿慮而出也."

賊曰: "君言誠是. 然衆人所見, 不無循私乎?"

僚曰: "於君之事, 非比他人, 更勿固執."

賊佯若不勝而率柩出去, 無慮過葬而歸. 校輩屢月考檢, 失其眞跡, 豈有得失乎? 見欺者可笑. 久而后入禀. 李公曰:

"汝輩之守直, 亦此支離而竟失其跡. 必是越城出去, 守檢姑爲中止, 錄置斬頭日字, 待其小朞日詗察捉得也."

賊妻見其返虞, 欲設奠.

賊曰: "雖欲泄哀, 亦忍而過去, 爲保全身家也."

翌年小朞日夜, 賊妻欲設祭.

婿曰: "不可不可. 今捕將發校卒詗察, 此取禍之道也."

又中止. 校卒遍行城中, 無以捉之. 又翌年大朞夜. 賊妻曰:

---

2 者 원래 빠져 있는데 전후 문맥으로 보아 보충한 것임.

"年久事也, 有何生頉?"

欲設祭爲泄宿哀.

婿曰: "又不祭, 則情理所在, 雖甚悵恨, 可免其禍. 今夜亦有探聽, 勿爲生意也."

賊妻醉中獨語曰: "人生不如他人之令終, 又小大碁不依他人而行之, 此何身世?" 云云.

賊大驚曰: "大事出矣."

推門出去曰: "諸僚入坐."

果諸校牌牌分而探察, 轉至於此傾聽矣.

賊曰: "吾料諸君之兩年喫苦. 吾旣被捉, 不欲苟免."

出旨酒佳肴而共醉. 乃自現. 捕將翌日拿入下令曰:

"汝何做計之甚巧, 前后漏網, 今何見捉?"

賊曰: "小人之前后設巧免禍, 已極甚矣. 使道之終始嚴令詗察, 亦云甚矣. 到此地頭, 无辭更達."

李公見其雄偉, 聽其唐突, 愛其才, 曰:

"吾今放汝, 付之校役, 善爲奉行也."

仍卽白放, 任事稱善. 一日, 李公招其校, 分付曰:

"某絶島中, 有賊窟而聚黨數千. 吾已廉探久矣, 尙未捉得者, 力不及也. 如非神出鬼沒之手段, 莫可生意. 命汝以送, 可以沒其數捉來乎?"

那校曰: "小人旣奉將令, 敢不歇后也. 隨捉送上, 使道秘密處之. 小人出去, 可費半年矣."

乃率校卒, 往其近處, 謂同僚曰:

"汝輩留在此間, 待吾發落."

獨自投入賊窟[3]中, 皆是舊面同事之人也. 諸賊見輒大驚而起拜曰:

"首席何由到此?"

賊曰: "吾閱今世, 无與共議大事者, 惟英雄今訓將也. 吾結交同事, 恨其黨小, 聞汝之將營大事, 故共結平生而來."

群賊曰: "李浣之出類, 小徒亦已稔知也. 切欲結交, 恨无門路."

---

3 窟 원래 '窘'으로 나와 있는데 문맥으로 보아 바꾼 것임.

那校曰:"汝輩眞有是心乎? 然則吾當薦之. 君其往見也. 見之則必有好道理, 而可圖大事矣."

先送一賊, 兼付錄紙. 盖中間留校領去, 賊不知錄中辭意. 入洛通刺, 李公招入賜顔色, 好言語, 賊大喜, 意其成願. 李公命送于他處, 因爲秘密除之. 奉令之校又命送一賊, 則自京依前秘密處之. 數月之間, 數千名賊徒鱗次上送, 不煩除去, 死者亦不知其死. 如干卒徒, 招其僚, 使之捉去.

準事后, 謂同僚曰:"吾已依使道令準事矣. 更無營爲[4]事, 則知[5]使道不容我, 故吾向他處而去. 君輩歸告此意, 善爲安過."

因倏忽向他. 校輩相顧稱詑曰:"可謂人傑."

還于洛中, 告其事實. 李公擊膝忿然曰:"惜哉忿哉!"

盖李公本意了事后除去, 而反受彼漢之先見. 彼賊實非塵中人物也.

• 『雞鴨漫錄』

---

4 爲 원래 '達'로 나와 있는데 문맥으로 보아 바꾼 것임.
5 원래 '知' 다음에 '其'가 있는데 문맥으로 보아 삭제했음.

朴長脚 박장각

朴長脚者, 不知何地人, 亦不知其何名, 以其脚長故, 人號焉. 軀幹壯大, 狀貌魁梧, 膂力絶人. 早孤, 家甚貧, 業勞動以養母, 甘毳必具, 母所命毋違. 總角時, 與人毆鬪斃之, 負母逃山中, 採薪獵獸以供養. 嘗一日有群盜至, 見其狀貌異常, 欲劫之入黨, 辭以母老. 盜曰:

"某山, 吾輩之所據也. 家屬俱在, 將母往, 可安養, 亦不寂寞也. 趣治行."

長脚念母意不肯, 苦懇曰:

"老母不便他遷, 乞母百歲後, 以身許諸君, 尙未晩也."

辭不已, 盜見其至誠, 遺以金帛, 辭不受.

及母歿, 乃投盜黨. 根據扶安之邊山, 橫行於兩湖之間, 衆數三百, 推長脚爲頭領. 長脚, 最勇敢趫捷, 能超越四五丈, 善行走, 日行四五百里, 不之疲. 且雄辯善談論, 挾智畧, 巧於盜搶, 不事穿窬小數. 有時, 車馬僕從, 白晝馳入人家, 劫取金帛, 或掠奪官輸卜物, 各處轉運物貨, 戒其黨母敢犯國庫租稅公納之貨, 與殘商隻旅之行橐, 惟官吏苞苴及富商輩牟利物是搶. 且或擄掠村閭, 勿侵貧戶及店幕, 惟豪富之家是取. 非强抗者, 勿加棒刃, 但示威而止. 往往以所得金錢, 救濟貧民, 平居行色, 只是弊衣破笠而已. 由是, 長脚之名, 遍一邦, 以巨盜稱, 然人猶以爲義賊也.

全羅巡察使, 令左右兵水營及各鎭討捕使, 年年譏捕甚嚴, 得其黨盜而已, 長脚則莫敢誰何也. 英祖二十六年[1]庚午, 李兵使觀祥, 爲全州營將, 聞長脚率其黨數十, 醉眠拱北樓上, 發軍校捕之, 餘盜悉捕, 長脚跳樓而佚. 居亡何, 門卒入告長脚來請謁, 李公便衣, 屛左右而見之. 長脚至則時正盛夏, 着半膝棉衣, 袴亦如之, 麻鞋蔽陽子, 雙束其脛, 緩步而入. 腰以下, 幾中人, 磬折而起, 中於庭而立. 公罵曰:

"汝是賊, 我治賊之官, 何爲而投死地?"

長脚笑曰: "竊聞拱北樓上二十三人賊, 使道坐而知之, 何其神也? 所以爲一瞻

---

1 年 원래 '年年'으로 나와 있는데 문맥으로 보아 한 자를 삭제했음.

望, 敢玆唐突, 然使道亦殺我不得. 前之入此庭者, 非一非再. 每聞新使道到鎭, 輒來求謁, 必盛陳威儀, 傳唱而入, 一見可知其人. 靺韋勇雄(亚鎭校之服裝冠飾), 號令奔走, 不見所畏. 長枷鐵鎖, 交加于身, 垂頭如愚, 任其所爲, 已而吏進曰'下獄'. 於是, 欠伸而縛絶, 瞬目而枷折. 望座一唾, 排墙一踢而出, 莫敢我何者有年矣."

公曰: "吾手釰斬汝, 何如?"

長脚曰: "使道旣有殺我之策, 其他非所敢知. 然圖生之道, 亦自爲之. 兩虎共鬪, 勢不俱全. 側聞百金之子, 坐不垂堂. 區區賤命, 固不足慮, 而使道豈以血氣之勇, 欲行匹夫之事, 肯如是自輕耶?"

於是, 公改容賜座, 激之以義, 長脚慨然逡服. 卽差長脚討捕軍官, 往捕其黨, 旬月不聞動靜. 人皆未信, 以爲見欺於賊也, 未幾果至, 率其黨百餘人歸順. 按驗皆實, 皆化成良民. 自此譏捕如神, 群兇屛息, 民不橫罹, 四方晏堵.

及公轉任他郡, 將行問長脚:

"汝將何歸? 後日永爲善人否?"

長脚曰: "旣蒙知遇, 此心無貳, 但從此避地他道. 使道日後, 如聞長脚爲盜之說, 萬戮甘心."

後聞長脚移住溫陽郡北野村, 織履爲業. 居數年, 忽不知所去. 或云, '祝髮爲僧.'云.

外史氏曰: "嗟夫! 一自門閥用人之後, 閭巷寒賤, 雖有英才俊傑, 無以發用於世. 故自前奇偉斥弛之夫, 往往落草於綠林梁山之中, 以洩其壹鬱. 幸而遇時, 則爲王常李勣之垂像凌煙, 不然終於埋沒而已. 如朴長脚者, 可謂江湖好漢而不幸誤墮水滸, 取快一時, 幸遇李公, 翻然改圖, 亦無用於世矣. 乃至托身深居, 了此一生, 悲夫.

•『逸士遺事』권1

葛處士갈처사

葛處士, 不知其姓名居住, 大抵奇詭之人也. 平生不拘寒暑, 着一葛衣不易故, 世人稱之曰'葛衣居士', 亦曰'葛處士', 因以自號焉. 處士, 面貌端雅, 善詼[1]諧滑稽.

距今數百年前, 當國[2]朝昇平之際, 黨爭愈熾, 抱奇才, 湮鬱於時, 悲歌落魄者, 畏怵駭機, 亡命逃世, 往往流落草澤, 以終一生者多, 如葛處士之類是也.

處士窮無以自給, 亦未嘗有室家爲樂. 乃慨然周遊於域內名勝, 以一裰子一竹杖, 遍涉山川, 忽道遇盜黨. 見其衣冠弊, 盜疑之, 劫裸以展閱, 只是衣襪數件而已. 盜哀其無賴, 携以就黨. 處士從之年餘, 巧於盜術, 肱筐啓鑰, 騎樑穿壁, 無不能也. 旣而歎曰:

"吾不幸落草爲盜, 寧可使大丈夫聲名, 埋沒鼠狗哉! 當使世人, 知吾之行色爲綠林豪傑也."

遂部勒其黨, 分掌各區, 自爲頭領. 指授方略, 橫行列郡, 劫槍村閭, 一方騷然. 湖南官校, 並力追跡, 四設網羅, 譏捕甚急, 不能得. 處士忽自現於官曰:

"余所謂葛衣處士也. 由余一人, 橫罹無辜者多故, 所以自來就法."

官責曰: "以爾身手, 何事不做, 敢行强盜之爲乎? 旣犯國法, 罪固罔赦."

處士啞然大笑曰:

"古云, '大盜盜國, 小盜盜金', 余强盜哉! 今之世, 通國皆盜也. 朝廷大官, 欺蔽上聰, 盜弄權勢, 吹噓同黨, 排擠異己, 子弟親戚, 布列華要, 忠臣豪傑, 坎坷窮途. 致使生民塗炭, 國勢岌業, 尙且安享富貴, 刑戮不加, 此眞强盜之魁也. 其次, 狐媚狗苟之輩. 阿諛求容於勢道權門, 僥倖爲監兵使守令之任, 則貪饕縱濫, 恣行不法, 腺剝魚肉, 絞刮膏血, 充肥私槖, 紊亂法網, 廣置田宅, 公行賄賂, 不惟刑法之不加, 反爲陞遷於高秩腴窠, 此强盜之部卒也. 又其次, 土豪武斷. 自恃兩班勢力, 討索殘

---

1 詼 원래 '談'으로 나와 있는데『매일신보』1916년 1월 18일자 연재의 해당 부분에 '詼'로 나와 있어 이에 의거하여 바꾼 것임.

2 國 원래 '李'로 나와 있는데 '國'으로 바꾼 것임.

民, 行悖無倫, 爲官吏者, 莫敢誰何, 此藉強盜而怗終者也. 又其次, 內而各營各司, 外而各府各郡, 爲胥吏仰役者. 舞文弄筆, 誅求無端, 無理之徵, 無名之錢, 百孔千瘡. 爲弊不一, 官不敢加罪於彼, 此藉強盜而行穿窬者也. 又其次, 自稱山林學者. 大冠濶袍, 張拱徐步, 跪膝危坐, 閱近思錄·程朱書等, 以欺世盜名. 南臺祭酒之職, 恩命繾綣, 實則無用之物也, 此又強盜之應援者也. 然則滔滔一世, 強盜充滿, 法不敢行, 而刑不得施, 獨指吾輩爲強盜歟! 請視吾衣, 冬夏惟此一葛衣而已. 弊笠草屨, 一裋一杖, 是吾平生行色也. 衣取蔽形, 食取充腹矣, 奚錦玉之足貴哉! 窮民每迫於飢寒, 不得已行盜, 然殘忍薄行, 豈丈夫之所敢爲哉? 戒飭部下, 凡豪富之家贏金殘帛, 取之而自資, 亦往往以此救濟貧民而已. 未嘗有濫分悖理之事故, 世稱葛處士爲義賊者此也. 余若畏死, 何以自就法庭乎? 惟俟裁處而已, 餘無足聞."

於是, 官勸之以義, 使率黨歸良, 處士遂去, 不知所終. 自後湖南闔境, 盜警永息云.

外史氏曰: "南方山澤之間, 自古多奇男子. 往往仗氣節以自快一時, 輒折節爲良善人, 如朴長脚·葛處士之流是已. 苟其陶鑄作成而立於朝, 必彬彬有可觀者, 竟落魄泯沒於草莽, 悲夫惜哉!"

・『逸士遺事』권1

騎牛翁 기우옹
老翁騎牛犯提督

宣廟壬辰之亂, 天將李提督如松, 奉旨東援. 平壤之捷, 入據城中, 見山川佳麗, 忽懷異心, 有欲動搖宣廟而仍居之意.

一日, 大率僚佐, 設宴于鍊光亭上矣. 江邊沙場, 有一老翁, 騎黑牛而過者. 軍校輩高聲辟除, 而聽若不聞, 按轡徐行. 提督大怒, 使之拿來, 則牛行不疾, 而校輩無以追及. 提督不勝忿怒, 自騎千里馬, 按釖而追之. 牛行在前不遠, 而驟行如飛, 終不可及. 踰山渡水, 行幾里, 入一山村, 則黑牛繫於溪邊垂楊樹前, 有茅屋竹扉不掩. 提督意其老人之在此, 下驟杖劍而入, 則老人起迎於軒上. 提督怒叱曰:

"汝是何許野老, 不識天高, 唐突至此? 吾受皇上之命, 率百萬之衆, 來救汝邦, 則汝必無不知之理, 而乃敢犯馬於我軍之前乎! 汝罪當死."

老人笑而答曰:

"吾雖山野之人, 豈不知天將之尊重乎? 今日之行, 專爲邀將軍, 而欲枉於鄙所之計也. 某竊有一事之奉托者, 難以言語道達, 故不得已行此計耳."

提督問曰: "所托甚事? 第言之."

老人曰: "鄙有不肖兒二人, 不事士農之業, 專行强盜之事, 不率父母之敎, 不知長幼之別, 卽一禍根. 以吾之氣力, 無以制之, 竊伏願將軍神勇盖世, 欲借神威, 而制此悖子也."

提督曰: "在於何處?"

答曰: "在於後園草堂矣."

按劍而入, 則有兩少年, 共讀書矣. 提督大聲叱曰:

"汝是此家之悖子乎? 汝翁欲使我除去, 謹受我一釖."

仍揮釖擊之, 則其少年不動聲色, 徐以手中書鎭[1]竹捍之, 終不得擊. 已而其少年以其竹迎擊釖刃, 釖刃錚然一聲, 折爲兩段而落地矣. 提督氣喘汗流. 少焉, 老人入

---

1 鎭 원래 '證'으로 나와 있는데 문맥으로 보아 바꾼 것임.

來叱曰:

"小子焉敢無禮?"

使之退坐. 提督向老人而言曰:

"彼悖子勇力非凡, 無以抵當, 恐負老翁之托也."

老人言曰: "俄言戲耳. 此兒雖有膂力, 以渠十輩, 不敢當老身一人. 將軍迎皇旨, 東援而來, 掃除島寇, 使我東再奠基業, 而將軍唱凱還歸, 名垂竹帛, 則豈非丈夫之事乎! 將軍不此之思, 反懷異心, 此豈所望於將軍者耶? 今日之擧, 欲使將軍知我東亦有人材之計也. 將軍若不改圖而執迷, 則吾雖老矣, 足可制將軍之命, 勉之. 山野之人, 語甚唐突, 惟將軍垂察而恕之."

提督半晌無語, 垂頭喪氣, 仍諾諾而出門云.

•『靑邱野談』海外蒐佚本 甲本 권1

太白山태백산
林將軍山中遇綠林

　　林將軍慶業, 少時居於竪川, 以馳獵爲事. 一日, 逐鹿於月岳山側, 手持一釰, 行行至於太白山中, 日將夕而路且窮, 叢薄鬱密, 岩壑側仄, 政爾愁悶. 忽逢一樵夫問路, 樵夫指越崗下人家. 林公從其言, 越崗而視, 則果有一大瓦家, 而傍無他村落.

　　於是, 林公直入大門, 則日已昏黑, 絶無人響, 乃一空舍也. 林公終日山行, 氣甚憊苶, 幸得一間房, 以爲宿所, 解衣獨臥. 忽於窓外有火光, 心甚疑怪, 以爲不是魍魎, 必是木妖. 俄有人開門而問曰:

　　"君止宿於此房乎? 果得饒飢乎?"

　　林公火下見之, 則乃俄者樵夫也.

　　答曰: "未也."

　　樵夫入房, 開壁欌, 出酒肉以給曰:

　　"必盡喫也."

　　林公腹甚虛乏, 喫盡. 仍與樵夫數語未了, 樵夫忽起, 復開壁欌, 出一長釰.

　　林公曰: "是何釰耶? 欲試於吾耶?"

　　樵夫笑曰: "否也. 今夜有可觀, 君能無怖否?"

　　林公曰: "何畏之有? 請觀之."

　　時夜未半, 樵夫携釰, 與林公向一[1]邊去, 門戶重重, 樓閣沈沈, 逶迤進去, 忽燈影照. 池中有一高閣燈影, 乃閣中燈影也. 其樓中笑語爛熳, 暎窓所照, 乃二人對坐也. 樵夫指池邊亭亭之樹曰:

　　"君必上坐於此樹, 須以帶及腰帶, 緊緊纏身於樹枝, 幸勿出聲也."

　　林公乃上樹, 如敎纏身而坐矣. 樵夫踊身一躍, 躍入閣中, 三人同坐, 或飮或語. 少頃, 樵夫謂何許男子曰:

　　"今日旣有約矣, 以爲決雌雄如何?"

---

1 ─ 원래 '裡'로 나와 있는데 『해동야서』본에 의거하여 바꾼 것임.

彼曰: "諾."

同起, 開門而出, 超趨池上. 已而不見其人, 空中但聞閃爍刀環聲. 如是者良久. 林公在樹上, 只覺寒氣逼骨, 毛髮俱竦, 不能按住. 忽有何物墮地聲, 聞其語, 卽樵夫聲也. 伊時, 寒栗少解, 精神稍生, 林公下來. 樵夫乃腋挾林公, 飛上閣中, 中有鬌髮如雲嬋娟美娥, 俄者戲笑, 今焉凄悵.

樵夫罵曰: "以汝幺麽之女, 害此世上大用之材, 汝罪汝亦知之乎!"

又謂林公曰: "君以畧干膽勇, 不必出現於世. 吾今許君以如彼之色, 如是之屋, 山中閒靜之地, 謝絶功名, 以送餘年如何?"

林公曰: "主人今夜之事, 都未可知. 願得詳聞而後, 唯君言是從耳."

樵夫曰: "吾非常人, 乃是綠林豪客也. 屢年劫掠, 多得財産, 如此屋子, 全堅排置者, 道道有之, 家必置一箇美女, 而周游八道, 到處行樂. 不意彼女乘隙, 潛奸於俄者所死男子, 反欲害我者, 非止一再. 故吾不得已有俄者擧措也. 雖殺彼客, 豈忍更殺彼姝乎? 以此丘堅及彼姝, 專以許君者良有以也."

林公曰: "彼男子姓名爲誰, 住在何處?"

曰: "彼亦兩局大將材, 南大門內折草匠也. 乘昏而來, 當曉而去, 吾知之已久, 而男子之貪花, 女子之踰垣, 不必盡責, 吾謹避之. 渠爲妖媚之所誘, 必欲殺吾乃已. 今夜此擧, 豈吾本心哉?"

仍一場痛哭曰: "惜哉! 可用之男兒, 自吾手殺之也."

又謂林公曰: "君且思之. 君之膽畧材勇, 亦可謂可用之材, 而若一出世路, 則將爲牛上落下之人, 天運所關, 必不能如意, 徒勞而已, 無功可顯. 須一從吾言, 而據此全堅, 以度平生也."

林公一向掉頭. 於是樵夫曰:

"已矣, 已矣! 君若不肯, 則留此妖姬, 安用哉?"

卽旋釖一揮, 斷彼姝之頭, 幷其身, 卽投于池水中. 卽下閣, 以草席, 裹場中所死男子尸, 亦投池中. 其翌日, 又謂林公曰:

"君旣有意功名, 不可挽留. 然男子出世, 釖術不可不知. 須留此幾日, 粗學糟粕而去也."

林公遂留六日, 粗得使釖之法, 而其神妙變化之術, 未得盡透云.

• 『靑邱野談』海外蒐佚本 甲本 권4

擲劍_{척검}

李貞翼公, 少時射獵于山間, 逐獸而轉入深山. 日暮, 且四顧無人家, 心甚慌忙. 按轡而尋艸路, 歷盡數崗, 到一處, 則山凹之處, 有一大瓦家. 仍下馬叩門, 則無一應者. 居食頃, 一女子自內而出曰:

"此處, 非客子暫留之地, 斯速出去."

公見其女子, 則年可二十餘, 而容貌頗端麗.

公對曰: "山谷深矣, 日勢暮矣, 虎豹橫行之地, 艱辛尋覓人家而來, 則如是拒絶, 何也?"

女曰: "在此則有必死之慮故也."

公曰: "出門而死於猛虎, 寧死於此處."

仍排門而入, 女子料其無可奈何, 遂延之. 入室坐定. 公問其不可留之故.

女曰: "此是賊魁之居也. 妾以良家女, 年前爲此賊魁所摽略, 在此幾年, 尙不得脫虎口. 賊魁適作獵行, 姑未還, 夜深必來, 若見客子之留此, 則妾與客當授首於一釰之下. 客子不知何許人, 而空然浪死於賊魁之手, 豈不悶哉?"

公笑曰: "死期雖迫, 不可闕食. 夕飯斯速備來."

女子, 以其賊魁之飯, 進之. 公飽喫後, 仍抱女而臥. 其女牢拒曰:

"如此而將於後患, 何如?"

公曰: "到此地頭, 削之亦反, 不削亦反. 靜夜無人之際, 男女同處一室, 雖欲別嫌, 人孰信之? 死生有命, 恐怵何益?"

仍與之交, 偃臥自若. 居數食頃, 忽聞剝啄之聲, 又有卸膽之聲. 其女戰慄, 而面無人色曰:

"賊魁至矣, 此將奈何?"

公聽若不聞而已. 一大漢身長十尺, 河目海口, 狀貌雄偉, 風儀獰猂, 手執長釰, 半醉而入門. 見公之臥, 高聲大叱曰:

"汝是何許人? 敢來此處, 奸人之妻?"

公徐曰:"入山逐獸, 日勢已昏, 寄宿於此."

賊魁又大叱曰:

"汝是大膽. 旣來此處, 則處于外廊可也. 何敢入內室, 而犯他人之妻? 已是死罪, 汝以客子, 而見主人不爲禮, 偃臥而見之, 此何道理? 如是而能不畏死乎!"

公笑曰:"到此地頭, 客雖貞白一心, 男女分席而坐, 汝豈信之乎? 人之生斯世也, 必有一死, 死何足懼也? 任汝爲之."

賊魁乃以大索縛公, 懸之樑上, 顧語其妻曰:

"廳上有山獸之獵來者, 汝須洗而炙來."

其妻戰戰出戶, 宰割山猪·獐·鹿等肉爛熟, 而盛于大盤以進之. 賊魁又使進酒, 以一大盆連倒數盃, 拔釖切肉而啗之. 更以一塊肉, 錻于釖鋩曰:

"何可置人於旁而獨喫乎! 渠雖當死之漢, 可使知味."

仍以釖頭肉與之. 公開口受而啗之, 小無疑慮恐惻之色. 賊魁熟視曰:

"是可謂大丈夫."

公曰:"欲殺我, 則殺之可也, 何爲而如是遲延? 又何大丈夫小丈夫之可言乎?"

賊魁擲釖而起, 解其縛, 把手就坐曰:

"如君之天下奇男, 吾初見之矣. 將大用於世, 爲國干城矣. 吾何以殺之? 從今以後, 吾以知己許之. 彼女子雖是吾之妻眷, 君已近之, 則卽君之內眷也. 吾何可更近也? 且庫中所積之財帛, 一一付之於君, 君其勿辭. 丈夫有爲於世, 而手無錢財, 何以營爲? 吾則從此逝矣. 日後必有大厄, 君必救我."

語罷, 飄然而起, 仍不知去向.

公以其馬載其女, 且以廏上所繫馬匹, 盡載錢帛而出山.

其後公顯達, 以訓將兼捕將時, 自外邑捉上一大賊魁, 將按治之際, 細察其狀貌, 則卽其人也. 乃以往事, 奏達于榻前, 仍白[1]放而置之校列. 次次推遷, 至於登武科, 位至閫任云爾.

• 『選諺篇』

---

1 白 원래 '自'로 나와 있는데『청구야담』에 의거하여 바꾼 것임.

打虎 타호
李武弁窮峽格猛獸

仁廟朝, 京師武弁李修己者, 風骨俊偉, 且饒力. 嘗有事關東, 路出襄陽. 會日晚, 迷失道, 由山谷間崎嶇數十里, 不得村落. 忽見遠燈, 出於林間, 策馬赴之則只有一家, 處巖嶺間, 板屋木瓦頗寬敞. 有老女子, 開門延之. 入則只見一少婦, 年可二十餘, 極美素服淡潔, 獨與此老婦居焉. 一屋上下間, 隔壁有戶, 而留客於下間. 精飯美饌, 侑以芳醪, 接對之意慇懃. 李生大異之,

問: "汝丈夫何去?"

少婦曰: "適出, 今當歸耳."

夜向深, 果有一丈夫入來. 身長八尺, 形貌魁健, 巨聲如雷.

問婦曰: "如此深夜, 何人來寓於婦女獨處之室乎? 極可駭也. 此不可無端置之耳."

李生大懼, 出應曰: "遠客深夜失路, 艱辛到此, 主人何不矜念, 而反有責言耶?"

丈夫乃㗌然而笑曰: "客言是矣. 吾特戲之, 勿慮也."

庭中大明松炬, 羅列所獵之物, 獐鹿山猪, 委積如阜. 李尤大怖, 然主人見生甚有喜色. 宰割猪鹿, 投釜爛烹.

夜向半, 携燈入室, 請生起坐. 美酒盈盆, 大胾堆盤, 連擧大椀屬生, 意甚勤懇. 生酒戶寬而意主人是俠類, 亦解帶開懷, 不復辭焉. 已而酒酣氣逸, 彼此談說爛熳. 主人忽前, 把生手曰:

"觀子氣骨, 非凡常, 想必勇烈, 異於他人矣. 吾有至痛, 必殺之讐, 若非得義氣敢勇可以同死生者, 不足與計事. 子能垂憐許之乎?"

生曰: "第言其實事."

主人揮涕曰: "豈忍言哉? 吾家世居此洞, 以饒實稱. 而十年前, 忽有一惡虎, 來據近地深山, 距此十餘里, 日啗村民, 不知其數. 以此離散, 無一留者, 而吾之祖父母父母及兄弟三世, 皆爲所噬死. 事當卽爲棄去, 而倉卒之際, 未得可避之地, 十日之內, 相繼被害, 只餘吾一身, 獨生何爲? 吾亦畧有膂力, 必殺此獸, 然後可以去就.

故數從此獸, 與之相角者, 亦多年所, 然而我與獸, 力敵勢均, 勝負終未決. 若得一猛士, 助以一臂之力, 則可以殺之, 而吾求之世久矣. 迄莫之得, 至痛在心, 日事號泣, 今遇吾子, 決非凡人, 兹敢發口, 公能矜惻留意否?"

生聞之, 大感動, 進把主人之手曰: "嗟乎, 孝子也! 吾豈惜一擧手之勞, 而不成主人之志? 願隨君去."

主人蹶然起, 拜而致謝.

生問曰: "持釰刺之, 君何不爲?"

主人曰: "此是年久老物也, 吾若持釰或砲, 則必隱避不現, 若不持器械, 必出而搏之. 以此難殺, 而吾亦屢危, 不敢數犯矣."

生曰: "旣許之, 當養氣數日, 然後可以進行."

仍留庄, 日以酒肉相待恣食. 可十餘日, 一日天朗氣清.

主人曰: "可行矣."

授生一利釰, 與之共發, 向東行十餘里, 入山谷中. 踰數峴, 漸覺山重水疊, 樹木深密. 忽見洞開, 有一平甸. 淸溪灣回, 白沙皎然. 溪上頂有高巖陡立, 黝黑巉絶, 望之而陰森. 主人請李生隱於深林間, 獨身空擧, 行至溪邊, 長嘯久之, 其聲淸亮非常. 忽見塵沙, 白巖上揚起數次, 漲滿一洞, 日光晦冥. 俄見巖巓, 有光如雙炬, 明滅閃爍. 生從林間諦視之,[1] 則有一物, 掛在巖間, 如一條黑帛, 而雙光屬在其間. 主人見之, 揚臂大呼, 那物一躍飛來, 如迅鳥, 已與主人相抱, 乃一大黑虎也. 頭目凶猛, 大異常虎, 使人驚倒, 不可正視. 虎方人立, 而主人獨將其頭, 搶入虎腦膛間, 緊抱虎腰. 虎頭直不能屈, 而以前脚爬人之背. 背有生皮甲, 堅硬如鐵矣, 利爪無所施. 人則以脚纏後脚, 只要踣之, 虎則卓竪兩脚, 只要不躓. 一推一却, 互相進退, 而蚌鷸之勢, 無可奈何. 李生始自林間, 聳出直趍. 虎見之, 大吼一聲, 巖石可裂. 雖欲抽出, 而被人緊抱, 慌亂之極, 眼光電掣. 生不爲動, 直前以釰刺其腰. 出納數次, 虎始震吼. 俄而頹然委地, 流血泉湧. 主人取其釰, 劃腹破骨, 泥成肉醬, 取心肝納口, 咀嚼旣盡, 失聲大慟. 向夕携生歸家. 叩頭泣拜無限, 生亦感愴, 不勝其抆涕.

翌日, 主人出去, 牽來大牛五隻及三駿馬, 皆具從者. 載之以皮物人蔘等物, 各滿馱, 又携出小漆櫃數箇, 皆充也. 又指其美女曰:

---

1 之『청구야담』에 의거하여 보충한 것임.

"此女非吾所眄也. 曾以厚價得之, 而乃良女也. 吾積年鳩聚此財, 只俟爲報仇者酬恩耳. 幸收取勿辭. 吾自有庄土, 在於他處, 亦足資活, 今可去矣."

又泣拜. 生旣以義氣相濟, 豈有愛貨之理.

曰: "吾雖武弁, 豈受此物耶? 願勿復言."

主人曰: "積年用²心於此者, 只爲今日. 公何爲此言."

卽起拜辭, 顧謂美女曰:

"汝將此物, 善事恩人. 若事他人, 而有妄費, 吾雖在千里之外, 自當知之. 必了汝命."

言訖, 翻然去. 李生呼之不顧, 亦無如之何. 遂將女及貨同歸, 欲擇婚嫁之, 而女誓死不願, 遂爲生副室.

•『破睡篇』권上

---

2 用 원래 '幷'으로 나와 있는데, 『청구야담』에 의거하여 바꾼 것임.

李裨將이비장
鬪劍術李裨將斬僧

李提督如梅之後孫某, 有膂力善釖術. 嘗[1]赴完營幕, 行到錦江. 有一內行同舟而濟, 至中流, 有僧至江岸, 招舵工曰:

"斯速還泊."

舵工欲回棹, 某叱之, 使不得往. 僧踴身飛空, 躍入舟中. 見有婦人轎, 開簾視之曰: "姿色頗佳."

肆發戲言. 某欲一拳打殺, 而未知其勇力之如何, 姑忍之. 俄而, 下舟登陸, 乃大叱曰:

"汝雖頑僧, 僧俗各異, 男女自別, 焉敢侵戲內行?"

以所持鐵鞭, 盡力打之, 卽地致斃. 擧屍投江.

遂至全州, 謁見監司, 告錦江之事. 留在幕府矣. 居數月, 布政門外, 喧擾不能禁. 監司問之, 閽者告曰:

"不知何許僧, 欲入謁使道故, 挽之不得."

已而僧直入, 升廳拜謁. 監司曰:

"汝是何處僧, 來此何事?"

僧曰: "小僧康津人也. 李裨將今在幕中乎?"

監司曰: "何問也?"

僧曰: "李裨將殺小僧之師僧, 故小僧欲報仇而來矣."

監司曰: "李適上京矣."

僧曰: "何時還來乎?"

監司曰: "限一朔請由而去, 來月旬間, 似下來矣."

僧曰: "其時小僧當復來, 渠雖高飛遠走, 不可得免. 愼勿避匿之意, 言于李裨焉."

---

1 嘗 원래 '常'으로 나와 있는데 『청구야담』에 의거하여 바꾼 것임.

卽辭去. 監司招李某, 言之故, 且曰:

"君能抵敵彼僧乎?"

某曰: "小人家貧, 食肉常罕, 氣力未健. 若一日食一大牛, 限三十日食三十大牛,² 則何畏乎彼?"

監司曰: "此不過千金之費, 何難之有?"

分付掌肉吏, 使日供一牛于李裨. 某又請製黃錦狹袖紫錦戰服, 監司許之. 某又使工造雙劍, 百鍊而成, 其利斷金.

至十日食十牛, 則體甚肥大, 卄日食卄牛, 則體還瘦瘠, 一朔³食三十牛, 則體乃不肥不瘠, 如平人矣. 方蓄銳養勇, 以待之.

僧如期又來謁監司曰: "李裨來乎?"

曰: "纔已還來矣."

某適在傍, 叱曰:

"吾方在此. 汝焉敢唐突乃爾?"

僧曰: "不必多言. 今日與我決死生."

遂下庭, 拔出鉢囊中卷藏之劍, 以手伸之, 乃如霜長劍也. 某亦下庭, 身衣黃紫色挾袖戰服, 手持一雙百⁴鍊劍, 足着一對着錐靴. 相對翻舞, 彼此前却, 俄而釼光閃閃, 遂成銀瓮. 兩人乘空而上, 高入雲霄, 人不可見. 滿庭觀者莫不嘖嘖, 坐待其勝敗. 至日昃後, 鮮血點點落地, 繼而僧體墜于宣化堂下, 僧頭落于布政門外. 衆皆知李裨之無恙, 而薄暮無影形. 衆方疑怪, 初昏時, 某始杖釼而下. 監司問之, 某謝曰:

"幸蒙使爺之德, 食肉補元, 黃紫服色, 眩悅其眼, 故得以斬僧. 否則休矣."

監司曰: "僧頭落已久矣, 君則何來遲也?"

某曰: "小人旣乘劍氣, 回戀故國, 往隴西省先塋, 一場痛哭而來." 云.

• 『破睡篇』 권上

---

2 食三十大牛 『청구야담』에 의거하여 보충한 것임.

3 一朔 『청구야담』에 의거하여 보충한 것임.

4 百 『청구야담』에 의거하여 보충한 것임.

熊鬪 _{웅투}

肆舊習與熊鬪江中

盧貴贊者, 以宰相家奴, 得罪叛走, 逃在驪州, 以刺船爲業. 然素悖慢無賴, 以惡船人, 聞於沿江.

一日, 載商賈, 發船向京師. 掠岸而過, 有一措大短小骨羸, 髮半白, 衣葛若不勝者, 背負靑裓裹, 手持一節, 立岸上, 呼曰:

"願載我, 少歇老脚也."

貴贊擧面而視, 頤指下渡曰: "待彼岸."

措大如其言, 循岸疾走, 惟恐其不及於船也. 氣喘喘, 至下渡, 立而俟之. 貴贊及渡, 又不見也, 放船而下. 措大又呼之, 貴贊又指下渡. 措大又循岸走, 氣喘喘欲死, 倚杖而立下渡. 貴贊又如不見也, 放船而下. 如是者三, 而貴贊卒無意載措大. 措大猶逐船而行, 睨視船去. 岸畧二十步, 措大少縮身, 一聲發剗條, 身已在船中. 舟中人大驚. 貴贊初以一措大忽之, 及見其勇, 俯伏請死. 措大不答, 坐船之東頭, 解袱裹, 出小砲僅尺餘. 於是飽裝取火, 而還坐東頭, 喝貴贊曰:

"汝往坐彼西頭下, 向吾面而跪."

貴贊不敢出一聲, 退去西頭下跪坐, 不敢仰視, 惟頻頻睇視措大. 措大擧砲, 正向貴贊眉額. 將放不放, 故爲持重, 貴贊面如土色, 惟合手向上, 口不絶死罪, 身亦不敢少動. 措大睜開雙眼, 默視良久, 瞥然放下, 聲在白日, 貴贊已倒舟中. 人皆驚惶, 知貴贊已死, 亦無敢言者. 措大徐納其小砲而還束之. 然後就貴贊, 扼擧其項, 候其息. 久而乃甦, 渾身無傷, 惟其頭禿, 瞀不知去處. 措大呼貴贊, 使泊船. 措大乃下船, 登岸之高處而坐, 使貴贊下船, 貴贊下船. 又使伏, 貴贊伏, 又使解袴露臀, 貴贊露臀而伏, 聽命惟謹. 措大擧手中杖, 三打貴贊之臀, 各異其處. 杖沒于肉不見, 杖出然後, 血始迸流淋漓. 貴贊復絶而甦. 措大乃將鬚厲聲, 責貴贊曰:

"汝不聞公州錦江李沙工之說乎? 一日七渡人而七還渡, 少無倦色. 其人指江上山而謂之曰, '爾死必葬此.' 沙工死, 葬其處, 子孫大繁. 至今往來錦江者, 輒指而語曰, '此李沙工之墓也.' 今吾兩足繭沙水泡, 泡起而痛甚, 寸步甚艱, 故求載于汝.

而汝不我載. 夫不欲載則已矣, 三指下渡, 又何其困我而欺我若是甚乎? 此後則勿復作惡如是. 今幸逢吾故, 饒汝性命. 誰肯活汝乎?"

貴贊叩頭稱恩德不已. 時適有騎驢而過者, 貌若秀士而年少. 見措大之治貴贊, 揖而前曰:

"快哉快哉. 是嘗困我于船者. 旣載我而以計還下, 而張帆逃去. 我徒步賽行, 幾不及於試期. 及還, 又遇于斗尾, 謀於同行, 執之納倒水中. 厥漢能泅水, 出沒若輕鳧, 示其無畏, 立於水中, 以臂辱我. 我雖忿怒撑中, 而無可奈何. 今先生治之, 小子疇昔之恥, 少雪矣."

措大不答, 飄然向龍門山而去, 其步如飛.

貴贊舁歸家, 調治幾歲餘, 始乃起動, 頭髮亦鬆然漸長. 然臀傷杖痕, 色靑赤如三蛇橫斜. 自是貴贊棄船業惰遊, 亦自欝欝不樂. 其後, 宰相家赦叛罪, 復來往京師如舊. 嘗夜行至鍾街上, 入屠肆, 醉酗而出, 爲邏卒所獲. 貴贊踢邏卒傷胸,[1] 衆邏卒齊出縛之, 聞于大將. 大將拿貴贊入, 盛怒曰:

"冒夜禁行, 已是難赦之罪, 而況踢傷邏卒, 何等大罪? 必可殺也."

將重杖, 見臀有三大痕. 大將性惡蛇, 猶不欲見其似者. 付從事官而治之, 以是得少緩. 貴贊躱焉, 復歸驪州, 三年不敢出.

一日, 貴贊遍往上流., 上流有絶巘壁立, 穹然而臨于江者曰白巖. 有樵童走謂貴贊曰:

"此絶巖絶頂, 有大熊方睡, 甚肥其肉, 可飽百人."

貴贊急掉, 船抵巖下, 因以手篙, 直上其巖. 乘熊之睡熟, 盡力擊之. 熊大驚起, 拔巨石滾下, 因大鼓吻咆哮, 直向貴贊. 貴贊走, 熊逐之. 貴贊掉船, 至中流, 回頭見之, 熊已在船尾. 貴贊又擧手篙擊之. 熊輒迎奪其篙, 折而反擲之. 貴贊又以他篙擊之, 熊又奪之. 貴贊盡撤舟中之械, 無以繼之. 貴贊乃徒手立. 熊乃攖船, 船將覆. 貴贊惶急欲避匿. 自恃其善泅, 翻身入水, 熊亦入于水.

是日江左右觀者如雲. 人與熊入于水, 寂然無跡. 俄而去船處二里許, 波濤洶湧, 狀若龍戰. 少頃, 貴贊浮出乃尸也. 熊則出于淺處而人立, 人莫敢近者. 熊徐徐向砥平縣去.

---

1 胸 원래 '焉'으로 나와 있는데 『금석집』에 의거하여 바꾼 것임.

後聞趨揖山中, 有熊爲獵砲所中死, 卽是熊云.

• 『靑邱野談』 海外蒐佚本 甲本 권2

頑强완강

嶺南右道武弁崔姓人, 官經防禦使, 膂力過人, 常以鐵椎隨身. 自嶺上京而求仕, 前駈七匹馬, 行到一處大村前, 而雨甚違店. 駈入村中, 老嫗見而獨語曰:

"彼兩班又當受無限辱矣."

崔恠其言, 而猶駈入, 解卜馬, 所駄置于廊下, 入繫八馬于廐中, 自己則入坐於大廳床上. 主家無男丁, 有少婦, 開內舍門而出迎曰:

"行次直領盡濕. 願卽脫出, 則可以燎獻."

厥女年可二十許, 容貌擧止, 明秀端慧. 持直領入去, 燎之於烓堗, 熨之使平, 俄卽來獻. 因曰:

"行次避雨入來, 道傍村舍固宜. 而此家主人翁, 年方六十餘, 妾其後來妻, 纔數年矣. 主翁頑悖, 天下無雙, 有子五人, 列居籬外, 而六父子, 性皆如虎狼. 本州官府不能制, 前後歷入之行客無限狼狽. 主翁方往隣家將還, 行次必不免辱. 盍先移居?"

崔曰: "雨勢如此, 移將安之?"

且曰: "汝不能敎頑夫耶?"

女對曰: "吾非不至誠誘之, 而終無以感化頑性矣."

有頃, 面目可憎之一老漢, 着青綿圓帽, 自隣咆哮而來曰:

"何物行客, 入人內舍?"

乃以卜物投之於籬外. 崔奴七名, 禁沮之, 又執七人并投籬外, 斷馬轡而俱鞭逐之. 崔曰:

"雨晴當去, 何必乃爾?"

厥漢曰: "無論雨不雨, 吾則不可留客."

睜怒眼, 上階來. 適主家大狗過崔前. 崔以鐵椎裏之於直領袖, 使不外露, 而以打狗鼻, 狗無一聲立斃. 厥漢不料其袖有椎, 而只謂其拳强. 遂欲試較拳力, 立廚門而招他狗, 以拳撞狗, 狗走而不斃. 厥漢意謂力勝於渠, 於是頗有疑懼色.

雨乍歇, 崔移向厥村中他家, 人馬俱飢. 至暝崔換着奴之戰笠, 脫上服, 只衣狹袖, 輕身把椎而危坐. 方待深夜, 將欲打殺厥老漢, 扢姦其妻, 乘夜馳去. 心內揣摩之際, 老漢之妻, 備八器飯, 與八匹馬粥, 使數人持之而出來. 崔曰:

"何以知吾留此而來耶?"

對曰: "想像行次必不越投他村. 奴主大食不可闕, 馬亦然故, 聊此備來. 而窃觀行次, 着戰笠, 脫上服而危坐, 可揣其意. 彼漢之惡, 則有血氣者孰不欲打殺. 而雖除一人, 又有五人, 一時并戕六箇人命, 豈不重難乎? 況此外一意思, 則尤是不可成之事也. 何妄想之至此? 爲行次之計, 討此飯, 喂彼葯, 穩宿此家, 待曙發行, 則豈不厚德長者萬全之圖乎?"

崔聽罷, 脫戰笠, 擲袖椎而笑曰:

"汝言誠是矣. 吾豈可違乎?"

經宿乃發. 抵京師, 曾未幾何, 除慶尙水使. 下直時, 聖眷優隆. 崔仰達曰:

"某鄉有化外頑民, 大爲害於公私. 雖非臣營所管, 請便宜從事."

上允之. 出路文時, 先使捉囚六父子以待之. 厥漢輩, 頑拒本鄉捕捉, 乃[1]發束伍軍, 圍其一村而縛出之, 着大枷嚴囚. 崔水使行到本郡客舍, 大張刑具, 使上罪人. 老漢之妻, 先爲披髮跣足, 趁入庭中, 凄辭婉語, 哀乞百端曰:

"小人雖替當, 亦有欲殺之心. 而亦不可以其大之頑, 不盡其妻之道. 老漢死於刑, 則小人卽當自裁以從. 向來小人, 無甚獲罪於行次, 獨不省小人之顔乎?"

老漢與其子, 着枷偕入. 老漢又出頑語曰:

"人豈可隨意殺之乎?"

仰面熟視崔曰: "無乃向來歷入吾家之兩班耶? 人不可以殺矣."

良久垂泣. 問其故, 對曰:

"一自行次過去後, 吾妻每謂吾曰: '無論早晚, 必死於此兩班之手矣.' 其言果驗, 是以悲耳."

崔水使曰: "吾已以殺汝, 除民害之意, 定奪於榻前. 汝尙可望逃死乎?"

俄而老漢復泣曰: "吾之此泣, 非畏死也. 今日以前, 全不知肆惡之爲非, 酷信爲能事矣. 今日此庭以後, 始覺其爲人之道, 不當如是. 過去六十年虛度於頑迷之中, 反不如他人一日之生. 今雖欲自新, 以贖前罪, 而一死之後, 無可及矣. 寧不悲哉!

---

1 乃 원래 '及'으로 나와 있는데 연대본 『동패낙송』에 의거하여 바꾼 것임.

第伏望勿視此言以目前免死之計, 姑宥以觀後. 後復不悛, 則來頭打殺, 亦無所不可. 吾之子孫盤據, 有不可一朝一夕舉族逃避. 行次從又下臨時, 察吾父子, 雖叱狗如有高聲, 殺之不惜. 今貸殘命, 以開自新之路, 其恩輕重, 宜如何報也."

崔察其氣色, 似出誠心. 乃曰:

"汝雖欲悔過, 汝子豈能皆然乎?"

五漢俱曰:"父旣如此, 子或不然, 則天必殛之."

老漢曰:"今蒙寬活, 則非但向死爲生, 乃以禽獸而入人也. 今全家願爲奴婢, 隨事以報其德. 此後行次上京時, 愼勿就店舍, 直就吾家, 視爲奴家焉."

崔乃一倂放釋, 饋酒慰諭, 夫妻父子, 感泣而出. 其後復歷入厥家, 則父子淳淳謹厚, 言若訥而貌甚澁, 無復半分前習. 藹然爲第一良民. 終身服事, 有浮於忠奴, 見輒顚倒懽忻云.

• 『東稗洛誦』권上

洪景來 홍경래

一.

正廟庚子年間, 平安道龍岡郡民有洪某, 生子曰景來, 其先未可考也. 景來自幼聰明俊秀, 智勇過人. 時有中和郡居柳學權者, 景來之外叔也, 頗有學識, 爲鄕里兒童之敎導. 景來亦就學焉. 景來知覺夙就, 意思超凡, 學未幾粗知文理, 甫八歲作詩, 有"距坐海鴨山, 洗足腰浦江"句(海鴨·腰浦, 中和郡山水名). 常與群兒遊, 自立爲大將, 率群兒, 作行軍戰鬪樣. 又於土坮土墩處, 常習躍上超越等事. 讀『史略』, 至"王侯將相寧有種乎!" "壯士不死則已, 死則擧大名"等句, 必再三讀, 而嗟歎稱賞之不已. 學權見其如此, 一邊喜其聰悟, 又一邊慮其將來之爲何如矣. 至十二歲, 以送荊軻題作詩, 有"秋風易水壯士拳, 白日咸陽天子頭"句. 學權考覽, 以善對稱之. 景來聞譽, 而無喜色, 黙然良久曰:

"小子本意, 不以對句作也."

柳曰: "何謂也?"

景來忽斂袵跪坐, 高聲大讀, 形容擧拳擊之之樣, 蓋以壯士之拳, 擊天子之頭也. 柳見此樣, 毛骨竦然, 不出一言. 翌日召景來謂曰:

"吾不能更敎汝. 汝其歸家也."

仍付書其父曰: "景來文才非凡, 而言思不順, 其將來之憂慮不少, 將加注意也." 云云.

景來歸家自習, 略通經史, 作詩有"月將衆星屯碧落, 風驅木葉戰秋山"句. 每朝夕以跳躍劍舞爲日課, 日行能抵二三百里. 常曰: "有文事者, 必有武備之說, 是也." 必以三尺長劍, 立于案頭, 每出入時, 必佩之. 又兵書及諸般術書, 亦皆閱覽, 以英特之天稟, 兼無方之博學, 所以與人談話, 議論風發, 人莫不歎服.

辛未義兵將玄仁福『陣中日記』曰: "景來爲人眇少, 行事狡猾, 以誣人惑衆爲伎倆, 自謂有勇力, 而人未見其實. 然頗輕捷善步, 往來各道, 交結浮浪." 白守窩慶楷『滄桑日記』曰: "景來爲人, 狡獪善步, 欺騙爲事, 出沒遠近, 交結匪類."云. 以此推之, 亦可知其爲人.

景來極大膽, 而性快闊, 頗有義氣矜惻之心. 平日所行之事, 不顧得失, 更無後悔, 嘗不顧家事, 亦不以錢財有無而勞心.

景來十九歲, 旣赴平壤之鄉試, 以進士應試次上京. 時國政腐敗, 紀綱頹廢, 擧國沒頭於黨爭, 以讒謀中傷·阿諛卑屈爲事, 廉恥都喪,[1] 絶無公平之論. 士趨汚下, 頓蔑儒雅之風. 國之樞要政權, 率爲戚里之壟斷, 賄賂公行, 私奸無忌. 官吏登用, 全尙門閥. 又差別地方, 苟非兩班之子·畿湖之人, 雖有優才俊質, 萬無登進之道. 是以特爲勢家子孫, 不時行別試科, 雖幼穉愚昧者, 初不赴科場, 而得進士及第, 雖無學問, 例陞校理修撰, 年過二十, 則例陞堂上. 然則遐鄉之士, 雖刻苦學問, 善文能筆, 徒費幾百幾千里之盤錢脚力, 雖入場, 謹恭盡誠製呈, 該試紙歸乎近侍輩休紙所用而已. 然中平安道人, 尤無用於當世. 蓋自太祖時, 以西北人, 麗朝遺民中魁楚者, 畏不可用. 以此秘傳于宮中, 列王繼承, 所以西北人, 不得均霑王化, 始畏而不用, 終乃賤之而不用, 以致都下興儓之輩·湖中走卒之類, 稱西北人, 不曰人, 而必曰漢, 蓋極賤之也. 凡監司守令之任西北者, 必討索人民錢財, 亦賤之而侮蔑故也. 凡西北人, 或偶然登科, 或行賂京宰, 以得參奉邊將者, 十年出六, 二十年加資, 以三品以下, 微官末職, 閒窠散秩而終身. 所以凡有志氣之士, 自暴自棄, 以酣歌放浪. 其劣下者, 習於卑屈, 伺候於京貴之門, 或十年, 或二三十年, 別無所得, 奔走供奉而已. 所以西山大師之英才, 亦不得不入佛家云.

景來應司馬試, 而竟不中. 問當日闡者皆貴族之子侄也. 於是景來怒眼發電, 然無可奈何, 只得哂笑而歸. 旣不可自暴自棄, 又何可阿諛求容於京貴之門. 敢生改造犯上之心, 蓋自此時始.

二.

落第後十年間, 以糾合同志爲專力, 又以視察國內地形爲務, 託入山讀書而出家. 先是遭其父喪, 葬里社之後, 宣言曰:

"此無等大地, 不久當大發蔭耳."

蓋用陳勝之計也(陳勝嘗隱於叢社, 假作神告於祈福男女曰: "大楚興, 陳勝王."). 雖然當時

里民, 只謂將登仕路, 而不知其有謀逆之計矣.

景來方周遊, 或自稱地師, 或稱訪師讀書, 而先到京城, 詳察內外形勢. 時當春和, 一日聞城內貴家子弟, 作北漢山遊. 景來亦從往, 至白雲坮決斷岩, 人皆膝行而俯瞰, 口不絶險哉險哉! 獨景來步步循序, 如踏平地. 傍觀者莫不瞠目. 日暮歸館, 有一少年隨來, 相與通刺, 乃寧城君朴文秀之孫鍾一也. 朴別無他說, 而特敬其勇, 而欲與之結交者也. 景來亦不露自己心事, 大概與之通靈犀而已.

景來東至釜山, 南至光·羅州, 北至會寧鍾城, 西至黃·平兩道, 遍踏之. 各處之人情風俗, 要害險夷, 道路物産, 及人物之貧富勇惻, 人民之憂患疾苦, 無不察知之. 旣遍歷各道, 而竟以平安道, 爲謀事之根據地者, 不惟以自家故鄉, 人情風俗之熟知, 以其人民久懷不平, 常抱快活之望, 苟有大聲疾呼者, 全道有風靡之勢故也. 故欲先得同志於本道之內, 凡寺刹書齋, 一一歷訪.

庚申年某月, 至嘉山郡靑龍寺, 逢禹君則(一名龍文). 禹是泰川人(官軍記錄云禹家賤子), 長景來六歲(是景來二十一歲, 君則二十七歲). 君則才略非常, 旣涉獵經史子集, 而天文·地理·醫藥·卜筮, 兵學及諸術書, 無不通曉. 素有不平不滿, 非凡之所懷, 嘗自期諸葛孔明, 無意乎從俗赴科, 假託地師, 遊歷列邑, 窺伺或有機會. 與景來談論治亂之理, 古代英雄, 時局形便, 及用兵之術, 欣然得肝膽相照, 然猶不說心中之謀, 約後期而相別. 翌年辛酉更逢, 景來始以擧事之意, 告之曰:

"亂極思治. 今之政治, 腐敗渾濁, 不公不平, 百姓被侵奪而飢困, 天必生濟世之人, 百姓願得愛民之主. 此所謂一夫唱萬夫和之時機. 且現政府, 是戚里之私物, 而老論之所有, 雖卽顚覆政府, 人民與南少北人, 必歡喜而坐視. 且昇平日久, 偃武修文, 所謂五衛營·親衛營, 只是名色而已. 率勇士幾十名, 足以打潰. 且吾之同志, 布在各道者不少, 而江界·延閭·廢四郡等地, 有眞人鄭始守(一名濟民), 與胡兵連絡(指滿州上馬賊), 以其多數軍, 假作採蔘軍, 秘密屯聚, 以待時日, 而聞君則之大名, 以謀士請邀云云."

君則遂許與同事. 李禧著者, 嘉山之驛屬, 而當時道內之巨富也. 其爲人也, 軀幹傑大, 膽大勇敢, 曾爲武科出身, 性癖於向上進取, 一番決心之事, 不成則不措, 所以得愚頑之評. 且禧著之姻婭族戚, 巨校名吏, 富豪大賈, 布在道內列邑, 若禧著一動, 則列邑隨之, 勢所必然也. 景來與君則謀之, 使君則用計, 期得禧著. 君則先使其妻鄭氏, 假裝作卜筮人, 爲禧著妻占之, 極讚之曰:

"十年之內, 運必大通, 而逢水姓人同事則吉."

翌年君則扮作地師, 訪禧著, 指占禧著父墓地曰:

"葬此, 當代大發蔭矣."

後數月景來作道師樣, 過禧著, 以簡單含蓄之言辭, 眩惑禧著之精神, 仍忽然謝去, 使君則種種往來, 籠之絡之. 數年後, 景來又來, 幾日留宿, 禧著遂許以死生. 於是景來旣得資本主, 因以禧著家爲謀事之本營.

金進士昌始, 郭山人也. 文章才藝爲道內之第一, 聲聞京鄕, 望高士林. 性又輕財好施, 所以 '郭山金道士' 五字, 雖三尺童子, 無不知者. 景來欲羅用, 常探昌始之動靜, 適値昌始自京還鄕. 景來使美貌童子, 衣靑衣, 邀昌始鳳山之洞仙嶺. 童子鞠躬曰:

"公莫非郭山金進士乎?"

金曰: "然."

童子納拜而告曰: "今日我先生, 豫知進士丈過此, 使小子迎接耳."

昌始性本豪闊, 不無輕急之病, 見此光景, 一疑一驚, 仍問曰:

"汝師爲誰? 現在何處?"

童子對曰: "吾師誰某, 往見則可知. 若其住處, 小子引導之, 願卽行矣."

昌始益奇之, 因快諾而起. 童子使昌始奴馬, 往待嶺下旅店, 以爲便. 昌始乃單身隨往, 次次入山, 山轉深而路轉微, 從溪邊沙磧而上, 獼猴藤, 山葡萄藤, 彌滿遮天, 只聞禽聲水流, 但見雲斷霧收, 幽夐寥寂, 殆非塵世之景. 間關行三十里程, 俄而山谷豁然, 白日明朗, 遙望石坮上, 有三間草堂. 堂之前, 碧蘿相縓, 堂之後, 老松參差, 人跡旣稀, 鷄犬無聲, 惟有石澗水, 激激破洞天寥寂而已. 昌始心甚疑怪, 至堂前, 見堂內有一魁偉少年, 對書案靜坐看書. 童子進揖曰:

"客來矣."

於是那少年, 下堂迎拜, 請入室, 分賓主而坐. 童子進茶. 茶罷, 那少年, 以精練之聲, 謹恭之貌, 從容言曰:

"某是山間一迂物, 以採藥看書爲事, 與世相違已久, 而近日偶占一卦, 爻象甚不吉, 世將大亂, 生民塗炭, 此等塵間事, 雖無關於我, 然無辜生靈, 甚可矜也. 當此大亂, 奉天救濟之人, 必出於西土矣. 補佐其人, 若師尙父之古事者, 捨先生, 則似無他人, 故敢此坐屈, 一以告自家之所懷, 一以聞先生之經綸, 禮當晉拜, 而山人之世間出入, 甚不容易, 願先生寬恕焉."

昌始半信半疑, 以言挑之, 試其學識. 那少年對答如流, 凡治亂之理, 王伯刑名, 道術邪正, 大而天文地理·孫吳兵法, 細而詩文筆翰等事, 無不精通. 昌始大奇之. 終日竟夕, 議論滔滔, 皆可以心服. 昌始次次屈膝, 自不覺已陷於景來之圈套.

景來旣得三人爲腹心, 然後締結各地勇士, 其居住姓名如左.

泰川: 金士用·邊己守·邊大彥

郭山: 洪總角(一名二八)·金國範

价川: 李濟初·李濟臣(兄弟)·李夏有(一名海有)

鳳山: 尹厚瑜

中和: 車宗大

平壤: 楊少有

鐵山: 鄭仁範

慈山: 黃再淸

順安: 金希泰

安州: 楊秀浩·楊秀漸

博川: 韓信行·金之軒·崔大運

載寧: 金石河·張之煥

黃州: 申德寬

龍川: 蔡裕隣

寧邊: 金雲龍·車南道

義州: 金禧鍊

松都: 權景伯·林思恒

定州: 金宅連·朴以斗·嚴以鍊·嚴季良·韓處坤

嘉山: 金獜甫之子

居住未詳: 李成沆

右諸人中, 金士用·洪總角·李濟初三人, 勇力出衆. 士用智略兼備, 洪總角善冒險, 李濟初善騎射.

始景來爲見濟初, 往价川, 到摩雲嶺, 口呼詩一句曰: "摩雲嶺上披雲坐, 萬壑千峰次第朝."

始濟初讀書山寺, 學飲水借力法於山僧(飲澗下水法), 果得勇力云. 後濟初被逮供辭, 以爲誤被趙道士誘引, 來投多福洞云. 趙道士未知爲誰.

景來又結各地富戶大商, 其交結之術不傳, 惜哉! 其連絡者, 居所姓名如左.

定州: 金履大(時任座首)·李邦郁

安州: 朴聖箸

郭山: 朴星信(斂使)·張弘益

博川: 韓志謙

宣川: 劉文濟(首吏)·桂亨大

居住未詳: 張億大·金致用

此以外, 又有龍灣·平壤等地巨商, 多有加入者云. 又有連結各地有力者, 居住姓名如左.

鐵山: 鄭敬行(叔)·鄭聖翰(侄)·鄭復一(首校)·鄭士容·鄭大成

宣川: 崔鳳寬(首校)·元大天·元大有·文榮基

郭山: 高允彬·楊再鶴·金之郁·金大勳·沈大屹·楊再翊

定州: 崔爾崙(首吏)·李廷桓·鄭振喬·康信元·李琛

嘉山: 尹元燮·康允赫·金大德·李孟億

博川: 金惠喆·韓日恒·金成珏

安州: 金銘意(進士)·金大麟·李仁配

寧邊: 金遇鶴(座首)·南明剛(首吏)

泰川: 金允海(座首)·邊大益(倉監)·李寅植(首校)·李就和(首吏)

龜城: 車龍秀·許瑀·張柱國·曹今龍·李龍泰

朔州: 李彭年

渭源: 金哥(名不知)

楚山: 金景模

昌城: 姜碩模

江界: 金宅鍊

右以外, 又有多數隱密連絡者, 不可盡記.

玄仁福陣中日記曰: "自灣至松, 富戶大商, 幾入圈套. 黃·平兩道, 罷産難當, 皆爲鷹犬云."

白守窩滄桑日記曰: "聲勢潛連於京洛, 徒黨殆遍於兩西云." 以此推知, 其形勢之浩大可知也.

鄭敬行, 丙子胡亂功臣鄭襄武之後孫, 以道內甲族, 曾經郡守, 爲人傑特, 其名望與金昌始同. 是以亂起後, 朝廷不知其入于賊黨, 而以收用道內負望者之意, 以敬行爲郭山郡守.

凡景來之連結者, 太半是各郡鄉長首任, 有實力掌握該郡之權柄者云(以上皆景來陣中書記朴三玉供辭).

三.

辛未秋七月, 彗出於乾方. 八路農作大凶, 關西尤甚. 秋冬之交, 已爲絶粮, 百家之村, 無一家安全者. 人心洶洶, 雖然上自朝廷, 及方伯守令, 顧無賑恤之策. 盜賊蜂起, 自官惟以誅殺爲事, 所以百姓思亂. 景來見此機會, 暗自歡喜, 以當年九月, 還其故鄉, 蓋十數年後, 始還也. 使家人釀酒殺牛, 大會鄉中父老, 敍闊別之懷, 而告曰:

"景來學問尚未成就, 無面見父老諸位也. 從今又將出家, 以成素志後乃已. 仰望僉位, 時賜援助焉. 家眷方在貧困, 不可不救, 故今番當率而移去矣."

諸父老矜惻之, 或有含淚者. 景來從兄應來·德來, 共作悽恨之色曰:

"去則衣食將奈何?"

景來笑曰: "我田我衣, 何處無之."

因陪其母與兄, 率其妻與子, 移住嘉山之多福洞. 那多福洞, 今在嘉山博川之界, 形如柳葉, 左右不甚峻險, 而有鬱蒼之山脚遮護, 後有京義通行之大路, 前有大寧江之襟帶. 洞之內不甚闊, 而長略二十里, 有內外洞, 水陸之通行極便, 而淺深適當, 所以隱現出沒, 皆可得自由自在. 先是數年, 景來使禧著, 建數十間瓦家, 令君則與禧著居之, 以此爲擧事之本部. 凡指揮連絡, 一任君則爲之, 景來藏身於洞之前江之上薪島之中.

景來留薪島未幾, 發密使, 召各處巨魁, 會島中. 秘議啑血宣誓, 以壬申正月起兵
爲定立議案之其第一款, 以豫備軍器軍需及軍人募集爲第二款, 以同志團結, 嚴守
秘密, 爲第三款. 謀議旣決, 景來至多福洞, 卽使李禧著, 掘土穴于博川津頭楸子島
中, 使之鑄錢. 一邊貿入虎皮花布鉛鐵箭竹等物, 積置洞中. 一邊宣言以爲多福洞
新開金礦募集礦夫云云. 所以各處壯丁爲採金入洞, 旣入洞中一步地拘之, 使不得
出外, 以斸地之淺深, 試其力, 以超索之高下, 試其勇, 敎之射御劍術, 較其優劣, 定
士卒之等級, 多施賞給, 以歡其心. 又使金昌始, 以壬申起兵四字, 破作十八字曰:
"一士横冠, 鬼神脱衣, 十疋加一尺, 小丘有兩足." 以爲讖謠, 傳布民間. 又多出流
言, 以蠱民心. 又命各地有力同志, 軍需物品, 使之輸來. 於是宣川劉文濟·崔鳳寬,
輸送刀槍鳥銃, 定州鄭振喬, 輸送彈丸燭籠, 鐵山鄭復一用葦包各色旗幟, 以船載
送, 龍灣之有力者, 送戎服錦緞等物, 宣川桂亨大, 以水路運送軍粮百餘石, 郭山朴
聖幹, 送錢五百兩, 米十五石, 寧邊南明剛·金遇鶴, 送錢二千兩, 馬鞍十二坐. 此是
諸賊之供辭, 其外人名物數, 不可詳記.

準備旣完, 自京以西, 至龍灣諸同志, 稍稍來會者千餘名. 又各道之流民飢氓之
有膂力勇猛, 而來會者千餘名. 於是聲勢漸振, 播聞於閭巷, 事機不可待明春而發,
不得已, 以辛未十二月二十日甲子, 爲發兵期. 乃定部署, 景來自爲平西大元帥, 向
京城南進, 以禹君則爲參謀長, 金昌始爲副參謀, 以洪總角·李濟初爲先鋒將, 以尹
厚儉[2]爲後軍將, 以李禧著爲都總管, 管轄軍粮軍需. 以金士用爲副元帥, 向義州北
進, 以金禧鍊·金國範·李成沆·韓處坤等諸將, 爲士用之部下. 又擇心腹者, 每以數
十人作一團, 或裝乞人, 或裝筆墨商, 使之分布兩西各郡, 與該郡同志, 臨期應發.
使鄭敬行·金履大·南明剛·劉文濟·金銘意, 各自於該郡連絡同志, 準備軍需, 與派
遣將卒, 臨期同事, 以其各該郡兵, 占領各該郡事, 一一知委. 凡將卒及內應之同
志, 皆授以暗號, 銀牌以代兵符, 又授之以空字背字等旗號.

景來欲先據平壤, 以十二月十五日夜半爲期, 遣多數將卒, 與內應約束衝火大
同舘, 乘官民救火之機, 又衝火各公廨, 因劫殺官長, 占領平壤. 計劃已成矣, 大同
舘下所埋之火藥筒及火繩, 因雪水添漏, 臨期不發. 至十六日午後爆發, 所以不能

2 儉 원래 '險'. 여러 기록에 '險'과 '儉'이 섞여 있는데, 인명으로서는 '儉'일 가능성이 많
다고 보아 '儉'을 취했음.

作亂. 於是官校之搜探甚急, 派遣壯士, 心懷危懼, 各自逃回多福洞. 又宣川府民十餘家, 以十七日一齊率家逃亡. 府使金益淳, 捉逃民訊問緣由, 其招內, 以爲防營中軍劉文濟・別將崔鳳寬, 倡言數日後大亂必起, 故欲避亂逃去矣. 於是發府卒, 捉文濟・鳳寬, 文濟不在, 只捕鳳寬. 訊問其招內, 與鐵山鄭復一・郭山金昌始・朴星信等結黨云云. 府使以十八日平明, 移文郭山郡守, 捕昌始・星信. 昌始不在, 只捕星信. 又景來部下一名, 十七日夜, 被捉於博川郡守, 以多福洞事吐實. 博川守以移關嘉山守, 嘉山守將以十九日襲擊禧著家. 所以徒黨之計劃齟齬, 四圍之急報沓至. 景來以爲事貴神速, 以十八日, 卽起兵爲定, 召集各地潛在之徒卒, 各具武裝. 以當日黃昏, 景來以大元帥服, 登壇祭告皇天, 使昌始朗[3]讀檄文, 其文之傳於世者, 則 "文不過典籍正字, 武不過萬戶僉使." 云云, 而有記錄及古老口傳之文曰:

"關西檀箕之古都, 句麗之舊域. 或以小中華稱之, 或以莫强之國名之. 江山美麗, 人物英特, 遠而有乙支文德・楊萬春, 近而有西山大師・金景瑞・鄭鳳壽之輩, 出其效勞於國亂, 立功於國威者甚大, 而朝廷猶以西土민民賤視之者, 何故也? 政權者, 自是國家之公器, 人民者, 俱是國家之基本. 今戚里專權, 國政腐亂, 天災地殃, 歲飢民困, 朝廷無救濟之意. 況我西土之人, 小人困於畯膏, 君子無路登用, 此正奮起之時也." 云云.

讀畢, 與諸將卒, 以軍禮行酒. 諸將獻賀, 衆卒崇呼. 景來乃率兵, 直向嘉山, 勢如風雷. 先鋒洪總角, 率精兵百餘名, 突入郡衙, 內應郡吏李孟億等張軍樂, 出迎于三橋邊. 衙庭無一個校卒, 時郡守鄭著, 以多福洞情形, 報營次方書報草, 聞喊聲, 見火光, 驚出門外. 適洪總角, 揮劍上階, 叱郡守降服, 鄭著與其父鄭魯皆不屈, 罵賊而死. 景來入城, 以尹元燮爲主管將, 使守嘉山, 仍開獄放囚, 發倉賑民.

十八日早朝, 宣川捕校捕昌始家眷, 及朴昌信等, 結縛而去. 時金士用與其亞將金禧鍊等, 裝作商人, 潛在郭山, 聞此急報, 疾馳埋伏於薪峴, 邀擊捕校斬之, 仍至郭山之演武場. 時夜二更, 招出邑居星信兄星幹相議曰:

"謀事已泄, 不得不擧事."

仍率衆, 各持兵器, 打碎市舍門窓及鍋盆等物, 鼓噪吶喊, 突入郡衙, 內應者齊出迎. 士用升坐衙軒, 喝令搜出郡守. 時郡守李永植, 隱於壁藏中, 賊曳出縛之階下.

---

3 朗 원래 '浪'으로 나와 있는데 문맥으로 보아 바꾼 것임.

郡守之弟抵抗之, 賊立斬之, 郡守下獄. 郡守哀乞於武校張再興, 解縛脫走, 負八歲子而行, 恐追兵及之, 棄兒道中, 單身赴定州. 士用收印符, 以朴星信爲主管將, 使守郭山, 自擊凌漢山城陷之, 奪取[4]軍器, 囚臨海鎮別將, 向定州進兵. 時定州牧使李近胄, 以十九日早朝, 聞郭山變報, 始欲閉門守城. 午時頃, 郭山守騎野人柴牛而來, 身被傷痕, 喘息未定. 俄而衙前輩來告, 崔爾崙率徒黨數十人, 破獄門奪出, 昨夜所囚, 陰謀嫌疑者, 鄭振喬矣. 牧使魂不附身, 與座首金履大·中軍李廷植相議. 此二人亦賊之內應也, 力說守城不能, 投降有利. 牧使知不可以獨力支持, 蒼黃罔措矣. 日晡嘉山之變報, 與景來之檄文, 傳播城中, 民心如鼎沸. 俄而金漣率壯士, 亂入衙門. 履大·廷植强勸牧使投降. 牧使驚劫, 以匹馬逃出, 向安州兵營而去. 士用自郭山至定州, 總角自嘉山來會. 履大·廷植, 立大旗, 張軍樂出迎, 士用等入城. 總角傳本營命, 以崔爾崙爲守城將. 履大等設牛酒大犒, 出州庫錢穀, 散給軍民, 傳令各面里, 徵發兵馬與軍服, 送于大陣.

時景來在嘉山, 傳令各軍, 服色尚靑, 以紅緞附胸背爲信號. 將校戴戰笠虎皮冠, 兵卒以紅巾裹頭, 嚴勅軍兵, 恪守規律. 所過秋毫無犯, 惟以安民淸境爲務. 大陣將卒中, 有犯則者二三名, 梟首路邊, 傳令各路, 揭榜以肅軍紀. 沒收平兵所管渴馬倉穀數百石, 仍分兵. 一路從博川津頭出, 一路景來自領, 向博邑進攻.

二十日平明, 景來率步兵五百, 騎兵四十餘, 入博川. 郡守任聖臯率弱卒, 望風逃走. 景來以精兵追擊官軍, 或降或逃. 景來囚郡守老母獄, 郡守匿棲雲寺聞報, 卽馳入賊陣, 請以身代. 景來嘉尙之, 不殺而囚之. 以韓日恒爲博川鎮守, 仍向博川津頭. 士用閱兵於定州.

二十四日, 向宣川北行. 時宣川府使金益淳, 捕崔鳳寬刑訊, 因捉鐵山內應鄭復一訊之, 詳知景來等計劃, 甚驚怵, 避入劍山山城矣. 士用送其亞將, 傳檄劍山, 誘之脅之, 益淳大懼請降. 二十五日, 士用入宣川衙, 拿入降府使, 審問降之眞假. 益淳伏地不答, 士用喝令斬首, 益淳具靴納剌, 情願眞降. 士用賜以盃酒, 卽差軍官. (金益淳, 詩人炳淵俗稱金笠之祖也. 後日, 於禁府陵遲處斬, 其孫炳淵坎軻終身) 士用以劉文濟, 爲宣川守將, 自領兵, 向鐵山. 景來送人泰川, 勸縣監投降. 縣監柳鼎養, 大懼問計于座首以下鄕長諸任, 此輩皆爲賊之內應, 一例勸降. 鼎養不得已棄官, 馳入寧邊,

---

4 取 원래 '所'로 나와 있는데 문맥으로 보아 바꾼 것임.

與府使討議. 於是座首金允海·首校李寅植·首吏李就和等報于大陣. 景來以邊大翼爲泰川守將, 李濟信爲副. 二十五日, 大翼等, 出南倉穀賑民, 沒收軍器, 送于大陣, 發庫物賞賜兵卒.

鐵山有內應鄭敬行(前蔚珍府使)·鄭復一等, 自亂初布流言, 以爲有刺客將殺府使, 又以爲將火府衙, 又有郭山宣川之變報. 府使李章謙, 戰戰計無所出, 率二三人爲探賊情, 至宣川境被執. 盖鄭復一出宣川獄, 方進攻鐵山, 而道遇府使也. 章謙卽請降, 奉印符納之. 復一封印符, 送于士用. 時士用已奪宣沙浦及東林鎭, 以崔鳳一爲浦之僉使, 以高起中爲鎭之別將, 使金國範率三百兵, 進攻龜城, 自領大軍, 以二十八日進攻鐵山. 旗幟劍戟, 連數十里, 軍樂瀏亮, 村民爭睹, 俯伏請降者多. 士用旣入府, 召李章謙, 行受降禮, 卽差軍官, 分遣將卒, 攻西林鎭. 僉使金仁厚不戰而降. 士用笑謂仁厚曰:

"食祿死節, 臣子之職, 汝何不戰而降也?"

仁厚對曰: "公等是義人義兵也. 何敢抗拒也?"

士用分兵, 迫龍川府. 時府使權琇, 召集邑中將卒, 及鄕武士, 設防禦之備. 俄而府外聞亂銃聲, 群下驚怵, 其中賊之內應者, 勸府使早降. 琇雖甚憤, 四面楚歌, 莫可奈何, 乃以忠字刺涅於臂, 率手兵, 逃入府北之龍骨山城. 於是龍川空虛, 士用入城, 以鄭聖翰爲鎭將, 自領兵進圍龍骨山城. 時金國範, 韓處坤等, 發龜城南倉穀, 分給貧民, 傳檄四方, 招募壯士及牛馬, 應者至千餘, 乃使勇士, 假作商人, 潛入府中, 自與許瑀·李龍泰·曹今龍·金辰九·朴汝珍·張柱國等, 及諸內應, 謀議攻城. 府使趙恩錫, 雖欲防備, 城之危如一髮矣.

時寧邊之鄕長首任, 南明剛·金遇鶴等, 自亂初, 流言府中, 煽動人心, 對府使力說不可守城. 又與同黨約期將放火府中, 暗殺府使吳淵常, 仍據本府爲計. 時雲山郡守韓象默·介川郡守任百觀, 各率官軍, 來會寧邊, 合力守城, 設備甚嚴. 明剛等, 見此以爲事不可緩, 卽以約期以前, 欲放火衙舍, 事覺. 官軍捕明剛以下十餘名斬之.

四.

時, 八邑連陷, 道路梗塞, 人心洶洶若鼎沸. 南北陣, 奉景來命, 到處破獄放囚, 發倉賑民, 嚴軍律, 撫老弱, 所以民心悅服, 凡應募犒饋, 歸之如市.

景來旣陷博川, 以二十三日, 將進攻安州, 陣于松林[地名]. 松林地與安州, 只隔一水[淸川江], 未卽進兵. 盖以安州城郭堅固, 加之號令四十二州兵馬之兵使本營, 不可容易圖之之故也. 先此擾亂平壤之計, 亦欲制安州之策也.

當時安州兵使李海愚, 有觀變之嫌. 自十八日深夜, 流言盛行城中, 百姓忽然波動, 或擧家逃走, 或作隊橫行, 勢甚蒼黃, 而海愚一不詗探, 又幕裨將校, 多入多福洞幕下, 幾至空虛, 而亦不採探.

十九日, 聞變報, 而亦無聚軍之擧·守城之備. 於是牧使趙鍾永大憤, 率先擊皷招軍, 軍無應者. 盖因金銘意[進士], 以有力者, 煽動人心故也. 牧使大怒, 斬違令者四五名, 梟首道傍, 於是人心稍定, 軍卒來會. 海愚乃不得已, 招集軍兵, 閉門爲守備計.

時, 以安州裨將及校屬隨景來陣中者, 金大麟·李仁配·李茂京·李茂實等, 請景來乘兵營空虛, 急擊勿失, 景來許之. 君則獨不可曰:

"安州兵營所在之地, 城郭旣固, 番軍不少, 不可輕犯. 且輕敵者, 兵家之所忌也, 姑侯北陣後援而圖之可也."

大麟曰:

"軍師之言至當. 然我待援兵之暇, 安州則五鎭營之軍卒都聚矣. 此將奈何?"

君則猶不從. 景來亦不得已從君則之計. 大麟等憔燥不已, 再請三請, 君則終不聽. 大麟等以爲大事已去, 不如斬景來獻兵營, 以爲將功贖罪. 遂入景來房, 拔劍斬景來項. 景來籍驍勇, 用手執劍刄, 急呼衛兵. 大麟等四人, 卽地殺死. 然景來頭與手重傷, 流血不止. 因秘不發說, 送兵挑戰, 然壯氣沮喪, 不能力戰.

時自朝廷聞警報, 命李堯憲爲兩西巡撫使, 以朴基豊爲巡撫中軍, 率訓·禁·御三營騎步精兵出征. 又以關北親騎衛, 與松營騎兵爲後援從征. 於是安州兵使, 奉上司嚴訓, 傳急關于管下各郡, 督促徵兵. 於是, 自肅川府使李儒秀爲始, 中和·順川·咸從·德川·永柔·甑山·順安等各郡守令, 率其郡兵, 稍稍來集. 官軍爲二千餘名.

二十九日, 官軍分三路而進, 渡淸川江, 迫松林. 平兵虞候李海昇, 爲中路主將, 陣松林洞口, 咸從府使尹郁烈, 爲左翼陣, 虞候之西, 順川郡守吳致壽, 爲右翼陣, 虞候之東, 三陣相距以百步爲定.

景來亦分三路以應之, 一路以尹厚儉爲主將, 繞虞候陣之後而出, 一路以邊大彦爲主將, 從赤峴圍之以進, 一路洪總角直向虞候陣而進. 總角馳馬舞劍, 大喝曰:

"兩陣成敗, 判於今日. 誰敢有當我者, 卽出戰也!"

虞侯陣中無人應戰. 總角陣中, 先發亂銃, 總角左衝右突. 虞侯陣勢殆危, 請尹郁烈合陣. 郁烈以爲不可示弱, 但分兵助戰. 虞侯漸入困境, 時尹厚儉又包圍上來. 官軍少退, 總角乘勢突擊, 虞侯氣沮漸退. 時兵使在百祥樓望見, 陣勢之混亂, 急以前郭山郡守李永植爲後援將, 督城中餘軍, 盡出急渡楓津, 援虞侯之後.

於是官軍爲二千餘, 賊不過一千五百. 尹郁烈斬退兵而督之. 總角雖勇, 慮其衆寡不敵, 方躑躅之際, 邊大彥之騎兵數十名, 連次中丸落馬, 賊陣一角崩潰. 總角大聲疾呼, 禁之不得. 其餘兩枝兵, 亦皆潰走, 死傷甚多. 景來以下諸將卒, 且戰且走, 退陣于博川津頭, 時已黃昏, 各自收兵.

景來以星夜, 收拾殘兵, 率家眷, 棄嘉山·博川, 北行入定州城. 蓋以定州城郭堅固, 藉以整頓戰備, 又待昌城·江界等地援兵之來, 又俟北陣之取義州, 然後使之南進, 而并力計也. 景來旣據定州, 卽收入營下之倉穀庫物于城中, 以爲久住計, 送人于昌城之姜碩模·江界之宋之濂·金宅鍊等處, 使之督送善砲手及胡兵, 以爲援兵. 送金昌始爲北軍參謀, 使士用速取義州而南進.

時, 士用到處勝戰, 先取龍川, 次取薪島, 受僉使柳載河降. 以壬申正月初一日, 圍龍骨山城, 山城甚險, 勢難卒拔. 乃於城之對山, 多張旗幟, 大打大吹以設疑兵. 多驅村家男女, 假裝作官軍之父母子女, 以夜半, 於對山上, 向城中, 呼招而痛哭之. 因此一夜之內, 守城軍卒, 逃散者過半. 府使權琇知不能守, 單騎出城, 於是龍骨遂陷. 士用, 以張弘益爲龍骨守將, 以張漢羽爲薪島僉使, 使金益明留鎭東林, 使金雲龍鎭守西林. 自領大軍, 留鎭良策站, 與金昌始謀攻義州. 時龍川鐵山之所謂士人輩, 赴士用軍, 獻策者頗多.

時, 官軍迫定州城外, 又各地義兵蜂起, 賊之南北軍, 交通將終. 於是士用, 與昌始議, 送濟初留鎭宣川, 以便交通. 先是, 景來自嘉山向博川時, 以濟初爲士用之先鋒, 送之北陣, 故今復南來.

官軍, 以正月初三日, 陣于定州城外撻川江邊. 仍進迫城下, 數戰不利, 無計可施. 諸官相議, 以爲先斷賊之南北連絡, 去其羽翼, 絶其粮道, 使彼孤立無援, 是爲上策. 乃以正月初八日, 使後軍將李永植·右營將吳致壽, 領二千軍, 襲擊郭山. 時, 朝廷以李永植, 有松林之功, 復除郭山郡守, 故至是自願當先出戰也.

官軍出賊之不意而襲之, 郭山賊將朴星信, 方以牛酒犒軍宴樂. 兵卒旣少, 又無豫備, 卒遇大軍, 措手不及, 不戰而潰, 死傷不少. 星信僅以身免, 逃入宣川, 告急乎濟初, 於是官軍收復郭山.

官軍收復郭山之日, 卽濟初到宣川之日也. 濟初御甲而寢, 時夜將半, 忽聞星信之報. 不留時刻, 卽率兵向郭山而馳. 翌九日平明, 到郭山之雲興舘遇官軍一哨埋伏者, 一擊而盡殺之. 仍過舘峴, 前日潰散之星信軍, 稍稍來附得衆一千二三百.

時, 官軍亦豫料必自宣川賊, 有救援兵, 爲成川連絡恢復之擧. 故以九日早朝, 使左營將尹郁烈, 領七百軍, 援助郭山官軍所. 以郭山軍之數, 爲二千七百也. 俄而, 兩陣相對於郭山之西四松野. 濟初馳馬突入, 銃丸如雨之中, 左往右來, 擊殺官軍. 雖然濟初軍與星信軍陣勢欠結, 加之官軍數多. 始則官軍皆避濟初之鋒, 觸處披靡, 轉戰過一刻二刻, 濟初之軍, 漸漸被圍於官軍. 濟初軍漸漸散亂, 一個二個稍稍崩潰. 濟初怒號禁之不得, 收拾不能, 濟初雖勇, 獨力難支. 渠亦不得已突圍而出, 向北而走. 方其突圍, 官軍將卒無一接近攔當者, 盖畏其勇也. 濟初走至舘峴西, 又有一隊官軍, 攔住去路. 濟初於馬上, 欲飛身斬攔路兵, 用力太過, 蹈絶馬鐙, 跌立馬下. 官軍軍官金再明, 擧槍刺之, 濟初手抉握其槍尖引, 再明落馬. 時, 官軍之壯士隊金啓默·朴宗默等, 見再明之危急, 一齊幷進, 重重圍住. 濟初亦氣沮, 按劍立於中央. 壯士隊中, 亦無敢逼濟初者. 是以一時間脉脉相看, 彼此莫知所爲. 雖然官軍之追兵繼至, 漸漸圍住, 重重疊疊, 不知其數. 濟初料難脫出, 乃大呼曰:

"官軍將, 汝若活我, 吾當入定州城, 斬洪景來頭, 獻于官軍矣!"

官將佯曰: "諾"

仍請曰: "汝之降, 眞假難信. 若果眞降, 則以降標跡, 甘受結縛. 乃可信."

濟初亦曰: "以汝不背約之意, 指天爲誓, 則吾當受縛."

官軍諸將, 一齊盟誓. 濟初是率直武夫. 於是, 面帶悲慘, 口發太息, 擲劍就縛. 俄而郭山郡守, 出而刑訊, 以周牢亂杖, 使之供辭. 濟初言辭自若, 少無痛苦之樣. 官將疑之, 使之折脚. 濟初大怒, 猛責其背約無禮, 以折脚躍起, 牢索盡絶. 拳殺官軍將四人. 官軍將卒以亂刀斫之, 刃不入濟初之身. 諸將合力, 仍復結縛而搜檢其身, 則濟初全身, 衣以鐵網. 仍欲斬項, 項堅刃又不入. 濟初乃大笑曰:

"汝若必欲殺我, 先自頷下刺之也."

如其言, 得以斬, 官軍將士, 莫不歎服.

前日, 士用之連捷得勝者, 實因濟初之勇耳. 今聞濟初之死, 士用·昌始以下諸將

卒, 不惟悼惜不已, 并皆落心千萬. 昌始謂士用曰:

"以今之勢, 事且難成也. 以無訓練烏合之卒, 雖有名將, 莫可奈何? 今此松野之敗, 非濟初之罪, 是軍士之罪也. 吾當往山邑, 雖幾百名必募, 得善砲手以來, 然後可爲. 此卽洪元帥之本意也. 雖不待洪元帥命令而行之, 亦無妨矣."

士用曰:

"諾"

於是, 昌始率衛兵二名, 從間道步, 將往昌城府小吉號里, 訪同志權管胡胤祖爲計. 行至宣川龜城接界, 逢着一客, 其行色甚殊常. 使從卒探問之. 其人曰:

"我本鐵山人, 嘗從金士用側陣軍. 爲西林城守卒, 數日前逃出卒伍, 避身至此, 姓名趙文亨也."

昌始責其違法, 拔劍欲斬之. 文亨惶恐伏地, 百拜謝罪, 哀乞貸命, 昌始憐而恕之, 編入從卒, 與之同行.

數日後, 於山路日暮, 設布幕爲留宿計. 昌始懷中忽露出銀牌, 趙卒問其何物, 昌始微笑不答. 俄而復謂曰:

"汝等知之亦無妨也. 此乃發兵之兵符. 山邑諸同志, 亦皆有之, 令往訪各人, 以此牌對照, 牌符相合, 則無疑同事者也."

語畢, 昌始忽心動, 占一課, 自語曰:

"異哉! 北行百餘里, 則當大吉, 而中路有刺客可慮也."

因彷徨於幕外, 有頃就寢熟睡. 時趙卒獨不睡, 既貪其銀牌, 又暗思若斬昌始頭, 獻於官陣, 則不惟贖罪, 必得重賞. 乃暗入幕中, 拔昌始劍, 斬其頭, 卽逃還. 後日至宣川邑, 將以獻于官陣, 巧逢金益淳, 以千兩錢賣之. 益淳持昌始頭, 卽入定州官陣, 以爲自手斬來, 乞將功贖罪. 未幾綻露事實, 益淳·文亨, 并伏誅.

時義州義兵將許沈·金晃臣等, 收復龍川, 以十一日, 進迫良策站. 士用自聞濟初敗報, 軍氣沮喪, 無心戀戰, 棄了良策, 退保東林, 使金雲龍, 守西林.

宣川賊劉文濟, 聞四松野之敗報, 雖甚落膽, 然欲恢復定州之連絡, 數派兵襲郭山, 而未嘗不倒敗.

時官軍欲孤立定州賊勢, 不得不堅守郭山, 欲守郭山, 不得不先收復宣川, 以絶後顧之慮, 以爲上策. 使順川郡守吳致壽·咸從府使尹郁烈, 率大軍, 攻宣川, 相持數日, 賊敗遁.

十四日夜半, 義兵將許沆等, 進攻西林, 雲龍迎戰, 俄而敗逃.

十六日, 官軍收復鐵山, 捕虜鄭敬行·鄭復一等, 仍乘勝長驅北進, 義兵南進, 共迫東林城. 時朔州府使尹敏東, 亦率府兵來會, 官軍之聲勢大振. 又諸賊之敗報, 播於城中, 賊氣挫折, 不戰而逃散者甚多. 士用莫可奈何, 與部下相議, 涕泣不已. 使兵卒, 任意搬取城中之庫物, 自領殘卒, 逃向定州去了. 所謂景來之北陣者, 至是全滅, 定州以西悉平.

景來之北陣旣潰, 泰川·龜城·南倉等地屯據者, 亦次第散逸, 景來之威令所行, 只是定州一城而已. 事勢至此, 定州一城, 無援孤立. 官軍之分攻各處者, 一一都聚定州一城, 又各處義兵, 漸漸來會, 於是官軍總計, 萬餘人也.

五.

時巡撫中軍中央大陣, 駐撻川之東. 使定州牧使徐春補·嘉山郡守鄭周誠, 陣于大陣之後軍糧所, 使平安道巡營中軍李鼎會·博川郡守李運植, 陣于南山峰上, 使右營將順川郡守吳致壽, 陣于西小門外, 使左營將咸從府使尹郁烈, 陣于訓練野, 使羽林將許沆, 陣于西門外之赤峴, 使泰川縣監金見臣, 陣于北門外, 朔州府使尹敏東, 陣于東門外, 其餘義兵將玄仁福·宋之濂等, 陣于各陣之中間, 以爲往來應接. 於是定州城, 圍在垓心.

景來堅閉城門, 嚴備守城之具, 以尹厚儉爲南門守將, 以金石河·李夏有爲東門守將, 金之衡爲西門守將, 申德寬爲北門守將. 景來與君則·洪總角, 據西將坮城上. 周圍排置, 一定距離, 每次設軍幕, 以安守城軍卒.

時景來兵之總數, 合各處敗來殘卒, 不過三四千. 然此是曾經多福洞訓練之將卒, 而景來之心服者也, 所以有節制焉, 有團結之力焉.

官軍圍定州, 凡四闒月而未下. 正月十五日·十九日·二月初四日·二十五日·四月初三日, 前後五次猛加突擊, 而每次不利, 反受許多損失. 正月十五日, 南門之役, 諸景或戰死, 東門之役, 金大宅戰死, 皆官軍之名將也. 又攻城戰車多被破損, 官軍死者不少. 所以朝廷, 以平安監司李晩秀·兵使李海愚·巡撫中軍朴基豊, 養亂玩寇, 一體免職, 以鄭晩錫·申鴻周·柳孝原代其職, 而督其討平. 雖然, 猶無攻城之功, 反被賊兵襲擊, 損失又多.

三月十九日, 洪總角以爲報李濟初之讎, 率精兵五百, 襲擊尹郁烈陣, 官軍幾至覆滅. 三月二十日, 洪總角又襲西北陣, 羽林將許沆戰死. 是日之役, 景來用方畧, 有可觀者. 是日早朝, 景來令多數兵, 聚東城, 以亂銃射擊, 至午刻出數百軍于西門, 挑戰於西門外之各官軍. 小頃, 又出精兵千餘名于北門, 使總角指揮, 結成三角陣, 以其尖角, 猛擊許沆陣及咸從陣, 兩陣官軍, 死傷無數, 而各官軍不能來救者. 盖因景來設疑兵, 而制之故也.

三月二十一日夜, 景來自與禹君則·洪總角, 率精兵七百, 襲擊巡撫大陣, 先分兵爲三路, 使一路, 結陣于南山下, 截住南來之官軍, 使一路, 結陣于東門路, 截住東來之官軍. 中央一路, 直衝撻川大陣, 放火掩殺, 燒得官軍之軍幕, 軍粮軍器無算, 橫行大陣中, 如入無人之境, 而官軍首尾, 不能相救. 巡撫中軍以下將卒, 莫不落膽云.

時有恭陵令韓浩運者, 定州人也. 性孝, 父喪時, 斷指進血, 及登第有祿俸, 以爲君上之初賜, 不可自奉, 遂負歸供母. 爲人甚剛直, 篤於自修. 其在官舍時, 常備荊楚, 每於邪心萌動, 自手撻之. 時聞定州不下, 念不自勝, 上書朝廷, 請單身往, 喩使景來歸順. 朝廷壯其志而許之. 於是, 徒步至定州, 過其門而不入, 直抵定州城下, 大呼曰:

"我與汝將帥洪景來, 有面接談話事, 請開門納我!"

守門將, 知其爲浩運, 從水門誘入, 縛送景來本營. 景來素聞浩運名聲, 及浩運至階下, 命左右, 解其縛, 延上賜座, 欣然禮之曰:

"久仰尊兄大名, 今幸邂逅. 何相見之晩也? 兄有何緊事, 冒險來此?"

浩運大聲曰:

"欲曉喩汝而來耳!"

景來微笑曰:

"尊兄差矣. 兄必不知吾之義理·吾之心事也."

浩運高聲大叱曰:

"如汝逆賊漢, 有何義理耶?"

景來猶不怒而溫言曰:

"兄但知其一, 不知其二. 只知我之爲逆賊, 而不知我之爲愛國愛民人也. 兄所謂逆賊者, 不過是先入之偏見矣. 請詳聽吾言也."

浩運又大叱曰:

"汝亦生於聖化中, 不思四百年休養之恩, 敢生逆心, 驅無辜之民, 抗拒王師, 汝罪莫大, 必不免天誅矣!"

景來於是, 亦高聲叱之曰:

"鼠輩豎子, 此地何地, 無禮放恣乃爾耶! 汝雖登科, 有何官守之責耶? 汝亦以平安道所生, 有何國恩·君德之鴻大耶? 凡國內之百姓, 當共享安樂, 今關西西北人, 國家之所以待之者何如耶? 凶年飢歲無衣無食, 而朝廷曾有顧恤之擧耶? 不惟不恤, 加之以貪官苛斂誅求, 民何以料生耶? 西北人雖有通天之才·絶人之學, 有何所用於此世耶? 吾憐汝而赦之, 汝其改心也?"

浩運又大叱曰:

"如汝禽獸輩, 有何辨說耶?"

時左右欲殺之. 景來笑曰:

"可惜可憐也."

因禁止左右曰:

"吾聞此人有孝誠, 吾何忍殺孝子也?"

卽命放送于城外. 時君則聞之, 告景來請送于自己處所, 景來許之. 浩運竟被君則所殺.

時官軍八陣在外, 定州一城困在核心. 以官軍觀之, 則城堅賊强, 難於攻破, 以景來之勢觀之, 則以若孤城弱卒, 尙此抵抗, 彼其苦心, 不啻萬端. 加之癘疫熾盛, 平安各處死者甚多, 官軍將卒, 亦多病死, 定州城中尤甚. 景來軍粮又絶, 始則每日食米五十餘石, 次次減至三十餘石, 猶不能繼之. 城內民家, 所謂神箱米亦無餘粒, 或以中夜乘間出城, 强貸居民儲穀, 僅僅支過. 至三月中旬, 種種和麵末於飯食, 又剝盡城內之松皮, 六畜旣盡, 潤乾牛皮以代食. 所以景來之軍, 病死·飢死·戰死·逃亡者過半. 況且官軍, 或以紙鳶, 或以書札, 曉喩城中軍民, 以爵以賞, 多方以餌之, 使之歸順, 景來不能防止. 所以李濟信·李邦郁等, 謀欲歸順, 事覺被殺. 是以景來欲慰安衆心, 時或馳馬, 舞劍于延薰樓下, 使其將卒歎服其武勇. 其軍卒之死者, 躬自祭之, 病者躬自問之. 或聚衆哭而感動之, 或自指而誇之曰:

"如此相貌, 事業豈止此而已哉?"

景來時時用軍樂酌酒, 與衆同樂. 一日景來, 拔劍起舞, 口占詩一隻曰:

"乾坤有意生男子."

仍使諸將和之, 有一將對曰:

"日月無情老丈夫."

景來愀然而怒, 欲斬其將曰:

"詩之對則彷彿, 志氣何若是拙惡也."

景來之守此孤城, 實非計無所出, 而盖有所待者存焉. 一則朴鍾一之起亂京城也, 一則北方各郡援兵之來也, 一則鄭始守[一名濟民者]率胡兵而來也. 雖然, 三事皆不如其意.

朴鍾一者, 靈城君文秀之孫也. 徃者景來遊京時, 相見於北漢, 相尋于客舘, 深相許之. 及聞景來起兵於西道, 鍾一以爲必成功, 乃糾合湖西之不逞者, 將伏兵京城要路, 放火各官府及民家, 乘擾亂, 劫掠都城之意. 預通于景來, 以壬中三月十一日夜, 作亂, 竟被朝廷討平.

所謂北方援兵者, 山邑之善砲手也. 卽昌城之胡胤祖·姜碩模, 江界之金宅練, 楚山之金星謨, 渭原之金某, 朔州之李彭年等, 各自聚軍, 只待景來指揮矣. 景來圍於定州, 送人催使出兵, 而使者一一被捉于官軍. 所以不得通信, 加之官軍漸漸勢大, 所謂景來之同志者, 或被捉囚, 或畏捕逃躱, 或者見景來勢孤, 事必難成, 逡巡退縮, 背約不動.

所謂胡兵說, 據禹君則之供辭. 則鄭始守元是宣川劍山下清水面人, 五歲入中國, 驍勇善騎射, 爲馬賊首領. 曾與景來交厚, 期以同事. 景來起兵時, 始守率手兵, 潛入江界延闆等地云. 而官軍記錄, 則以爲鄭始守之說, 是景來之假托惑衆, 而實無是事云. 然據義兵將宋之濂事, 則實有胡兵之與謀也. 宋之濂者, 江界之鄕任也. 欠逋巨大之公金, 末由勘報, 夙夜憂慮, 適聞多福洞起兵, 卽馳赴爲景來部下矣. 及入定州也, 之濂請急招胡兵, 景來許之, 與多額軍費金, 送入滿州. 之濂北行, 未及渡江, 聞士用之北陣潰散, 料不能成事. 乃還到本郡, 以其所持金, 淸帳公逋, 以其餘金, 倡起義兵, 自爲大將, 右袒官軍. 以此觀之, 胡兵之不來, 景來之坐待敗亡, 皆由之濂之奪金故也.

三月十五日, 淸國聞朝鮮有內亂, 使瀋陽駐屯軍副都統, 領兵陣于中江, 以備邊防之不虞. 景來聞之, 以爲援兵出來, 日夜苦待. 一日洪總角謂景來曰:

"固守一城, 甚非長策. 請出城決戰, 以賭勝負."

景來曰:

"北方援兵, 不久來到矣. 伊時內外挾攻可也."

先是, 三月初三日, 景來送密使, 致書江界, 督其援兵, 傳書步卒金三弘, 被捉於官軍. 其密書, 封皮書'平西大元帥公事, 牛毛嶺行軍所開坼.'其書辭, 以暗號, 急請援兵者也. 雖然, 所謂援兵無一人來者, 盖因通信隔絶故也.

時官軍亦多狼狽, 自朝廷有'養亂玩冦'之責, 督促攻城, 非止一再. 又萬餘名將卒, 粮餉難繼. 四月十四日『軍中日記』, 至有軍飢一日半之錄. 所以病死逃亡者不少. 又農時臨迫, 而各邑守令與農民之從軍者, 不得還歸, 凡勸農耕作, 皆不免失時.

四月初三日, 多用攻城戰車·火箭·登城梯·火碗口, 盡力攻擊, 城猶不下. 又用間, 曉喩威脅吹簫等事, 無不行之, 并歸無效.

於是, 巡撫中軍柳孝源, 大會諸將議事, 得一破城之策, 卽掘城爆破計也. 自四月初四日至十八日, 連行掘地役. 景來知其事, 以猛砲抗擊, 官軍死傷頗多, 或退而停役. 景來一邊築內城以防之, 一邊會諸將商議防備之策. 先鋒洪總角曰:

"土窟中火藥, 必不能上衝堅城, 前突厚地, 而必爆出于後面所掘之穴矣. 是敵軍自燒之計也, 不足掛慮."云. 所以景來, 亦不嚴備.

壬申四月十八日, 東堀姑未盡鑿, 而北堀則鑿至西將坮下已畢. 以其夜埋火藥二千餘斤于堀內, 而慮其火氣外泄, 以粘土大石, 塞其堀口, 用火繩一端, 納于藥塊, 一端曳出于外, 塞畢而點火. 卽傳令各軍:

"鷄鳴蓐食, 以待火發城崩, 一擁以入. 令嘉山郡守鄭周誠·肅川府使李儒秀·義兵將玄仁福·泰川縣監金見臣·兵營虞候李梡·義兵將宋之濂等東路軍, 整頓卒伍, 待火發, 向北將坮進擊. 令咸從府使尹郁烈·壯士軍官金啓默等北路軍, 向北門而待之. 令順川郡守吳致壽等西路軍, 向西門而待之. 巡營中軍李鼎會·博川郡守李運植等南路軍, 向南門而待之."

翌十八日平明, 爆聲轟發, 崩壞北將坮城壁數十丈. 掀動天地, 城內城外之人, 驚得魂不附身. 北將坮守城卒, 壓死碎死, 殆盡無餘, 所謂新築之內城, 亦因餘震崩壞. 於是官軍勇氣百倍, 擂鼓喊聲, 勢如風馳, 一邊入城, 一邊洞開四門. 門外官軍, 一齊擁入, 賊兵四散奔竄. 洪總角猶馳馬於軍器嶺上, 舞劍大呼曰:

"結陣, 結陣!"

衆卒方慌恸亂竄, 那裡肯聽? 一隊一隊, 逃出南門外, 被官軍之生擒銃殺無漏.

惟從西小門逃出者, 幾個得脫.

時景來與君則·總角急議, 以步卒變裝, 隨着幾個心腹將卒, 從南門出. 將乘舡逃入海上爲計. 纔出南門外數步, 景來臀部中亂銃流丸, 倒於路上. 猶收拾精神, 方欲起行, 適官軍掩至, 亂刄斬殺. 景來時年三十三. 一云二十九歲. 右官軍所錄也. 定州野談, 以爲景來於城壁崩壞時, 飛身越城, 逃遠方, 當日被殺者, 假景來云.

洪總角·李禧著·楊時緯以下諸頭領, 一一被禽, 禹君則·崔爾嵩逃逸. 其餘就禽將卒二千六百餘名. 以十九·二十兩日間, 斬殺無遺.

方城破時, 官軍以亂銃亂槍, 凡城中人, 勿論男女老幼, 逢則殺之, 積屍遍滿. 官軍中一將官適見街路上, 有小兒吮無頭女之乳房, 心甚矜惻, 卽下令婦女及男子十歲以下皆勿殺, 然已無可及者多矣.

禹君則·崔爾嵩, 逃向江界. 二十二日夜, 訪君則之妻四寸鄭夢良于龜城府, 夢良密告官軍, 而追捕之.

於是, 景來之亂悉平.

第6部

●

民衆 氣質 II :: 諷刺와 滑稽

김홍도 「무동舞童」(국립중앙박물관 소장)

丐帥꼭지딴

都下丐者, 歲常數百人. 其法擇一丐, 以爲帥, 行止聚散, 一聽其令, 無敢少違. 朝夕聚其所丐, 奉饋帥惟謹. 帥居之自如(漢城有一丐帥. 西門市·梨峴市, 各有人乙堂一座, 二帥分居焉, 句管衆丐而指揮也. 人罕見其面云).

英廟庚辰大稔, 上命中外設宴以娛. 龍虎營樂, 冠於五營, 有李姓者, 爲之首, 號曰牌頭. 素以豪擧稱, 都下娼妓皆附焉. 時酒禁方嚴, 上下宴, 專以妓樂相尙, 得龍虎營樂者爲雋, 不得者以爲恥. 李疲於招邀, 或托病在家. 忽有一丐至, 請曰:

"丐之帥某, 敬告牌頭. 幸國家有命, 萬民同樂, 小人雖丐, 亦國民也. 方以某日集群丐, 宴於鍊戎臺, 敢勞牌頭助樂, 小人不敢忘德."

李大怒叱曰: "西平·洛昌之招, 吾猶或不赴, 豈爲丐者樂哉!"

呼其僕逐之, 丐嘻笑去. 李逾益憤咤曰:

"吾不圖爲樂之賤, 至於斯也. 丐乃欲役我."

已而叩門聲甚厲, 李出視之, 衣袴盡破, 而軀幹甚壯, 乃丐帥也. 瞠目視李曰:

"牌頭能銅額而水舍乎? 吾徒數百人, 散在城中, 徹巡不問也. 一棒一燧, 牌頭能保無事乎? 何貌視我太甚?"

李故以樂狎遊, 習知巷曲間事. 乃笑應曰:

"子誠男子. 我不知故誤. 今則惟子言之從."

丐帥曰: "明日早食後, 公與某妓某工, 至摠戎廳前階[1]大張樂. 勿違期."

李笑應曰: "諾."

帥熟視去. 李乃盡招其徒, 琴笛瑟鼓, 各以新具至, 名妓數輩畢來. 請所之, 李笑曰:

"第隨我."

至期處曰: "作樂."

---

1 階 원래 '第'로 나와 있는데 문맥으로 보아 바꾼 것임.

衆樂皆作, 妓皆舞. 於是, 藁衣索帶, 群舞而會者, 如蟻之集于垤也. 舞止輒歌, 歌止復舞曰:

"樂哉樂哉! 吾屬亦有一日."

丐帥據高座臨之, 意得殊甚. 妓皆駭笑不止, 李昫止之曰:

"勿笑. 彼帥能殺我, 況若耶!"

日且晡, 衆丐以其次座, 各探其帒, 或出一臠肉焉, 或出一塊餠焉, 皆宴家之所乞也. 盛以破瓦, 薦以編草, 雜進之曰:

"小人方宴, 敢先饋諸公."

李笑謝曰: "吾能爲君樂, 不能受君之饋."

丐笑拜曰: "公等貴人, 其肯嘗丐食乎. 請爲君盡之."

李益令妓奏樂以侑宴. 宴罷, 衆丐復起舞. 少焉, 又出其殘果敗茹, 以遺群妓曰:

"無以報勞, 請以饋娘之稚子幼孫."

妓皆謝却之. 丐又盡啜已, 拜謝曰:

"賴諸公飽矣."

向夕, 丐帥前拜曰:

"吾徒方求夕食. 敢謝諸公之勞. 他日見諸道路."

皆散去. 衆妓皆飢困恚李, 李嘆曰:

"吾乃今日始覩快男子也."

其後路遇丐者, 輒心識之, 竟不得見其帥焉. 與朴燕巖達門傳同調.

• 『青城雜記』

張五福장오복

張五福, 英廟時人也, 以游俠聞. 爲吏部吏, 一吏郞, 少而美姿. 五福撫其背曰:

"生子當如是."

郞怒欲汰, 尋止之.

行街上, 逢人鬪競, 輒傍觀之. 凡以强凌弱·理枉勒直者, 必抑强而辨理, 令人謝服然後乃已. 人以是畏之. 或有紛爭, 傍人不能解者, 輒嚇之曰:

"張五福來!"

嘗醉行廣通橋, 有一屋轎過, 婢從甚都. 昪夫見五福醉而憂過, 以手搏之. 五福怒曰:

"何物僕賤? 乃敢爾? 此乃轎中人故."

以雙刺轎底, 巧中夜壺, 錚然有聲, 一市皆驚. 此張元帥志恒嬖妾也. 元帥方帶捕將, 發卒縛致之, 欲殺之. 五福少無懼色, 大笑不已. 元帥怒問之, 五福曰:

"將軍在上, 盜賊屛跡, 小人在下, 紛競漸熄. 一世丈夫, 惟將軍與小人, 以一賤姬之故, 欲殺丈夫? 一死不足畏, 竊笑將軍非丈夫也."

元帥笑而釋之. 隣有皮鞋匠, 月致一鞋於五福. 五福怪問故, 匠曰:

"竊有一事相干而未敢."

曰: "第言之."

曰: "某妓常所艶慕, 而力未能致, 願爲小人圖之."

五福曰: "難矣. 第容思之."

一日, 招匠而授一計曰: "大膽而行之. 不則敗矣."

明日, 五福坐於匠心中姬家, 群少滿堂. 匠作浮浪狀, 披衣振腕而入. 問群少曰:

"張五福在否?"

五福聞而從後牖逃之. 群少問曰:

"見張五福何爲?"

曰: "彼狼爲閭里患, 吾欲爲人除之."

群少相謂曰: "此張五福之所畏, 況吾輩乎!"

皆散去. 匠謂姬曰:

"吾將留宿以伺五福."

姬待之如不及. 以恣一宵之歡. 歸謝五福, 五福曰:

"趣歸業, 愼勿言."

•『壺山外史』

狂人광인

逐官長知印打頰

　　湖南一守宰, 政令嚴急, 刑罰苛酷, 人皆惴惴, 不保朝夕, 累脇而息, 重足而立. 一日, 首吏聚官屬而謀之曰:

　　"官家政事顚倒, 刑罰殘酷, 一日苫官, 誠有一日之害, 若過幾年, 則非但吾輩, 將無遺類, 村里擧皆離散. 如是而何以爲邑乎? 盍謀所以逐之!"

　　就中一吏曰: "如此如此則何如?"

　　衆皆大喜曰: "此計大妙."

　　遂爛熳相約而散.

　　一日, 其倅朝起, 受仕官訖, 適無公事, 獨坐看書. 不意年少通引近前, 擧掌打其頰. 其倅大怒, 呼他通引, 使之捽下, 諸通引面面相顧, 無一從令者. 又呼吸唱使令輩, 擧皆不應, 皆掩口笑曰:

　　"案前主失性乎. 豈有通引手打案前主頰之理乎?"

　　其倅本以燥急之性, 重以憤怒撐中, 推窓擲案, 大叫亂嚷, 擧止駭妄, 言語胡亂. 通引輩, 奔告冊室曰:

　　"案前主忽生病患, 不能安靜, 大發狂譫, 見方大段."云.

　　其子弟及他冊室, 蒼黃上來, 則其倅乍起乍坐, 或手打几案, 或足擲窓戶, 動止狂嚷, 萬分殊常. 見冊房人之上來, 語其通引打頰, 官屬拒令之事, 而憤氣所使, 語無倫脊. 且以心火大動, 眼睛皆赤, 遍身流汗, 滿口流沫. 冊房輩見此貌樣, 狂病之發, 十分無疑. 且以通引事言之, 旣非目睹, 揆以常理, 似無是事. 遂從容近前告曰:

　　"大人且安坐靜養. 通引輩雖沒知覺無人事, 寧有打頰之理? 似涉病患矣."

　　其父倅又不勝憤忿, 大罵曰:

　　"汝非吾子也. 汝亦爲通引輩分疏乎? 速速出去, 更勿現形也."

　　其子乃邀邑中醫人, 請診脉服藥, 其倅拒之曰:

　　"吾有何病, 而欲使之服藥乎!"

　　罵醫却藥, 終日跳踉. 自冊房以下, 皆認以病患, 誰復聽信其言乎? 今日如是, 明日如是, 忘寢廢食, 眞成狂病. 邑村官民, 無不知之. 監司聞之, 卽爲狀罷, 不得已治行上京. 歷見監司, 監司問曰:

"聞有愼節, 今則如何?"

其倅曰: "某非眞病也."

方欲引出其事之顚末, 監司遽揮手却之曰: "厥症更發矣. 須速速起程也."

未敢畢說而辭退. 還歸其家, 靜思其時之事, 不勝忿恨, 而纔欲發說, 輒歸之以舊病復發, 便欲邀醫問藥, 終不敢發諸口頭. 及至衰暮之境, 以爲今則年深歲久, 已屬先天, 雖復發說, 寧或歸之於舊病乎. 乃會諸子語之曰:

"某年莅某邑時, 通引輩打煩之事, 汝輩今亦以狂症知之乎?"

諸子輩愕然相顧曰: "大人此證許久不發, 今忽復肆, 此將奈何?"

顯有憂悶焦迫之狀, 其人遂不敢復言, 仍爲大笑而止. 終其身, 含忿而不能明其心云.

• 『靑邱野談』海外蒐佚本 甲本 권2

扇 부채
擧扇更高

一守令, 凡百不敏, 而但以倨傲爲事. 其腦後之扇, 令人可憎故, 乃爲衙屬老少之貽笑矣. 一日, 年少衙前乃曰:

"吾使案前之腦後搖扇, 猝下於頤下, 諸君何以報謝乎?"

衆曰: "然則必辦酒肴以謝."

年少衙前, 以其同僚, 入於三門外, 使之窺見. 卽匍匐而伏入于廳下. 則倅長垂笠子貝纓, 儼然整坐, 擧扇大開, 而自腦後至膝, 徐徐一周. 遽曰:

"汝何入來耶?"

吏請辟左右後, 密告曰:

"俄者, 破笠弊袍客, 來乞作廳故, 心甚怪異矣. 今又行色, 信若是京人者數人, 率驛馬及四五步從, 似有所待, 而蹰躇五里程近處. 小人之愚見, 頗極殊常, 故敢此密禀也."

倅大驚, 面色如土, 僅舒其扇三四貼, 搖於頤下而言曰:

"此必是暗行御史也. 汝何不趁時來告耶? 汝速出更探也."

仍坐不安席, 起而復坐, 坐而復起. 吏旋出之際, 周回廳上不知幾許次, 搖扇之急如星火. 衙前出語其僚曰:

"吾之術, 果何如哉?"

衆曰: "奇也. 汝用何法, 而能使¹案前搖扇如前爲之耶? 若然則酒肴比前爲倍."

吏應答後, 卽忽忽輕步而入, 則倅搖扇促召曰:

"有何所聞耶?"

對曰: "俄者乞客, 作伴由大路而下, 不知向何去."

倅喜曰: "何等御史, 敢入吾境耶!"

卽高手擧扇, 緩徐如前, 窺見者大笑其倅之愚痴也.

• 『禦睡新話』

---

1 使 원래 '以'로 나와 있는데 문맥으로 보아 바꾼 것임.

名唱 朴男 명창 박남

寒泉李公, 嘗獨坐, 有人衣冠甚盛, 不通刺而入來. 寒泉雖不知爲何人, 迎揖, 其賓主禮. 其人無他語, 只曰:

"竊有疑晦文字間, 敢此有問."

答曰: "何事?"

其人曰: "魯論舞雩章, 冠童之數, 幾何?"

答曰: "冠者五六人, 童子六七人外, 更有何疑耶?"

其人曰: "以賤見似不然矣."

寒泉以爲有別般意, 問之曰: "願聞其說."

其人曰: "冠者乃三十, 童子又四十二矣."

寒泉駭之, 然旣是初見故, 不甚强責, 只問曰:

"尊居在何處?"

答曰: "居於湖南, 名朴男. 今者之來, 非爲見先生, 爲問冠童之數, 而所答極不瑩然. 可知其先生爲學[1]也."

仍告辭而起. 寒泉亦揖而送之. 心甚怪之, 後逢湖南人, 問曰:

"尊同道儒生朴男爲名者? 顔貌果如此, 其所問亦如此, 極怪駭, 是何人乎?"

聞者細思, 則 "元無儒生朴男, 只有名唱[2]朴男漢."

以此對之. 寒泉始知其見欺. 盖朴男者以善唱冠擅國内, 能使人笑之悲之. 嘗當科時, 到寒泉店, 此店李公所居前村. 赴[3]科士子四五人亦同入, 盛稱李公經學曰:

"人之見者, 自不得不敬矣."

朴男曰: "吾當往見, 若不得能作戲事, 吾當受罪. 如能作戲, 行次, 具酒饌, 設一

---

1 學 『기문습유記聞拾遺』본에 의거하여 보충한 것임.

2 唱 원래 '倡'으로 나와 있는데 『기문습유』본에 의거하여 바꾼 것임.

3 赴 원래 '小'로 나와 있는데 『기문습유』본에 의거하여 바꾼 것임.

卓矣."**4**

卽往寒泉家, 果作此擧, 聞者絶倒.

嘗又同里, 有上番人之妻, 持自京來家夫書, 請見曰:

"爲我詳傳書中**5**辭意."

朴男展見移時無語, 而但泣下如雨. 其女以爲他人見他人書, 若是悲慘者, 書中必有大端事. 心內罔措, 先亦淚湧, 催問書由曰:

"須急道勿諱."

朴男復曰: "吾之悲, 非見書而泣. 年近六十, 未解諺文, 不能知此書辭意故, 以此泣之."

厥女大怒, 奪書而去.

一日, 又路逢同邨尊位. 尊位騎馬, 渠亦騎馬. 渠不下馬, 伏於馬上曰:

"小人拜謁."

尊位大怒, 捉下數之. 朴男曰:

"尊位主, 試思之. 尊位若步行, 朴男若步行, 相逢於路上, 勢當拜於路上. 今者, 尊位與小人, 俱騎馬, 以此推之, 步行與馬行之逢等耳. 若以尊位所敎施行, 相逢於步行之時, 則其可掘地而入拜乎? 吾曾與寒泉大監相揖. 不畏華陰令久矣."

尊位大笑.

• 『二旬錄』

---

4 如能作戲, 行次, 具酒饌, 設一卓矣 원래 '如試, 行次, 亦其酒饌矣'로 나와 있는데 『기문습유』본에 의거하여 바꾼 것임.

5 書中 원래 '爲書'로 나와 있는데 『기문습유』본에 의거하여 바꾼 것임.

假面 가면
毆打家長

生員家洞里, 山行砲手之妻免醜, 恒存於心, 而其夫在家, 無以乘隙. 一日, 謂砲手曰:

"汝何不山行乎?"

砲手曰: "無路費, 不得行."

生員曰: "路費有幾許然後行乎?"

砲手曰: "多多益善, 少不下十緡."

生員曰: "何其多也?"

砲手曰: "非但路費, 有山告祀, 十緡無多矣."

生員曰: "吾當備給, 汝須多多捉來. 與吾分牛可也."

卽給十緡. 砲手擭知其生員有心渠妻矣. 受十緡後, 與其妻約曰:

"吾當如此矣, 汝如此如此."

下直生員曰: "小人發行, 則家中只有一妻. 生員主, 忘勞種種顧視, 伏望."

生員曰: "此事, 汝雖不付托, 余豈歇后哉! 少勿慮焉."

其日夕飯後, 生員橫長竹反叉而來, 言曰:

"今日主人不在家, 獨守空房不難乎?"

女曰: "如生員主之人來遊, 則何難之有?"

生員卽入其房, 以言戲之, 隨問隨答, 以手弄之, 善酬善應. 生員心頗喜悅, 欲狎
昵, 則女曰:

"生員主, 欲與吾有交合之心, 則出彼縛面也. 不然則不聽矣."

生員曰: "彼物何物也? 第出視之."

厥女卽於架上, 出傀儡像, 欲縛面. 生員曰:

"此物縛面, 則胡爲乎好哉?"

女曰: "與吾夫同寢時, 每以此縛面則好矣, 不然則不好矣."

生員曰: "汝言旣如此, 第當縛之也."

厥女乃以厥像覆面, 以後纓緊緊縛之. 如此戲謔之際, 砲手自後庭持梃, 高聲大喝曰:

"何許賊漢, 入人之內房, 欲奸人之妻乎! 如此之漢, 必刺殺也."

空打壁打窓, 恐喝突入, 生員大怯, 欲脫其像, 則後纓緊結不能脫. 因縛逃走, 厥漢連以高聲, 追來大呼曰:

"賊漢入生員宅矣. 賊漢入於生員宅矣."

生員家大驚出視, 則果何許怪物, 突入內庭, 以梃亂打駈逐之際, 一洞皆驚, 毋論男女老少, 各持一梃而來, 亂打矣.

生員曰: "吾也."

像裡言音, 誰能辨知乎? 一樣亂打, 生員艱辛解脫, 乃生員也. 家中大驚曰:

"是何貌樣耶?"

卽擔入房中, 洞人各散. 一自以後, 不敢出頭於門外, 又不敢言索錢之事.

• 『醒睡稗說』

水獺皮 수달피
獺耳還賣

峽中一兩班, 提得水獺皮一張, 自以爲世上無價之寶, 每遇商賈, 招以欲賣.

商曰: "價幾許?"

生員曰: "百金."

商駭然曰: "水獺皮一張價, 何其太過乎?"

因不言而去. 其後亦然, 非止四五人. 商賈等會於市場, 議曰:

"某峽兩班, 以水獺皮一張, 呼價百金, 可憎矣. 一嫌害之如何?"

皆曰: "善." 彼此約束.

一商, 故往厥處, 則生員又呼買去故, 商人一見而大贊大羨曰:

"奇哉! 此寶. 生員主, 欲買此物, 價格幾何乎?"

生員曰: "二百金."

商人曰: "價還差少. 然小人本錢不多, 只有五十金矣, 可割一耳而肯賣乎?"

生員暗思, 一耳價格五十金, 若皮全體論價, 則卒成一富. 乃許耳賣, 而捧五十金. 其後生員又呼商人, 而爲買去. 商人見水獺皮無一耳, 頓足歎曰:

"可惜哉! 此皮之無耳也, 不可復用."

生員悔其割耳見賣, 無可奈何. 其後復遇買耳商, 生員大叱曰:

"汝何欺吾而割耳乎? 賣全皮不用, 汝罪難逃. 若不還耳, 汝必大困矣."

商人佯作徨急之狀, 解其行裝, 還奉獺耳. 生員受而還價五十金, 商人收金而歸. 生員自此大喜, 而以爲全皮放賣. 其後又呼商賈欲賣, 則商人曰:

"斷耳不可復續矣, 今則雖一分不買."

生員怒而深藏之, 時値炎夏長霖, 獺毛脫落, 永爲失其本也.

• 『奇聞』

祠堂 사당
筆工毛糞

一蠢生居家, 信任一奴, 每事相議.

一日, 入謁祠堂, 則庭中一堆狗糞有之, 而牛毛雜在其中矣. 奴告主曰:

"此糞決非等閑人之所放也."

生曰: "果極怪異也."

遂出外舍之後, 招問于奴. 奴曰:

"此必是牛毛匠之所爲也, 小人當捉來矣. 生員主莫顧隣居之私情, 名[1]別痛治, 則後無此弊矣."

生然之, 使奴捉來. 則奴往毛工家, 而無數恐喝, 多受賂物, 與之偕行來. 生大叱曰:

"汝欲放糞, 則何處不可, 而敢入班家祠堂, 而放糞耶?"

使之無數提拽. 毛衣匠曰:

"生員主緣何, 知爲小人之所爲耶?"

生員曰: "糞中有毛, 則非汝而爲誰毛乎?"

毛[2]匠告曰: "小人手裁毛物, 而縫造爲衣, 然豈有食之之理耶?"

奴在傍告曰: "彼漢之所告, 似然也."

生然之. 奴遂放送毛工後, 又密告曰:

"必是筆工之所爲也."

又使捉來, 則筆工之所告言內,

"小人束筆之際, 雖以黃毛暫時納口, 豈有吞下, 爲毛糞之理哉?"

生亦難辨知故, 顧其奴, 則奴亦受賂於筆工也.

奴曰: "似然也."

---

1 名 원래 '格'으로 나와 있는데 정음사본에 의거하여 바꾼 것임.
2 毛 원래 빠져 있는데 문맥으로 보아 보충한 것임.

遂出送筆工. 生謂奴曰:

"然則闕糞, 誰之所爲也?"

奴曰:"小人有可疑之端, 惶恐不敢言也."

生曰:"吾汝之間, 何言敢諱耶? 汝須言之."

奴曰:"向日祭祀, 用牛足, 炙而不能精除其毛故也."

生曰:"婢等之不能精除牛毛, 必似然也. 放糞爲誰也?"

奴曰:"歆享祭祀, 魂魄之所放也."

生曰:"事或無怪也."

遂手握其糞, 埋于淨處也.

• 『禦睡新話』

雉꿩
用計得官

一武夫出身, 好身數·多智能, 登科十餘年, 未得筮仕, 可謂墙壁無依. 忽心生一計, 得一活雉, 而以箭貫其目, 往當時第一權宰家後園墻外, 投雉于園中後, 腰帶箭·手執弓, 急來門前, 大聲呼之曰:

"吾之雉, 落宅之後園墻垣內, 卽爲持來給我."

語聲甚高. 宰問之曰:

"何人以何事來鬧乎?"

奴輩告以一武夫持弓矢, 來言宅後園內, 有渠雉云云, 欲推來矣.

宰命召武人. 武人持弓矢而來, 立軒下, 好風采·能言語.

宰問: "君何人也?"

武夫曰: "小人卽出身而家貧閒遊故, 有時行獵. 有射才, 俄者持弓矢而適過宅後園墻外, 見一雉坐樹上故, 小人射中其目, 落于園中. 欲爲推去, 回來門前, 請于奴輩矣. 驚動尊聽, 不勝惶悚矣."

宰曰: "射中其目, 可謂神武."

武人曰: "小人射無虛發, 而其於中其目, 亦偶然耳."

宰卽命奴入園中, 持來其雉, 果箭貫其目, 尙有生氣. 宰稱之不已. 仍問曰:

"君之地處何如, 科甲當爲幾年?"

武人曰: "小人父, 邊地武弁, 早死, 祖·曾祖以上, 或經防禦, 或有閫任矣."

宰曰: "然則好地處武弁也."

武人曰: "小人早失嚴父, 更無至親, 獨依老母, 貧不自存. 登科亦已十餘年, 以無勢之故, 至今作閑遊客矣."

宰曰: "君之凡百如此, 而潦到如許, 誠可矜也. 君須在吾側, 以爲發身之道如何?"

武人曰: "固所願不敢請. 下念及此, 不勝惶感."

宰仍置左右, 武人竭誠事之. 果是能幹, 而無處不當. 宰甚愛之. 過數月, 武人

告曰:

"聞宣傳官方有闕, 若得大監一札於兵判, 則似無慮矣. 伏未知如何?"

宰曰: "吾當圖之."

卽爲書札於兵判, 兵判回答, 以今番則適有親切人求處者, 後窠卽施云云. 宰以書示之曰:

"兵判答狀如此, 姑捨後窠好矣."

武人默然出外, 言于守廳曰:

"吾方欲歸家, 汝入告大監, 向者吾之生雉價推來也. 吾欲持去矣."

奴入告, 宰大怒曰:

"渠背愛恤之恩, 敢言雉價, 不告而去耶? 今知其無狀漢."

出給一兩錢曰:

"給此, 而卽爲驅出."

怒氣不止, 仍于作書於兵判曰:

"俄者所託武人, 亦非親切人. 今知其爲人之萬萬不可, 非但今番, 雖後窠勿爲檢擬也."

以爲此台怒於後窠之說, 有此不快之言. 方欲作答書之際, 宣傳官忽有口傳差出之命, 兵判卽以其武人首擬蒙點. 武人旣得之, 乃往宰家入拜. 宰怒責曰:

"君以何面目, 敢來見我乎?"

武人笑曰: "小人死何敢忘大監愛恤之恩? 見兵判之不諾, 小人出外而推雉價, 自外退去, 則大監必觸怒, 而以勿施小人職, 更報於兵判. 兵判則必以大監之怒於不卽施, 知之不安, 而卽施之矣. 故如是生計矣. 大監與兵判, 果然中於小人之計較, 而小人則得此官矣. 伏望大監下諒而恕罪如何?"

宰回嗔作喜, 拍案奇之曰:

"能哉君也! 奇特哉君也! 汝可將材."

無數稱道. 武人自此永爲心服之人, 宰亦以力主獎用. 武人官至統制, 後爲閫帥云爾.

•『攪睡襍史』

鳳 봉
知奸飾愚

古一上番鄕軍, 性甚詭譎多詐, 人多墮其術中. 一日, 過鷄廛, 見一雄鷄, 體甚大, 貌甚斑, 與凡鷄大異. 心生一計, 就坐而以手摩挲, 佯作大奇之狀, 稱佳不已. 乃問鷄主曰:

"此何物也?"

鷄主見其人之痴蠢, 心笑之, 乃答曰:

"此是鳳也."

鄕軍瞠眼吐舌曰:

"吾只聞鳳名, 未見鳳貌, 今果得見矣. 願君許買於我如何耶?"

鷄主曰: "買去也."

鄕軍曰: "價爲幾許?"

鷄主曰: "二十兩也."

鄕軍大喜, 卽以二十兩買之. 乃以一紅褓裹之後, 盛于新漆盤, 雙手捧之, 卽入刑曹. 坐起則庭下跪告曰:

"小人適得一鳳, 聞則此是國之瑞物. 小人之淺誠, 欲進上而納之. 願大監主, 卽爲進上, 則下情甚幸矣."

秋曹, 使之持來, 解褓見之, 則卽雄鷄也. 秋堂責之曰:

"此是鷄也. 汝何妄言如是乎?"

鄕軍曰: "果的是鷄乎? 然則願推價錢以給之地, 伏望."

秋曹曰: "汝以幾許錢, 買於何許人乎?"

鄕軍曰: "鍾樓上, 一人謂之鳳而價爲五十兩云. 故小人不惜, 而依其言給買矣. 果是鷄則旣有欺人之罪, 五十兩, 又非盜乎? 京人之孟浪如此, 明政之下, 卽爲推給, 伏望."

仍無數泣告. 秋曹, 卽以下令捉來鷄廛人, 問之曰:

"汝以此鷄謂鳳, 而賣於此漢耶?"

鷄塵人曰: "果賣之矣."

刑曹嚴查曰:

"以鷄曰鳳, 而捧價五十兩, 豈非白晝强盜乎?"

塵人曰: "彼漢見此鷄, 疑非鷄, 而大奇之, 問是何物. 故小人笑其愚蠢, 笑答以鳳, 問其價, 則笑答以二十兩. 彼漢卽出二十兩買去, 故小人心甚絶倒, 姑捧置, 而待其卽覺來推, 欲還給矣. 豈有故欺, 而行如此之事乎?"

鄕軍乃大哭哀告曰:

"小人丁寧給五十兩, 彼乃曰二十兩, 白地經訴, 欲橫奪人之三十兩, 則天日之下, 豈有如此至寃之事乎? 伏乞, 嚴查推給, 俾無智鄕人, 不失重財, 祝手祝手."

秋曹責鷄塵人曰:

"侮瞞愚氓, 白晝奪人之財物, 今於餙辭掩奸, 可乎? 一鷄之價, 多不過七八兩, 汝旣云捧二十兩, 此非賊漢耶? 以此觀之, 彼漢之給五十兩云者, 豈非虛言也? 一鷄之捧二十兩者, 豈不捧五十兩乎?"

乃欲嚴治, 塵人有口莫辨, 乃告曰:

"小人, 以一時譏弄, 乃反見欺於彼漢. 至於此境, 無辭發明."

秋堂, 終以塵人, 推捧五十兩, 而出給鄕軍, 鄕軍百拜稱謝而退. 盖人之至奸, 訟亦難辨, 聞者傳笑.

• 『攪睡襁史』

炭幕술막

弄猿一猿效商戱

京城東門外四[1]十里許, 有議政府宿幕, 卽楊州地也. 一日, 旅商十餘人入宿, 有弄猿者, 亦入其中. 晨鷄初鳴, 諸商盡覺, 各收拾貨卜, 方欲赴市. 其中一商之貨卜見失, 諸商驚駭. 騷動曰:

"門窓藩籬, 完鎖如古, 又無出入蹤跡, 而貨卜不在, 實可怪也."

店主出而言曰: "但致疑者, 惟家內也, 願諸商一審搜之, 以釋主人之疑可也."

諸商曰: "諾."

卜主入內, 無處不搜, 終不見痕. 此時弄猿, 亦無去處. 猿主心疑曰:

"無乃弄猿所爲歟? 雖然未可的知, 徐觀末來."

姑置不發矣. 東方始開, 微雨霏霏, 卜主出門循籬而見, 至家後栗木下, 林藪鬱密, 霧靄叢籠之中, 有一物乍動乍止. 卜主怪而熟視之, 非鬼亦非人, 貨卜在於此矣. 卜主性本懦怯, 知其爲魑魅, 失魂而告于衆商曰:

"卜物在彼, 而但魑魅魍魎守之, 故不敢携來矣."

衆商齊進望之. 此時東方旣明, 微雨乍霽, 有弄猿着蘆笠, 將繫項皮條盤, 爲席而坐, 卜物盡解, 排設於前, 一如商人開市狀, 蓋效噸商賈矣. 衆商觀其所爲, 莫不折腰矣.

新院一賊奪商貨

廣州新院炭幕, 有商人十餘名入宿矣. 二更時分, 有賊漢五名, 假稱校卒, 燃炬而入, 呼主人, 秘密謂之曰:

"賊之同黨, 入汝家中, 今方捉去計料, 家內諸人, 毋或出入, 可矣."

因鎖外門. 諸人觀其容貌, 則二名形如捕校, 二名貌若捕卒, 一名蒙頭結縛, 殆如

---

1 '外'와 '四'의 사이에 '有' 자가 있었는데 불필요한 글자로 보아 삭제했음.

賊狀. 諸人面色如炭, 面面相視, 俱失其心. 校卒問蒙頭賊曰:

"汝之同黨何處耶?"

蒙賊對曰:"遍視然後, 摘告矣."

入上房商人處, 遍視而出曰:

"無乎矣."

入下房, 遍視而出曰:

"亦無乎矣."

校卒怒叱曰:

"汝善欺隱, 不能直告耶?"

毆打詰之, 蒙頭不勝其苦, 又告曰:

"更視後, 摘告矣."

又入上房, 遍視其中, 指一商曰:

"此漢卽同類."

校卒捉縛之. 又入下房, 亦如此. 商人極稱曖昧, 不能自明, 一次二次, 諸商盡爲被縛. 校卒謂主人曰:

"賊數夥然, 難以驅去故, 我必告官, 發軍而來. 汝可着意看守, 以待我來."

再三丁寧, 而諸商物貨以爲贓物, 因爲盡輸而去. 頃之, 東方已明, 終無期來. 主人使家丁, 往官探知, 元無是事矣. 然後, 諸人始知賊漢之假稱校卒. 星散四下, 搜打喊叫, 小無蹤跡. 日晚, 訴官發捕, 不知去處, 已至多日, 無一捉得焉.

蓋賊之陰計, 人必陷之., 兵法有曰, "賊謨難測, 豈不信歟."

• 『奇觀』

李泓이홍

古之人朴, 後人尙機. 機生巧, 巧生詐, 詐生騙, 騙生而世道亦難矣哉.

國之西門有大市, 市之售贗貨者藪焉. 贗之類, 證白銅爲銀, 質羊角爲玳瑁, 文獺皮以爲貂. 父子·兄弟, 互相作交易狀, 爭高下, 賭呪呶呶. 鄕之氓, 眤之, 以爲且眞也, 從其直買之. 售者得其計, 則利必什佰. 又有剽囊者, 錯出乎其間, 揣人囊橐中物, 以利刀割而取之. 覺而逐, 則迻迤¹走賣醬巷, 巷之狹且多折者也. 幾及之, 有負笆子者, 叫買笆子而出, 路塞不得前. 是故入市者固錢如陣, 審貨如嫁, 猶見墮於騙也. 三韓之民, 古稱淳素. 近世有白勉善之類, 多以騙人名, 豈俗日趨下, 淳素者變而爲欺詐耶? 上古顓蒙之世, 亦自有奸譎者間之耶?

李泓漢陽人也. 好風神, 有言辯才, 初得者, 不知爲騙人人也. 性輕財, 好侈華衣食以自度, 而其家固自貧也. 泓嘗游巨室, 談水利, 以錢累萬, 從事於淸川江, 日擊牛釃酒, 勾遠近名妓, 所招無不至, 惟安州妓一人, 技色爲關西最, 節度使昵之, 雖別星過者, 莫得窺其面. 泓無以致, 泓與其徒賭約, 游安十日, 必狎而歸. 逐馱而乘, 肩錦掛子, 馬無牽, 只從笠者一人, 鳴鞭入安州城, 物色者, 皆以爲松都²大賈也. 抵妓家館焉, 妓之父, 軍校之老而開店者也. 泓約曰:

"吾所挾, 重貨也. 所館, 勿許人更入. 吾行待人也. 遲速未可卜, 歸日當淸帳, 自來食不健, 朝夕必精, 勿憂直多也. 烟債任主人."

妓父視其人, 賈也, 示其所馱, 不浮而重, 盖銀也. 曰:

"此好客也."

遂掃室而受之. 泓入室環顧, 瞬㦜者久, 呼其從, 買壯紙來.

"人雖一日居, 安能臥此間?"

塗旣成, 安所馱於枕, 鋪羊褥·紫錦被. 行囊中出帳簿一大卷及珠籌·小硯, 閉戶,

---

1 迤 원래 '逞'로 나와 있는데 문맥으로 보아 바꾼 것임.
2 都 문맥으로 보아 보충한 것임.

與其徒, 日會計不足. 妓父從門隙聽之, 錦緞·香藥之數也. 妓父與其婦老妓謨曰:

"客巨商也. 見兒必悅, 悅必多所獲, 豈止爲節度使德也."

遂潛呼妓出侜, 至則拜於戶曰:

"尊客久留陋地, 少主人敢現."

泓忙謝曰:

"無. 女主人, 何必乃爾."

復置籌, 若目無見者. 妓父以爲是巨商, 眼傲, 且爲重貨然也. 夕遂從容謝之曰:

"兒陋耶? 客人太冷淡, 兒至今含羞也."

泓屢謝無意, 若黽勉而後從者. 妓設酒肴, 有歌舞盡歡, 幸而得伴寢焉. 自此乘間抵隙, 與客會者三四日. 泓始蹙眉作憂慮狀, 呼主人, 問曰:

"西路, 近無火漢乎?"

曰: "無."

"自義州幾日可到此?"

曰: "幾日."

"然則過矣. 馬病耶?"

主人曰: "客何憂?"

曰: "貨之自燕來者, 某日渡江, 某日與吾約於此, 尙不來. 是以憂."

語從人曰:[3] "汝可往城西門, 覘候."

夕又以不來告. 自是憂日煩, 至三日, 囑主人曰:

"吾之所以不得更進, 以重貨故也. 今則主人一家人也. 吾鬱欲病, 不能坐此等. 吾貨煩主人, 善看守. 吾且前進, 探以歸."

遂鎖其室, 飄然去. 從間路歸淸川, 果十日也. 妓家疑其久不歸, 發其囊, 皆鵝卵水磨石[4]也.

有下邑吏職納軍布者, 從千餘緡入京, 靡所館. 泓引與歸, 誘之曰:

"吾有蹺, 可以免脚錢花費.

吏悅, 遂以錢委之. 泓且朝暮得尺文, 居十餘日. 泓忽盛言南山之美, 以一壺酒,

---

3 語從人曰 원래 '從人'으로 나와 있는데 문맥으로 보아 바꾼 것임.

4 石 문맥으로 보아 보충한 것임.

從吏登至彭南洞少人處, 獨傾壺盡, 仍縱聲悲哭. 吏曰:

"一壺酒, 此不勝耶?"

泓曰: "長安信美, 吾將舍此, 安得不悲. 袖出一條絃, 絓松枝, 欲雉經."

吏大驚惶, 手挽, 叩其由. 泓曰:

"由汝. 我豈欺人一文錢者. 奈誤信人, 汝之錢已拐盡矣. 欲贖則貧, 欲仍置, 汝必督我, 我不如死. 休相挽."

套其頸, 且下跳. 吏惶甚, 跪而請曰:

"無若死, 從今當更不言錢矣."

泓曰: "不然. 汝雖欲寬吾死, 今如此言, 此, 言也非勞也. 吾何以辭汝督. 不如死."

吏自思之, 死與生, 無錢均, 死則且有言. 忙出筆墨於囊, 作已捧錢手摽而獻之, 懇無死. 泓曰:

"爾苟如此, 吾何用死."

拂依而歸. 自其夕, 驅吏去, 不入門. 按法風聞之, 拿致泓, 棍其臀一百, 泓幾死, 亦不死.

泓雖業射, 以某歲登武科, 非其射也. 既放榜, 其侈夸爲一榜最. 皷人皆衣靑苧帖裡, 垂沈香絲三尺, 手巾錢布之外, 人賜畫牡丹屛一, 及葡萄犀粧刀一. 人以爲泓出遊遠鄕, 多埽它人墳, 而斥祭田, 而資用云.

泓家在西門外. 嘗衣花紬襖, 左手循曼胡纓輪, 琥珀扇墜, 緩步從南門入. 見門外, 有鋪勸善, 擊磬求施者. 泓呼曰:

"僧, 汝立於此幾日?"

曰: "三日."

"得幾錢?"

曰: "僅二百餘文."

曰: "噫, 老死矣. 終日叫阿彌陀佛三日, 始得二百文者耶? 吾家富, 多兒子女. 業欲於佛氏, 作一椿好事, 僧之遇福也. 吾何施?"

若沈吟者久, 曰: "有鍮器, 有用乎?"

僧曰: "以鑄佛像, 功德莫大."

曰: "踵我."

遂前行, 入南門, 指燈戶曰:

"小憩此, 行."

酒人溫酒, 將美肴來. 連倒十餘卮, 撫錦囊子, 笑曰:

"今日出, 偶忘酒債來. 僧, 姑借汝鉢囊中物, 至且償."

僧計酒價訖, 復行. 顧而呼曰:

"僧來乎!"

僧曰: "謹隨."

曰: "鑰, 舊器, 衆或有阻擋者, 須善輸去."

僧曰: "許之在檀越, 持去在僧, 敢不善?"

泓曰: "然."

復入酒家, 以僧錢飲, 凡三四入, 僧之錢且盡. 復行語僧曰:

"僧, 凡事須有眼次."

僧曰: "小僧如是行半世, 所餘者, 惟眼次."

泓曰: "然."

復數步, 回頭語僧曰: "僧, 鑰甚大. 汝何以力?"

僧曰: "大益佳. 苟有得萬斤, 何難?"

泓又曰: "然."

時已度大廣通橋矣. 泓將轉向東街, 舉扇, 指人定鐘, 呼曰:

"僧, 鑰在彼. 善持去."

僧聞之, 自不覺回身急轉, 望見南山立良久, 遂疾走去. 泓緩緩向鐵㙇橋去矣.

泓之一生皆類此, 而此尤其最著者也. 泓既以善騙人名, 亦以是受國刑, 謫遠地去.

外史氏曰: "大騙騙天下, 其次騙君相, 又其次騙民. 若泓之騙末耳, 何足道哉. 然騙天下者君天下, 其次榮其身, 又其次潤屋. 而若泓者, 卒以騙坐, 非騙人也, 自騙也. 亦悲夫!"

• 『潭庭叢書』桃花流水館小藁

白文先백문선

盤松池—文先挾糖

闔家有私屠者. 禁隸, 隱身於隣家, 伺其肉出入矣. 主人亦先見其機微, 往見都監炮手白文先, 相議曰:

"君能使我免被捉之患, 則當多用牛肉以謝之."

文先隨往, 以油紙裹數升淬糠, 緊封而挾之後, 出門外. 左顧右視, 逃走如矢. 諸禁隸, 直趨及後, 則文先本是善步者, 直出南門外, 到盤松池, 而環走數巡, 僅得薄氷水路, 越入島中, 足不見濕. 諸禁隸, 不能越入, 住脚于池邊, 恐喝咆哮, 長呼出來, 而文先終不應聲. 諸禁隸濕足越去, 而艱辛捉得. 搜見油紙所裹, 則非肉卽淬糠也. 諸漢曰:

"汝之所挾, 旣非肉, 則何爲逃去至此乎?"

文先曰: "果禁屠者耶! 吾誤認. 吾則知汝爲禁酒刑吏, 逃走至此也."

其間屠家牛肉, 已盡移送于他處, 以免逢變. 白文先之行事謀計, 皆如此也.

• 『御睡新話』

中部字—文先放糞

白文先, 嘗於鐘路街上, 糞急無可[1]放處. 謂茵席商賈曰:

"茵席廣闊者有之否?"

賈曰: "有之."

文先曰: "此席, 捲而立地如屛相歛, 吾坐其中, 則吾之笠帽子, 可不觀於外耶?"

賈曰: "然."

文先坐入其中, 佯若試之狀, 而又言曰:

"取數寸杖與我, 則當作見樣矣."

---

1 可 원래 빠져 있는데 문맥으로 보아 보충한 것임.

賈如其言而得給, 則文先受之, 良久起立, 謂茵賈曰:

"此是中部字內耶? 西部字內耶?"

賈曰: "是何言耶?"

文先曰: "茵席賣買, 猶不可及. 君須速招部吏, 而除去此物也."

俯見其中, 以數寸杖, 爲浴木放糞, 切痛見欺也.

・『御睡新話』

致齋 — 欺人取物

僧徒出入城內之時, 一僧以宰相前犯路罪捕捉. 僧過白明善家, 明善見其僧之負物, 問曰:

"汝之負者何物也?"

曰: "米三斗, 錢二十兩也."

又問曰: "汝之年幾許?"

曰: "二十五歲矣."

明善垂淚嘆曰: "哀哉哀哉! 青春之年, 是何厄會也."

厥僧莫知何故, 問曰:

"何故如是乎?"

明善曰: "今若捉去, 則必死乃已. 雖生出獄門, 必遠配矣, 豈不哀矜哉?"

厥僧聞此言, 肝膽俱寒, 近坐而問曰:

"何爲則有無事之道乎?"

明善曰: "以吾之手段, 萬無好樣變通, 而第有一計耳."

僧又問曰: "有何計乎?"

明善曰: "此洞里, 有赤貧之人, 無室無家, 故晝夜以死爲願. 汝欲生去, 則汝之所持之物雖少, 給此人代命, 似好耳."

僧曰: "其人安在?"

明善曰: "汝欲代其人, 則不必多言, 所持之物置此, 不顧而去也. 吾當足不足間擔之矣."

厥僧聞其言, 卽棄所負之物, 不顧而走. 適一僧, 過其前, 明善呼其僧曰:

"禪師在何寺?"

其僧曰: "在某寺耳."

明善曰: "善逢也. 吾欲致齋於其寺, 方欲出去之際, 幸値禪師, 第坐此."

問于僧曰: "致齋則所入, 爲幾許?"

僧曰: "無多寡, 或數百兩可也, 或單百兩可也, 或七八十兩可也, 少不下五十兩."

明善曰: "吾之家計, 百兩太多, 家中所存之物, 出件記也."

出紙筆墨, 草件記際, 使令突入, 卽捉去. 厥僧莫知何故而捉去, 則入一衙門, 決笞十度放送. 厥僧, 亦莫知何故, 還來明善家. 則明善曰:

"不知不覺, 何故捉去也?"

僧曰: "小僧, 亦莫知何故而受笞十度."

明善曰: "日數不吉也."

僧曰: "俄者件記置何?"

明善曰: "致齋卽致誠也. 禪師受笞, 身不淨, 易月後更來也."

• 『醒睡稗說』

張福先 장복선

三韓古無俠人. 其往往稱俠者, 皆朋游花房, 以身許劍, 若古靑陵契者, 或不顧家貲, 飮酒業馬弔者也. 是豈眞俠人也哉?

近世達文, 以俠鳴於漢. 達文之爲俠也, 年五十不冠, 衣纑縷衣, 與豪富民被綾紗者相兄弟, 嘗游於友. 其友亡白金一封, 疑達文, 問:

"有否?"

達文曰: "誠有之."

謝其不告, 卽假諸它人而償之. 無何, 友人得所亡白金於家, 大慚懊, 還達文所償, 且重謝之.

達文笑曰: "無傷也. 汝得汝銀, 我還我銀, 何謝有?"

自是, 達文之名, 聞于世.

絅錦子曰: "具達文, 閭巷之長者也非俠也. 所貴乎俠者, 能輕財重施, 尙義氣周困急而不望報, 斯其爲俠人乎?"

張福先者, 平壤觀察營之主銀庫庫子也. 今尙書蔡公濟恭之按營也, 覈其庫, 所乾沒銀凡二千兩.

家素貧, 無以爲徵, 法當斬下獄囚明日且斬. 聞平人皆惜其死, 爭以酒食饋. 尙書夜使人覘之獄, 福先方引飮, 談笑自若. 忽索紙筆, 語人曰:

"我固死不惜, 恐我死後, 或疑我盜官藏以自肥, 不亦恥丈夫! 我且留下一錄, 以作契."

遂列書曰:

"某之喪, 貧不能斂, 我贈銀幾兩. 某之葬, 我贈銀幾兩. 我之嫁某娘, 冠某甲, 費幾兩銀. 某之糶, 某吏之徵逋, 皆我銀幾兩."

題畢而會之, 二千有贏. 明日朝, 旌牌旣張, 跪福先於庭, 且斬之.

平人相奔告曰: "今日, 張吏福先死."

老幼婦女, 匝圍而觀之, 至有泣者. 女伎百餘人, 皆擁髻襀錦裙, 羅跪庭下, 相和

而倡曰:

"乞饒它, 乞饒它, 萬乞饒它張福先.

美洞爺爺蔡尙書, 彼張福先乞饒全.

張福先如得饒, 此回知 登上台筵.

上台筵雖未然, 剪板姜子錦唐綦, 得小郎君在膝前.

乞饒它, 乞饒它, 乞饒福先俾終年."

歌未竟, 將校之在列者, 擲大柳箧於地, 揚于衆曰:

"今日, 卽張福先且死日也. 如有願贖者, 釀白金於此."

關西素饒銀, 俗且夸, 尟無以銀飾者. 於是, 或刀或簪, 婦女之或指環, 或釵, 或雜佩之屬, 紛紛然下如雪. 頃刻而以箧量者四五. 吏秤之, 爲銀已千餘兩. 尙書從民欲, 且奇其人, 命原之, 出五百銀助之.

翌日而官簿告充. 福先旣放三日, 而遠邑之載銀至者, 又二三人皆聞而樂之, 且慚其晩至也.

絅錦子曰: "若福先者, 眞俠人乎! 其爲鼠於官, 市恩於私者, 在法固當刑而若使福先, 家而有積金, 則亦豈盜官藏, 干國律乎? 東人性愿拙, 且儉於財, 鮮有以周急名者, 而福先以外邑一小吏, 綽然有古大俠餘風. 豈關以西, 在我東, 風氣土俗稍自異焉, 有輕財·重義·尙氣節·好名之習而然歟? 近歲客有過平壤者, 訪福先, 方往安州未返云."

•『潭庭叢書』桃花流水館小藁

代杖 매품

安州之氓, 有食於臀者. 外郡吏, 將受七棍於兵營, 置錢五緡, 購代杖者. 氓欣然代之. 杖者憎其屢也, 故下棍甚毒. 氓不虞杖之猝暴也, 然姑忍之, 再則不可堪矣. 遽屈五指示之, 謂將以五緡賂也. 杖者若不見也, 棍益力, 氓亦自知死不待杖之畢也, 五指俱伸, 知將倍賂. 杖乃輕焉. 氓出詫人曰:

"吾乃今知錢之貴也. 無錢吾必死矣."

氓徒知十緡之免其死, 而不知五緡之招其禍. 甚矣氓之愚也.

又有愚於此者. 刑曹杖百, 贖錢七緡, 代杖者受亦如之. 有以代杖生者, 盛暑日受百杖者再. 帶錢施施而返, 其妻又受杖百之賚, 迎告之喜.

夫顰蹙曰:

"吾今病矣. 三則不可."

其妻譆曰:

"暫時之苦, 而數日之飽, 吾及子樂矣. 錢幸至矣, 君何拒之固也?"

仍具酒肉啖之. 夫醉撫臀而笑曰: "可矣."

趨之而杖, 遽斃. 鄰里並疾其妻, 斥不之容丐, 死于道.

嗟哉! 二者並足爲世誡.

•『靑城雜記』

礦山村 광산촌

　　江界礦銀之盛, 四方雲集, 屋及山頂, 皆游食無賴者也. 聚首注眸, 惟礦戶之伺焉. 穴有守者, 封閉甚固, 時或微啓, 伺者輒投身而入. 穴深不測, 泥石滅頂, 而死傷之不恤, 惟幸其入也. 蛇行緣火, 至鑿銀之所, 銀塊磊落, 應鎚而顚, 遽抱之伏, 抵死不釋, 詈罵捶錣, 甘之如飴. 守[1]亦無如之何, 推之使去. 提銀出穴, 視天而禧. 持錢者趄而易之, 爭價相詈, 狗豚不離口也. 卒乃易錢而返, 詫而四顧曰:

　　"孰知我一丐而獲百金耶!"

　　緣道行謳, 四至而執其袂, 錢已散十二三矣. 其妻聞其謳而返也, 知其有獲, 忙出戶, 歡笑如迓登第之婿, 而夫故緩步而至, 慢聲以詈曰:

　　"若誰與私而緩開戶耶? 而看吾錢. 吾眞而夫也."

　　妻亦不以爲忤, 第共驕色視人. 促酒肉集徒衆, 啗之若素,[2] 賒[3]貿布一新其服, 未旬錢盡. 行丐如昔, 襤衣科鬢, 日伺于穴. 守者詈逐之, 則愧謝乞命不去, 甚或縱妻私人而食也. 客有談此事者, 爲之一笑, 志之.

　　評語: 說盡醜態, 筆力也到奇健. 嗚呼! 以吾觀之, 大凡打撈衣巾, 巧步工言者, 或有伺穴者之改頭換面焉.

・『靑城雜記』

---

1 守 원래 '工'으로 나와 있는데 문맥으로 보아 바꾼 것임.
2 素 원래 '棄'로 나와 있는데 문맥으로 보아 바꾼 것임.
3 賒 원래 '絼'로 나와 있는데 문맥으로 보아 바꾼 것임.

鯨고래

峽中有一夫, 或作芒鞋, 或爲火木, 見庄賣得錢文, 用之. 芒鞋價四五分, 火木一負價則二三錢, 都合善則四五錢五六錢也. 此以買得穀物而爲生矣.

一日, 隣人捕鷹一首, 賣庄得錢二兩也. 夫聞之甚羨曰:

"吾作網罟, 布於浦野, 則浦鷹數千首, 其利甚富矣."

因以做網罟, 其妻責曰:

"芒鞋火木, 足爲見庄之生涯, 此何濫慮乎?"

夫不聽,[1] 多做網罟, 浦野大布, 而其網繩繫乎腰間, 隱見鷹罹, 適爲鷹群數千首, 坐于浦野. 夫起而大聲逐之, 鷹群數千首, 皆驚飛, 罹于網罟者, 不知其數矣. 飛去漸高, 夫身亦爲漸懸浮去, 引隨鷹去, 身在空中也.

夫曰: "爾雖高飛, 必有捕時, 爲喜爲利."

鷹群行到大海中坐之, 夫亦落海中. 時一鯨吸水, 夫引入鯨服中, 而吸烟竹火見之, 則四面者肉矣. 以刀取肉, 火煨食之, 鯨死之. 水推海邊, 海邊人見鯨推至, 各持鍊刀捉之. 刀聲漸聞, 夫見于其糞孔, 高如山上坐也. 問曰:

"何故如是毁之乎?"

衆人怪之曰: "此漢有何狂漢乎?"

夫乃下陸問曰: "毁不毁, 何如間不計也. 吾之鷹, 何處去乎?"

此爲浪說, 可笑事.

•『別本 靑邱野談』

---

1 聽 원래 '請'으로 나와 있는데 문맥으로 보아 바꾼 것임.

虛風堂 허풍당

乾隆皇帝登極初, 求神僧於天下, 大會群僧于山東省.

我朝鮮松都一寺, 一僧號曰虛風堂. 虛風堂如狂人, 爲衆所推. 一日, 言於衆僧曰:

"吾聞乾隆皇帝, 求神僧云, 吾將入中原參席也."

衆皆不信, 狂說爲推焉. 虛風堂, 携一弟子僧, 俱行李[1]而强行仁川路.

諸僧目笑曰: "中原則西北行可也, 而今行仁川路, 可謂狂師也."

虛風堂不聽, 行到仁川海邊, 以錫杖投橋, 則大海忽如小溝也.

弟子大訝曰: "小子今知神師也."

虛風堂, 携弟子同越溝, 拾杖則大海還爲無邊矣. 行到山東省, 則天下群僧雲會, 祝待神師, 而卒無形迹, 群憂並出矣.

虛風堂, 趁入拜謁曰: "小僧居于海東松都某寺. 聞上國神師雲會, 幸參末席伏望也."

群僧下席迎之曰: "某日, 皇帝御臨之日也. 姑神師不到大憂, 今貴師幸臨,[2] 大幸大幸."

虛風堂, 作謝不已矣.

果到帝臨之日, 設宴陳排, 雲遮空中, 設臺雲間, 香烟繞界. 是日皇帝來臨, 群僧拜迎.

虛風堂前行拜謁曰: "天下神師雲會, 皇帝來臨, 惶感拜謁也."

皇帝望見群僧, 則僧衆身着五彩錦爛袈裟, 瑞彩繞身, 兩肩上各有佛主, 坐于蓮花上, 念佛之狀, 眞箇可觀, 難可形說. 皇帝大惑, 賜賞群僧而還御矣.

虛風堂謝於衆僧曰: "小僧歸去也."

---

1 李 원래 '利'로 나와 있는데 문맥으로 보아 바꾼 것임.

2 貴師幸臨 원래 '幸臨貴師'로 나와 있는데 문맥으로 보아 바꾼 것임.

諸僧多贈分與之物. 虛風堂出一裹帶盛之, 則入者無限. 入入如前, 不可量也. 於是俱裝後, 率其弟子, 還到海邊, 擲錫杖, 則海變如小溝矣. 越溝則乃仁川也.

行歸本寺, 則諸僚僧, 皆目笑曰:

"向昨入中國爲言矣, 果徑歸否?"

其弟子暗目之, 乃詳其實. 諸僧始知虛風堂之神僧也. 虛風堂笑而出裹帶曰:

"諸僧等, 欲食中國貴物乎?"

以手連出裹帶中物件, 而分贈諸僧, 終日不盡. 諸僧皆異駭曰:

"一小囊中, 不過一升之物, 而終日出分不盡, 是不異事哉?"

於是分畢, 虛風堂各謝諸僧, 手携錫杖, 行之數步, 不知蹤迹矣.

• 『別本 靑邱野談』

諧乘해승

假張飛─假託張飛

一人善古談, 同里有兩班, 日日招致, 使之古談, 如或不肯, 則必輒打臀. 古談者甚苦之.

一日, 兩班者又招, 古談者悶之曰:

"今則果乏¹矣."

兩班者怒欲打臀. 乃言曰:

"昔者三國時節, 漢將軍張飛與馬超相戰, 張飛出馬當前, 而高叫馬超曰: '爾知涿郡張飛耶?' 馬超卽應聲出馬曰: '吾則當世兩班也. 伏波將軍馬援之孫, 西凉太守馬登之子也. 世代漢國之公侯, 且智勇盖世. 故名聞天下. 爾則只是屠牛殺猪, 扣刀賣肉之都市白丁也, 吾何以知之?' 張飛聞之, 怒膽斗起, 瞋環目, 批勒髥, 攘臂奮拳而辱之曰: '汝兩班母之陰戶爲之, 則當出小兩班矣.'"

時古談者, 直面其兩班者, 假託張飛之儀樣, 而迭奮兩拳, 凌辱其兩班者. 兩班者厭之, 回頭揮手曰:

"止矣, 止矣."

• 『陳談錄』

還穀

龍仁西村, 有善虛言者, 荷蕢而過鄕班之前. 鄕班曰:

"汝爲我一虛言."

其人曰: "虛言誕語, 皆是閒時事. 適當受還之行, 無暇念及矣."

鄕班曰: "分糶屬耳. 又何有分糶耶?"

其人曰: "生員主不聞否? 官家適有上京之事, 預分來等之意, 俄有面任之知委耳."

---

1 乏 원래 '久'로 나와 있는데 문맥으로 보아 바꾼 것임.

鄉班急使家奴, 往受還穀, 則倉庭寂廖, 初不開庾. 問于邑人, 答曰:

"分還亦有其數, 其將一月十給乎?"

奴無聊而退, 歸語其主. 鄉班招其人, 責其虛言. 笑而答曰:

"旣請虛言, 安得不虛言乎?"

•『破睡錄』

神主—抱似狗雛

一生員移舍時, 以貧寒故, 抱神主而去. 忽一老嫗, 追後而來, 呼曰:

"生員主, 生員主, 他矣狗雛, 出置以去也."

生員聽而不聞而來也, 卽追挽其衣曰:

"他矣狗雛, 胡爲盜去乎?"

生員曰: "兩班豈盜汝之狗雛乎? 放衣也."

嫗曰: "此狗雛, 卽小女之單件也. 出給以去."

生員不耐其苦, 乃忿然而出神主視之曰:

"此汝之狗雛乎? 汝之狗雛乎?"

厥女云: "抱去樣若狗雛, 故如是矣. 少勿嫌焉."

•『醒睡稗說』

狗兩班—拜皮服

鹽商, 過北道之山村矣. 有頭着狗皮冠, 身穿狗皮衣者, 恐喝鹽商曰:

"爾何許人也, 而見兩班不拜耶?"

鹽商曰: "姑未及. 無知覺之致也, 恕諒之如何?"

皮服者, 責之不已. 鹽商於心中憤悶. 此際, 忽一狗吠門外. 鹽商見之, 忽忙納拜. 翁怪之曰:

"何爲見狗納拜耶?"

鹽商曰: "此亦蒙首狗皮者也. 無乃生員宅子弟道令主耶?"

•『陳談錄』

盜賊兩班―何呼盜漢

盜入人家, 暗伏於廳下, 主人已知之, 以杖觸之. 則盜曰:

"戲之過矣. 恐傷我目耳."

主人曰: "吾豈與盜漢爲戲耶?"

盜漢出奔曰: "吾是班族也. 汝何不稱我 '盜賊兩班', 敢呼 '盜漢'耶? 吾旣不取汝物, 則吾是無罪也. 汝則當有以常漢詬辱兩班之律也."

•『禦睡新話』

牛學―敎牛孟子

生員家奴子, 不善使役事責之. 則厥奴獨語曰:

"生員主安坐讀書, 不知此漢之苦勞."

生員聞之, 乃曰: "然則汝則讀書. 吾則代汝之事矣."

乃使厥奴, 着網巾, 又着襪子行巾, 跪于冊床前, 敎『孟子』. 則厥者頭痛脚痛大發, 又出嘔逆, 一時難堪. 乃謝罪曰:

"使役易, 讀書難. 自今爲始, 善使役矣."

生員曰: "兩班事, 見雖似安, 實則難也."

厥奴曰: "果然哉."

其後, 厥奴持牛隻耕田, 牛不善耕. 責牛曰:

"此牛必跪於冊床前, 敎『孟子』矣."

•『醒睡稗說』

奴替科行

一鄕士, 當式年, 以科行爲慮. 其奴曰:

"生員主, 何以爲憂?"

士曰: "艱困兩班, 又當科期, 豈不爲憂哉?"

奴曰: "每當科時, 生員主行次, 則奴馬之煩費不少, 苟艱家力, 勢難辦²得故, 今年科場, 小人替行, 則但用名紙及路費, 其他浮費大減矣."

---

2 辦 원래 '辨'으로 나와 있는데 문맥으로 보아 바꾼 것임.

士叱曰:"汝何能行兩班之事乎?"

奴曰:"豈不知投試紙於橋下也."

•『禦睡新話』

擬王―不知爲減

一蔭官, 作宰外邑. 月白風淸之夜, 坐於東軒, 得聞閉門鼓角之聲, 口稱"好矣好矣", 以肩舞動. 妓生通引等, 心甚笑之, 衝動其興曰:

"自古云, 邑倅擬王位, 而減制度云矣."

倅曰:"吾不知爲減也."

益肩舞.

•『禦睡新話』

貧客―吾有一技

一富漢, 亦解文字, 又精詩筆, 故常自驕傲, 視人如芥.

一貧客來訪, 將欲求乞, 而時適冬天薄着. 僅敍寒暄後, 坐在房側矣.

俄有數三駄來到矣. 主人顧客曰:

"君將此物, 納于樓上庫也."

客辭以力小不能擧. 主人擲舌而自解其衣爲之.

又出冊子給之曰:"君須書此, 以幾百兩銀子自某家來也."

客曰:"吾不能書也."

主人疾視曰:"如彼飢困, 誰怨誰咎也? 然則所能者何事耶?"

客曰:"吾一能. 君欲知之耶?"

遂以兩足, 正躝主人之胸, 又以兩手, 連打主人之腮, 聞者快之.

•『禦睡新話』

春同知―春號同知

鄕漢吳莫쬬, 居于鄕谷, 家富多錢. 捉虎而爲堂上, 納粟而爲嘉善, 鬢着金環, 行身儼然. 隣里多有兩班, 當窮春飢困之時, 則往其門外, 呼之曰: "吳同知云", 乞糧貸錢而去. 秋收後, 槖有餘糧, 而無可借於吳同知, 則諸貧班言必稱'隣漢吳莫쬬'.

人都叫他'春吳同知'·'秋吳莫乞'云.

•『禦睡新話』

冠工一冠工利口

冠工總角, 造御冠, 不適於玉體. 卽退給曰:

"更造以來."

冠工受其冠, 仍着於其首而出去. 承旨怒責冠工曰:

"其冠卽我纔加之於玉體之冠, 汝何敢着其冠乎?"

冠工兒猝然答曰:

"此非着之也. 此冠, 重且別矣, 挾之不可, 擔之不可, 抱之不可, 亦惟戴之, 則方以戴之乎? 倒而戴之乎? 不可不正以戴之. 正以戴之, 則自爾着之, 非故爲着之也."

承旨笑曰:"善."

•『陳談錄』

平等之道

一善戲謔者, 欲辱業醫者, 對醫談古曰:

"昔自冥府, 推捉妓女·偸兒·醫生. 閻王問于妓曰:'汝則在世之日, 所業何事?' 對曰:'小人則以冶容麗服, 公子王孫之豪遊富俠者, 前迎後送, 備逞妖艶之態, 見金而爲生矣.' 閻王:'不害. 爲悅人之事, 當令還生於樂地矣.' 又問于盜曰:'汝則業何?' 對曰:'小人則狗偸鼠竊于富豪之家, 已用而有餘, 則或濟人貧乏矣.' 閻王曰:'汝亦不害. 爲平等之道, 當令還生於樂地矣.' 又問于醫曰:'汝則業何?' 對曰:'小人則牛溲·馬渤·敗鼓之皮, 俱收幷蓄, 廣濟萬病, 藉此爲生矣.' 閻王勃然大怒曰:'近有發捕, 輒多拒逆. 故吾固疑之, 果有此老慼懨.' 命促令具桎梏, 押付酆都. 醫生顧向妓女與偸兒曰:'歸語吾家. 此後則使吾妻學妓, 使吾子學偸, 期免地獄之苦可矣.'"

•『破睡錄』

三葉錢

洛有破落戶, 朱五金三者. 朱曰:

"吾等年將四十, 尚無所業, 實愧世人. 試爲賣酒, 而雖吾兩人之間, 誓不給債, 以觀其殖, 如何?"

金曰: "善."

乃辦[3]一壺酒. 又議曰:

"煩囂處, 則賣買必不從容. 盍向靜處?"

乃登北岳, 無人可賣. 金三適有三葉錢, 出給朱五而飮一盃, 朱五又以其錢, 給金三而飮一盃. 互買互飮, 抵暮. 朱五曰:

"雖是爾我, 未嘗給債, 酒則已盡, 而錢則只三葉而已. 未知何人盜我錢乎?"

乃破酒壺, 酩酊而歸.

　　　　　　　　　　　　　　　　　　　•『破睡錄』

瓮算

瓮器商, 負瓮器一負, 休于樹下, 默算曰:

"給一分者, 捧二分, 給二分者, 捧四分, 給一錢者, 捧二錢, 一負爲二負, 二負爲四負, 一兩爲二兩, 二兩爲四兩, 次次倍之, 終至萬億兆."

乃曰: "財産如此, 丈夫處世, 豈無妻乎? 有妻後, 豈無家乎? 有家後, 豈無器皿乎? 如是之後, 一妻一妾, 男兒之常事, 有妻妾之後, 若有爭鬪之事, 則當如是打之."

卽拔支機杖, 亂打瓮器後, 坐而思之矣. 萬不成說, 非但瓮器盡破, 支機幷破, 傍有三分價小盆一介矣. 拾而去之, 路逢驟雨, 入冶爐中, 避雨而坐, 更算曰:

"以此三分價者, 捧六分, 以六分買二器, 捧一錢二分, 次次倍之, 其數亦不可量."

乃搖頭揚揚之際, 其亦觸爐壁破之.

　　　　　　　　　　　　　　　　　　　•『醒睡稗說』

風雲傳—張風雲傳

優倡之方戱也, 男女傾城縱觀. 其中有一人, 特立於高邱上, 而好奢衣冠, 容貌如玉, 超出於衆會之中, 眞一世之奇男子也. 衆皆欽慕仰望, 而不敢接語矣.

────────────

3 辦 원래 '辨'으로 나와 있는데 문맥으로 보아 바꾼 것임.

其人見衆人之景仰, 偉然自得, 指優倡而言曰:

"古亦有此等矣."

就中諸人方不勝欽仰之際, 聞其說道, 並皆幸喜. 意以爲必將有珠玉之說. 同聲並應曰:

"古事, 可得聞歟?"

其人惟离腹搖扇墜曰: "昔者, 張風雲."

語未及終, 諸人皆揮而回立曰:

"誤矣, 誤矣!"

•『陳談錄』

小說册

一婦生子, 而孩兒日夜不寢, 呼啼無已. 其婦持一卷小說册, 開列于兒前. 其姑恠問其故, 則婦曰:

"此兒之父, 平日無睡時, 若對此册, 則就睡耳."

姑曰: "其父則看得其文義之滋味故也. 然孩兒豈好耶?"

俄而兒果眠焉. 婦曰:

"老人妄不知事理也."

•『禦睡新話』

十七字詩

亢旱太甚之時, 邑宰設祭祈雨, 而齋宿之所, 適與妓家相近. 一士人心甚不快, 作詩譏之曰:

"太守親祈雨, 精誠貫人骨.

夜半推窓看, 明月."

太守聞而怒之, 捉致決笞, 則士人又作曰:

"作詩十七字, 受笞二十八.

若作萬言疏, 必殺."

倅又聞而益憎之, 卽報巡營, 使之定配矣.

其發行也, 士人之內舅, 以酒肴餞送. 其舅適眇一目者. 士人作詩曰:

諧乘해승 497

"斜日楓岸路, 舅氏送我情.

相垂離別淚, 三行."

盖指其舅之無兩行淚故, 賦言之也.

•『禦睡新話』

高歌一唱高歌樑上豪傑

柳參判淰, 嘗定女婿, 盛備婚具, 置於內堂樓上, 而樓中又有大甕, 滿儲旨酒.

一日柳公寢於內堂, 忽有歌聲如在耳邊, 諦聽之, 發自樓上. 柳公大驚, 急蹶起婢子, 燃燭照之, 呼召眾婢, 上樓看之, 則有一大漢, 鬖髮赤面, 醉倚衣袱. 一手持瓢, 一手皷脾, 凝睇睨人而歌曰:

"平沙落鴈, 江村日暮. 漁舟歸, 白鷗眠, 何處一聲長笛, 醒醉夢."

慢調寥亮, 屋樑可撼. 歌而又歌, 畧無聞覩. 上下莫不驚駭, 結縛投下樓窓, 致之中庭. 兀然醉倒, 認之而不對. 黎明視之, 是居在不遠之地, 常民之素不潔者也.

柳公笑曰: "此是盜賊中豪傑."

遂解而逐之.

•『靑邱野談』

別集

燕巖小說

작자 미상「후원아집도後園雅集圖」(국립중앙박물관 소장)

放璃閣外傳방경각외전

自序

友居倫季, 匪厥疎卑. 如土於行, 寄王四時, 親義別序, 非信奚爲? 常若不常, 友
廼正之, 所以居後, 廼殿統斯. 三狂相友, 遯世流離, 論厥讒諂, 若見鬚眉. 於是述馬
駆. 土累口腹, 百行餕缺. 鼎食鼎烹, 不誠饔飱. 嚴自食糞, 迹穢口潔. 於是述穢德
先生. 閔翁蝗人, 學道猶龍, 託諷滑稽, 翫世不恭, 書壁自憤, 可警惰慵, 於是述閔
翁. 土廼天爵, 士心爲志, 其志如何? 弗謀勢利, 達不離土, 窮不失土, 不飭名節, 徒
貨門地, 酤鬻世德, 商賈何異? 於是述兩班. 弘基大隱, 迺隱於遊, 淸濁無失, 不忮
不求. 於是述金神仙. 廣文窮丐, 聲聞過情, 非好名者, 猶不免刑. 矧復盜竊, 要假以
爭. 於是述廣文. 變彼虞裳, 力古文章, 禮失求野, 亨短流長. 於是述虞裳. 世降衰
季, 崇飾虛僞, 詩發含珠, 恩賊亂紫. 迻捷終南, 從古以醜. 於是述易學大盜. 入孝出
悌, 未學謂學. 斯言雖過, 可警僞德. 明宣不讀, 三年善學. 農夫耕野, 賓妻相揖. 目
不知書, 可謂眞學. 於是述鳳山學者.

馬駔傳 마장전

馬駔舍儈, 擊掌擬指管仲·蘇秦鷄狗馬牛之血, 信矣. 微聞別離, 抛殭裂帨, 回燈向
壁, 垂頭吞聲, 信妾矣; 吐肝瀝膽, 握手證心, 信友矣. 然而界準(음찰)隔扇, 左右瞬目,
駔儈之術也. 動蕩危辭, 餂情投忌, 脅强制弱, 散同合異, 霸者說士捭闔之權也.

昔者有病心, 而使妻煎藥, 多寡不適, 怒而使妾, 多寡恒適. 甚宜其妾, 穴牖窺之,
多則損地, 寡則添水. 此其所以取適之道也. 故附耳低聲, 非至言也; 戒囑勿洩, 非
深交也; 訟情淺深, 非盛友也.

宋旭·趙闒拖·張德弘, 相與論交於廣通橋上.

闒拖曰: "吾朝日鼓瓢行丐, 入于布廛, 有登樓而貿布者, 擇布而舐之, 暎空而視
之, 價則在口, 讓其先呼. 旣而兩相忘布, 布人忽然望遠山, 謠其出雲, 其人負手逍
遙, 壁上觀畵."

宋旭曰: "汝得交態, 而於道則未也."

德弘曰: "傀儡垂帷, 爲引繩也."

宋旭曰: "汝得交面, 而於道則未也. 夫君子之交三, 所以處之者五, 而吾未能一
焉, 故行年三十, 無一友焉. 雖然, 其道則吾昔者竊聞之矣. 臂不外信, 把酒盃也."

德弘曰: "然. 詩固有之, '鳴鶴在陰, 其子和之. 我有好爵, 吾與爾靡之'. 其斯之
謂歟."

宋旭曰: "爾可與言友矣. 吾向者告其一, 爾知其二者矣. 天下之所趨者勢也, 所
共謀者名與利也. 盃不與口謀而臂自屈者, 應至之勢也. 相和以鳴非名乎? 夫好爵
利也. 然而趨之者多則勢分, 謀之者衆則名利無功. 故君子諱言此三者久矣. 吾故
隱而告汝, 汝則知之. 汝與人交, 無譽其善. 譽其成善, 倦然不靈矣. 毋醒其所未及.
將行而及之, 憮然失矣. 稱人廣衆, 無稱人第一. 第一則無上, 一座索然沮矣. 故處
交有術, 將欲譽之, 莫如顯責. 將欲示歡, 怒而明之. 將欲親之, 注意若植, 回身若
羞. 使人欲吾信也, 設疑而待之. 夫烈士多悲, 美人多淚. 故英雄善泣者, 所以動人.
夫此五術者, 君子之微權, 而處世之達道也."

闞拖問於德弘曰: "夫宋子之言, 陳義犖牙, 廋辭也. 吾不知也."

德弘曰: "汝奚足以知之? 夫聲其善而責之, 譽莫揚焉. 夫怒生於愛, 情出於譴, 家人不厭時嗃嗃也. 夫已親而逾疎, 親孰蹠之; 已信而尚疑, 信孰密焉. 酒闌夜深, 衆人皆睡, 默然相視, 倚其餘醉, 動其悲思, 未有不悽然而感者矣. 故交莫貴乎相知, 樂莫極乎相感. 狷者解其悁, 忮者平其怨. 莫疾乎泣, 吾與人交, 未嘗不欲泣, 泣而淚不下. 故行于國中三十有一年矣, 未有友焉."

闞拖曰: "然則忠而處交, 義而得友, 何如?"

德弘唾面而罵之曰: "鄙鄙哉! 爾之言也. 此亦言乎哉? 汝聽之. 夫貧者多所望, 故慕義無窮, 何則? 視天莫莫, 猶思其雨粟; 聞人咳聲, 延頸三尺. 夫積財者, 不恥其吝名, 所以絶人之望我也. 夫賤者無所惜. 故忠不辭難, 何則? 水涉不褰, 衣弊袴也; 乘車者, 靴加坌套, 猶恐沾泥. 履底尚愛, 而況於身乎? 故忠義者, 貧賤者之常事, 而非所論於富貴耳."

闞拖愀然變乎色曰: "吾寧無友於世, 不能爲君子之交."

於是, 相與毀冠裂衣, 垢面蓬髮, 帶索而歌於市.

滑稽先生友情論曰: "續木, 吾知其膠魚肺也; 接鐵, 吾知其鎔鵬砂也; 附鹿馬之皮, 莫緻乎糊粳飯. 至於交也, 介然有閒, 燕越之遠也非閒也, 山川閒之非閒也, 促膝聯席非接也, 拍肩摻袂非合也, 有閒於其閒. 衛軮張皇, 孝公時睡; 應侯不怒, 蔡澤噤唔. 故出而讓之, 必有其人也; 宣言怒之, 必有其人也. 趙勝公子爲之佋介. 夫成安侯常山王, 其交無間. 故一有間焉, 莫能爲之間焉. 故可愛非閒, 可畏非間. 諂由閒合, 讒由閒離. 故善交人者, 先事其間; 不善交人者, 無所事間. 夫直則逕矣, 不委曲而就之, 不宛轉而爲之. 一言而不合, 非人離之, 已自阻也. 故鄙諺有之曰: '伐樹伐樹, 十斫無蹶', '與其媚於奧, 寧媚於竈'. 其此之謂歟. 故導諛有術, 筋躬修容, 發言愷悌, 澹泊名利, 無意交遊, 以自獻媚, 此上諂也. 其次謹言款款, 以顯其情, 善事其間, 以通其意, 此中諂也. 穿馬蹄 · 弊薦席 · 仰脣吻 · 俟顏色, 所言則善之, 所行則美之. 初聞則喜, 久則反厭, 厭則鄙之, 乃疑其玩己也. 此下諂也. 夫管仲九合諸侯, 蘇秦從約六國, 可謂天下之大交矣. 然而宋旭 · 闞拖乞食於道, 德弘狂歌於市, 猶不爲馬駔之術, 而況君子而讀書者乎."

穢德先生傳 예덕선생전

　　蟬橘子有友曰穢德先生, 在宗本塔東, 日負里中糞以爲業. 里中皆稱嚴行首, 行首者, 役夫老者之稱也, 嚴其姓也.

　　子牧問乎蟬橘子曰: "昔者吾聞友於夫子曰: '不室而妻, 匪氣之弟', 友如此其重也. 世之名士大夫, 願從足下遊於下風者多矣, 夫子無所取焉. 夫嚴行首者, 里中之賤人役夫. 下流之處而恥辱之行也, 夫子亟稱其德曰先生, 若將納交而請友焉, 弟子甚羞之. 請辭於門."

　　蟬橘子笑曰: "居. 吾語若友. 里諺有之曰: '醫無自藥, 巫不己舞'. 人皆有己所自善而人不知, 慇然若求聞過. 徒譽則近諂而無味, 專短則近訐而非情. 於是, 泛濫乎其所未善, 逍遙而不中, 雖大責不怒, 不當其所忌也. 偶然及其所自善, 比物而射其覆, 中心感之, 若爬癢焉. 爬癢有道, 拊背無近腋, 摩膺毋侵項. 成說於空而美自歸, 躍然曰知. 如是而友可乎?"

　　子牧掩耳卻走曰: "此夫子敎我以市井之事·傭僕之役耳."

　　蟬橘子曰: "然則子之所羞者, 果在此而不在彼也. 夫市交以利, 面交以諂. 故雖有至懽, 三求則無不疎; 雖有宿怨, 三與則無不親. 故以利則難繼, 以諂則不久. 夫大交不面, 盛友不親. 但交之以心, 而友之以德, 是爲道義之交. 上友千古而不爲遙, 相居萬里而不爲疎. 彼嚴行首者, 未嘗求知於吾, 吾常欲譽之而不厭也. 其飯也頓頓, 其行也伈伈, 其睡也昏昏, 其笑也訶訶, 其居也若愚. 築土覆藁而圭其竇, 入則蝦脊, 眠則狗喙. 朝日熙熙然起, 荷畚入里中除溷. 歲九月天雨霜, 十月薄氷, 圊人餘乾, 皁馬通·閑牛下, 塒落鷄狗鵝矢, 笠稀荅·左盤龍·翫月砂·白丁香, 取之如珠玉, 不傷於廉, 獨專其利, 而不害於義, 貪多而務得, 人不謂其不讓. 唾掌揮鍬, 磬腰傴僂, 若禽鳥之啄也. 雖文章之觀, 非其志也; 雖鍾皷之樂, 不顧也. 夫富貴者, 人之所同願也, 非慕而可得, 故不羨也. 譽之而不加榮, 毀之而不加辱. 枉十里蘿葍, 箭串菁, 石郊茄·菰·水瓠·胡瓠, 延禧宮苦椒蒜韭葱薤, 靑坡水芹, 利泰仁土卵, 田用上上, 皆取嚴氏糞, 膏沃衍饒, 歲致錢六千. 朝而一盂飯, 意氣充充然, 及日之夕, 又

一盂矣. 人勸之肉則辭曰: '下咽則蔬肉同飽矣. 奚以味爲?' 勸之衣則辭曰: '衣廣
袖, 不閑於體, 衣新, 不能負塗矣.' 歲元日朝, 始笠帶衣屨, 遍拜其隣里, 還乃衣故
衣, 復荷畚入里中. 如嚴行首者, 豈非所謂穢其德而大隱於世者耶. 傳曰: '素富貴,
行乎富貴, 素貧賤, 行乎貧賤.' 夫素也者定也. 詩云 '夙夜在公, 寔命不同.' 命也者
分也. 夫天生萬民, 各有定分, 命之素矣, 何怨之有? 食蝦醢, 思鷄子, 衣葛, 羨衣紵,
天下從此大亂. 黔首地奮, 田畝荒矣. 陳勝·吳廣·項籍之徒, 其志豈安於鋤耰者耶.
易曰: '負且乘, 致寇至.' 其此之謂也. 故苟非其義, 雖萬鍾之祿, 有不潔者耳. 不力
而致財, 雖埒富素封, 有臭其名矣. 故人之大往, 飯珠飯玉, 明其潔也. 夫嚴行首, 負
糞擔溷以自食, 可謂至不潔矣. 然而其所以取食者至馨香, 其處身也至鄙汚, 而其
守義也至抗高. 推其志也, 雖萬鍾可知也. 繇是觀之, 潔者有不潔, 而穢者不穢耳.
故吾於口體之養, 有至不堪者, 未嘗不思其不如我者. 至於嚴行首, 無不堪矣. 苟其
心無穿窬之志, 未嘗不思嚴行首. 推以大之, 可以至聖人矣. 故夫士也窮居, 達於面
目恥也. 旣得志也, 施於四體恥也. 其視嚴行首, 有不忸怩者幾希矣. 故吾於嚴行
首, 師之云乎, 豈敢友之云乎? 故吾於嚴行首, 不敢名之, 而號曰穢德先生.'

閔翁傳 민옹전

閔翁者, 南陽人也. 戊申軍興, 從征功, 授僉使. 後家居, 遂不復仕.

翁幼警悟聰給, 獨慕古人奇節偉跡, 慷慨發憤, 每讀其一傳, 未嘗不歎息泣下也. 七歲大書其壁曰: "項橐爲師", 十二書"甘羅爲將", 十三書"外黃兒遊說", 十八益書"去病出祈連", 二十四書"項籍渡江". 至四十, 益無所成名, 乃大書曰: "孟子不動心". 年年書益不倦, 壁盡黑.

及年七十, 其妻嘲曰: "翁今年畫烏未?"

翁喜曰: "若疾磨墨."

大書曰: "范增好奇計."

其妻益恚曰: "計雖奇, 將幾時施乎?"

翁笑曰: "昔呂尙八十鷹揚. 今翁視呂尙猶少弱弟耳."

歲癸酉甲戌之間, 余年十七八, 病久困劣, 留好聲歌, 書畫古釰, 琴·彛器·諸雜物, 益致客, 俳諧古譚, 慰心萬方, 無所開其幽鬱. 有言閔翁奇士, 工歌曲, 善譚辨, 俶怳譎恢, 聽者人無不爽然意豁也. 余聞甚喜, 請與俱至.

翁來, 而余方與人樂. 翁不爲禮, 熟視管者, 批其頰大罵曰:

"主人懽, 汝何怒也?"

余驚問其故, 翁曰:

"彼瞋目而盛氣, 匪怒而何?"

余大笑. 翁曰:

"豈獨管者怒也, 笛者反面若啼, 缶者頓若愁. 一座默然, 若大恐, 僮僕忌諱笑語, 樂不可爲歡也."

余遂立撤去, 延翁坐. 翁殊短小, 白眉覆眼, 自言名有信, 年七十三. 因問余.

"君何病? 病頭乎?"

曰: "不."

曰: "病腹乎?"

曰: "不."

曰: "然則君不病也."

遂闔戶揭牖, 風來颼然. 余意稍豁, 甚異昔者也. 謂翁"吾特厭食, 夜失睡, 是爲病也."

翁起賀. 余驚曰:

"翁何賀也?"

曰: "君家貧, 幸厭食, 財可羡也. 不寐則兼夜, 幸倍年. 財羡而年倍, 壽且富也."

須臾飯至. 余呻嚬不擧, 揀物而嗅. 翁忽大怒, 欲起去. 余驚問翁何怒去也?

翁曰: "君招客, 不爲具, 獨自先飯, 非禮也."

余謝留翁, 且促爲具食. 翁不辭讓, 腕肘呈袒, 匙箸磊落. 余不覺口津, 心鼻開張, 乃飯如舊. 夜翁闔眼端坐. 余要與語, 翁益閉口. 余殊無聊, 久之翁忽起, 剔燭謂曰:

"吾年少時, 過眼輒誦, 今老矣. 與君約生平所未見書, 各默涉三再乃誦, 若錯一字, 罰如契誓."

余侮其老曰: "諾."

卽抽架上『周禮』, 翁拈「考工」, 余得「春官」. 小閒, 翁呼曰:

"吾已誦."

余未及下一遍, 驚止.

"翁且居."

翁語侵頗困. 而余益不能誦, 思睡乃睡. 天旣明, 問:

"翁能記宿誦乎?"

翁笑曰: "吾未嘗誦."

嘗與翁夜語, 翁弄罵坐客, 人莫能難. 有欲窮翁者, 問:

"翁見鬼乎?"

曰: "見之."

"鬼何在?"

翁瞠目熟視, 有一客坐燈後, 遂大呼曰:

"鬼在彼."

客怒詰翁, 翁曰:

"夫明則爲人, 幽則爲鬼. 今者處暗而視明, 匿形而伺人, 豈非鬼乎."

一座皆笑. 又問"翁見仙乎?"

曰: "見之."

"仙何在?"

曰: "家貧者仙耳. 富者常戀世, 貧者常厭世. 厭世者非仙耶."

"翁能見長年者乎?"

曰: "見之. 吾朝日入林中, 蟾與兔爭長. 兔謂蟾曰: '吾與彭祖同年, 若乃晚生也.' 蟾俛首而泣, 兔驚問曰: '若乃若悲也.' 蟾曰: '吾與東家孺子同年. 孺子五歲乃知讀書, 生于木德, 肇紀攝提, 迭王更帝, 統絕王春, 純成一曆, 乃閏于秦. 歷漢閱唐, 暮朝宋明, 窮事更變, 可喜可驚, 吊死送往, 支離于今. 然而耳目聰明, 齒髮日長, 長年者乃莫如孺子. 而彭祖乃八百歲夭夭, 閱世不多, 更事未久, 吾是以悲耳.' 兔乃再拜却走曰: '若乃大父行也.' 由是觀之, 讀書多者最壽耳."

"翁能見味之至者乎?"

曰: "見之. 月之下弦, 潮落步土, 耕而爲田, 竟其斥鹵, 粗爲水晶, 纖爲素金, 百味齊和, 孰爲不鹽."

皆曰: "善. 然不死藥, 翁必不見也."

翁笑曰: "此吾朝夕常餌者. 惡得而不知? 大堅松盤, 甘露其零, 入地千年, 化爲茯苓. 蓼伯羅產, 形端色紅, 四體俱備, 雙紒如童. 枸杞千歲, 見人則吠. 吾嘗餌之, 不復飲食者, 蓋百日, 喘喘然將死. 鄰媼來視歎曰: '子病饑也. 昔神農氏嘗百草, 始播五穀. 夫效疾爲藥, 療饑爲食. 非五穀, 將不治.' 遂飯稻粱而餌之, 得以不死. 不死藥, 莫如飯. 吾朝一盂, 夕一盂, 今已七十餘年矣."

翁嘗支離其辭, 遷就而爲之, 莫不曲中, 內含譏諷, 蓋辯士也. 客索問, 無以復詰. 乃忿然曰:

"翁亦見畏乎?"

翁默然良久, 忽厲聲曰:

"可畏者莫吾若也. 吾右目爲龍, 左目爲虎, 舌下藏斧, 彎臂如弓, 念則赤子, 差爲夷戎. 不戒, 則將自噉自齧, 自戕自伐. 是以聖人克己復禮, 閑邪存誠, 未嘗不自畏也."

語數十難, 皆辨捷如響, 竟莫能窮. 自贊自譽, 嘲傲旁人, 人皆絕倒, 而翁顏色不變. 或言海西蝗, 官督民捕之. 翁問"捕蝗何爲?"

曰: "是虫也, 小於眠蠶, 色斑而毛, 飛則爲螟, 緣則爲蟊, 害我稼穡, 號爲滅穀, 故將捕而瘞之耳."

翁曰: "此小虫不足憂. 吾見鍾樓塡道者皆蝗耳. 長皆七尺餘, 頭黔目熒, 口大運拳, 咿啞偶旅, 蹠接尻連, 損稼殘穀, 無如是曹. 我欲捕之, 恨無大匏."

左右皆大恐, 若眞有是虫然.

一日翁來. 余望而爲隱曰: "春帖子猣啼."

翁笑曰: "春帖子, 榜門之文, 乃吾姓也; 猣, 老犬, 乃辱我也; 啼, 則厭聞, 吾齒豁, 音嶔兀也. 雖然, 君若畏猣, 莫如去犬; 若又厭啼, 且塞其口; 夫帝者造化也. 尨者大物也, 著帝傅尨, 化而爲大, 其惟龍乎. 君非能辱我也, 乃反善贊我也."

明年翁死. 翁, 雖恢奇俶蕩, 性介直樂善, 明於易, 好老子之言. 於書蓋無所不窺云. 二子皆登武科末官, 今年秋, 余又益病而閔翁不可見, 遂著其與余爲隱俳諧, 言談譏諷, 爲閔翁傳. 歲丁丑秋也.

余誄閔翁曰: 嗚呼閔翁! 可悱可奇, 可驚可愕, 可喜可怒, 而又可憎. 壁上烏未化鷹. 翁蓋有志士, 竟老死莫施. 我爲作傳, 嗚呼死未曾.

廣文者傳 _{광문자전}

　　廣文者, 丐者也. 嘗行乞鍾樓市道中, 群丐兒, 推文作牌頭, 使守窠. 一日天寒雨雪, 群兒相與出丐, 一兒病不從. 旣而, 兒寒專甚, 欷聲甚悲. 文甚憐之, 身行丐得食, 將食病兒, 兒業已死. 群兒返, 乃疑文殺之. 相與搏逐文, 文夜匍匐入里中舍, 驚舍中犬, 舍主得文縛之. 文呼曰:

　　"吾避仇, 非敢爲盜. 如翁不信, 朝日辨於市."

　　辭甚樸, 舍主心知廣文非盜賊, 曉縱之.

　　文辭謝, 請弊席而去. 舍主終已恠之, 踵其後. 望見群丐兒曳一尸, 至水標橋, 投尸橋下. 文匿橋中, 裹以弊席, 潛負去, 埋之西郊之墦間, 且哭且語. 於是, 舍主執詰文, 文於是盡告其前所爲, 及昨所以狀. 舍主心義文, 與文歸家, 予文衣, 厚遇文, 竟薦文藥肆富人, 作傭保.

　　久之, 富人出門, 數數顧, 還復入室, 視其局, 出門而去, 意殊怏怏. 旣還, 大驚熟視文, 欲有所言, 色變而止. 文實不知, 日默默, 亦不敢辭去. 旣數日, 富人妻兄子, 持錢還富人曰:

　　"向者吾要貸於叔, 會叔不在, 自入室取去, 恐叔不知也."

　　於是, 富人大慚廣文, 謝文曰:

　　"吾小人也. 以傷長者之意, 吾將無以見若矣."

　　於是, 遍譽所知諸君及他富人大商賈, 廣文義人, 而又過贊廣文諸宗室賓客及公卿門下左右. 公卿門下左右及宗室賓客皆作話套, 以供寢. 數月間, 士大夫盡聞廣文如古人. 當是時, 漢陽中皆稱廣文, 前所厚遇舍主之賢能知人而益多藥肆富人長者也.

　　時殖錢者, 大較典當首飾·璣翠·衣件·器什·宮室·田·僮奴之簿書, 參伍本幣以得當. 然文爲人保債, 不問當, 一諾千金. 文爲人貌極醜, 言語不能動人, 口大幷容兩拳, 善曼碩戲, 爲鐵拐舞. 三韓兒相訾傲, 稱'爾兄達文'. 達文又其名也.

　　文行遇鬪者, 文亦解衣與鬪, 啞啞俯劃地若辨曲直狀, 一市皆笑, 鬪者亦笑, 皆解去.

文年四十餘, 尙編髮, 人勸之妻, 則曰:

"夫美色衆所嗜也, 然非男所獨也, 唯女亦然也. 故吾陋而不能自爲容也."

人勸之家, 則辭曰:

"吾無父母兄弟妻子, 何以家爲? 且吾朝而歌呼入市中, 暮而宿富貴家門下. 漢陽戶八萬爾, 吾逐日而易其處, 不能盡吾之年壽矣."

漢陽名妓窈窕都雅, 然非廣文聲之, 不能直一錢. 初羽林兒·各殿別監·駙馬都尉傔從, 垂袂過雲心. 心名姬也. 堂上置酒皷瑟, 屬雲心舞, 心故遲不肯舞也. 文夜往, 彷徨堂下, 遂入座, 自坐上坐. 文雖弊衣袴, 擧止無前, 意自得也. 眦膿而眵, 陽醉嘔噦, 羊髮北髻, 一座愕然. 瞬文欲歐之, 文益前坐, 拊膝度曲, 鼻吟高低, 心卽起更衣, 爲文劍舞. 一座盡歡, 更結友而去.

書廣文傳後

余年十八時, 嘗甚病, 常夜召門下舊傔, 徵問閭閻奇事, 其言大抵廣文事. 余亦幼時, 見其貌極醜. 余方力爲文章, 作爲此傳, 傳示諸公長者, 一朝以古文辭, 大見推詡.

蓋文時已南遊湖嶺諸郡, 所至有聲, 不復至京師數十年. 海上丐兒, 嘗乞食於開寧水多寺. 夜聞寺僧閒話廣文事, 皆愛慕感嘆, 想見其爲人. 於是丐兒泣, 衆恠問之. 於是丐兒囁嚅, 遂自稱廣文兒. 寺僧皆大驚. 時嘗予飯瓢, 及聞廣文兒, 洗盂盛飯, 具匙箸蔬醬, 每盤而進之.

時嶺中妖人, 有潛謀不軌者, 見丐兒如此其盛待也, 冀得以惑衆, 潛說丐兒曰:

"爾能呼我叔, 富貴可圖也."

乃稱廣文弟, 自名廣孫以附文. 或有疑"廣文自不知姓, 生平獨無昆弟妻妾, 今安得忽有長弟壯兒也." 遂上變, 皆得逐捕, 及對質驗問, 各不識面. 於是遂誅其妖人, 而流丐兒.

廣文旣得出, 老幼皆往觀, 漢陽市數日爲空.

文指表鐵柱曰:"汝豈非善打人表望同耶? 今老無能矣."

蓋望同其號也. 因相與勞苦. 文問:

"靈城君·豐原君無恙乎?"

曰：“皆已下世矣.”

“金君擎方何官？”

曰：“爲龍虎將.”

文曰：“此兒美男子. 體雖肥, 能挾妓超墻, 用錢如糞土, 今貴人不可見矣.”

“粉丹何去？”

曰：“已死矣.”

文嘆曰：“昔豐原君夜讌麒麟閣, 獨留粉丹宿. 曉起, 將赴闕, 丹執燭, 誤爇貂帽, 惶恐. 君笑曰‘爾羞乎？’即與壓羞錢五千. 吾時擁首帕副裙, 候闌干下, 黑而鬼立, 君拓戶唾, 倚丹而耳曰‘彼黑者何物？’對曰‘天下誰不知廣文也？’君笑曰‘是汝後陪耶？’呼, 與一大鍾. 君自飮紅露七鍾, 乘帢而去. 皆昔年事也.”

“漢陽纖兒誰最名？”

曰：“小阿.”

“其助房誰？”

曰：“崔撲滿.”

曰：“朝日尙古堂遣人勞我, 聞移家圓嶠下, 堂前有碧梧桐樹, 常自賣茗其下, 使鐵突皷琴.”

曰：“鐵突昆弟方擅名.”

曰：“然. 此金鼎七兒也. 吾與其父善.”

復悵然久之曰：“此皆吾去後事耳.”

文, 斷髮猶辮如鼠尾, 齒豁口窊, 不能內拳云. 語鐵柱曰：

“汝今老矣. 何能自食？”

曰：“家貧爲舍儈.”

文曰：“汝今免矣. 嗟呼. 昔汝家貲鉅萬, 時號汝黃金兜, 今兜安在？”

曰：“今而後吾知世情矣.”

文笑曰：“汝可謂學匠而眼暗矣.”

文後不知所終云.

兩班傳 양반전

兩班者, 士族之尊稱也. 旌善之郡, 有一兩班, 賢而好讀書, 每郡守新至, 必親造
其廬而禮之. 然家貧, 歲食郡糶, 積歲至千石. 觀察使巡行郡邑, 閱糶糴, 大怒曰:

"何物兩班, 乃乏軍興?"

命囚其兩班. 郡守意哀其兩班貧無以爲償, 不忍囚之, 亦無可奈何. 兩班日夜泣,
計不知所出. 其妻罵曰:

"生平子好讀書, 無益縣官糶. 咄兩班! 兩班不直一錢."

其里之富人私相議曰:

"兩班雖貧, 常尊榮, 我雖富, 常卑賤. 不敢騎馬, 見兩班則跼蹜屛營, 匍匐拜庭,
曳鼻膝行. 我常如此其僇辱也. 今兩班貧不能償糶, 方大窘, 其勢誠不能保其兩班.
我且買而有之."

遂踵門而請償其糶, 兩班大喜許諾. 於是, 富人立輸其糶於官.

郡守大驚異之, 自往勞其兩班, 且問償糶狀. 兩班氍笠衣短衣, 伏塗謁稱小人, 不
敢仰視. 郡守大驚, 下扶曰:

"足下何自貶辱若是?"

兩班益恐懼, 頓首俯伏曰:

"惶悚. 小人非敢自辱. 已自鬻其兩班, 以償糶. 里之富人, 乃兩班也, 小人復安敢
冒其舊號而自尊乎?"

郡守歎曰: "君子哉富人也! 兩班哉富人也! 富而不吝義也, 急人之難仁也, 惡卑
而慕尊智也, 此眞兩班. 雖然私自交易而不立劵, 訟之端也. 我與汝約, 郡人而證
之, 立劵而信之, 郡守當自署之."

於是, 郡守歸府, 悉召郡中之士族及農工商賈, 悉至于庭. 富人坐鄉所之右, 兩班
立於公兄之下. 乃爲立劵曰:

"乾隆十年, 九月 日.

右明文段, 屉賣兩班爲償官穀, 其直千斛. 維厥兩班, 名謂多端. 讀書曰士, 從政

爲大夫, 有德爲君子. 武階列西, 文秩叙東, 是爲兩班, 任爾所從. 絶棄鄙事, 希古尙志, 五更常起, 點硫燃脂, 目視鼻端, 會踵支尻, 『東萊博議』, 誦如水瓢, 忍饑耐寒, 口不說貧, 叩齒彈腦, 細嗽嚥津, 袖刷毳冠, 拂塵生波, 盥無擦拳, 漱口無過, 長聲喚婢, 緩步曳履. 『古文眞寶』 『唐詩品彙』, 鈔寫如荏, 一行百字. 手毋執錢, 不問米價, 暑毋跣襪, 飯毋徒髻, 食毋先羹, 歠毋流聲, 下箸毋舂, 毋餌生葱, 飲醪毋嗅鬚, 吸煙毋輔窳, 忿毋搏妻, 怒毋踢器, 毋拳毆兒女, 毋詈死奴僕, 叱牛馬, 毋辱鬻主, 病毋招巫, 祭不齋僧, 爐不賣手, 語不齒唾, 毋屠牛, 毋賭錢. 凡此百行, 有違兩班, 持此文記, 卞正于官."

城主旌善郡守押, 座首別監證署. 於是, 通引搨印錯落, 聲中嚴鼓, 斗縱參橫. 戶長讀旣畢. 富人悵然久之曰:

"兩班只此而已耶? 吾聞兩班如神仙, 審如是, 太乾沒. 願改爲可利."

於是, 乃更作劵曰:

"維天生民, 其民維四. 四民之中, 最貴者士, 稱以兩班, 利莫大矣. 不耕不商, 粗涉文史, 大決文科, 小成進士. 文科紅牌, 不過二尺, 百物備具, 維錢之橐. 進士三十, 乃筮初仕, 猶爲名蔭, 善事雄南, 耳白傘風, 腹皤鈴諾, 室珥冶妓, 庭穀鳴鶴. 窮士居鄕, 猶能武斷, 先耕隣牛, 借耘里氓, 孰敢慢我? 灰灌汝鼻, 暈髻汰鬢, 無敢怨咨."

富人, 中其劵而吐舌曰:

"已之已之. 孟浪哉! 將使我爲盜耶?"

掉頭而去. 終身不復言兩班之事.

金神仙傳 김신선전

金神仙名弘基, 年十六娶妻, 一歡而生子, 遂不復近. 辟穀面壁坐, 坐數歲, 身忽輕. 遍遊國內名山, 常行數百里, 方視日早晏. 五歲一易屨, 遇險則步益捷. 嘗曰:

"蹇而涉, 方而越, 故遲我行也."

不食故, 人不厭其來客, 冬不絮·夏不扇, 遂以神仙名.

余嘗有幽憂之疾. 盖聞神仙方技, 或有奇效, 益欲得之. 使尹生中生陰求之, 訪漢陽中十日不得. 尹生言:

"嘗聞弘基家西學洞, 今非也. 乃其從昆弟家, 寓其妻子. 問其子, 言:

"父一歲中率四三來. 父友在體府洞, 其人好酒而善歌. 金奉事云, 樓閣洞金僉知好碁, 後家李萬戶好琴, 三淸洞李萬戶好客, 美垣洞徐哨官·毛橋張僉使·司僕川邊池丞, 俱好客而喜飮. 里門內趙奉事, 亦父友也, 家蒔名花. 桂洞劉判官, 有奇書古釰. 父常遊居其間, 君欲見, 訪此數家."

遂行, 歷問之, 皆不在. 暮至一家, 主人琴, 有二客皆靜默, 頭白而不冠. 於是, 自意得金弘基, 立久之. 曲終而進曰:

"敢問誰爲金丈人?"

主人捨琴而對曰: "座無姓金者. 子奚問?"

曰: "小子齋戒而後, 敢來求也. 願老人無諱."

主人笑曰: "子訪金弘基耶? 不來耳."

"敢問來何時?"

曰: "是, 居無常主, 遊無定方. 來不預期, 去不留約. 一日中或再三過, 不來則亦閱歲. 聞金多在倉洞·會賢之坊, 且董關·梨峴·銅峴·慈壽橋·社洞·壯洞·大陵·小陵之間, 嘗往來遊居, 然皆不知其主名. 獨倉洞吾知之, 子往問焉."

遂行, 訪其家問焉. 對曰:

"是不來者嘗數月. 吾聞長暢橋林同知喜飮酒, 日與金角. 今在林否也."

遂訪其家, 林同知八十餘, 頗重聽曰:

"咄！夜劇飲，朝日餘醉，入江陵."

於是，悵然久之，問曰：

"金有異歟？"

曰："一凡人，特未嘗飯."

"狀貌何如？"

曰："身長七尺餘，癯而鬖，瞳子碧，耳長而黃."

"能飲幾何？"

曰："飲一杯醉，然一斗醉不加. 嘗醉臥塗，吏得之，拘七日不醒，乃釋去."

"言談何如？"

曰："衆人言，輒坐睡，談已，輒笑不止."

"持身何如？"

曰："靜若參禪，拙如守寡.'"

余嘗疑尹生求不力. 然申生亦訪十家，皆不得，其言亦然.

或曰："弘基年百餘，所與遊皆老人."

或曰："不然. 弘基年十九娶，卽有男，今其子纔弱冠，弘基年計今可五十餘."

或言："金神仙，探藥智異山，隕崖不返，今已數十年."

或言："巖穴窅冥，有物熒熒."

或曰："此老人眼光也. 山谷中，時聞長欠聲."

今弘基惟善飲酒，非有術，獨假其名而行云. 然余又使童子福往求之，終不可得，歲癸未也.

明年秋，余東遊海上，夕日登斷髮嶺，望見金剛山，其峯萬二千云，其色白. 入山，山多楓，方丹赤，枡梗柟豫章皆霜黃，杉檜益碧. 又多冬青樹，山中諸奇木，皆葉黃紅. 顧而樂之，問罷僧.

"山中有異僧，得道術可與遊乎？"

曰："無有. 聞船菴有辟穀者，或言嶺南士人，然不可知. 船菴道險，無至者."

余夜坐長安寺，問諸僧，衆俱對如初言. 辟穀者，滿百日當去，今幾九十餘日. 余喜甚，意者其仙人乎. 卽夜立欲往，朝日坐眞珠潭下，候同遊眄睞久之，皆失期不至. 又觀察使巡行郡邑，遂入山，流連諸寺間，守令皆來會，供張廚傳，每出遊，從僧百餘，船菴道絶峻險，不可獨至. 嘗自往來靈源白塔之間，而意悒悒. 旣而天久雨，留山中六日, 乃得至船菴. 在須彌峯下, 從內圓通行二十餘里, 大石削立千仞. 路絶輒攀鐵索, 懸空而行. 旣至, 庭空無禽鳥啼, 榻上小銅佛, 唯二屨在. 余悵然徘徊, 立而望之, 遂題名巖壁下, 歎息而去. 常有雲氣, 風瑟然.

或曰:"仙者山人也."

又曰:"入山爲仙也."

又僊者僊僊然輕擧之意也. 辟穀者, 未必仙也, 其鬱鬱不得志者也.

虞裳傳 우상전

日本關白新立, 於是廣儲蓄·繕宮館·理舟檝, 刮屬國諸島奇材劒客·詭技淫巧·書畫文學之士, 聚之都邑, 練肄完具數年. 然後, 乃敢請使於我, 若待命策之爲者. 朝廷極選文臣三品以下, 備三价以送之. 其幕佐賓客, 皆宏辭博識, 自天文·地理·算數·卜筮·醫相·武力之士, 以至吹竹·彈絲·謔浪·戲笑·歌呼·飮酒·博奕·騎射, 以一藝名國者, 悉從行, 而最重詞章·書畫. 得朝鮮一字, 不齎糧而適千里.

其所居舘, 皆翠銅甍, 除嵌文石, 而楹檻朱漆, 帷帳飾以火齊靺鞨瑟瑟, 食皆金銀鍍侈靡瑰麗. 千里往往設爲奇巧, 庖丁驛夫, 據牀而坐, 垂足於枇子桶, 使花衫蠻童洗之. 其陽浮慕尊如此, 而象譯持虎豹貂鼠人蔘諸禁物, 潛貨璣珠寶刀, 駔儈機利, 殉財賄如鶩. 倭外謬爲恭敬, 不復衣冠慕之.

虞裳以漢語通官隨行, 獨以文章, 大鳴日本中, 其名釋貴人, 皆稱雲我先生國士無雙也. 大坂以東, 僧如妓, 寺刹如傳舍, 責詩文如博進, 繡牋花軸, 堆床塡案, 而類爲難題强韻以窮之. 虞裳每倉卒口占, 如誦宿搆, 步押平妥從容. 席散無罷色, 無軟詞.

其「海覽篇」曰:
坤輿內萬國, 碁置而星列.
于越之魋結, 竺乾之祝髮.
齊魯之縫掖, 胡貊之氈罽.
或文明魚雅, 或兜離侏休.
群分而類聚, 遍土皆是物.
日本之爲邦, 波墊所蕩潏.
其藪則搏木, 其次則賓日.
女紅則文繡, 土宜則橙橘.
魚之恠章擧, 木之奇蘇鐵.

其鎭山芳甸, 句陳配厥秩.
南北春秋異, 東西晝夜別.
中央類覆敦, 嵌空龍漢雪.
蔽牛之鉅材, 抵鵲之美質.
與丹砂金錫, 皆往往山出.
大坂大都會, 環寶海藏竭.
奇香蒸龍涎, 寶石堆雅骨.
牙象口中脱, 角犀頭上截.
波斯胡目眩, 浙江市色奪.
寶海地中海, 中涵萬象活.
鰲背帆幔張, 鮹尾旌旗綴.
堆壘蠣粘房, 贔屭龜次窟.
忽變珊瑚海, 煜耀陰火烈.
忽變紺碧海, 霞雲衆色設.
忽變水銀海, 星宿萬顆撒.
忽變大染局, 綾羅爛千匹.
忽變大鎔鑄, 五金光迸發.
龍子劈天飛, 千霆萬電戛.
髮鱣馬甲柱, 秘恠恣怳惚.
其民裸而冠, 外螫中則蝎.
遇事則糜沸, 謀人則鼠黠.
苟利則蝛射, 小拂則豕突.
婦女事戲謔, 童子設機括.
背先而淫鬼, 嗜殺而佞佛.
書未離鳥趴, 詩未離鴃舌.
牝牡類麈鹿, 友朋同魚鱉.
言語之鳥嚶, 象譯亦未悉.
草木之瓌奇, 羅含焚其帙.
百泉之源滙, 酈生甕底蠛.

水族之弗若, 思及閱圖說.

刀釖之款識, 貞白續再筆.

地毯之同異, 海島之甲乙.

西泰利瑪竇, 線織而刀割.

鄙夫陳此詩, 辭俚意甚實.

善鄰有大謨, 纈縻和勿失.

如虞裳者, 豈非所謂華國之譽耶.

神宗萬曆壬辰, 倭秀吉潛師襲我, 蹦我三都, 劓辱我髡倪, 蹦躅冬柏植於三韓. 我昭敬大王避兵灣上, 奏聞天子. 天子大驚, 提天下之兵東援之. 大將軍李如松, 提督陳璘·麻貴·劉綖·楊元, 有古名將之風, 御史楊鎬·萬世德·邢玠, 才兼文武, 略驚鬼神. 其兵皆秦鳳·陝·浙·雲·登·貴·萊驍騎射士, 大將軍家僮千人, 幽薊釖客. 然卒與倭平, 僅能驅之出境而已. 數百年之間, 使者冠蓋, 數至江戶, 然謹體貌, 嚴使事, 其風謠·人物·險塞·强弱之勢, 卒不得其一毫, 徒手來去.

虞裳力不能勝柔毫, 然吮精嘔華, 使水國萬里之都, 木枯川渴, 雖謂之筆拔山河可也. 虞裳名湘藻, 嘗自題其畫象曰:

供奉白鄴侯泌, 合鐵拐爲滄起.

古詩人古山人, 古仙人[1]皆姓李.

李其姓也, 滄起又其號也.

夫士, 伸於知己, 屈於不知己. 鳲鶵鸂鶒禽之微者也, 然猶自愛其羽毛, 暎水而立, 翔而後集. 人之有文章, 豈羽毛之美而已哉!

昔慶卿夜論釖, 蓋聶怒而目之, 及高漸離擊筑, 荊軻和而歌, 已而相泣, 旁若無人者. 夫樂亦極矣, 復從而泣之, 何也? 中心激而哀之無從也. 雖問諸其人者, 亦將不自知其何心矣. 人之以文章相高下, 豈區區釖士之一技哉?

---

1 古山人古仙人 원래 '古仙人古山人'으로 되어 있는데, 이필李泌은 산인으로, 이철괴李鐵拐는 선인으로 칭해지는 데 따라서 바꾼 것임.

虞裳其不遇者耶! 何其言之多悲也?

鷄戴勝高似幘, 牛垂胡大如袋.
家常物百不奇, 大驚恠橐駝背.

未甞不自異也. 及其疾病且死, 悉焚其藁曰: "誰復知者?" 其志豈不悲耶?
孔子曰: "才難, 不其然乎." "管仲之器小哉."
子貢曰: "賜何器也?"
子曰: "汝瑚璉也."
蓋美而小之也. 故德譬則器也, 才譬則物也. 『詩』云: "瑟彼玉瓚, 黃流在中."
『易』曰: "鼎折足覆公餗." 有德而無才, 則德爲虛器, 有才而無德, 則才無所貯. 其
器淺者易溢. 人參天地, 是爲三才. 故鬼神者才也, 天地其大器歟. 彼潔潔者, 福無
所寓, 善得情狀者, 人不附. 文章者, 天下之至寶也. 發精蘊於玄樞, 探幽隱於無形,
漏洩陰陽, 神鬼嗔怨矣. 木有才, 人思伐之, 貝有才, 人思奪之, 故才之爲字, 內撇而
不外颺也.

虞裳一譯官, 居國中, 聲譽不出里閭, 衣冠不識面目. 一朝名震耀海外萬里之國,
身傾側鯤鯨龍鼉之家, 手沐日月, 氣薄虹蜃. 故曰"慢藏誨盜", "魚不可脫於淵, 利
器不可以示人", 可不戒哉.

過勝本海, 作詩曰:

蠻奴赤足貌魆虺, 鴨色袍背繪星月.
花衫蠻女走出門, 頭梳未竟鬘其髮.
小兒號嘎乳母乳, 母手拍背嗚嗚咽.
須臾搖鼓官人來, 萬目圍繞如活佛.
蠻官膜拜獻厥琛, 珊瑚大貝擎盤出.
眞如啞者設賓主, 眉睫能言筆有舌.
蠻府亦耀林園趣, 枡櫚靑橘配庭實.

病痔舟中臥, 念梅南老師言, 乃作詩曰:

宣尼之道麻尼教, 經世出世日而月.
西士嘗至五印度, 過去現在無箇佛.
儒家有此稗[2]販徒, 簸弄筆舌神怪[3]說.
披毛戴角墜地犴, 當受生日欺人律.
毒焰亦及震旦東, 精藍大衍[4]都鄙列.
睢盱島衆忧禍福, 炷香施米無時缺.
好佛反好佛所惡, 燒剔魚鼈恣屠殺[5]
譬如人子戕人子, 入養父母必不說.
六經中天揚文明, 此邦之人眼如漆.
暘谷昧谷無二理, 順之則聖背禱杌.
吾師詔吾詔介衆, 以詩爲金口木舌.

詩皆可傳也. 及旣還, 過所次, 皆已梓印云.

余與虞裳, 生不相識. 然虞裳數使示其詩曰:
"獨此子庶能知吾."
余戲謂其人曰:
"此吳儂細唾, 瑣瑣不足珍也."
虞裳怒曰: "傖夫氣人."
久之歎曰: "吾其久於世哉!"
因泣數行下. 余亦聞而悲之.
旣而虞裳死, 年二十七. 其家人夢見仙子醉騎蒼鯨, 黑雲下垂, 虞裳披髮而隨之,

---

2 稗 원래 '俾'로 나와 있는데『송목관신여고』를 참조하여 바꾼 것임.
3 怪 원래 '吾'로 나와 있는데『송목관신여고』를 참조하여 바꾼 것임.
4 衍 『송목관신여고』와『청장관전서』에는 '利'로 되어 있음.
5 『송목관신여고』와『청장관전서』를 참조하여 "好佛反好佛所惡, 燒剔魚鼈恣屠殺"이라는
 두 구절을 보충한 것임.

良久虞裳死. 或曰:

"虞裳仙去."

嗟呼! 余甞內獨愛其才, 然獨挫之, 以爲虞裳年少俛就道, 可著書垂世也. 乃今思之, 虞裳必以余爲不足喜也.

有輓之者, 歌曰:
五色非常鳥, 偶集屋之脊.
衆人爭來看, 驚起忽無跡.

其二曰:
無故得千金, 其家必有災.
矧此稀世寶, 焉能久假哉.

其三曰:
渺然一匹夫, 死覺人數減.
豈非關世道, 人多如雨點.

又歌曰:
其人膽如瓠, 其人眼如月.
其人腕有鬼, 其人筆有舌.

又曰:
他人以子傳, 虞裳不以子.
血氣有時盡, 聲名無窮已.

余旣不見虞裳每恨之. 且旣焚其文章無留者, 世益無知者, 乃發篋中舊藏, 得其前所示纔數篇. 於是悉著之, 以爲之傳虞裳. 虞裳有弟, 亦能文.[6]

---

6 文 원래 빠져 있는데 문맥으로 보아 보충한 것임.

烈女咸陽朴氏傳 열녀 함양 박씨전

齊人有言曰: "烈女不更二夫." 如詩之「柏舟」是也. 然而國典, 改嫁子孫, 勿叙正職. 此豈爲庶姓黎甿而設哉? 乃國朝四百年來, 百姓旣沐久道之化, 則女無貴賤, 族無微顯, 莫不守寡, 遂以成俗. 古之所稱烈女, 今之所在寡婦也. 至若田舍少婦, 委巷青孀, 非有父母不諒之逼, 非有子孫勿叙之恥, 而守寡不足以爲節, 則往往自滅晝燭, 祈殉夜臺, 水火鴆繯, 如蹈樂地. 烈則烈矣, 豈非過歟!

昔有昆弟名宦, 將枳人淸路, 議于母前.

母問: "奚累而枳?"

對曰: "其先有寡婦, 外議頗喧."

母愕然曰: "事在閨房, 安從而知之?"

對曰: "風聞也."

母曰: "風者, 有聲而無形也. 目視之而無覩也, 手執之而無獲也, 從空而起, 能使萬物浮動. 奈何以無形之事, 論人於浮動之中乎? 且若乃寡婦之子. 寡婦子尙能論寡婦耶? 居. 吾有以示若."

出懷中銅錢一枚,

曰: "此有輪郭乎?"

曰: "無矣."

"此有文字乎?"

曰: "無矣."

母垂淚曰: "此汝母忍死符也. 十年手摸, 磨之盡矣. 大抵人之血氣, 根於陰陽. 情欲鍾於血氣, 思想生於幽獨, 傷悲因於思想. 寡婦者, 幽獨之處而傷悲之至也. 血氣有時而旺, 則寧或寡婦而無情哉? 殘燈吊影, 獨夜難曉, 若復簷雨淋鈴, 窓月流素, 一葉飄庭, 隻鴈叫天, 遠鷄無響, 穉婢牢鼾, 耿耿不寐, 訴誰苦衷? 吾出此錢而轉之. 遍摸室中, 圓者善走, 遇域則止. 吾索而復轉, 夜常五六轉, 天亦曙矣. 十年之間, 歲減其數. 十年以後, 則或五夜一轉, 或十夜一轉, 血氣旣衰而吾不復轉此錢矣. 然吾猶十襲而藏之者二十餘年, 所以不忘其功, 而時有所自警也."

遂子母相持而泣. 君子聞之曰:

"可謂烈女矣."

噫! 其苦節清修若此也, 無以表見於當世, 名堙沒而不傳何也? 寡婦之守義, 乃通國之常經, 故微一死, 無以見殊節於寡婦之門.

余視事安義之越明年癸丑月日, 夜將曉, 余睡微醒, 聞廳事前有數人隱喉密語, 復有慘怛歎息之聲. 蓋有警急而恐擾余寢也. 余遂高聲問:

"鷄鳴未?"

左右對曰: "已三四號矣."

"外有何事?"

對曰: "通引朴相孝之兄之子之嫁咸陽而早寡者, 畢其三年之喪, 飮藥將殊. 急報來救, 而相孝方守番, 惶恐不敢私去."

余命之疾去. 及晚爲問:

"咸陽寡婦得甦否?"

"左右言, 聞已死矣."

余喟然長歎曰: "烈哉斯人!"

乃招群吏而詢之曰:

"咸陽有烈女, 其本安義出也. 女年方幾何? 嫁咸陽誰家? 自幼志行如何? 若曹有知者乎?"

群吏歔欷而進曰:

"朴女, 家世縣吏也, 其父名相一, 早歿, 獨有此女. 而母亦早歿, 則幼養於其大父母, 盡子道. 及年十九, 嫁爲咸陽林述曾妻, 亦家世郡吏也. 述曾素羸弱, 一與之醮, 歸未半歲而歿, 朴女執夫喪盡其禮, 事舅姑盡婦道, 兩邑之親戚鄰里, 莫不稱其賢. 今而後果驗之矣."

有老吏感慨曰: "女未嫁時隔數月, 有言述曾病入髓, 萬無人道之望. 盍退期?"

其大父母密諷其女, 女默不應. 迫期, 女家使人覘述曾, 述曾雖美姿貌, 病勞且咳, 菌立而影行也. 家大懼, 擬招他媒.

女斂容曰: "曩所裁縫, 爲誰稱體, 又號誰衣也? 女願守初製."

家知其志, 遂如期迎婿. 雖名合巹, 其實竟守空衣云.

既而, 咸陽郡守尹侯光碩, 夜得異夢, 感而作烈婦傳. 而山清縣監李侯勉齋, 亦爲之立傳. 居昌愼敦恒, 立言士也, 爲朴氏撰次其節義始終.

其心豈不曰: "弱齡孀婦之久留於世, 長爲親戚之所嗟憐, 未免隣里之所妄忖, 不如速無此身也."

噫! 成服而忍死者, 爲有窆羿也; 既葬而忍死者, 爲有小祥也; 小祥而忍死者, 爲有大祥也. 既大祥則喪期盡, 而同日同時之殉, 竟遂其初志. 豈非烈也?

玉匣夜話옥갑야화

行還至玉匣, 與諸裨連牀夜語.

燕京舊時風俗淳厚, 譯輩雖萬金, 能相假貸, 今則彼以欺詐爲能事, 而其曲未嘗不先自我人始也. 三十年前, 有一譯空手入燕, 將還, 對其主顧而泣. 主顧怪而問之, 對曰:

"渡江時, 潛挾他人銀, 事發, 幷己包沒于官. 今空手還, 無以爲生, 不如無還."

拔刀欲自殺, 主顧驚, 急抱持, 奪刀問曰: "所沒銀幾何?"

曰: "三千兩."

主顧慰曰: "大丈夫獨患無身, 何患無銀. 今死不還, 將如妻子何? 吾貸君萬金, 五年貨殖, 可復得萬金, 以本銀償我."

譯旣得萬金, 遂大貿而還, 當時未有識之者, 莫不神其才. 五年中, 遂致鉅富, 乃自削籍譯院, 不復入燕. 久之, 密囑其所親之入燕者曰:

"燕市若遇某主顧, 當問安否, 須道闔家遘癘死."

所親以說謊, 頗難之.

譯曰: "第如此而還, 當奉君百金."

旣入燕, 果遇某主顧, 問譯安否, 俱對如所受囑. 主顧掩面大慟, 泣如雨下曰:

"天乎, 天乎! 何降禍善人之家, 若是之慘耶!"

遂以百金托之曰: "彼妻子俱亡無主者. 幸君還國, 爲我以五十金具幣設奠, 以五十金, 追齋薦福."

所親者, 殊錯愕然, 業已謬言, 遂受百金而還. 其譯家已遘癘沒死, 無遺者. 其人大驚且懼, 悉以百金, 爲主顧薦齋, 終身不復爲燕行, 曰: "吾無面目復見主顧."

有言李知事樞, 近世名譯也. 平居口未嘗言錢, 出入燕京四十餘年, 手未嘗執銀, 有愷悌君子之風.

有言唐城君洪純彥, 明萬曆時名譯也. 入皇城, 嘗遊娼館, 女隨色第價, 有千金者, 洪以千金求薦枕. 女方二八, 有殊色, 對君泣曰:

"奴所以索高價者, 誠謂天下皆慳男, 無肯捐千金者, 祈以免斯須之辱. 一日再日, 本欲以愚館主, 一以望天下有義氣人, 贖奴作箕帚妾. 奴入娼館五日, 無敢以千金來者, 今日幸逢天下義氣人. 然公外國人, 法不當將奴還, 此身一染, 不可復浣."

洪殊憐之, 問其所以入娼館者, 對曰:

"奴南京戶部侍郎某女也. 家被籍追贓, 自賣身娼館, 以贖父死."

洪大驚曰: "吾實不識如此. 今當贖妹, 償價幾何?"

女曰: "二千金."

洪立輸之, 與訣別, 女百拜稱恩父而去.

其後洪復絕不置意. 嘗又入中國, 沿道數訪洪純彥來否. 洪怪之. 及近皇城, 路左盛設供帳, 迎謂洪曰:

"本兵石老爺奉邀."

及至石第, 石尚書迎拜曰:

"恩丈也. 公女待翁久."

遂握手入內室, 夫人盛粧拜堂下, 洪惶恐不知所爲.

尚書笑曰: "丈人久忘乃女耶?"

洪始知夫人乃娼館所贖女也. 出娼館, 卽歸石星, 爲繼室, 比石貴, 夫人猶手自織錦, 皆刺報恩字. 及洪歸, 裝送報恩緞, 及他錦綺金銀, 不可勝數.

及壬辰倭寇, 石在本兵, 力主出兵者, 以石本義朝鮮人故也.

有言朝鮮商賈熟主顧鄭世泰之富甲于皇城, 及世泰死, 一敗塗地. 世泰只有一孫, 男中絕色, 幼賣場戲. 世泰時夥計林哥, 今鉅富. 見場戲中一美男子呈戲, 心慕之, 聞其爲鄭家兒郎, 相持泣, 遂以千金贖之. 與俱歸家, 戒家人曰:

"善視之. 此吾家舊主人, 勿以戲子賤之."

及長, 中分其財而業之. 世泰孫, 身肥白美麗, 無所事, 惟飛紙鳶, 遊戲皇城中.

舊時買賣, 不開包檢驗, 直以燕裝還, 照帳無少差謬. 有誤以白氊帽裝送者, 及歸開視, 皆白帽也. 自悔未閱. 丁丑兩恤, 反獲倍直, 然亦彼中不古之徵也. 近歲則物貨自裝, 不任主顧裝送云.

有言卜承業之病也, 欲閱視貨殖都數, 聚諸夥計帳簿, 合籌之, 共銀五十餘萬. 其子曰:

"斂散煩, 久且耗, 請因而收之."

承業大恚曰: "此都城中萬戶命脉也, 奈何一朝絶之? 亟還之!"

承業旣老, 戒其子孫曰:

"吾所事公卿, 多獨秉國論爲家計者, 鮮及三世矣. 國中之爲財者, 視吾家出入爲高下, 是亦國論也. 不散, 且及禍."

故其子孫蓄而擧貧寠者, 承業旣老, 多散之也.

余亦言, 有尹映者. 嘗道卜承業之富, 其貨財有自來, 富甲一國, 至承業時少衰. 方其初起時, 莫不有命存焉. 觀許生事, 可異也. 許生竟不言其名, 故世無得而知者云.

映之言曰:

許生, 居墨積洞. 直抵南山下, 井上有古杏樹, 柴扉向樹而開, 草屋數間, 不蔽風雨. 然許生好讀書, 妻爲人縫刺以糊口. 一日, 妻甚饑, 泣曰:

"子平生不赴擧, 讀書何爲?"

許生笑曰: "吾讀書未熟."

妻曰: "不有工乎?"

生曰: "工未素學, 奈何?"

妻曰: "不有商乎?"

生曰: "商無本錢, 奈何?"

其妻恚且罵曰: "晝夜讀書, 只學奈何? 不工不商, 何不盜賊?"

許生掩卷起曰: "惜乎! 吾讀書, 本期十年, 今七年矣."

出門而去. 無相識者, 直之雲從街, 問市中人曰:

"漢陽中誰最富?"

有道卜氏者, 遂訪其家. 許生長揖曰:

“吾家貧, 欲有所小試, 願從君借萬金.”

卞氏曰: “諾.”

立與萬金. 客竟不謝而去. 子弟賓客, 視許生丐者也. 絲條穗拔, 革履跟顚, 笠挫
袍煤, 鼻流淸涕. 客旣去, 皆大驚曰:

“大人知客乎?”

曰: “不知也.”

“今一朝, 浪空擲萬金於生平所不知何人, 而不問其姓名何也?”

卞氏曰: “此非爾所知. 凡有求於人者, 必廣張志意, 先耀信義, 然顏色愧屈, 言辭
重複. 彼客, 衣履雖弊, 辭簡而視傲, 容無怍色, 不待物而自足者也. 彼其所試術不
小, 吾亦有所試於客, 不與則已, 旣與之萬金, 問姓名何爲?”

於是, 許生旣得萬金, 不復還家, 以爲安城, 畿湖之交, 三南之縮口, 遂止居焉. 棗
栗柹梨柑榴橘柚之屬, 皆以倍直居之. 許生榷菓, 而國中無以讌祀. 居頃之, 諸賈之
獲倍直於許生者, 反輸十倍. 許生喟然嘆曰:

“以萬金傾之, 知國淺深矣.”

以刀鏄布帛綿, 入濟州, 悉收馬鬃鬣, 曰:

“居數年, 國人不裹頭矣.”

居頃之, 網巾價至十倍. 許生問老篙師曰:

“海外豈有空島可以居者乎?”

篙師曰: “有之. 嘗漂風, 直西行三日夜, 泊一空島, 計在沙門長崎之間. 花木自
開, 菓蓏自熟, 麋鹿成群, 游魚不驚.”

許生大喜曰: “爾能導我, 富貴共之.”

篙師從之. 遂御風東南, 入其島, 許生登高而望, 悵然曰:

“地不滿千里, 惡能有爲. 土肥泉甘, 只可作富家翁.”

篙師曰: “島空無人, 尙誰與居?”

許生曰: “德者人所歸也. 尙恐不德, 何患無人?”

是時, 邊山群盜數千, 州郡發卒逐捕, 不能得. 然群盜亦不敢出剽掠, 方饑困. 許
生入賊中, 說其魁帥曰:

“千人掠千金, 所分幾何?”

曰: “人一兩耳.”

許生曰:"爾有妻乎?"

群盜曰:"無."

曰:"爾有田乎?"

群盜笑曰:"有田有妻, 何苦爲盜?"

許生曰:"審若是也, 何不娶妻樹屋, 買牛耕田, 生無盜賊之名, 而居有妻室之樂, 行無逐捕之患, 而長享衣食之饒乎?"

群盜曰:"豈不願如此? 但無錢耳."

許生笑曰:"爾爲盜, 何患無錢? 吾能爲汝辦之. 明日視海上, 風旗紅者, 皆錢船也, 恣汝取去."

許生約群盜. 旣去, 群盜皆笑其狂. 及明日, 至海上, 許生載錢三十萬, 皆大驚羅拜曰:

"唯將軍令."

許生曰:"惟力負去."

於是, 群盜爭負錢, 人不過百金.

許生曰:"爾等力不足以擧百金, 何能爲盜? 今爾等雖欲爲平民, 名在賊簿, 無可往矣. 吾在此俟汝, 各持百金而去, 人一婦一牛來."

群盜曰:"諾."

皆散去. 許生自具二千人一歲之食以待之. 及群盜至無後者. 遂俱載入其空島. 許生榷盜而國中無警矣.

於是, 伐樹爲屋, 編竹爲籬, 地氣旣全, 百種碩茂, 不菑不畬, 一莖九穗. 留三年之儲, 餘悉舟載, 往糶長崎島. 長崎者, 日本屬州, 戶三十一萬. 方大饑, 遂賑之, 獲銀百萬. 許生歎曰:

"今吾已小試矣."

於是, 悉召男女二千人, 令之曰:

"吾始與汝等入此島, 先富之, 然後別造文字, 刱製衣冠. 地小德薄, 吾今去矣. 兒生執匙, 敎以右手, 一日之長, 讓之先食."

悉焚他船曰:"莫往則莫來."

投銀五十萬於海中曰:"海枯有得者. 百萬無所容於國中, 況小島乎!"

有知書者, 載與俱出曰:"爲絶禍於此島."

於是, 遍行國中, 賑施與貧無告者, 銀尙餘十萬, 曰:

"此可以報卞氏."

往見卞氏曰: "君記我乎?"

卞氏驚曰: "子之容色, 不少瘳, 得無敗萬金乎?"

許生笑曰: "以財粹面, 君輩事耳. 萬金何肥於道哉?"

於是, 以銀十萬付卞氏曰:

"吾不耐一朝之饑, 未竟讀書, 慙君萬金."

卞氏大驚, 起拜辭謝, 願受什一之利. 許生大怒曰:

"君何以賈豎視我!"

拂衣而去. 卞氏潛躡之, 望見, 客向南山下, 入小屋. 有老嫗, 井上澣. 卞氏問曰:

"彼小屋誰家?"

嫗曰: "許生員宅, 貧而好讀書, 一朝出門不返者已五年, 獨有妻在, 祭其去日."

卞氏始知客乃姓許, 歎息而歸. 明日, 悉持其銀, 往遺之. 許生辭曰:

"我欲富也, 棄百萬而取十萬乎? 吾從今得君而活矣. 君數視我, 計口送糧, 度身授布. 一生如此足矣, 孰肯以財勞神."

卞氏說許生百端, 竟不可奈何. 卞氏自是度許生匱乏, 輒身自往遺之, 許生欣然受之. 或有加則不悅曰:

"君奈何遺我災也?"

以酒往則益大喜, 相與酌至醉. 旣數歲, 情好日篤. 嘗從容言五歲中, 何以致百萬?

許生曰: "此易知耳. 朝鮮舟不通外國, 車不行域中, 故百物生于其中, 消于其中. 夫千金小財也, 未足以盡物, 然析而十之百金, 十亦足以致十物. 物輕則易轉, 故一貨雖紬, 九貨伸之, 此常利之道, 小人之賈也. 夫萬金足以盡物, 故在車專車, 在船專船, 在邑專邑, 如網之有罟, 括物而數之. 陸之產萬, 潛停其一, 水之族萬, 潛停其一, 醫之材萬, 潛停其一, 一貨潛藏, 百賈涸, 此賊民之道也. 後世有司者, 如有用我道, 必病其國."

卞氏曰: "初子何以知吾出萬金而來吾求也?"

許生曰: "不必君與我也. 能有萬金者, 莫不與也. 吾自料吾才足以致百萬, 然命則在天, 吾何能知之? 故能用我者, 有福者也. 必富益富, 天所命也, 安得不與. 旣得萬金, 憑其福而行, 故動輒有成, 若吾私自與, 則成敗亦未可知也."

卞氏曰: "方今士大夫欲雪南漢之恥, 此志士扼腕[1]奮智之秋也. 以子之才, 何自苦沉冥以沒世耶?"

許生曰: "古來沉冥者何限? 趙聖期拙修齋可使敵國, 而老死布褐, 柳馨遠磻溪居士, 足繼軍食, 而逍遙海曲. 今之謀國政者可知已. 吾, 善賈者也, 其銀足以市九王之頭. 然投之海中而來者, 無所可用故耳."

卞氏喟然太息而去.

卞氏本與李政丞浣善. 李公時爲御營大將, 嘗與言委巷閭閻之中, 亦有奇才可與共大事者乎. 卞氏爲言許生, 李公大驚曰:

"奇哉! 眞有是否! 其名云何?"

卞氏曰: "小人與居三年, 竟不識其名."

李公曰: "此異人. 與君俱往."

夜公屛騶徒, 獨與卞氏俱步至許生. 卞氏止公立門外, 獨先入, 見許生具道李公所以來者. 許生若不聞者曰:

"輒解君所佩壺."

相與歡飮. 卞氏閔公久露立, 數言之, 許生不應. 旣夜深, 許生曰:

"可召客."

李公入, 許生安坐不起. 李公無所措躬, 乃叙述國家所以求賢之意. 許生揮手曰:

"夜短語長, 聽之太遲. 汝今何官?"

曰: "大將."

許生曰: "然則汝乃國之信臣. 我當薦臥龍先生, 汝能請于朝三顧草廬乎?"

公低頭良久曰: "難矣. 願得其次."

許生曰: "我未學第二義."

固問之, 許生曰: "明將士以朝鮮有舊恩, 其子孫多脫身東來, 流離惸鰥, 汝能請于朝, 出宗室女遍嫁之, 奪勳戚權貴[2]家, 以處之乎?"

公低頭良久曰: "難矣."

許生曰: "此亦難, 彼亦難, 何事可能? 有最易者, 汝能之乎?"

---

1 腕 원래 '脆'로 나와 있는데 문맥으로 보아 바꾼 것임.

2 **勳戚權貴** 이 대목이 본에 따라서 '李貴·金瑬'(臺灣影印本)로, '金瑬·張維'(一齋本·玉溜山館本·綠天山官本)로 나와 있음.

李公曰:"願聞之."

許生曰:"夫欲聲大義於天下而不先交結天下之豪傑者, 未之有也; 欲伐人之國而不先用諜, 未能有成者也. 今滿洲遽而主天下, 自以不親於中國, 而朝鮮率先他國而服, 彼所信也. 誠能請遣子弟入學遊宦, 如唐元故事, 商賈出入不禁, 彼必喜其見親而許之. 妙選國中之子弟, 薙髮胡服, 其君子往赴賓擧, 其小人遠商江南, 覘其虛實, 結其豪傑, 天下可圖而國恥可雪. 若求朱氏而不得, 率天下諸侯, 薦人於天, 進可爲大國師, 退不失伯舅之國矣."

李公憮然曰:"士大夫皆謹守禮法, 誰肯薙髮胡服乎?"

許生大叱曰:"所謂士大夫, 是何等也? 產於彝貊之地, 自稱曰'士大夫', 豈非駴乎? 衣袴純素, 是有喪之服, 會撮如錐, 是南蠻之椎結也. 何謂禮法? 樊於期欲報私怨而不惜其頭, 武靈王欲强其國而不恥胡服. 乃今欲爲大明復讎, 而猶惜其一髮, 乃今將馳馬·擊劍·刺鎗·弲弓·飛石, 而不變其廣袖, 自以爲禮法乎? 吾始三言, 汝無一可得而能者, 自謂信臣? 信臣固如是乎? 是可斬也."

左右顧索劍欲刺之, 公大驚而起, 躍出後牖, 疾走歸. 明日復往, 已空室而去矣.

或曰:"此皇明遺民也. 崇禎甲申後, 多來居者, 生或者其人, 則亦未必其姓許也."世傳, 趙判書啓遠爲慶尚藍司, 巡到靑松. 路左有二僧相枕而臥, 前騶至呵之不避, 鞭之不起, 衆捽曳之, 莫能動. 趙公至停轎, 問:

"僧何居?"

二僧起坐, 益偃蹇, 睥睨良久曰:"汝以虛聲趨勢, 得方伯乃復爾耶!"

趙公視僧, 一赤面而圓, 一黑面而長, 語殊不凡. 乃下轎欲與語, 僧曰:

"屏徒衛, 隨我來."

趙公行數里, 喘息汗流不止, 願小憩. 僧罵曰:

"汝平居, 衆中常大言, 身被堅執銳當先鋒, 爲人明復讐雪恥. 今行數里, 一步十喘, 五步三憩, 尙能馳遼薊之野乎?"

至一巖下, 因樹爲屋, 積薪而寢處其上. 趙公渴求水, 僧曰:

"此貴人, 又當饑也."

出黃精餠以饋之, 屑松葉, 和澗水以進. 趙公嚬蹙不能飮. 僧復大罵曰:

"遼野水遠, 渴當飮馬溲."

兩僧相持痛哭曰: "孫老爺, 孫老爺!"

問趙公曰: "吳三桂起兵滇中, 江浙騷然, 汝知之乎?"

曰: "未之聞也."

兩僧歎曰: "身爲方伯, 天下有如此大事而不聞不知, 徒大言得官耳."

趙公問: "僧是何人?"

曰: "不必問. 世間亦應有知我者."

"汝且少坐待我. 我當與吾師俱來. 與汝有言."

兩僧俱起入深山. 少焉日沒, 僧久不返. 趙公待僧, 至夜深, 草動風鳴, 有虎鬪聲, 趙公大恐幾絶. 已而, 衆明燎炬, 尋監司而至. 趙公狼狽出谷中. 久之居常悒悒恨于中也. 後趙公問于尤庵宋先生, 先生曰:

"此似是明末總兵官也."

"常斥我以爾汝者何?"

先生曰: "自明其非東國緇徒也. 積薪者, 臥薪之義也."

"哭必呼孫老爺何?"

先生曰: "似是太學士孫承宗也. 承宗嘗視師山海關, 兩僧似是孫之麾下士也."

余年二十時, 讀書奉元寺. 有一客能少食, 終夜不寢, 爲導引法, 至日中, 輒倚壁坐, 少合眼, 爲龍虎交. 年頗老, 故貌敬之. 時爲余談許生事, 及廉時道·裴時晃·完興君夫人, 亹亹數萬言, 數夜不絶, 詭奇怪譎, 皆可足聽. 其時自言姓名爲尹映, 此丙子冬也.

其後癸巳春, 西遊, 泛舟沸流江, 至十二峯下, 有小庵. 尹映獨與一僧, 居此庵, 見余躍然而喜, 相勞苦. 十八年之間, 貌不加老, 年當八十餘, 而行步如飛. 余問許生一二有矛盾事, 老人卽擧解說, 歷歷如昨日事, 曰:

"子前讀昌黎文當□."

又曰: "子前欲爲許生立傳, 文當已就否?"

余謝未能. 語間, 余呼尹老人, 老人曰: "我姓辛, 非尹也. 子誤認."

余愕然問其名, 曰: "吾名嗇也."

余詰之曰: "老人豈非姓名尹映耶? 今何改言辛嗇也?"

老人大怒曰: "君自誤認, 乃謂人變姓名耶?"

余欲再詰, 則老人轉益怒, 青瞳瑩瑩. 余始知老人, 乃異趣之士. 或廢族, 或左道異端, 避人晦迹之徒, 是未可知也. 余闔戶去. 老人嘖嘖言:

"可哀! 許生妻竟當復飢也."

又廣州神一寺, 有一老人. 號簑笠李生員, 年九十餘, 力扼虎, 善奕棋, 往往談東方故事, 言論風生. 人無知名者, 聞其年貌, 甚類尹映. 余欲一見而未果.

世固有藏名隱居玩世不恭者? 何獨於許生而疑之?

平谿菊花下小飲, 援筆書之. 燕巖識.

次修曰: "大略以虬髯配貨殖, 而中有重峯封事, 柳氏隨錄, 李氏僿說, 所不能道者. 行文尤疎宕悲憤, 鴨水東有數文字."

朴齊家識.

虎叱호질

虎, 睿聖文武·慈孝智仁·雄勇壯猛, 天下無敵. 然狒胃食虎, 竹牛食虎, 駁食虎, 五色獅子食虎於巨木之岫, 玆白食虎, 䝟犬飛食虎豹, 黃要取虎豹心而食之. 猾無骨爲虎豹所吞, 內食虎豹之肝, 酋耳遇虎, 則裂而啖之. 虎遇猛墉, 則閉目而不敢視, 人不畏猛墉而畏虎, 虎之威其嚴乎!

虎食狗則醉, 食人則神. 虎一食人, 其倀爲屈閣, 在虎之腋, 導虎入廚, 舐其鼎耳, 主人思饑, 命妻夜炊; 虎再食人, 其倀爲彛兀, 在虎之輔, 升高視虞, 若谷穽弩, 先行釋機; 虎三食人, 其倀爲鬻渾, 在虎之頤, 多贊其所識朋友之名.

虎詔倀曰: "日之將夕, 于何取食?"

屈閣曰: "我昔占之, 匪角匪羽, 黔首之物, 雪中有跡, 彳亍踈武, 瞻尾在腦, 莫掩其尻."

彛兀曰: "東門有食, 其名曰醫, 口含百草, 肌肉馨香, 西門有食, 其名曰巫, 求媚百神, 日沐齊潔, 請爲擇肉於此二者."

虎奮髥作色曰: "醫者疑也. 以其所疑而試諸人, 歲所殺, 常數萬. 巫者誣也. 誣神以惑民, 歲所殺, 常數萬. 衆怒入骨, 化爲金蚕, 毒不可食."

鬻渾曰: "有肉在林, 仁肝義膽, 抱忠懷潔, 戴樂履禮, 口誦百家之言, 心通萬物之理, 名曰'碩德之儒', 背盎體胖, 五味俱存."

虎軒眉垂涎, 仰天而笑曰: "朕聞如何?"

倀交薦虎曰: "一陰一陽之謂道, 儒貫之; 五行相生, 六氣相宣, 儒導之. 食之美者無大於此."

虎愀然變色, 易容而不悅曰:

"陰陽者, 一氣之消息也而兩之, 其肉雜也; 五行定位, 未始相生, 乃今强爲子母, 分配鹹酸, 其味未純也; 六氣自行, 不待宣導, 乃今妄稱財相, 私顯己功, 其爲食也, 無其硬强滯逆而不順化乎."

鄭之邑, 有不屑宦之士曰北郭先生. 行年四十, 手自校書者萬卷, 敷衍九經之義, 更著書一萬五千卷. 天子嘉其義, 諸侯慕其名.

邑之東, 有美而早寡者, 曰東里子. 天子嘉其節, 諸侯慕其賢, 環其邑數里而封之曰'東里寡婦之閭'. 東里子善守寡, 然有子五人, 各有其姓. 五子相謂曰:

"水北雞鳴, 水南明星. 室中有聲, 何其甚似北郭先生也?"

兄弟五人, 迭窺戶隙. 東里子請於北郭先生曰:

"久慕先生之德, 今夜願聞先生讀書之聲."

北郭先生, 整襟危坐而爲詩曰:

"鴛鴦在屏, 耿耿流螢. 維鬵維錡, 云誰之型? 興也."

五子相謂曰: "'禮不入寡婦之門', 北郭先生賢者也. 吾聞鄭之城門壞, 而狐穴焉. 吾聞狐老千年, 能幻而像人. 是其像北郭先生乎."

相與謀曰: "吾聞得狐之冠者, 家致千金之富; 得狐之履者, 能匿影於白日; 得狐之尾者, 善媚而人悅之. 何不殺是狐而分之?"

於是, 五子共圍而擊之. 北郭先生大驚遁逃, 恐人之識己也, 以股加頸, 鬼舞鬼笑, 出門而跑. 乃陷野窖, 穢滿其中. 攀援出首而望, 有虎當徑. 虎顰蹙嘔哇, 掩鼻左首而噦曰:

"儒, 臭矣."

北郭先生頓首匍匐而前, 三拜以跪, 仰首而言曰:

"虎之德其至矣乎! 大人效其變, 帝王學其步, 人子法其孝, 將帥取其威, 名並神龍, 一風一雲, 下土賤臣, 敢在下風."

虎叱曰: "毋近前. 曩也吾聞之, 儒者諛也, 果然. 汝平居, 集天下之惡名, 妄加諸我, 今也急而面諛, 將誰信之耶? 夫天下之理一也. 虎誠惡也, 人性亦惡也. 人性善則虎之性亦善也. 汝千語萬言, 不離五常, 戒之勸之, 恒在四綱. 然都邑之間, 無鼻無趾, 文面而行者, 皆不遜五品之人也. 然而徽墨斧鉅, 日不暇給, 莫能止其惡焉. 而虎之家, 自無是刑. 由是觀之, 虎之性, 不亦賢於人乎? 虎不食草木, 不食虫魚, 不嗜麴蘗悖亂之物, 不忍字伏細瑣之物. 入山獵麕鹿, 在野畋馬牛, 未嘗爲口腹之累·飲食之訟. 虎之道, 豈不光明正大矣乎. 虎之食麕鹿, 而汝不疾虎, 虎之食馬牛, 而人謂之讐焉, 豈非麕鹿之無恩於人, 而馬牛之有功於汝乎? 然而, 不有其乘服之勞·戀效之誠, 日充庖廚, 角鬣不遺, 而乃復侵我之麕鹿, 使我乏食於山, 缺餉於野.

使天而平其政, 汝在所食乎? 所捨乎? 夫非其有而取之, 謂之盜; 殘生而害物者, 謂
之賊. 汝之所以日夜遑遑, 揚臂努目, 挐攫而不恥. 甚者, 呼錢爲兄, 求將殺妻, 則不
可復論於倫常之道矣. 乃復攘食於蝗, 奪衣於蠶, 禦蜂而剽甘. 甚者, 醢蟻之子以羞
其祖考, 其殘忍薄行, 孰甚於汝乎? 汝談理論性, 動輒稱天, 自天所命而視之, 則虎
與人, 乃物之一也. 自天地生物之仁而論之, 則虎與蝗蠶蜂蟻與人並畜, 而不可相
悖也. 自其善惡而辨之, 則公行剽刦於蠭蟻之室者, 獨不爲天地之巨盜乎. 肆然攘
竊於蝗蠶之資者, 獨不爲仁義之大賊乎!

　虎未嘗食豹者, 誠爲不忍於其類也. 然而計虎之食麕鹿, 不若人之食麕鹿之多
也; 計虎之食馬牛, 不若人之食馬牛之多也; 計虎之食人, 不若人之相食之多也. 去
年關中大旱, 民之相食者數萬; 往歲山東大水, 民之相食者數萬. 雖然其相食之多,
又何如春秋之世? 春秋之世, 樹德之兵十七, 報仇之兵十三.[1] 流血千里, 伏屍百
萬, 而虎之家水旱不識, 故無怨乎天; 讐德兩忘, 故無忤於物; 知命而處順, 故不惑
於巫醫之姦; 踐形而盡性, 故不疚乎世俗之利, 此虎之所以睿聖也. 窺其一班, 足以
示文於天下也; 不藉尺寸之兵, 而獨任爪牙之利, 所以耀武於天下也; 彛卣蜼尊, 所
以廣孝於天下也; 一日一擧, 而烏鳶螻螘, 共分其餕, 仁不可勝用也; 饞人[2]不食, 廢
疾者不食, 衰服者不食, 義不可勝用也.

　不仁哉! 汝之爲食也. 機穽之不足, 而爲罝也·罞也·罠也·罾也·罛也·罠也, 始
結網罟, 哀然首禍於天下矣. 有鈹者·戣者·殳者·斨者·叴者·矜者·鍛者·鈼者·
矟者·有礮發焉, 聲隤華嶽, 火洩陰陽, 暴於震霆. 是猶不足以逞其虐焉, 則乃吮柔
毫, 合膠爲鋒, 體如棗心, 長不盈寸, 淬以烏賊之沫, 縱橫擊刺, 曲者如矛, 銛者如
刀, 銳者如劍, 歧者如戟, 直者如矢, 彀者如弓. 此兵一動, 百鬼夜哭. 其相食之酷,
孰甚於汝乎?"

　北郭先生, 離席俯伏, 逡巡再拜, 頓首頓首曰:

　"傳有之, 雖有惡人, 齋戒沐浴, 則可以事上帝. 下土賤臣, 敢在下風."

　屏息潛聽, 久無所命. 誠惶誠恐, 拜手稽首, 仰而視之, 東方明矣, 虎則已去.

　農夫有朝菑者, 問: "先生何早敬於野?"

---

1 十三 원래 '三十'으로 나와 있는데 창강본에 의거하여 바꾼 것임.

2 饞人 원래 '讒人'으로 나와 있는데 창강본에 의거하여 바꾼 것임.

北郭先生曰: "吾聞之, 謂天蓋高, 不敢不局, 謂地蓋厚, 不敢不蹐."

燕嵒氏曰: 篇雖無作者姓名, 而蓋近世華人悲憤之作也. 世運入於長夜, 而夷狄之禍甚於猛獸, 士之無恥者, 綴拾章句, 以狐媚當世, 豈非發塚之儒而豺狼之所不食者乎?

今讀其文, 言多悖理, 與胠篋盜跖同旨. 然天下有志之士, 豈可一日而忘中國哉! 今清之御宇纔四世, 而莫不文武壽考·昇平百年·四海寧謐, 此漢唐之所無也. 觀其全安扶植之意, 殆亦上天所置之命吏也.

昔人嘗疑於諄諄之天, 而有質於聖人者. 聖人丁寧體天之意曰: "天不言以行與事示之." 小子嘗讀之至此, 其惑滋甚. 敢問以行與事示之, 則用夷變夏天下之大辱也, 百姓之寃酷如何?

馨香腥膻各類其德, 百神之所饗何臭? 故自人所處而視之, 則華夏夷狄誠有分焉, 自天所命而視之, 則殷冔周冕各從時制. 何必獨疑於清人之紅帽哉? 於是天定人衆之說, 行於其間, 而人天相與之理, 乃反退聽於氣.

驗之前聖之言而不符, 則輒曰: "天地之氣數如此." 嗚呼! 是豈眞氣數然耶? 噫! 明之王澤已竭矣. 中州之士, 自循其髮於百年之久, 而寤寐摽擗, 輒思明室何也? 所以不忍忘中國也.

清之自爲謀亦踈矣. 懲前代胡主之末效華而衰者, 勒鐵碑, 埋之箭亭. 其言未嘗不自恥其衣帽, 而猶復眷眷於强弱之勢, 何其愚也? 文謨武烈, 尚不能救末主之陵夷, 況區區自强於衣帽之末哉? 衣帽誠便於用武, 則北狄西戎, 獨非用武之衣帽耶? 力能使西北之他胡反襲中州舊俗, 然後始能獨强於天下也. 囿天下於傮辱之地, 而號之曰: "姑忍汝羞恥, 而從我爲强." 吾未知其强也. 未必新市綠林之間, 赤其眉·黃其巾以自異也. 假令愚民一脫其帽而抵之地, 淸皇帝已坐失其天下矣. 向之所以自恃而爲强者, 乃反救亡之不暇也. 其埋碑垂訓於後, 豈非過歟.

篇本無題, 今取篇中有 '虎叱' 二字爲目, 以竢中州之淸焉.

찾아보기

*한글 제목·한자 제목·원제로 구성함.

542

544